藏族传统文化百科

主编：李旭练 张晓峰 董秉山 甘韵琪

西藏人民出版社

《藏族传统文化百科》学术顾问

（以汉语拼音首字音为序）

阿旺克村（藏族）　巴桑旺堆（藏族）　边多（藏族）　赤列曲扎（藏族）
达　瓦（藏族）　丹增次仁（藏族）　韩书立　何宗英
李佳俊　洛桑群觉（藏族）　马丽华　沈开运
陶长松

《藏族传统文化百科》编委会

主编　李旭练　张晓峰　董秉山　甘韵琪

编委（以汉语拼音为序）

才旦（藏族）　次仁罗布（藏族）　达哇才让（藏族）　董秉山　甘韵琪
韩燕　航前才让（藏族）　和向东（白族）　胡荣国　蓝天
李旭练（壮族）　刘立强　刘振洲　罗科（藏族）　王景山
王文志　王志东　魏武　吴婧　张晓峰
朱海燕

撰稿人（以汉语拼音为序）

才旦（藏族）　次仁罗布（藏族）　达娃才让（藏族）　旦增加措（藏族）　董秉山
尕代加（藏族）　甘韵琪　航前才让（藏族）　蓝天　李旭练（壮族）　刘振洲
罗科（藏族）　娘毛加（藏族）　朋毛才让（藏族）　王文志　王志东　魏武
吴婧　张晓峰　朱海燕

3. 实用性。本书只收录具有高原特色的藏族传统文化词目近 1300 条,而每个词目平均只写 200 多字(个别词目除外),全书字数则控制在 30 万字左右,从而使读者在获得较大信息量的同时节省了不必要的开支和阅读时间。全书词目按音序编排,便于各界读者使用。

本书是集体智慧的结晶。在 1994 年的时候,这本书由李旭练和张晓峰负责总体框架结构设计,社会、经济、语言文字部分由李旭练执笔,宗教部分由董秉山执笔,风俗部分由王文志、王志东执笔,文学部分由刘振洲执笔,艺术部分由甘韵琪、蓝天执笔,教育、科技部分由张晓峰、魏武、朱海燕执笔,体育竞技部分由王志东执笔,最后由李旭练和张晓峰负责统稿。但是,在 20 年的时间里,书稿早已经过无数专家的反复修改,学术顾问、编委会和撰稿人也数次调整。特别是一批资深藏族专家学者的加入,对原稿进行了审改、补充、完善,使书稿的质量大幅提升。现在呈现在读者面前的书中,有些词目已经很难分清谁是撰稿人了。这里我们要特别感谢本书所有的学术顾问,是他们提出的很多建设性意见和认真负责的审改,才使得这本书的质量得以不断提升。还要特别感谢才旦、次仁罗布、达哇才让、旦增加措、尕代加、航前才让、罗科、娘毛加、朋毛才让等藏族专家学者,是他们把自己血液里流淌的民族情感变成一个个藏文和汉字,才使得这本书的终稿熠熠生辉。最后,还要感谢吴婧,她不仅承担大量的编务工作,还不厌其烦地认真审读,小到标点符号的推敲,大到某些词目的删除或改写,全书从头到尾都留下她辛勤的汗水。

在编写过程中,我们参考了大量的书刊杂志。在此,我们对所参考的书刊杂志的原作者、编者表示衷心的感谢,同时,由于体例所限,我们不能在书中列出所参考的书目,在此一并表示歉意。

由于水平所限,书中或许会有这样或那样的不足。敬祈专家学者和读者朋友批评指正,以便我们进一步修订。

《藏族传统文化百科》编委会

2004 年 11 月

编者的话

藏族是中华民族大家庭中的重要成员,藏族文化是中华文化的有机组成部分,藏族传统文化是藏族文化的精髓。为了传承与弘扬藏族传统文化,使之与当代社会相适应、与现代文明相协调,在构建中华民族共有精神家园的过程中发挥积极而具有凝聚力的重要作用,我们决定编写《藏族传统文化百科》一书,奉献给关注藏区、关心藏族,为繁荣发展藏族传统文化而不懈努力的读者朋友。

金碧辉煌的寺院,坚石磊筑的平顶房,随风飘扬的五色经幡,袅袅升腾的煨桑烟雾,甜美的青稞酒,清香的酥油茶,幽幽诵经路,匍匐朝佛人……。当一幅幅神奇独特的画面映入眼帘时,谁能无动于衷?谁不经受心灵的洗礼?20年前,我们几个来自北京、山东、陕西等地的援藏干部和当地干部一起策划一本让世人了解西藏、让西藏走向世界的书。在选题时,我们决定,从藏族文化的汪洋大海中淘出一些晶莹剔透的珍珠,再用我们的汗水和智慧把珍珠穿成一串精美的项链,奉献给读者朋友。20年过去了,这串项链经过岁月的洗刷,经过无数专家的反复打磨,现在终于摆到您面前了。

这本《藏族传统文化百科》是一部专门介绍藏族传统文化的小型工具书,内容包括社会、经济、宗教、风俗、文学、艺术、教育、科技、语言文字、体育竞技等方面。在编写过程中我们特别注意做到以下几点:

1. 知识性。介绍藏族传统文化的文章散见于各书刊杂志上,读者想全面了解藏族的传统文化,往往难以如愿。通过此书,读者可以饱览藏族人民千百年来在雪域高原上所创造的丰富而独特的民族传统文化。

2. 学术性。本书力求将学术性与知识性融为一体。书中的许多知识是国内外藏学专家、学者多年来挖掘、整理、研究、考证的结果。而对一些有争议的观点,我们则通过自己的研究、考证,正本清源,免得以讹传讹误导读者。

凡　例

一、本书收录常用的藏族传统文化条目，内容包括社会、经济、宗教、风俗、文学、艺术、教育、科技、体育、语言文字等。

二、正文按汉语拼音首字母次序编排。

三、词目为一个词或短语，并加注藏文，如：阿底峡（ཇོ་བོ་རྗེ་ཨ་ཏི་ཤ།）、妥许拉（མཐུན་པ་བཞུགས་སྒྲ།）、西藏史画（བོད་ཀྱི་ལོ་རྒྱུས་རི་མོ།）等。

四、释文使用规范的现代汉语，必要时加注藏文，如“1147 年达波拉杰的弟子噶玛巴都松钦巴（དུས་གསུམ་མཁྱེན་པ།）在昌都地区类乌齐附近建噶玛丹萨寺”。释文开始一般不重复词目，而是先用一句概括性的语言，如解释“卡若遗址”可先说“西藏首次发掘出的规模较大的一处新石器时代遗址”，然后再作描述。

五、有些词目有多种说法，以最常见的为主条，其余为副条。副条列于主条之后，并用括号标明。例如：第巴（第司）（སྡེ་པ།སྡེ་སྲིད།）。

词目音序索引

A

阿底峡(ཇོ་བོ་རྗེ་ཨ་ཏི་ཤ།) …………… (1)

阿尔波列空(ཨར་པོའི་ལས་ཁུངས།) …… (1)

阿尔谐(ཨར་གཞས།) ……………… (1)

阿嘎土(ཨར་ཀ།) …………………… (1)

阿古顿巴的故事(ཨ་ཁུ་སྟོན་པའི་སྒྲུང་།) ………………………………… (1)

阿里噶本(མངའ་རིས་སྒར་དཔོན།) …… (2)

阿里三部(阿里三围)(སྟོད་མངའ་རིས་སྐོར་གསུམ།) …………………………… (2)

阿热(གར་བྲོ།) ……………………… (2)

阿旺楚臣(ངག་དབང་ཚུལ་ཁྲིམས།) …… (2)

阿旺降白·楚臣嘉措(ངག་དབང་འཇམ་དཔལ་ཚུལ་ཁྲིམས་རྒྱ་མཚོ།) ……………… (2)

阿旺降白·德勒嘉措(ངག་དབང་འཇམ་དཔལ་བདེ་ལེགས་རྒྱ་མཚོ།) ……………… (3)

阿旺·罗卓甲措(ངག་དབང་བློ་གྲོས་རྒྱ་མཚོ།) ………………………………… (3)

阿卓(ཇ་བྲོ།) ……………………… (3)

矮门(སྒོ་ཆུང་།) …………………… (3)

暖珠(ཕོ་མཚོད།) …………………… (4)

安多方言(ཨ་མདོའི་ཁ་སྐད།) ………… (4)

安多女装(ཨ་མདོའི་མོ་གོས།) ………… (4)

《安多政教史》(《མདོ་སྨད་ཆོས་འབྱུང་།》) ………………………………… (4)

昂赛婚礼(ངམ་སེའི་གཉེན་སྟོན།) ……… (4)

B

八邦寺(དཔལ་སྤུངས་དགོན།) ………… (6)

八堡棋(མཁར་བརྒྱད་མིག་མངས།) ……… (6)

八大藏戏(ལྷ་མོའི་འཁྲབ་གཞུང་ཆེན་པོ་བརྒྱད།) ………………………………… (6)

八世班禅丹白旺秋(པཎ་ཆེན་སྐུ་ཕྲེང་བརྒྱད་པ་བསྟན་པའི་དབང་ཕྱུག) ……………… (6)

八世达赖喇嘛强白嘉措(ཏཱ་ལའི་བླ་མ་སྐུ་ཕྲེང་བརྒྱད་པ་འཇམ་དཔལ་རྒྱ་མཚོ།) ………… (6)

八思巴(ཆོས་རྒྱལ་འཕགས་པ།) ………… (7)

八思巴玉雕像(ཆོས་རྒྱལ་འཕགས་པའི་གཡང་ཏིའི་སྐུ་བརྙན།) ……………………… (7)

巴贡(དཔའ་བསྐོང་།) ………………… (7)

巴果(ཟླ་སྒོར།) …………………… (8)

巴沃·祖拉陈哇(དཔའ་བོ་གཙུག་ལག་ཕྲེང་བ།)

…………………………………… (8)
巴卧(པགས་ལྷམ་མམ་ཀོ་ལྷམ།) ………… (8)
巴乌(བག་ཌུ།) …………………… (8)
巴希列空(འབབ་ཞིབ་ལས་ཁུངས།) …… (8)
《巴协》(《སྦ་བཞེད།》) ……………… (8)
巴珠(སྤ་སྤྲུག) ……………………… (9)
拔(འབག) ………………………… (9)
拔戎噶举派(འབམ་རོམ་བཀའ་བརྒྱུད།)
…………………………………… (9)
白哈尔(པེ་ཧར།) ………………… (9)
白胶日・延缓半月(བསྙོལ་པོ་ཟླ་ཕྱེད།)
…………………………………… (9)
白居寺(དཔལ་འཁོར་བདེ་ཆེན་དགོན།) …… (9)
白居寺塔(དཔལ་འཁོར་མཆོད་རྟེན།)…… (10)
《白玛文巴》(《པད་མ་འོད་འབར།》)
…………………………………… (10)
白面具藏戏(འཕལ་དཀར།) ……… (10)
白石崇拜(སྦུན་རྡོ།) ……………… (10)
拜鹰节(བྱ་མཇལ་དུས་ཆེན།) ………… (11)
班禅(པཎ་ཆེན།) ………………… (11)
班禅大师管辖区(པཎ་ཆེན་རིན་པོ་ཆེའི་མངའ་
ཁོངས།) ………………………… (11)
班禅堪布会议厅(པཎ་ཆེན་ནང་མ་སྒང་།)
…………………………………… (12)
班禅拉章(པཎ་ཆེན་བླ་བྲང་།) ……… (12)
班丹拉姆(དཔལ་ལྡན་ལྷ་མོ།) ………… (12)
班智达(པཎྜི་ཏ།) ………………… (12)
班智达土瓦列波(པཎྜི་ཏ་ཐུགས་པ་ལེགས་པོ།)
…………………………………… (13)
邦那摩崖雕像(སྤང་ནག་བྲག་བརྐོས་སྐུ་བརྙན།)
…………………………………… (13)
帮典(པང་གདན།) ………………… (13)
棒康(འབངས་ཁང་།) ……………… (13)
抱石头(རྡོ་འཁྱོགས།) ……………… (13)
北京版《大藏经》(《བཀའ་བསྟན་》པེ་ཅིང་
པར་མ།) ………………………… (13)
贝卡多觉(སྦེ་ག་རྡོ་འཁྱོགས།) ………… (14)
背夫(ཁུར་ཚ་བ།) ………………… (14)
背鬼人(སྐྱུད་འགོང་།) ……………… (14)
苯教转经(བོན་གྱི་ཕྱི་སྐོར།) ………… (14)
苯教(བོན་ཆོས།) ………………… (14)
苯医(བོན་སྨན།) ………………… (14)
鼻烟壶(སྣ་ཏྲ།) ………………… (15)
比玛(སྦྲིམར།) …………………… (15)
必汪(པི་ཝང་།) …………………… (15)
碧秀(པི་ཤུ།) …………………… (15)
壁画(ལྡེབས་རིས།) ………………… (15)
壁画分格式布局(ལྡེབས་རིས་ལོགས་བཅད་
དབྱིབས་ཀྱི་བཀོད་པ།) ……………… (16)
壁画回环式布局(ལྡེབས་རིས་དཀྱིལ་འཁོར་
དབྱིབས་ཀྱི་བཀོད་པ།) ……………… (16)
壁画中心式布局(ལྡེབས་རིས་གཙོ་འཁོར་

དབྱིབས་ཀྱི་བཀོད་པ།) …………………… (16)
冰桥(དར་ཟམ།) …………………… (16)
丙辰法会(གསར་ཚོགས་སྨོན་ལམ་ཆེན་མོ།)
…………………………………… (16)
病人禁忌(ནད་པའི་འཛེམ་བྱ།) ……… (16)
波康列空(ཕོགས་ཁང་ལས་ཁུངས།) …… (16)
波密土王管辖区(སྤོ་བོ་ཀ་གནམ་སྡེ་པ།)
…………………………………… (17)
波细列空(འབབ་ཞིབ་ལས་ཁུངས།) …… (17)
播种习俗(ཞིང་འདེབས་ལུགས་སྲོལ།)…… (17)
博东班钦(བོ་དོང་པཎ་ཆེན།)………… (17)
博多哇(པོ་ཏོ་བ།) …………………… (17)
卜辞(རུས་བརྐོས་རྩིས་འབྲས།) ………… (18)
卜丰年(ལོ་ལེགས་བརྟག་པ།) ………… (18)
不定偶婚(གཔ་མཐུན།) …………… (18)
不自由虚词(ཕྲད་གཞན་དབང་ཅན།)
…………………………………… (18)
布达拉宫(པོ་བྲང་པོ་ཏ་ལ།) ………… (18)
布达拉宫版《大藏经》(པོ་ཏ་ལའི་《བཀའ་
བསྟན་》པར་མ།) …………………… (19)
布达拉宫印经院(པོ་བྲང་པོ་ཏ་ལའི་པར་ཁང་།)
…………………………………… (19)
布顿·仁钦珠(བུ་སྟོན་རིན་ཆེན་གྲུབ།)
…………………………………… (20)
《布顿佛教史》(《བུ་སྟོན་ཆོས་འབྱུང་།》)
…………………………………… (20)
布顿派(བུ་ལུགས།) ………………… (20)
布玛古墓群(ཕུམ་གནའ་བོའི་བང་སོའི་ཚོགས།)
…………………………………… (20)

C

擦擦(ཚ་ཚ།) …………………… (21)
擦鲁(རྩེད་གླུ།) …………………… (21)
猜歌(རྒྱག་གླུ ལ་གཞས།) …………… (21)
采花节(女儿节)(མེ་ཏོག་དུས་ཆེན།)
…………………………………… (21)
蔡巴噶举派(ཚལ་པ་བཀའ་བརྒྱུད།)…… (21)
仓宫尼庵(ཨ་ནེའི་མཚམས་ཁུང་།) …… (21)
《仓央嘉措诗歌》(ཚངས་དབྱངས་རྒྱ་མཚོའི་མགུར་
གླུ།)………………………………… (22)
策墨林(ཚེ་སྨོན་གླིང་།)……………… (22)
策却林(ཚེ་མཆོག་གླིང་།) …………… (22)
插箭节(ལབ་རྩེ་གསོལ་མཆོད།)………… (22)
插彩箭簪玉(མདའ་དར།) ………… (23)
茶和瓷碗传入西藏的传说(བོད་དུ་ཇ་དང་
དཀར་ཡོལ་བྱུང་རབས།) ……………… (23)
茶马古道(ཇ་རྟའི་ཚོང་ལམ།)………… (23)
茶马互市(ཇ་རྟ་བརྗེ་ཚོང་།) ………… (23)
茶叶之路(ཇ་འདྲེན་རྟ་ལམ།)………… (24)
察茹(ཚ་རུ།) …………………… (24)
差巴(ཁྲལ་པ།) …………………… (24)

差大（ཁྲལ་བཏྲ།）………………………（24）
差岗（ཁྲལ་རྐང་།）………………………（24）
差户（ཁྲལ་དུད།）………………………（24）
铲土歌（ལས་གཞས།）……………………（25）
忏悔费（བཤགས་རྟེན།）………………（25）
昌都版《大藏经》（ཆབ་མདོའི་《བཀའ་བསྟན་》པར་མ།）………………………………（25）
昌都藏戏（གཅུང་རི་བོ་ཆེའི་ལྷ་མོ།）……（25）
昌珠寺（ཁྲ་འབྲུག་དགོན།）………………（25）
昌珠寺的传说（ཁྲ་འབྲུག་དགོན་པའི་ལོ་རྒྱུས།）………………………………………（26）
常觉（གྲང་སྦྱོར།）………………………（26）
超度亡灵（ཐུགས་གྲོལ་ འཕོ་བ།）……（26）
超浦译师（ཁྲོ་ཕུ་ལོ་ཙཱ་བ།）…………（26）
炒茶（སྲེག་ཇ།）…………………………（26）
承旨官（བཀའི་འཕྲིན་བློན།）…………（27）
城镇建筑（གྲོང་ཁྱེར་གྲོང་རྡལ་གྱི་བཀོད་པ།）………………………………………（27）
赤德松赞（ཁྲི་ལྡེ་སྲོང་བཙན།）…………（27）
赤德祖丹（ཁྲི་ལྡེ་གཙུག་བརྟན།）………（27）
赤脚诵经（རྐང་རྗེན་ཆོས་འདོན།）………（27）
赤热巴坚（ཁྲི་རལ་པ་ཅན།）……………（27）
赤松德赞（ཁྲི་སྲོང་ལྡེ་བཙན།）…………（28）
赤尊公主泥塑（བཙུན་མོ་བལ་བཟའི་འཇིམ་སྐུ།）………………………………………（28）
冲木（ཁྲོམ།）……………………………（28）
充谐（འཁྲུངས་གཞས།）…………………（28）
初拉袍（ཕྲུག་ལྭ་ ཕྲུ་པ།）………………（28）
除草歌（རྩྭ་འབྲེག་ལས་གཞས།）…………（29）
楚布寺（མཚུར་ཕུ་དགོན་པ།）…………（29）
楚布亚曲（མཚུར་ཕུ་དབྱར་མཆོད།）……（29）
踹门（སྒོ་རྡུང་།）………………………（29）
传大召（སྨོན་ལམ་ཆེན་མོ།）……………（29）
传记画（མཛད་རིས།）……………………（30）
传小召（ཚོགས་མཆོད།）………………（30）
吹中（ཆོས་སྐྱོང་།）……………………（30）
词藻学（མངོན་བརྗོད།）………………（30）
次开（ཚོགས་ཁེབས།）…………………（31）
次思塔（ཚེ་སྲིད་མཆོད་རྟེན།）…………（31）
聪基康（ཚོང་སྤྱི་ཁང་།）………………（31）
聪切（ཚོང་ཆེད།）………………………（31）
措钦大殿（ཚོགས་ཆེན་འདུ་ཁང་།）……（31）

D

达波噶举派（དྭགས་པོ་བཀའ་བརྒྱུད།）………………………………………（33）
达波拉杰（དྭགས་པོ་ལྷ་རྗེ།）…………（33）
达尔康（དར་ཁང་།）……………………（33）
达赖喇嘛（ཏཱ་ལའི་བླ་མ།）……………（33）
达垄噶举派（སྟག་ལུང་བཀའ་བརྒྱུད།）………………………………………（34）

达垄寺(སྟག་ལུང་དགོན།) …………… (34)
达垄塘巴·扎西贝(སྟག་ལུང་ཐང་པ་བཀྲ་ཤིས་དཔལ།) …………………………… (34)
达玛旺秋(དར་མ་དབང་ཕྱུག) ……… (34)
达玛乌东赞(འུ་དུམ་བཙན་པོའམ་གླང་དར་མ།) ……………………………… (34)
达玛乌东赞灭佛(གླང་དར་མས་ཆོས་བསྣུབས་པ།) ……………………………… (34)
达玛乌东赞的传说(གླང་དར་མའི་གཏམ་རྒྱུད།) ……………………………… (35)
达玛扎(ཌམ་ཏཱ།) ………………… (35)
达木寺(བཞྭ་སྒོན་དགོན།) …………… (35)
达木天葬台(བཞྭ་སྒོན་དུར་ཁྲོད།) …… (35)
达扎鲁贡(སྟག་སྒྲ་ཀླུ་གོང་།) ………… (35)
达扎鲁贡纪功碑(སྟག་སྒྲ་ཀླུ་གོང་གི་མཇལ་རྗེས་རྡོ་རིང་།) …………………………… (36)
达孜珠曲节(སྟག་རྩེ་སྒྲུབ་མཆོད།) …… (36)
打场歌(འོང་རའི་གཞས།) …………… (36)
打地基歌(ཨར་གཞས།) …………… (36)
打墙歌(ཨར་གཞས།) ……………… (36)
打酥油歌(འོ་གླུ།) ………………… (37)
大宝法王(རིན་ཆེན་ཆོས་རྒྱལ། ཆོས་རྒྱལ་འཕགས་པ།) ………………………………… (37)
大乘法王(ཐེག་ཆེན་ཆོས་རྒྱལ།) ……… (37)
大慈法王(བྱམས་ཆེན་ཆོས་རྗེ།) ……… (37)
大黑护法(ཆོས་སྐྱོང་མགོན་པོ།) ……… (37)
大手印法(ཕྱག་རྒྱ་ཆེན་པོ།) ………… (37)
大威德金刚(རྡོ་རྗེ་འཇིགས་བྱེད།) …… (38)
大相(བློན་ཆེ།) ………………… (38)
大象拔河(གླང་ཆེན་ས་ག་ཤགས།) ……… (38)
大遗虹化(འཇའ་ལུས།) …………… (38)
大圆满法(རྫོགས་པ་ཆེན་པོ།) ………… (38)
大昭寺(ལྷ་ལྡན་གཙུག་ལག་ཁང་།) ……… (38)
逮解法庭律(བཟུང་བཀྱིགས་ཁྲིམས་རའི་ཞལ་ལྕེ།) ……………………………… (39)
代本(མདའ་དཔོན།) ……………… (39)
《岱巴登巴》(《སྡེ་པ་བརྟན་པ།》) …… (39)
丹吉林寺(བསྟན་རྒྱས་གླིང་།) ………… (40)
丹萨替寺(གདན་ས་མཐིལ།) ………… (40)
丹直塔钦(རྟེན་འབྲེལ་དར་ཆེན། ཤེལ་བྲག་ཆོས་བཅུ་ཆེན་མོ།) ………………………… (40)
丹珠尔(བསྟན་འགྱུར།) …………… (40)
刀耕火种(བསྲེགས་རྨོད་གྲིས་འདེབས།) ……………………………… (40)
盗窃追赔律(བརྐུས་པ་འཇལ་གྱི་ཞལ་ལྕེ།) ……………………………… (40)
道歌(མགུར་གླུ།) ………………… (41)
道光宝藏(ཏའོ་ཀོང་དངུལ་སྒོར།) …… (41)
道果法(道果论)(ལམ་འབྲས།) ……………………………… (41)
德朵节(བདེ་སྟོད་དུས་ཆེན།) ……… (41)
德格版《大藏经》(སྡེ་དགེའི་《བཀའ་བསྟན་》

པར་མ།) …………………………… (41)
德格画派(ཁམས་བྲིས་ཐང་ཀ།) ……… (42)
德格印经院(སྡེ་དགེའི་པར་ཁང་།) …………………………… (42)
德细列空(བདེ་ཞིབ་ལས་ཁུངས།) …… (42)
蹬棍(དབྱུག་བཟུང་ལུས་རྩལ།) ……… (42)
帝师(གོང་མའི་དབུ་བླ། ཏི་ཤྲཱི།) ……… (42)
第巴(第司)(སྡེ་པ། སྡེ་སྲིད།) …… (42)
第巴地方政权(སྡེ་པ་སྲིད་གཞུང་།) …………………………… (43)
第穆摩崖石刻碑(དེ་མོའི་བྲག་བརྐོས།) …………………………… (43)
第司藏巴地方政权(གཙང་པ་སྡེ་སྲིད།) …………………………… (43)
碉房(རྡོ་མཁར།) ………………… (43)
掉头费(ཁྲོ་ཞིའི་རིན།) …………… (44)
《丁香帐》(《ལི་ཤིའི་གུར་ཁང་།》) …………………………… (44)
订婚回避(སློང་ཆང་གཡོལ་བ།) …… (44)
定本(ཞིང་དཔོན།) ……………… (44)
东唐(སྟོང་ཐང་།) ………………… (44)
冬虫夏草(虫草)(དབྱར་རྩྭ་དགུན་འབུ།) …………………………… (44)
冬房(དགུན་ས།) ………………… (45)
冬季大法会(དགུན་ཆོས།) ……… (45)
度母(救度母、多罗母)(སྒྲོལ་མ།) …………………………… (45)
都贵列空(འདུ་འགོད་ལས་ཁུངས།) …………………………… (46)
斗风筝(བྱ་འཕིར་འཛིང་རེས།) ……… (46)
堆白多当列空(འདོད་དཔལ་དོ་དམ་ལས་ཁུངས།) …………………………… (46)
堆穷(དུད་ཆུང་།) ………………… (46)
堆谐(སྟོད་གཞས།) ……………… (46)
堆绣(འཚེམ་དྲུབ།) ……………… (46)
对歌(ལ་གཞས། རྒྱུག་གླུ།) ………… (46)
兑巴(བསྡོད་པ།) ………………… (47)
《敦煌本吐蕃医学文献选编》(《ཏུན་ཧོང་ནས་ཐོན་པའི་བོད་ཀྱི་གསོ་རིག་ཡིག་ཆ་བདམས་བསྒྲིགས།》) ………………… (47)
敦煌藏族故事(ཏུན་ཧོང་ནས་ཐོན་པའི་བོད་ཀྱི་སྒྲུང་གཏམ།) ……………………… (47)
顿(འདོན།) ……………………… (47)
顿丹确丹(དོན་ལྡན་མཆོད་རྟེན།) …… (47)
顿渐之争(སྟོན་རྩེན་རྩོད་པ།) ……… (47)
顿钦(སྟོན་ཆེན།) ………………… (48)
《顿月顿珠》(《དོན་ཡོད་དོན་གྲུབ།》) …………………………… (48)
多吉扎寺(རྡོ་རྗེ་བྲག་དགོན་པ།) …… (48)
多拉山摩崖石刻(རྡོ་ལ་རི་བོའི་བྲག་བརྐོས་སྐུ་བརྙན།) ……………………… (48)
多罗那他(ཏཱ་ར་ན་ཐ།) ………… (49)

多闻天王(多闻子)(རྣམ་ཐོས་སྲས།)
…………………………………(49)
多香城堡遗址(རྡོ་ཤང་མཁར་རྫོང་གནའ་ཤུལ།)…………………………………(49)
朵巴(རྡོས་པ།) …………………(49)
朵嘎(རྡོད་འགག) ………………(49)
朵甘思宣慰使司都元帅府(མདོ་ཁམས་ཧྲོན་ཝེ་སི།) ………………………(50)
朵喀夏仲・次仁旺杰(མདོ་མཁར་ཞབས་དྲུང་ཚེ་རིང་དབང་རྒྱལ།)………………(50)
朵麦基巧(མདོ་སྨད་སྤྱི་ཁྱབ།)
…………………………………(50)
朵塔尔玛(མདོ་དར་མ།) …………(50)

E

峨堡会(ཛ་པོ་དུས་ཆེན།) …………(51)
儿歌(བྱིས་པའི་རྩེད་གླུ།) ……………(51)
二次葬(བྱ་གཏོར།) ………………(51)
二牛抬杠(སྨོན་རོར།) ……………(51)
二世班禅索南乔朗(པཎ་ཆེན་སྐུ་ཕྲེང་གཉིས་པ་བསོད་ནམས་ཕྱོགས་གླང་།)………(51)
二世达赖喇嘛根敦嘉措(རྒྱལ་བ་སྐུ་ཕྲེང་གཉིས་པ་དགེ་འདུན་རྒྱ་མཚོ།) ………(51)

F

梵文转写字(སཾ་སྐྲྀ་ཏའི་སྐད་དོད།)
…………………………………(53)
方经(པོ་ཏི་ཆེན་པོ་ལྷུགས་ཡོང་མ།)
…………………………………(53)
放牧歌(འབྲོག་གླུ།) ………………(53)
放生(ཚེ་ཐར་གཏོང་བ།) ……………(53)
放生节(རི་འབུལ།) ………………(53)
飞绳(ཐག་ཤུད།) …………………(54)
分数位(གྲངས་གནས།) ……………(54)
风干肉(ཤ་སྐམ།) ………………(54)
风马旗(དར་ལྕོག) ………………(54)
风囊(སྦུད་པ།) …………………(54)
风俗画(དམངས་སྲོལ་ལྡེབས་རིས།)
…………………………………(55)
“佛”字镜(མེ་ལོང་།) ……………(55)
佛本生故事的敲制浮雕残片(སྟོན་པའི་མཛད་པ་གསལ་བའི་འབུར་བརྐོས་ཆག་རོ།)
…………………………………(55)
佛殿(འདུ་ཁང་།) …………………(55)
佛教前弘期(བསྟན་པ་སྔ་དར།)
…………………………………(55)
佛教后弘期(བསྟན་པ་ཕྱི་དར།) ……(55)

佛经诗歌（གསུང་མགུར།）…………（56）
佛塔（མཆོད་རྟེན།）………………（56）
伏藏（གཏེར་མ། གཏེར་ཆོས།）………（56）
妇女歇年（བུད་མེད་ངལ་གསོ།）……（57）
副相（བློན་གཞོན་པ།）………………（57）

G

呷乌（གའུ།）……………………（58）
嘎尔羌母（གར་འཆམ།）…………（58）
嘎洛鞋（ཀོ་ལྷམ།）………………（58）
噶当六论（བཀའ་གདམས་པའི་གཞུང་རབ་དྲུག）…………………………………（58）
噶当派（བཀའ་གདམས་པ།）………（58）
噶东次松节（དགའ་གདོང་ཚེས་གསུམ་དུས་ཆེན།）…………………………………（58）
噶尔（གར།）……………………（59）
噶尔巴（གར་པ།）………………（59）
噶尔·东赞宇松（མགར་སྟོང་བཙན་ཡུལ་སྲུང་།）…………………………（59）
噶举派（བཀའ་བརྒྱུད་པ།）…………（60）
噶伦（བཀའ་བློན།）………………（60）
《噶伦传》（《བཀའ་བློན་རྟོགས་བརྗོད།》）…………………………………（60）
噶伦制度（བཀའ་བློན་ལམ་ལུགས།）…………………………………（60）
噶玛·都松钦巴（ཀརྨ་དུས་གསུམ་མཁྱེན་པ།）…………………………………（60）
噶玛拔希（ཀརྨ་པཀྴི།）……………（61）
噶玛嘎赤画派（ཀརྨ་སྒར་བྲིས།）…………………………………（61）
噶玛噶举派（ཀརྨ་བཀའ་བརྒྱུད།）…………………………………（61）
噶厦（བཀའ་ཤག）………………（61）
噶厦嘎（བཀའ་ཤག་འགག）…………（62）
噶厦官员品级（བཀའ་ཤག་གི་གོ་ཐོབ་རིམ་པ།）…………………………………（62）
噶厦托珠（བཀའ་ཤག་ཐུགས་སྒྲུབ།）……（62）
噶厦雪（བཀའ་ཤག་ཤོད།）…………（62）
噶仲（བཀའ་དྲུང་།）………………（63）
噶珠（དཀར་ཕྲུག）………………（63）
噶准（བཀའ་མགྲོན།）………………（63）
《甘丹格言》（《དགེ་ལྡན་ལེགས་བཤད།》）…………………………………（63）
甘丹颇章银币（དངུལ་ཏམ་ཞོ་གང་སྐར་ལྔ།）…………………………………（63）
甘丹颇章政权（དགའ་ལྡན་ཕོ་བྲང་སྲིད་དབང་།）…………………………（63）
甘丹丝唐（དགའ་ལྡན་སེའུ་ཐང་།）……（63）
甘丹寺（དགའ་ལྡན་དགོན་པ།）………（63）
甘丹寺经堂大柱子的传说（དགའ་ལྡན་འདུ་ཁང་ཀ་ཆེན་གྱི་བཤད་རྒྱུན།）…………（64）

甘丹寺摩崖雕像（དགའ་ལྡན་སྒྲུབ་ཕུག་གི་བརྐོས་རིས།）……………………（64）
甘家白石崖寺（ཀན་ཀྱ་བྲག་དཀར་དགོན།）……………………（64）
《甘珠尔》（《བཀའ་འགྱུར།》）……（64）
赶鬼（གླུད་གཡུག）……………………（65）
干奶酪（ཕྱུར་ར།）……………………（65）
岗仁波钦（གངས་ཏི་སེ། གངས་རིན་པོ་ཆེ།）……………………（65）
告身（ཡིག་ཚངས།）……………………（65）
歌音七品（དབྱངས་ཀྱི་ངེས་པ་བདུན།）……………………（66）
格丹·益西僧格（སྐལ་ལྡན་ཡེ་ཤེས་སེང་གེ།）……………………（66）
格根（དགེ་རྒན། རྒས་པོ།）…………（66）
格贵（铁棒喇嘛）（དགེ་བསྐོས།）……………………（66）
格鲁派（དགེ་ལུགས་པ།）……………（66）
格鲁派六大寺（དགེ་ལུགས་པའི་དགོན་སྡེ་ཆེ་ཁག་དྲུག）……………………（67）
格萨尔仲鲁（གེ་སར་རྒྱལ་པོའི་སྒྲུང་གླུ།）……………………（67）
《格萨尔王传》（《གེ་སར་རྒྱལ་པོའི་སྒྲུང་།》）……………………（67）
格桑章噶（སྐལ་བཟང་ཏམ་ཀ）………（67）
格西（དགེ་བཤེས།）……………………（68）
根敦群培（དགེ་འདུན་ཆོས་འཕེལ།）……………………（68）
根敦群培的诗（དགེ་འདུན་ཆོས་འཕེལ་གྱི་སྙན་ངག）……………………（68）
耕地歌（ཞིང་གླུ།）……………………（68）
梗舞（གདོན་ཁྲིའི་ཞབས་བྲོ།）…………（68）
工布男装（ཀོང་པོའི་ཕོ་ཆས།）………（69）
工布女装（ཀོང་པོའི་མོ་ཆས།）………（69）
工布新年（ཀོང་པོའི་ལོ་གསར།）……（69）
工布卓巴（ཀོང་པོ་བྲོ་པ།）…………（69）
工巧明（བཟོ་རིག་པ།）……………（69）
工厦（ཀོང་ཞྭ།）……………………（69）
公卡玛如和创造藏文的传说（སྐྱུ་མཁར་མ་རུར་བོད་ཡིག་གསར་དུ་གཏོད་པའི་གཏམ་རྒྱུད།）……………………（70）
公堂寺（གུང་ཐང་དགོན།）…………（70）
公主桥（ཀོང་ཇོ་ཟམ་པ།）…………（70）
功德林（ཀུན་བདེ་གླིང་།）…………（70）
宫殿（ཕོ་བྲང་།）……………………（70）
贡论（དཀྱུང་བློན།）………………（71）
贡确杰波（འཁོན་དཀོན་མཆོག་རྒྱལ་པོ།）……………………（71）
贡唐·丹白准美（གུང་ཐང་བསྟན་པའི་སྒྲོན་མེ།）……………………（71）
《贡唐教诫集》（《གུང་ཐང་བསླབ་བྱ།》）……………………（71）

贡扎（གོང་ཀྲག）…………………（71）
《贡珠笔记》（《ཀོང་སྤྲུལ་ཟིན་ཏིག》）
………………………………（71）
供食节（གཏོར་རྒྱག）……………（72）
勾什朵（ཀོའུ་ཤི་ཀ）………………（72）
古堡（རྫོང་མཁར།）………………（72）
古代法律四条（ཁྲིམས་བཞི།）……（72）
古尔鲁（མགུར་གླུ།）………………（72）
古格遗址（གུ་གེ་རྒྱལ་རབས་གནའ་ཤུལ།）
………………………………（72）
古格政权（གུ་གེ་རྒྱལ་རབས།）………（73）
古汝·确吉旺秋（གཏེར་སྟོན་གུ་རུ་ཆོས་ཀྱི་
དབང་ཕྱུག）……………………（73）
古图（དགུ་ཐུག）…………………（73）
古装仪仗队（森穷哇）（གཟིམ་ཆུང་བ།）
………………………………（73）
谷秀（མགོ་ཤུབས།）………………（74）
骨卜（སོག་དཔྱད།）………………（74）
鼓卜（ཇ་དཔྱད།）…………………（74）
故事壁画（གཏམ་རྒྱུད་ལྡེབས་རིས།）
………………………………（74）
贵族（སྐུ་དྲག）……………………（74）
衮丹热巴（ཀུན་ལྡན་རས་པ།）………（74）
滚恰青波（དགུན་ཇ་ཆེན་པོ།）………（75）
《国王修身论》（《རྒྱལ་པོ་ལུགས་ཀྱི་
བསྟན་བཅོས》）……………………（75）
果郭（མགོ་སྐོར།）…………………（75）
果洛厦莫（མགོ་ལོག་ཞྭ་མོ།）………（75）
果夏卡擦（མགོ་ཤྭ་ཁ་ཚ།）…………（75）
果谐（锅庄）（སྐོར་གཞས། སྐོར་བྲོ།）
………………………………（75）
过林卡（གླིང་ཀ་གཏོང་བ།）…………（76）

H

函头标签（འགོ་རྟགས། འགོ་མཚན།）
………………………………（77）
汉风派（རྒྱ་ནག་གི་རི་མོ་འབྲི་ལུགས།）
………………………………（77）
红花七味散（ཤ་སྐམ་བདུན་སེལ།）
………………………………（77）
红景天（སྲོ་ལོ་དམར་པོ།）…………（77）
《红史》（《དེབ་ཐེར་དམར་པོ།》）……（77）
红手水葬（ཆུ་གཏོར།）……………（77）
《猴鸟的故事》（《བྱ་སྤྲེལ་གཏམ་རྒྱུད།》）
………………………………（78）
后加字（རྗེས་འཇུག་ཡི་གེ།）…………（78）
呼毕勒罕（འོས་སྤྲུལ།）……………（78）
呼图克图（ཧོ་ཐོག་ཐུ།）……………（78）
划牛皮船歌舞（ཀོ་གྲུ་གཏོང་གླུ།）
………………………………（78）
欢喜佛（བདེ་མཆོག）………………（78）

《黄琉璃》(《བཻཌཱུརྱ་སེར་པོ།》) …… (79)
黄龙寺庙会(ཧུང་རི་གསེར་མཚོའི་ཚེས་ཚོགས།) ………………………………… (79)
会合(མཉམ་འཛོམས།) …………… (79)
婚礼对歌(གཉེན་སྟོན་གཞས་ཚེན།) … (79)
婚礼训言(གཉེན་སྒྲིག་བསླབ་བྱ།) …… (80)
婚姻禁忌(གཉེན་སྒྲིག་འཛེམ་བྱ།) …… (80)
活佛(སྤྲུལ་སྐུ།) ………………… (80)
火烧蕨麻猪(ཕག་ཤ་སྲེག་མ།) …… (80)
火葬(ཞུགས་འབུལ།) ……………… (80)

J

机制章噶纸币(ཤོག་དངུལ།) …… (81)
积年(འདས་ལོ།) ………………… (81)
积月(འདས་ཟླ།) ………………… (81)
基础六制(བོད་ཀྱི་ཁོད་དྲུག) ……… (81)
基巧(སྤྱི་ཁྱབ།) ………………… (81)
基巧堪布(སྤྱི་ཁྱབ་མཁན་པོ།) ……… (81)
基字(མིང་གཞིའི་ཡི་གེ) …………… (81)
吉达(ཇི་དར།) ………………… (81)
吉都(སྐྱིད་སྡུག) ………………… (82)
吉韧(ཀེ་རེམ།) ………………… (82)
吉祥福禄歌(བཀྲ་ཤིས་གཡང་གླུ།) ………………………………… (82)
集密金刚(དཔལ་གསང་བ་འདུས་པ།) ………………………………… (82)
忌猎鹰雕(བྱ་རྒོད་སྲུང་བ།) ……… (83)
忌摸圣物(རྟེན་ལ་ལག་པ་མི་འཆང་བ།) ………………………………… (83)
忌男女混坐(ཕོ་མོ་བཞུགས་གྲལ་སོ་སོ།) ………………………………… (83)
忌杀生(སྲོག་གཅོད་སྤང་བ།) ……… (83)
忌生人(བཤུད་ཁ་ཟོག) …………… (83)
忌食鸡或鸡蛋(བྱ་དང་སྒོང་ང་སྤོང་བ།) ………………………………… (83)
忌食鱼虾(ཉ་རིགས་སྤོང་བ།) ……… (83)
祭龙(ཀླུ་གཏོར།) ………………… (83)
祭龙王(ཀླུ་གསོལ།) ……………… (84)
祭玛尼堆(祭拉卜孜)(ལྷ་གསོལ།) ………………………………… (84)
祭山节(གཞི་བདག་གསོལ་བ།) ……… (84)
祭山头节(ལབ་ཙེ་གསོལ་མཆོད།) …… (84)
寄棺葬(རོ་སྒམ་གནས་སྐབས་ཟུར་འཇོག) ………………………………… (84)
寂护(ཞི་བ་འཚོ།) ………………… (85)
加嘎(སྐྲ་གཀཱ།) ………………… (85)
加拉马遗址(རྒྱ་རམ་ཤུལ་རྙིང་།) …… (85)
加林岩画(འགྲེར་གླིང་བྲག་བཀོས།) ………………………………… (85)
加鲁切(རྒྱ་ལུ་ཚས།) ……………… (85)
嘉庆宝藏(ཙ་ཆེང་པའོ་ཙང་།) ……… (86)

嘉绒藏戏（རྒྱལ་མོ་ཚ་བ་རོང་གི་ལྷ་མོ།）……………………（86）
甲本（བརྒྱ་དཔོན།）……………………（86）
甲擦列空（ཛ་ཚྭ་ལས་ཁུངས།）……………………（86）
甲规（བརྒྱ་གོས།）……………………（86）
甲卡（ཛ་ཁ།）……………………（86）
甲纳拉康（རྒྱ་ནག་ལྷ་ཁང་།）……………………（87）
杰扎仓大殿（བྱེས་གྲྭ་ཚང་།）……………………（87）
奸污罚锾律（བྱི་བྱས་བྱི་རིན་གྱི་ཞལ་ལྕེ།）……………………（87）
坚阿瓦楚呈巴（སྒྱན་རྫ་བ།）……………………（87）
减差四大条例（ཁྲལ་ཆག་ཡང་གི་སྲོལ་ཡིག་དོན་ཚན་ཆེན་པོ་བཞི།）……………………（87）
简略书名命名法（དཔེ་མིང་བསྡུ་སྟངས་སྐོར།）……………………（88）
见者祝福（བཀྲ་ཤིས་སྨོན་འདུན།）……………………（88）
建筑画（བཟོ་རིས།）……………………（88）
建筑群（བཟོ་སྐྲུན་བཀོད་པ།）……………………（88）
箭卜（ཡབ་སྲས་ཀྱི་མངོན་ཤེས་བརྡ་རྟགས་སམ་མདའ་མོ།）……………………（89）
箭歌（མདའ་བསྟོད།）……………………（89）
江厦（རྒྱང་ཞྭ།）……………………（89）
江孜达玛节（རྒྱལ་རྩེ་མདའ་དམག）……………………（89）
江孜尼姑庵（རྒྱལ་རྩེ་དབེན་བདག་དགོན།）……………………（89）
江隆（སྤྱང་སྒོང་།）……………………（90）
江丕（奉献嫩苗）（ལྗང་ཕུད།）……………………（90）
狡诳洗心律（བསྙོན་ཁྲམ་མནའ་དག་གི་ཞལ་ལྕེ།）……………………（90）
接缰绳（མཐུར་མགོ་མཐུད་པ།）……………………（90）
杰曹·达玛仁钦（རྒྱལ་ཚབ་དར་མ་རིན་ཆེན།）……………………（90）
杰麻塞（ཕྱེ་མར་ཟས།）……………………（91）
结贡楚臣僧格（དཀྱིར་སྒོམ་ཚུལ་ཁྲིམས་སེང་གེ）……………………（91）
结婚税（བག་ཁྲལ།）……………………（91）
结塘格冬节（རྒྱལ་ཐང་དཀུ་གདོང་དུས་ཆེན།）……………………（91）
金城公主的传说（ཀྱིམ་ཤིང་ཀོང་ཇོའི་གཏམ་རྒྱུད།）……………………（91）
金刚要义浮雕（རྡོ་རྗེ་སྙིང་པོའི་སྐུ་བརྙན།）……………………（91）
金刚杵（རྡོ་རྗེ།）……………………（92）
金刚橛（རྡོ་རྗེ་ཕུར་པ།）……………………（92）
金刚铃（རྡོ་རྗེ་དྲིལ་བུ།）……………………（92）
金刚手（ཕྱག་ན་རྡོ་རྗེ།）……………………（92）
金花帽（ཚེ་རིང་སྐྱིན་ཁེབས།）……………………（92）
金瓶掣签（གསེར་བུམ་དཀྲུག་འདོན།）……………………（92）

进门歌(སྒོ་འཛུལ་གླུ།) ……………… (93)
《晶珠本草》(《ཤེལ་གོང་ཤེལ་ཕྲེང་།》) ……………… (93)
敬语(ཞེ་ས།) ……………… (93)
镜卜(མེ་ལོང་པྲ་ཕབ།) ……………… (93)
纠本(བཅུ་དཔོན།) ……………… (93)
九世班禅确吉尼玛(པཎ་ཆེན་སྐུ་ཕྲེང་དགུ་པ་ཆོས་ཀྱི་ཉི་མ།) ……………… (93)
九世达赖喇嘛隆多嘉措(ཏཱ་ལའི་བླ་མ་སྐུ་ཕྲེང་དགུ་པ་ལུང་རྟོགས་རྒྱ་མཚོ།) ……………… (94)
九松西阿(བཅུ་གསུམ་ཞེ་ལྔ།) ……………… (94)
九松西堆(བཅུ་གསུམ་ཞེ་བདུན།) ……………… (94)
九松西著(བཅུ་གསུམ་ཞེ་དྲུག) ……………… (95)
九种医德(སྨན་པའི་ཀུན་སྤྱོད་དགུ།) ……………… (95)
酒歌(ཆང་གཞས།) ……………… (95)
旧石器考古(རྡོ་ཆས་རྙིང་པ་ཞིབ་དཔྱད།) ……………… (95)
居家禁忌(འཚོ་བའི་ཁྲོད་ཀྱི་འཛེམ་བྱ།) ……………… (95)
居住建筑(སྡོད་ཁང་།) ……………… (96)
鞠躬(གུས་འདུད་ཞུ་བ།) ……………… (96)
举皮袋(རྒྱལ་པ་འདེགས་པ། ས་ཕད་འདེགས་པ།) ……………… (96)
巨米旁·朗杰嘉措(འཇུ་མི་ཕམ་རྣམ་རྒྱལ་རྒྱ་མཚོ།) ……………… (96)
巨石遗址(རྡོ་ཆེན་གནའ་ཤུལ།) ……………… (96)
决(གཅོད།) ……………… (96)
觉阿尼西(བཅོ་ལྔ་ཉེར་བཞི།) ……………… (97)
觉囊派(ཇོ་ནང་པ།) ……………… (97)
觉沃米觉多吉像(ཇོ་བོ་མི་སྐྱོད་རྡོ་རྗེ།) ……………… (97)
觉沃释迦牟尼像(ཇོ་བོ་ཤཱཀྱ་མུ་ནེ།) ……………… (97)
觉宇派(གཅོད་ཡུལ་པ།) ……………… (97)
蕨麻米饭(གྲོ་མ་འབྲས་སིལ།) ……………… (98)

K

卡垫(ཁ་གདན།) ……………… (99)
卡羌母(གར་འཆམ།) ……………… (99)
《卡切帕鲁训戒》(《ཁ་ཆེ་ཕ་ལུའི་བསླབ་བྱ།》) ……………… (99)
卡若遗址(ཁ་རུབ་གནའ་ཤུལ།) ……………… (99)
卡赛(ཁ་ཟས།) ……………… (99)
卡卓(ཁ་གྲོ) ……………… (100)
开镰仪式(སྟོན་བསྔུའི་མཛད་སྒོ།) ……………… (100)
堪布(མཁན་པོ།) ……………… (100)
堪苏(མཁན་ཟུར།) ……………… (100)

康（ཁམས།）…………………………（100）
康巴女装（ཁམས་ཀྱི་མོ་གོས།）……（100）
康村（ཁམས་ཚན།）…………………（100）
康方言（ཁམས་སྐད།）………………（100）
康谐（ཁམས་གཞས།）………………（101）
科巴（ཁོལ་པོ།）……………………（101）
科加寺（འཁོར་ཆགས་དགོན།）……（101）
磕头（ཕྱག་འཚལ་བ།）………………（101）
克（ཁལ།）…………………………（101）
客哇（ཁེ་པ།）……………………（102）
缂丝释迦也失真容唐卡（བྱམས་ཆེན་ཆོས་རྗེ་ཤཱཀྱ་ཡེ་ཤེས་ཀྱི་བཀྲལ་བཏགས་སྐུ་ཐང་།）…………（102）
缂丝唐卡（བཀྲལ་བཏགས་ཐང་ཀ།）…………（102）
空行母（མཁའ་འགྲོ་མ།）……………（102）
叩扎寺（ཁའུ་བྲག་དགོན་པ།）………（102）
苦修者之墓（རྣལ་འབྱོར་པའི་དུར་ས།）…………（103）
库敦·尊追雍中（ཁུ་སྟོན་བརྩོན་འགྲུས་གཡུང་དྲུང་།）…………（103）
库伦版《大藏经》（ཁུ་རེའི་《བཀའ་བསྟན་》པར་མ།）…………（103）
昆·贡却杰波（འཁོན་དཀོན་མཆོག་རྒྱལ་པོ།）…………（103）
廓西列空（གོར་ཞིབ་ལས་ཁུངས།）…………（103）

L

拉卜楞寺（བླ་བྲང་བཀྲ་ཤིས་འཁྱིལ།）…………（104）
拉卜楞寺庙会（བླ་བྲང་བཀྲ་ཤིས་འཁྱིལ་གྱི་སྨོན་ལམ་ཆེན་མོ།）…………（104）
拉卜楞寺印经院（བླ་བྲང་བཀྲ་ཤིས་འཁྱིལ་དགོན་གྱི་པར་ཁང་།）…………（104）
拉都（ལག་རྡོ།）……………………（104）
拉嘉寺版《大藏经》（ར་རྒྱ་དགོན་པའི་《བཀའ་བསྟན་》པར་མ།）…………（104）
拉康（ལྷ་ཁང་།）……………………（104）
拉木细列空（ལམ་ཞིབ་ལས་ཁུངས།）…………（105）
拉恰列空（བླ་ཕྱག་ལས་ཁུངས།）……（105）
拉萨版《大藏经》（ལྷ་སའི་《བཀའ་བསྟན་》པར་མ།）…………（105）
拉萨男装（ལྷ་སའི་ཕོ་ཆས།）………（105）
拉萨涅仓（ལྷ་ས་གཉེར་ཚང་།）……（105）
拉萨女装（ལྷ་སའི་མོ་ཆས།）………（105）
拉萨三大寺（ལྷ་སའི་དགོན་སྡེ་ཆེ་ཁག་གསུམ།）…………（105）
拉萨四大林（ལྷ་སའི་གླིང་བཞི།）…………（106）

拉谐(ལ་གཞས།) ……………… (106)
拉孜石窟寺(ལྷ་རྩེའི་དགོན་པ་ཤར།) …………………………… (106)
喇吉(བླ་སྤྱི།) ………………… (106)
喇嘛(བླ་མ།) ………………… (106)
喇嘛嘛呢(བླ་མ་མ་ཎི།) ………… (106)
喇嘛塔(མཆོད་རྟེན་དཀར་པོ།) …… (106)
喇让强佐(བླ་བྲང་ཕྱག་མཛོད།) …… (107)
喇章(བླ་བྲང་།) ………………… (107)
辣子尕勺(སྒོག་བཙུད།) ………… (107)
《蓝琉璃》(《བཻཌཱུརྻ་སྔོན་པོ།》) …… (107)
蓝面具藏戏(འབག་སྔོན།) ……… (107)
蓝莫(ལྷ་མོ།) …………………… (107)
《朗萨姑娘》(《སྣང་ས་འོད་འབུམ།》) …………………………… (108)
朗生(ནང་ཟན།) ……………… (108)
朗子厦列空(སྣང་རྩེ་ཤག་ལས་ཁུངས།) …………………………… (108)
劳务布施(མི་ལག) …………… (108)
理塘版《大藏经》(ལི་ཐང་གི《བཀའ་བསྟན་》པར་མ།) ………………… (109)
历史壁画(ལོ་རྒྱུས་ལྡེབས་རིས།) …… (109)
历算学(སྐར་རྩིས།) …………… (109)
莲花生(པད་མ་འབྱུང་གནས།) …… (109)
《莲苑歌舞》(《གཏམ་པདྨའི་ཚལ་གྱི་ཟློས་གར།》) ………………………… (109)
亮宝会(ཚོགས་མཆོད་སེར་སྦྲེང་ཆེན་མོ།) …………………………… (110)
列谐(ལས་གཞས།) ……………… (110)
林卡节(གླིང་ཁ་གཏོང་བའི་དུས་ཆེན།) …………………………… (110)
林热·白玛多吉(གླིང་རས་པད་མ་རྡོ་རྗེ།) …………………………… (110)
铃(དྲིལ་བུ།) …………………… (110)
溜索(འགྲིང་ཐག་ཟམ་པ།) ………… (110)
琉璃桥(གཡུ་ཐོག་ཟམ་པ།) ……… (111)
六大政要(སྲིད་དོན་འགངས་ཆེན་དྲུག) …………………………… (111)
六法(ཁྲིམས་དྲུག) ……………… (111)
六类赏赐(ཡིག་ཚངས་དྲུག) ……… (111)
六六大计(ཁོད་སུམ་ཅུ་སོ་དྲུག) …………………………… (111)
六世班禅罗桑贝丹益西(པཎ་ཆེན་སྐུ་ཕྲེང་དྲུག་པ་དཔལ་ལྡན་ཡེ་ཤེས།) …………………………… (111)
六世达赖喇嘛仓央嘉措(ཏཱ་ལའི་བླ་མ་སྐུ་ཕྲེང་དྲུག་པ་ཚངས་དབྱངས་རྒྱ་མཚོ།) …………………………… (112)
六四转山节(དྲུག་པ་ཚེས་བཞི།) …………………………… (112)
六种标识(མཚོན་རྟགས་སྣ་དྲུག) …… (112)
六状 (ཕྱག་རྒྱ་དྲུག) …………… (112)

六字真言(མ་ཎི་ཡིག་དྲུག) ………（112）
龙珍列空(ཀླུང་འཕྲིན་ལས་ཁུངས།) ………………………………（113）
隆多·阿旺罗桑(ཀློང་རྫོལ་ངག་དབང་བློ་བཟང་།) ………………………（113）
《隆钦七藏》(《ཀློང་ཆེན་མཛོད་བདུན།》) ………………………………（113）
隆钦然绛巴(ཀློང་ཆེན་རབ་འབྱམས་པ།) ………………………………（113）
陋室(ཁང་ལེབ།) ………………（114）
鲁盘桑杰益西(ཀླུ་འཕན་སངས་རྒྱས་ཡེ་ཤེས།) ………………………………（114）
鲁布驱邪(ཀླུ་སྦུག་གཏོར་རྒྱག) ………………………………（114）
鲁固安营(鲁固嘎志)(ཀླུ་སྦུག་སྒར་སྒྲིག) ………………………………（114）
伦钦(司伦)(བློན་ཆེན། སྲིད་བློན།) ………………………………（114）
轮作(རེས་འཁོར་སོན་འདེབས།) ……（114）
罗布林卡(ནོར་བུ་གླིང་ཀ) ………（115）
骡帮歌(དྲེལ་པའི་གླུ།) ……………（115）
洛过(ཀློག་ཀོག) …………………（115）
洛基(ལྷོ་སྐྱི།) …………………（115）
洛曲(ལོ་མཆོད།) ………………（115）
洛扎摩崖石刻(ལྷོ་བྲག་གི་བྲག་བརྐོས།) ………………………………（115）
绿度母(སྒྲོལ་ལྗང་།) ……………（116）

M

马基康 (དམག་སྤྱི་ཁང་།) ………（117）
马球(རྟ་ཐོག་སྤོ་ལོ།) ……………（117）
马头金刚(རྟ་མགྲིན།) …………（117）
玛仓·西饶僧格(སྨར་ཚང་ཤེས་རབ་སེང་གེ) ………………………………（117）
玛仓噶举(སྨར་ཚང་བཀའ་བརྒྱུད།) ………………………………（117）
玛尔巴·确吉洛追(མར་པ་ལོ་ཙཱ་བ་ཆོས་ཀྱི་བློ་གྲོས།) ……………………（117）
《玛尼全集》(《མ་ཎི་བཀའ་འབུམ།》) ………………………………（118）
玛旁雍措(མ་ཕམ་གཡུ་མཚོ།) ………………………………（118）
玛旁雍措新石器(མ་ཕམ་གཡུ་མཚོའི་རྡོ་ཆས་གསར་མ།) ……………………（118）
嘛呢堆(མ་ཎི་རྡོ་འབུམ།) …………（118）
嘛呢轮(མ་ཎི་ཆོས་འཁོར།) ………（118）
嘛呢旗 (དར་ལྕོག།) ……………（119）
嘛呢石刻(མ་ཎི་རྡོ་བརྐོས།) ………（119）
麦扎仓(སེ་ར་སྨད་གྲྭ་ཚང་།) ………（119）
曼巴(སྨན་པ།) ………………（119）
曼巴扎仓(སྨན་པ་གྲྭ་ཚང་།) ………（119）

曼拉节(སྨན་ལྷའི་དུས་ཆེན།) ……… (119)
曼罗布扎仓(སྨན་སློབ་གྲྭ་ཚང་།) ……… (120)
曼然巴(སྨན་རམས་པ།) ………… (120)
曼荼罗(དཀྱིལ་འཁོར།) ………… (120)
毛帐(སྦྲ།) …………………… (121)
《牦牛、绵羊、山羊和猪的故事》(《གཡག་ལུག་ར་ཕག་གི་གཏམ་རྒྱུད།》) ……… (121)
门当派(སྨན་ཐང་ལུགས།) ……… (121)
门孜康(སྨན་རྩིས་ཁང་།) ………… (121)
弥易尼玛·统瓦顿登(མི་ཡི་ཉི་མ་མཐོང་བ་དོན་ལྡན།) ……… (121)
米拉日巴(མི་ལ་རས་པ།) ……… (121)
《米拉日巴传》(《མི་ལ་རས་པའི་རྣམ་ཐར།》) ……… (122)
《米拉日巴道歌》(《མི་ལ་རས་པའི་མགུར་འབུམ།》) ……… (122)
米拉则山嘹望台遗址(མི་ལ་རྩེ་རིའི་རྒྱང་མཐོང་མཐོ་སྒྲིགས་ཤུལ་རྙིང་།) ……… (122)
密集金刚(དཔལ་གསང་བ་འདུས་པ།) ……… (122)
密芒(མིག་མངས།) ……………… (123)
密院(སྔགས་པ་གྲྭ་ཚང་།) ………… (123)
《密宗道次第广论》(《སྔགས་རིམ་ཆེན་མོ།》) ……… (123)
勉唐派(སྨན་ཐང་ལུགས།) ……… (123)
冕宁藏族火把节(སྨན་ཉིན་མེ་སྒྲོག་དུས་ཆེན།) ……… (123)
妙音仙女像(ལྷ་མོ་དབྱངས་ཅན་མའི་སྐུ་བརྙན།) ……… (124)
民歌(དམངས་གླུ།) ……………… (124)
敏珠林寺(སྨིན་གྲོལ་གླིང་།) ……… (124)
明封八王(མིང་རྒྱལ་རབས་དུས་ཀྱི་ཞང་བརྒྱད།) ……… (124)
命价(སྟོང་ཐང་།) ……………… (124)
摩顶(ཕྱག་དབང་ཞུ་བ།) ………… (125)
磨金技法(གསེར་ཚག) ………… (125)
蘑菇炖羊肉(སེར་ཤ་ལུག་ཤ་བཙོས་མ།) ……… (125)
磨饲料歌(ལས་གཞས།) ………… (125)
墨脱誓言(མི་ཏོག་ཁྲུལ་གྱི་མནའ་ཤག) ……… (125)
母女共夫制(བཟའ་གསུམ་མ།) ……… (125)
木板画(ཤིང་བརྐོས་རི་མོ།) ……… (125)
木柴垒墙(牛角垒墙)(ཤིང་གུང་།) ……… (126)
木铲(ཤིང་ཁེམ།) ……………… (126)
木雕艺术(ཤིང་བརྐོས་ལག་རྩལ།) ……… (126)

木饭盒（སྣོར་ཕོར།） ……………… （126）

木刮（རྒྱུག་འཐྲད།） ……………… （126）

木桥（ཤིང་ཟམ།） ……………… （126）

木碗（ཤིང་ཕོར།） ……………… （127）

木雅藏戏（མི་ཉག་གི་ལྷ་མོ།） ……… （127）

沐浴节（སྐར་མ་རྡོད་པ།） ………… （127）

牧羊节（ལུགས་རྫིའི་དུས་ཆེན།） ……………… （127）

N

《纳杰才罗遗言》（《གནའ་རྒྱའི་ཚེ་ལོ།》） ……………… （128）

纳龙（རྣ་ལུང་།） ……………… （128）

纳木措（གནམ་མཚོ།） ……………… （128）

纳塘版《大藏经》（སྣར་ཐང་《བཀའ་བསྟན་》པར་མ།） ……………… （128）

纳塘手抄本《大藏经》（སྣར་ཐང་《བཀའ་བསྟན་》ལག་བྲིས་མ།） ……… （128）

纳塘寺（སྣར་ཐང་དགོན་པ།） ……… （129）

纳塘印经院（སྣར་ཐང་པར་ཁང་།） ……………… （129）

乃甲钦木石窟寺（གནས་བརྒྱ་ཆེན་མོའི་སྒྲུབ་ཕུག） ……………… （129）

乃甲钦木石窟寺浮雕（གནས་བརྒྱ་ཆེན་མོའི་སྒྲུབ་ཕུག་གི་འབུར་བརྐོས།） ……… （129）

乃囊寺（གནས་ནང་དགོན།） ……… （129）

乃穷寺（གནས་ཆུང་དགོན།） ……… （129）

乃穷寺壁画（གནས་ཆུང་ལྡེབས་རིས།） ……………… （130）

男归父女随母（ཕ་རྗེས་བུ་དང་མ་རྗེས་བུ་མོ།） ……………… （130）

囊论（ནང་བློན།） ……………… （130）

囊玛（ནང་མ།） ……………… （130）

囊玛吉都（ནང་མ་སྐྱིད་སྡུག） ……… （131）

内明（ནང་རིག་པ།） ……………… （131）

尼泊尔银币（གོར་ཏམ།） ……… （131）

年夜背水（ཆུ་ཕུད་ལེན་པ།） ……… （131）

年月日时（ལོ་ཟླ་ཞག་དུས།） ……… （131）

娘·尼玛维色（ཉང་ཉི་མ་འོད་ཟེར།） ……………… （132）

娘乃节（སྨྱུང་གནས།） ……………… （132）

乌卜（བྱ་མོ།） ……………… （132）

乌日（བྱ་ཞག） ……………… （132）

聂赤赞普的传说（གཉའ་ཁྲི་བཙན་པོའི་གཏམ་རྒྱུད།） ……………… （132）

聂唐大佛（སྙེ་ཐང་ལྷ་ཆེན་པོ།） ……………… （132）

聂唐度母殿（སྙེ་ཐང་སྒྲོལ་མ་ལྷ་ཁང་།） ……………… （133）

聂唐哲朴摩崖石刻（སྙེ་ཐང་གི་བྲག་བརྐོས་སྐུ་བརྙན།） ……………… （133）

宁玛九乘（སྙིང་མའི་ཐེག་པ་རིམ་པ་དགུ）
……………………………（133）
宁玛派（སྙིང་མ་པ།）……………（133）
牛帮（གཡག་གཤར།）……………（134）
牛踩场（ཕྱུགས་འཆག་སྐོར་བ།）
……………………………（134）
牛犊节（小年）（བེའུའི་དུས་ཆེན།）
……………………………（134）
牛角墙（ར་ཅོའི་གྱང་།）…………（134）
牛角琴（ར་ཅོའི་པི་ཝང་།）…………（134）
牛皮船（ཀོ་གྲུ།）………………（134）
牛油茶（ཇ་བསྲུབས་མ།）…………（134）
牛指折合（ཕྱུགས་རིགས་བརྗེ་ཚོང་།）
……………………………（135）
农民新年（སོ་ནམ་ལོ་སར།）………（135）
农奴（ཞིང་བྲན།）………………（135）
农奴主（ཞིང་བྲན་བདག་པོ།）………（135）
农田官（ཞིང་དཔོན།）……………（135）
诺布敦汤（七宝汤）（ནོར་བུ་བདུན་ཐང་།）
……………………………（135）
诺门罕（ནོ་མོ་ཧན།）……………（135）
《诺桑法王》（《ཆོས་རྒྱལ་ནོར་བཟང་།》）
……………………………（136）
女垣（女墙）（མདའ་གཡབ་བམ་སྤྱིན་བད།）
……………………………（136）

p

帕巴拉（འཕགས་པ་ལྷ།）…………（137）
帕巴拉活佛管辖区（འཕགས་པ་ལྷའི་གཞིས་ཁོངས།）……………………（137）
帕当巴桑结（ཕ་དམ་པ་སངས་རྒྱས།）
……………………………（137）
帕邦喀碉楼（ཕ་བོང་ཁའི་ཕོ་བྲང་།）
……………………………（137）
帕邦唐廓节（ཕ་བོང་ཐང་གི་དུས་ཆེན།）
……………………………（137）
帕拉（ལྷུག་ཤ་བསྒྲིགས་མ།）…………（138）
帕拉庄园（ཕ་ལྷ་གཞིས་ཀ།）………（138）
帕列撒波（བག་ལེབ་སྲབ་པོ།）……（138）
帕木竹巴（ཕག་མོ་གྲུ་པ།）………（138）
帕扎莫古（བག་ཚ་མར་ཁུ།）………（139）
帕竹地方政权（ཕག་མོ་གྲུ་པའི་སྲིད་དབང་།）
……………………………（139）
帕竹噶举派（ཕག་གྲུ་བཀའ་བརྒྱུད།）
……………………………（139）
派兵制（དམག་བསྐུལ།）…………（139）
旁色（པང་གསོལ།）………………（140）
抛竿（དབྱུག་འཕངས་བཞས་གཏོང་།）……（140）
跑马节（རྟ་རྒྱུགས་དུས་ཆེན།）………（140）

炮轰白鹰粪山(བྱ་སྐྱག་དཀར་པོར་མེ་སྒྱོགས་འཕེན་པ།) ……………… (140)
碰头(དབུ་གཏུག) ……………… (140)
碰嘴婚(ཁ་ཐུག) ……………… (141)
平地板(ཤལ་བ་ཤལ་བ།) ………… (141)
颇罗鼐(ཕོ་ལྷ་བ་བསོད་ནམས་སྟོབས་རྒྱལ།) ……………………………… (141)
《颇罗鼐传》(《མི་དབང་རྟོགས་བརྗོད།》) ……………………………… (141)
铺垫费(རམ་འདེགས་རིན།) ……… (141)
菩萨迎请日(ལྷ་སྐུ་སྤྱན་འདྲེན།) ……………………………… (141)
《菩提道次第广论》(《བྱང་ཆུབ་ལམ་རིམ་ཆེན་མོ།》) ……………………… (142)
《菩提道灯论》(《བྱང་ཆུབ་ལམ་གྱི་སྒྲོན་མེ།》) ……………………… (142)
菩提塔(བྱང་ཆུབ་མཆོད་རྟེན།) …… (142)
普布觉寺(ཕུར་བུ་ལྕོག) ………… (142)
普光寺(马蹄寺)(འོད་ཟེར་ལྷ་ཁང་། རྟ་རྨིག་དགོན།) ……………………… (142)
普穷哇(ཕུ་ཆུང་བ།) …………… (143)
氆氇(སྣམ་བུ།) ……………… (143)

Q

七大法律(ཁྲིམས་ཆེན་བདུན།) …… (144)
七个计时单位(དབུགས་བགྲང་བ།) ……………………………… (144)
七觉士(七试士)(སད་མི་བདུན།) ……………………………… (144)
七世班禅丹白尼玛(པཎ་ཆེན་སྐུ་ཕྲེང་བདུན་པ་བསྟན་པའི་ཉི་མ།) ………… (144)
七世达赖喇嘛格桑嘉措(ཏཱ་ལའི་བླ་མ་སྐུ་ཕྲེང་བདུན་པ་སྐལ་བཟང་རྒྱ་མཚོ།) ……………………………… (144)
七则行医准则(སྨན་བཅོས་སྐབས་ཀྱི་སྲུང་བྱ་བདུན།) ……………………… (145)
七种宝(རིན་ཆེན་སྣ་བདུན།) ……… (145)
歧乌岗画派(ཁྱིའུ་སྒང་པའི་ལུགས།) ……………………………… (145)
骑马赶驴(རྟ་བཞོན་བོང་འདེད།) … (145)
启耕节(རྨོན་འདེབས་འགོ་འཛུགས།) ……………………………… (145)
启如南加(ཁྱུ་རུའི་གནོན་རྒྱན།) …… (146)
起脊房(གཏོར་གཟུགས་ཁང་པ།) …… (146)
起尸(རོ་ལངས།) ……………… (146)
弃夫恨(ཁྱོ་བོ་དོར་བའི་འཁོན།) …… (146)
弃夫虎行赔偿法(ཕོ་སྐྱུར་སྟག་གི་བྱ་རུ་ཅན་གྱི་སྟོད་འཇལ་ཁྲིམས།) …………… (146)
弃妇豹点赔偿法(ཕོ་སྐྱུར་གཟིག་གི་བྱ་རུ་ཅན་གྱི་སྟོད་འཇལ་ཁྲིམས།) …………… (147)
弃山星(澄水星)(སྐར་མ་རི་ཁྱི།)

…………………………………(147)
恰当(ཇ་དྲངས།) ………………(147)
恰哈达(ཇ་ཁ་བཏགས།) …………(147)
恰珍(ཇ་འདུར།) ………………(147)
千户长(སྟོང་དཔོན།) ……………(147)
前加字(སྔོན་འཇུག) ……………(148)
前宇妥・云丹贡布(གཡུ་ཐོག་རྙིང་མ་ཡོན་ཏན་མགོན་པོ།) …………………(148)
乾隆宝藏(ཆན་ལུང་པའི་ཙང་དངུལ་ཏམ།) …………………………………(148)
乾隆通宝(ཆན་ལུང་དུང་པའོ།) ……(148)
强巴佛(རྒྱལ་བ་བྱམས་པ།) ………(148)
强巴林集市(བྱམས་པ་གླིང་ཚོང་འདུས།) …………………………………(148)
强巴林寺(བྱམས་པ་གླིང་དགོན།) …………………………………(149)
强盗歌(ཇག་པའི་གླུ།) ……………(149)
强基(བྱང་སྐྱི།) …………………(149)
强钦曲吉(བྱམས་ཆེན་ཆོས་རྗེ།) …………………………………(149)
抢帽(ཞྭ་འཕྲོག) …………………(150)
桥梁建筑(ཟམ་པའི་འཛུགས་སྐྲུན།) ……(150)
切(ཀྲོ་ཐུག) ……………………(150)
怯懦惩治法(སྡར་མར་ཞེད་འགེལ་གྱི་ཁྲིམས།) …………………………………(150)
钦定藏内善后章程(ཆིང་གོང་མས་བོད་དོན་ཞིབ་བཤེར་གྱི་གཏན་འབེབས།) …………………………………(150)
钦莫列参巴(ཆེན་མོ་ལས་ཚན་པ།) …………………………………(151)
钦绕诺布(མཁྱེན་རབ་ནོར་བུ།) ……(151)
亲属称谓(གཉེན་ཉེའི་འབོད་སྐངས།) …………………………………(151)
亲属离异律(ཉེ་འབྲེལ་འབྲལ་འདུམ་གྱི་ཞལ་ལྕེ།) ……………………………(152)
青海藏族民歌(མཚོ་སྔོན་བོད་རིགས་ཀྱི་གླུ་གཞས།) ……………………(152)
青稞酒(ནས་ཆང་།) ……………(152)
青稞酒歌(ཆང་གླུ།) ……………(152)
青稞招魂(གཡང་འགུག) ………(152)
青浦天葬台(མཆིམས་ཕུ་དུར་ཁྲོད།) …………………………………(153)
《青史》(《དེབ་ཐེར་སྔོན་པོ།》) ……(153)
青孜派(མཁྱེན་ལུགས།) …………(153)
琼波南交(མཁས་གྲུབ་ཁྱུང་པོ་རྣལ་འབྱོར་ཚུལ་ཁྲིམས་མགོན་པོ།) …………………(153)
求巴坚珞(ཕྱུ་པ་རྒྱན་སློག) ………(153)
驱鬼节(དགུ་གཏོར།) ……………(153)
祛瑞(ཕྱུར་རུལ།) ………………(154)
曲拉(ཆུར་བ།) …………………(154)
曲贡村石棺墓(ཆུ་གོང་རྡོ་ཡི་དུར་སྒམ།) …………………………………(154)

曲贡遗址（ཆུ་གོང་གནའ་ཤུལ།）……（154）
缺日和重日（ཚེས་གྲངས་ཆད་ལྷག）……………………………………（154）

R

燃灯节（དགའ་ལྡན་ལྔ་མཆོད།）……………………………………（155）
热巴（རལ་པ།）……………………（155）
热结巴（རགས་རྒྱབ་པ།）…………（155）
热隆寺（ར་ལུང་དགོན་）…………（155）
热乔林卡（牛角林卡）（ར་ཅོ་གླིང་ག）……………………………………（155）
热穷巴（རས་ཆུང་པ།）……………（156）
热协（རས་གཞས།）………………（156）
热擦寺碑（ར་ཚག་དགོན་རྡོ་རིང་།）……………………………………（156）
热振活佛（ར་སྒྲེང་སྤྲུལ་སྐུ།）………（156）
热振寺（ར་སྒྲེང་དགོན།）…………（156）
人参果酥油米饭（གྲོ་མ་འབྲས་བསིལ།）……………………………………（156）
人参果酥油汁（གྲོ་མ་མར་ཁུ།）……………………………………（156）
人类起源神话（འགྲོ་བ་མིའི་བྱུང་རབས།）……………………………………（157）
仁布玉器（རིན་སྤུངས་ཀྱི་གཡང་ཏི།）……………………………………（157）
仁达哇·熏奴罗追（རེད་མདའ་བ་གཞོན་ནུ་བློ་གྲོས།）…………………………（157）
仁钦桑波（ལོ་ཙཱ་བ་རིན་ཆེན་བཟང་པོ།）……………………………………（157）
日楚（རི་ཁྲོད།）……………………（157）
日交日（ཉིན་མོ་ཉིས་བརྩེགས།）……………………………………（158）
日喀则基宗（གཞིས་རྩེ་སྤྱི་རྫོང་།）……………………………………（158）
日喀则扎什伦布画派（གཙང་བཀྲ་ཤིས་ལྷུན་པོའི་ཐང་ག་འབྲི་ལུགས།）…………（158）
日土岩画（རི་ཐོག་གི་བྲག་བརྐོས།）……………………………………（158）
日乌曲林（རི་བོ་ཆོས་གླིང་།）………（158）
绒布寺（རོང་ཕུ་དགོན།）…………（158）
如本（རུ་དཔོན།）………………（158）
如拉（རུ་ལག）……………………（158）
入教十六净法（མི་ཆོས་གཙང་མ་བཅུ་དྲུག）……………………………………（159）
若吞（རོགས་འཐེན།）……………（159）
《瑞贝旺秋》（《རོལ་པའི་དབང་ཕྱུག》）……………………………………（159）
瑞兽葡萄镜（གཅན་གཟན་རྒྱུན་འབྲུམ་མེ་ལོང་།）……………………………………（159）
闰月（བཤོལ་ཟླ།）………………（159）

S

洒水歌（ཆུ་གཏོར་གྱི་གླུ།）…………（161）
撒播（སོན་འདེབས།）……………（161）
撒糌粑（ཡས་སྒྲོན།）……………（161）
萨班・贡噶坚赞（ས་སྐྱ་པཎ་ཆེན་ཀུན་དགའ་རྒྱལ་མཚན།）…………………（161）
萨嘎达瓦（ས་ག་ཟླ་བ།）…………（161）
萨迦本钦（ས་སྐྱ་དཔོན་ཆེན།）……（162）
萨迦达钦（ས་སྐྱ་བདག་ཆེན།）……（162）
萨迦达钦管辖区（ས་སྐྱ་བདག་ཆེན་གྱི་མངའ་ཁོངས།）……………………（162）
萨迦地方政权（ས་སྐྱའི་སྲིད་དབང་།）………………………………（162）
《萨迦格言》（《ས་སྐྱ་ལེགས་བཤད།》）………………………………（163）
《萨迦格言注解》（《ས་སྐྱ་ལེགས་བཤད་ཀྱི་འགྲེལ་པ།》）……………………（163）
萨迦囊钦（ས་སྐྱ་ནང་ཆེན།）………（163）
萨迦派（ས་སྐྱ་པ།）………………（163）
《萨迦世系宝藏》（《ས་སྐྱའི་གདུང་རབས་ངོ་མཚར་རིན་ཆེན་བང་མཛོད།》）………………………………（164）
萨迦寺（ས་སྐྱ་དགོན་པ།）…………（164）
萨迦五祖（ས་སྐྱ་གོང་མ་རྣམ་ལྔ།）………………………………（164）
萨鲁（ས་གླིང་།）…………………（164）
萨钦・贡噶宁布（ས་ཆེན་ཀུན་དགའ་སྙིང་པོ།）………………………（165）
赛骆驼（རྔ་མོང་རྒྱུགས་འགྲན།）……（165）
赛马（རྟ་རྒྱུགས།）………………（165）
赛马会（རྟ་རྒྱུགས་འགྲན་ཚོགས།）……（165）
赛牦牛（གཡག་རྒྱུགས།）…………（166）
赛跑（བང་རྩལ་འགྲན་བསྡུར།）………（166）
三大藏文印经院（བོད་ཀྱི་པར་ཁང་ཆེན་མོ་གསུམ།）……………………（166）
三等九级（མིའི་དབྱེ་བ་རིམ་དགུ།）………………………………（166）
三歌（མགུར་གླུ་གསུམ།）…………（166）
三个奴隶制邦国（བྲན་གཡོག་ལམ་ལུགས་ཀྱི་རྒྱལ་ཕྲན་གསུམ།）………………（167）
三口一杯（གསུམ་འདྲེན་ཞབས་ཐག）………………………………（167）
三日同现（ཉིན་གསུམ་མཉམ་སྣང་།）………………………………（167）
《三十颂》（《སུམ་ཅུ་པ།》）………（167）
三世班禅罗桑顿珠（པཎ་ཆེན་སྐུ་ཕྲེང་གསུམ་པ་དབེན་ས་བློ་བཟང་དོན་གྲུབ།）………………………………（167）
三世达赖喇嘛索南嘉措（ཏཱ་ལའི་བླ་མ་སྐུ་ཕྲེང་གསུམ་པ་བསོད་ནམས་རྒྱ་མཚོ།）

…………………………………（167）
三素尔（ཟུར་ཆེན་ཟུར་ཆུང་གསུམ།）
…………………………………（168）
三种日（ཞག་གསུམ།）……………（168）
散（གཟན།）……………………（168）
桑顶·多吉帕姆（བསམ་སྡིངས་རྡོ་རྗེ་ཕག་མོ།）
…………………………………（168）
桑顶寺（བསམ་སྡིངས་དགོན།）……（169）
桑冈郭姆（སྲང་གང་སྒོར་མོ།）……（169）
桑冈雪阿（སྲང་གང་ཞོ་ལྔ།）………（169）
桑杰坚赞（གཙང་སྨྱོན་ཧེ་རུ་ཀ་སངས་རྒྱས་
རྒྱལ་མཚན།）……………………（169）
桑松郭姆（སྲང་གསུམ་སྒོར་མོ།）……（169）
桑耶寺（བསམ་ཡས་གཙུག་ལག་ཁང་།）
…………………………………（170）
桑耶兴佛盟誓碑（བསམ་ཡས་རྡོ་རིང་།）
…………………………………（170）
色拉普结节（སེ་ར་ཕུར་མཇལ།）
…………………………………（170）
色拉寺（སེ་ར་དགོན།）……………（171）
色拉寺麦扎仓（སེ་ར་སྨད་གྲྭ་ཚང་།）
…………………………………（171）
色拉寺且扎仓（སེ་ར་བྱེས་གྲྭ་ཚང་།）
…………………………………（171）
色夏塞玛（སེར་ཤྭ་སྲེག་མ།）………（172）
森本堪布（གཟིམ་དཔོན་མཁན་པོ།）
…………………………………（172）
僧服（ཆོས་གོས།）………………（172）
僧官学校（རྩེ་སློབ་གྲྭ།）…………（172）
沙陀寺（བཀྲ་ཤིས་ཆོས་འཁོར་གླིང་།）
…………………………………（172）
煞尾费（སྒྲིལ་ཐང་།）……………（172）
山南拉加里族长管辖区（ཨེ་ལྷ་རྒྱ་རིའི་
མངའ་ཁོངས།）……………………（172）
山宅（རི་ལྷེབས་ཁང་པ།）…………（173）
商品暗记（ཚོང་རྟགས་རྒྱག་པ།）……（173）
赏花节（མེ་ཏོག་མཆོད་པ།）………（173）
上加字（མགོ་ཅན།）………………（173）
上九节（དགུ་གཏོར།）……………（173）
上头（དང་ཐོག་སྐྲ་བསླས་པ།）………（173）
尚论（ཞང་བློན།）………………（174）
摄政（སྲིད་སྐྱོང་།）………………（174）
神仙下凡节（དགུ་པ་ལྷ་འབབ།）
…………………………………（174）
神话传说（ལྷ་སྒྲུང་།）……………（174）
生育禁忌（བུ་བཙའི་འཛེམ་བྱ།）……（174）
声明（སྒྲ་རིག་པ།）………………（175）
胜乐金刚（བདེ་མཆོག）…………（175）
《尸语故事》（《མི་རོ་རྩེད་སྒྲུང་།》）
…………………………………（175）
《诗镜》（《སྙན་ངག་མེ་ལོང་།》）……（175）
《诗镜释难·妙音欢歌》（《དབྱངས་

ཅན་དཀྱིས་སྒྲུ》) …………………… (175)
诗学(སྙན་ངག) …………………… (176)
狮子舞(སེང་གེ་ནམ་པར་རྩེ་བ།) …… (176)
施茶粥(མང་ཇ།) ………………… (176)
十八年相交信物(ལོ་བཅོ་བརྒྱད་ཀྱི་
དཔང་རྟགས།) ……………………… (177)
十大道德标准(ཀུན་སྤྱོད་ཐུགས་རྗེའི་ལམ་
བཅུ།) ………………………… (177)
十二法典(ཞལ་ལྕེ་བཅུ་གཉིས།) …… (177)
十二个部落联盟(རྒྱལ་ཕྲན་སིལ་
མ་བཅུ་གཉིས།) …………………… (177)
十二世达赖喇嘛成烈嘉措(ཏཱ་ལའི་བླ་
མ་སྐུ་ཕྲེང་བཅུ་གཉིས་པ་འཕྲིན་ལས་རྒྱ་མཚོ།)
……………………………… (177)
十二相祭礼舞(ལོ་རྟགས་བཅུ་གཉིས་ཀྱི་
མཆོད་འབུལ་བྲོ།) ………………… (177)
十六法典(ཞལ་ལྕེ་བཅུ་དྲུག) ……… (178)
十三法典(ཞལ་ལྕེ་བཅུ་གསུམ།) …… (178)
十三世达赖喇嘛土登嘉措(ཏཱ་ལའི་བླ་
མ་སྐུ་ཕྲེང་བཅུ་གསུམ་པ་ཐུབ་བསྟན་རྒྱ་མཚོ།)
……………………………… (178)
十三种金色(གསེར་མདོག་བཅུ་གསུམ།)
……………………………… (178)
十善法(དགེ་བ་བཅུ།) …………… (178)
十世班禅确吉坚赞(པཎ་ཆེན་སྐུ་ཕྲེང་
བཅུ་པ་ཆོས་ཀྱི་རྒྱལ་མཚན།) ………… (179)
十世达赖喇嘛楚臣嘉措(ཏཱ་ལའི་
བླ་མ་སྐུ་ཕྲེང་བཅུ་པ་ཚུལ་ཁྲིམས་རྒྱ་མཚོ།)
……………………………… (179)
十一世班禅确吉杰布(པཎ་ཆེན་སྐུ་ཕྲེང་
བཅུ་གཅིག་པ་ཆོས་ཀྱི་རྒྱལ་པོ་)(1990～)
……………………………… (179)
十一世达赖喇嘛克珠嘉措(ཏཱ་ལའི་བླ་
མ་སྐུ་ཕྲེང་བཅུ་གཅིག་པ་མཁས་གྲུབ་རྒྱ་མཚོ།)
……………………………… (182)
十四世达赖喇嘛丹增嘉措(ཏཱ་ལའི་བླ་
མ་སྐུ་ཕྲེང་བཅུ་བཞི་པ་བསྟན་འཛིན་རྒྱ་མཚོ།)
……………………………… (183)
十五王法(རྒྱལ་ཁྲིམས་བཅོ་ལྔ།) …… (183)
十五条法典(ཞལ་ལྕེ་བཅོ་ལྔ།) …… (183)
十种金色(གསེར་མདོག་བཅུ་པ།)
……………………………… (184)
石卜(རྡེའུ་ལྡྲ་བརྟག) …………… (184)
石雕艺术(རྡོ་བརྐོས་སྒྱུ་རྩལ།) …… (184)
石棺葬(རྡོའི་དུར་སྣམ།) ………… (184)
石楼(རྡོ་ཁང་།) ………………… (184)
时轮金刚(དུས་འཁོར།) ………… (184)
食肉禁忌(ཤ་རིགས་འཛེམ་བྱ)
……………………………… (185)
世界起源神话(སྲིད་པ་ཆགས་ལུགས།)
……………………………… (185)
世界上最大的袈裟(འཛམ་གླིང་གི་ཆོས་

གོས་ཆེ་ཤོགས།) …………………… (185)
室内葬(ཁང་ནང་ཞུགས་འབུལ།) …… (185)
誓言价(མནའ་བོར་གོང་སྒྲིག།) …… (186)
手工章噶纸币(བོད་ཀྱི་ཊམ་ཀ་ཤོག་དངུལ།)
……………………………… (186)
手抓羊肉(ལུག་ཤ་བཙོས་མ།) …… (186)
首岁(ལོ་འགོ།) …………………… (186)
树葬(ཤིང་དུར།) ……………… (186)
数层方形平顶碉楼式建筑(རྫོ་བརྩིགས་
ཀྱི་རྫོང་མཁར།) …………………… (186)
双数去单数回(ཆ་ཐོན་ཡ་ལོག)
……………………………… (187)
《水树格言》(《ཆུ་ཤིང་བསྟན་བཅོས།》)
……………………………… (187)
水葬(ཕུང་པོ་ཆུར་སྐྱུར།) ………… (187)
水钟(ཆུ་ཚོད།) …………………… (187)
私塾(སྒེར་བཙུགས་སློབ་གྲྭ།) ……… (187)
斯(གཟི།) ………………………… (188)
斯摩钦莫节(གཟིགས་མོ་ཆེན་མོ།)
……………………………… (188)
《四部医典》(《རྒྱུད་བཞི།》) …… (188)
四色塔(ཚོན་བཞིའི་མཆོད་རྟེན།) …… (188)
四世班禅罗桑确吉坚赞(པཎ་ཆེན་
སྐུ་ཕྲེང་བཞི་པ་བློ་བཟང་ཆོས་ཀྱི་རྒྱལ་མཚན།)
……………………………… (188)
四世达赖喇嘛云丹嘉措(ཏཱ་ལའི་བླ་
མ་སྐུ་ཕྲེང་བཞི་པ་ཡོན་ཏན་རྒྱ་མཚོ།) …… (189)
四药(སྨན་བཞི།) ……………… (189)
四元音符号(དབྱངས་བཞི།) …… (189)
四柱(སློབ་མ་ཀ་བ་བཞི།) ………… (189)
寺庙歌舞(དགོན་སྡེའི་འཆམ།) …… (190)
寺庙建筑(དགོན་སྡེའི་བཀོད་པ།)
……………………………… (190)
寺庙教育(དགོན་པའི་སློབ་གསོ།)
……………………………… (190)
寺院(དགོན་པ།) ……………… (190)
饲草管理局(རྩྭ་གཉེར་ལས་ཁུངས།)
……………………………… (190)
松巴靴(ལྷམ་ཟོན་པ།) …………… (191)
松潘茶(ཤར་ཇ།) ……………… (191)
松赞干布(སྲོང་བཙན་སྒམ་པོ།) …… (191)
松赞干布与文成公主的传说(སྲོང་
བཙན་སྒམ་པོ་དང་རྒྱ་བཟའ་ཀོང་ཇོའི་གཏམ་རྒྱུད།)
……………………………… (192)
诵箭词(མདའ་བཤད།) ………… (192)
《苏吉尼玛》(《གཟུགས་ཀྱི་ཉི་མ།》)
……………………………… (192)
苏毗(སུམ་པ།) ………………… (193)
酥油(མར།) …………………… (193)
酥油茶(ཇ་སྲུབ་མ།) …………… (193)
酥油灯会(བཅོ་ལྔའི་མཆོད་པ།) …… (193)
酥油花(མར་རྒྱན།) …………… (194)

酥油桶(མདོང་མོ།) ……………… (194)

俗官学校(རྩིས་ཁང་སློབ་གྲྭ།) …… (194)

酸奶(ཞོ།) ……………………… (194)

索高(གསུར་ཁོག་གཡུག་པ།) ……… (195)

索南坚赞(བསོད་ནམས་རྒྱལ་མཚན།) ………………………………… (195)

索朗列空(སོ་ནམ་ལས་ཁུངས།) …… (195)

宿喀·娘尼多吉(ཟུར་མཁར་མཉམ་ཉིད་རྡོ་རྗེ།) ………………………… (195)

T

塔尔寺(སྐུ་འབུམ་བྱམས་པ་གླིང་།) ………………………………… (196)

塔尔寺灯会(སྐུ་འབུམ་བྱམས་པ་གླིང་གི་མེ་ཏོག་མཆོད་པ།) …………………… (196)

塔尔寺印经院(སྐུ་འབུམ་པར་ཁང་།) ………………………………… (196)

塔工总管(དྭགས་ཀོང་སྤྱི་ཁྱབ།) …… (196)

塔拉水(ད་ར།) ……………… (196)

塔青易幡(དར་ཆེན་སྐུ་བཞེངས།) ………………………………… (197)

塔葬(གདུང་རྟེན།) ……………… (197)

抬运号子(ལས་གཞས།) ………… (197)

太阳日(ཉིན་ཞག) ……………… (197)

太阴日(ཚེས་ཞག) ……………… (197)

坛城图(དཀྱིལ་འཁོར།) ………… (198)

汤东杰布(ཐང་སྟོང་རྒྱལ་པོ།) …… (198)

汤东杰布的传说(ཐང་སྟོང་རྒྱལ་པོའི་རྣམ་ཐར།) ………………………… (198)

唐代汉文崖刻(ཐང་རྒྱལ་རབས་དུས་ཀྱི་བྲག་བརྐོས་རྒྱ་ཡིག) …………………… (198)

唐蕃古道(ཐང་བོད་གནའ་ལམ།) ………………………………… (199)

唐蕃会盟碑(ཐང་བོད་དབོན་ཞང་རྡོ་རིང་།) ………………………………… (199)

唐卡(ཐང་ཀ) ………………… (199)

天葬(བྱ་གཏོར།) ……………… (199)

天葬师(རྟོགས་ལྡན།) …………… (200)

天葬台(དུར་ཁྲོད།) …………… (200)

甜茶(ཇ་མངར་མོ།) ……………… (200)

条播(རོལ་སོན་གཏོར་བ།) ………… (200)

调牛节(གནག་འདུལ་ཉིན་མོ།) …… (200)

跳远(རྒྱང་མཆོང་།) ……………… (201)

帖布杂列空(ཐེབས་རྩ་ལས་ཁུངས།) ………………………………… (201)

贴酥油(མར་རྒྱན།) …………… (201)

铁索桥(ལྕགས་ཟམ།) …………… (201)

通颊(མཐོང་ཁྱབ།) ……………… (201)

同嘎尔(དུང་དཀར།) …………… (201)

铜钦(དུང་ཆེན།) ……………… (202)

铜质镀金强巴坐像(རྒྱལ་བ་བྱམས་པའི་

གསེར་ཟངས་ཀྱི་སྐུ་བརྙན།) …………… (202)
图巴(ཐུག་པ།) …………………… (202)
土地计量单位(ས་ཞིང་འཇལ་ཚད།)
……………………………… (202)
土观·罗桑确吉尼玛(ཐུའུ་བཀྭན་བློ་བཟང་ཆོས་ཀྱི་ཉི་མ།) ……………… (202)
《土观宗派源流》(《ཐུའུ་བཀྭན་གྲུབ་མཐའ།》) …………………… (202)
土木寺(ཐུ་མུ་དགོན།) …………… (203)
土葬(དུར་སྦས།) ……………… (203)
吐蕃九大名医(བཙན་པོའི་དུས་ཀྱི་སྨན་པ་གྲགས་ཅན་དགུ།) ………………… (203)
吐蕃考古(བཙན་པོའི་དུས་ཀྱི་གནའ་རྫས་རྟོག་ཞིབ།) ……………………… (203)
吐蕃六十一东岱(བཙན་པོའི་དུས་ཀྱི་སྟོང་སྡེ་རེ་གཅིག) …………………… (203)
吐蕃七贤(མཛངས་མི་བདུན།)
……………………………… (204)
吐蕃四如(བཙན་པོའི་དུས་ཀྱི་རུ་བཞི།)
……………………………… (204)
吐蕃政权(བཙན་པོའི་རྒྱལ་རབས།)
……………………………… (204)
托林寺(མཐོ་ལྡིང་དགོན།) ……… (205)
脱帽弯腰吐舌(ཤུས་སྲོལ།) …… (205)
脱思麻宣慰司(མདོ་སྨད་ཞོན་ཞེ་སི།)
……………………………… (205)
脱索(ཐོག་གསོལ།) ……………… (205)
妥许拉(མཐུར་བཞུགས་ལྷ།) ……… (206)

W

挽髻(ཐྲ་སྟོག་རྒྱག་པ།) …………… (207)
万户长(ཁྲི་དཔོན།) …………… (207)
汪古洛桑(དབང་བསྐུར་བློ་བཟང་།)
……………………………… (207)
王臣二十五人(རྒྱལ་བློན་ཉེར་ལྔ།) ………
……………………………… (207)
望果节(འོང་སྐོར།) …………… (207)
卫藏(དབུས་གཙང་།) …………… (208)
卫藏方言(དབུས་གཙང་སྐད།)
……………………………… (208)
未来佛(མ་འོངས་སངས་རྒྱས་བྱམས་པ།)
……………………………… (208)
温却丁寺(འོན་ཆོས་སྡིངས་ལྷ་ཁང་།)
……………………………… (208)
《文成公主》(《རྒྱ་བཟའ་ཀོང་ཇོ།》)
……………………………… (208)
乌朵(འུར་རྡོ།) ……………… (209)
乌思藏十三万户(དབུས་གཙང་ཁྲི་སྐོར་བཅུ་གསུམ།) ………………… (209)
乌思藏宣慰司(དབུས་གཙང་ཞོན་ཞེ་སི།)
……………………………… (209)

《无谓武器》(《མི་འཇིགས་མཚོན་ཆ།》) ……………………………… (209)
五百户长(ལྔ་བརྒྱ་དཔོན།) ……… (209)
《五部遗教》(《བཀའ་ཐང་སྡེ་ལྔ།》) ……………………………… (209)
五大藏(མཛོད་ཆེན་ལྔ།) ………… (210)
五明(རིག་གནས་ཆེ་ཆུང་ལྔ།) ……… (210)
五世班禅罗桑益西(པཎ་ཆེན་སྐུ་ཕྲེང་ལྔ་པ་བློ་བཟང་ཡེ་ཤེས།) …………………… (210)
五世达赖喇嘛阿旺罗桑嘉措(ཏཱ་ལའི་བླ་མ་སྐུ་ཕྲེང་ལྔ་པ་ངག་དབང་བློ་བཟང་རྒྱ་མཚོ།) …………………………… (210)
伍如(དབུ་རུ།) …………………… (211)
侮辱忏悔律(བརྙས་བཅོས་བཟོད་གསོལ་གྱི་ཁྲིམས།) ………………………… (211)

X

西藏雕刻(བོད་ཀྱི་བཟོ་བརྐོས་ལག་རྩལ།) ……………………………… (212)
西藏史壁画(བོད་ཀྱི་ལོ་རྒྱུས་ལྡེབས་རིས།) ……………………………… (212)
西藏兽骨雕(བོད་ཀྱི་རུས་བརྐོས།) ……………………………… (212)
《西藏王臣记》(《དེབ་ཐེར་དཔྱིད་ཀྱི་རྒྱལ་མོའི་གླུ་དབྱངས།》) …………………… (212)
《西藏王统记》(《རྒྱལ་རབས་གསལ་བའི་མེ་ལོང་།》) …………………… (213)
西藏远古社会(བོད་ཀྱི་གནའ་བོའི་སྤྱི་ཚོགས།) ……………………………… (213)
西藏最早的塑像(བོད་ཀྱི་འཇིམ་སྐུ་སྔ་ཤོས།) ……………………………… (213)
希解派(ཞི་བྱེད་པ།) …………… (213)
悉南纰波(སྣམ་ཕྱི་པ།) ………… (214)
锡德林(ཞི་བདེ་གླིང་།) ………… (214)
谿堆(གཞིས་སྡོད།) ……………… (214)
洗氆氇歌(འཆག་འཆག་གི་གཞས།) ……………………………… (214)
戏剧学(ཟློས་གར་རིག་པ།) ……… (214)
细康列空(ཞིབ་ཁང་ལས་ཁུངས།) ……………………………… (214)
下加字(འདོགས་ཅན།) ………… (215)
下镇(ཤ་ཀྲེན།) …………………… (215)
吓魔(གདོན་འདེད།) …………… (215)
夏拉康(ཞྭ་ལྷ་ཁང་།) …………… (215)
夏拉康盟文诏敕碑(ཞྭ་ལྷ་ཁང་གི་རྡོ་རིང་།) ……………………………… (215)
夏鲁寺(ཞ་ལུ་དགོན།) …………… (216)
夏木塔(ཤམ་ཐབས།) …………… (216)
鲜花供佛节(མེ་ཏོག་མཆོད་པ།) ……………………………… (216)
《贤者喜宴》(《ཆོས་འབྱུང་མཁས་པའི་

དཀའ་སྟོན།》）……（217）
线卜（མོ་རྡ་ཐིག）……（217）
献哈达（མཇལ་དར་འབུལ་བ།）……（217）
香巴噶举派（ཤངས་པ་བཀའ་བརྒྱུད།）……（217）
香布（ཤམ་བུ།）……（217）
香寺（ཞོང་ཤོང་དགོན།）……（217）
向蔡巴（ཞང་ཚལ་པ་འགྲོ་བའི་མགོན་པོ།）……（218）
象雄（ཞང་ཞུང་།）……（218）
象雄文（ཞང་ཞུང་ཡི་གེ།）……（218）
肖像画（འདྲ་པར་བྲིས་མ།）……（218）
小恩达遗址（དངུལ་མདའ་ཆུང་བའི་གནའ་ཤུལ།）……（218）
小昭寺（ར་མོ་ཆེ།）……（219）
协敖（ཞལ་ངོ་།）……（219）
协巴（བཤད་པ།）……（219）
协尔康列空（བཤེར་ཁང་ལས་ཁུངས།）……（219）
协曲节（བཞི་མཆོད།）……（219）
谐巴谐玛（གཞས་པ་གཞས་མ།）……（220）
谐玛（གཞས་མ།）……（220）
谐钦（གཞས་ཆེན།）……（220）
《新红史》（《དེབ་དམར་གསར་མ།》）……（220）
新粮饭（ཕྱེ་གསར།）……（220）
新年狗宴（ཁྱི་སྟོན།）……（221）
新年祭丰收女神（ལོ་ལེགས་འབྱུང་བའི་ལྷ་གསོལ་བ།）……（221）
新年禁忌（ལོ་གསར་གྱི་སྲུང་བྱ།）……（221）
新年折嘎礼赞（ལོ་གསར་འབྲས་དཀར།）……（221）
新石器考古（རྡོ་ཆས་གསར་མའི་གནའ་རྫས་ཞིབ་དཔྱད།）……（221）
新章噶嘎波（ཏམ་ཀ་དཀར་པོ་གསར་པ།）……（222）
薪涅列空（ཤིང་གཉེར་ལས་ཁུངས།）……（222）
凶月（黑月）（ཟླ་ནག）……（222）
兄亡弟继或弟亡兄继婚姻（གཅེན་གཅུང་བཟའ་གཅིག）……（222）
雄敦·多吉坚赞（ཤོང་སྟོན་རྡོ་རྗེ་རྒྱལ་མཚན།）……（222）
雄赖巴（གཞུང་ལས་པ།）……（222）
修建大昭寺的传说（ར་ས་འཕྲུལ་སྣང་གཙུག་ལག་ཁང་བཞེངས་པའི་ངག་རྒྱུན།）……（222）
修色噶举派（ཤུག་གསེབ་བཀའ་བརྒྱུད།）……（223）
修色寺（ཤུག་གསེབ་དགོན།）……（223）
袖筒买卖（ཕུ་ཐུང་ཉོ་འཚོང་།）……（223）
宣统宝藏（ཤོན་ཐུང་པའོ་ཙང་།）……（223）

穴居（བྲག་ཕུག།）……（224）

雪阿（ཞོ་ལྷ།）……（224）

雪堆白列空（ཞོལ་འདོད་དཔལ་ལས་ཁུངས།）……（224）

雪顿节（ཞོ་སྟོན།）……（224）

雪噶（ཤོད་འགག།）……（225）

雪冈（ཞོ་གང་།）……（225）

雪莲花（གངས་ལྷ་མེ་ཏོག）……（225）

雪列空（ཞོལ་ལས་ཁུངས།）……（225）

雪其布热列空（ཞོལ་ཆིབས་ར་ལས་ཁུངས།）……（225）

雪松（ཞོ་གསུམ།）……（225）

雪准（ཤོད་མགྲོན།）……（226）

血畜（སྐྱིན་ཚབ་སྟོང་རྒྱུག）……（226）

血价（ཆས་པ་ཁྲག་གི་ཞལ་ལྡོ།）……（226）

畜牧禁忌（འབྲོག་ཁུལ་གྱི་འཛེམ་བྱ།）……（226）

《勋努达美》（《གཞོན་ནུ་ཟླ་མེད་ཀྱི་རྟོགས་བརྗོད།》）……（226）

Y

崖葬（གཡང་དུར།）……（227）

衙门机器制造局（ཡ་མོན་འཕྲུལ་བཟོ་ཁང་།）……（227）

雅桑噶举派（གཡའ་བཟང་བཀའ་བརྒྱུད།）……（227）

亚东孔雀舞（གྲོ་མོའི་རྨ་བྱའི་བྲོ།）……（227）

亚久卡尔（གཡག་མཇུག་གར།）……（227）

谚语（གཏམ་དཔེ།）……（228）

央勒节（གཡང་ལེགས་དུས་ཆེན།）……（228）

羊八井寺（ཡངས་པ་ཅན་དགོན།）……（228）

羊年朝湖（ལུག་ལོའི་མཚོ་མཇལ།）……（228）

羊卓雍措（ཡར་འབྲོག་གཡུ་མཚོ།）……（229）

药师佛节（སྨན་ལྷའི་དུས་ཆེན།）……（229）

药王山（ལྕགས་པོ་རི།）……（229）

药王山摩崖石刻（ལྕགས་པོ་རིའི་བྲག་བརྐོས།）……（229）

要嫁装歌（གཉེན་སློང་གི་གཞས།）……（229）

耶巴噶举派（ཡེལ་པ་བཀའ་བརྒྱུད།）……（230）

叶如（གཡས་རུ།）……（230）

一夫多妻制（ཁྱོ་གཅིག་ཤུག་མང་ལུགས་སྲོལ།）……（230）

一夫一妻制（ཁྱོ་གཅིག་ཤུག་གཅིག་ལུགས་སྲོལ།）……（230）

一妻多夫制（ཤུག་གཅིག་ཁྱོ་མང་ལུགས་སྲོལ།）

…………………………………（230）
一世班禅克珠杰·格烈白桑（པཎ་ཆེན་སྐུ་ཕྲེང་དང་པོ་མཁས་གྲུབ་རྗེ་དགེ་ལེགས་དཔལ་བཟང་།）……………………（230）
一世达赖喇嘛根敦珠巴（ཏཱ་ལའི་བླ་མ་སྐུ་ཕྲེང་དང་པོ་དགེ་འདུན་གྲུབ།） ……（231）
一月贵族（达即仲戈）（ཟླ་གཅིག་དྲུང་འཁོར།） ……………………（231）
医方明（གསོ་བ་རིག་པ།）…………（231）
医算学校（སྨན་རྩིས་ཁང་།）………（231）
译仓（ཡིག་ཚང་།） ………………（231）
译仓珠吉（ཡིག་ཚང་སྒྲོ་སྐྱིད།） ……（232）
益西沃（ཡེ་ཤེས་འོད།）……………（232）
益西孜巴（ཡེ་ཤེས་གྲུབ་པ།）………（232）
因明学（ཚད་མ་རིག་པ།）…………（232）
《音势论》（《རྟགས་འཇུག》） ……（232）
英雄六征（དཔའ་མཚན་དྲུག） ……（233）
英雄猛虎律（དཔའ་བོ་སྟག་གི་ཞལ་ལྕེ།）…………………………………（233）
鹰笛（རྒོད་གླིང་།） ………………（233）
迎福（གཡང་འབོད།） ……………（233）
迎鸟节（བྱ་མཆོད་འབུལ་བ།）………（233）
迎神节（ལྷ་གསོལ།） ……………（234）
雍仲林寺（རུ་ལག་གཡུང་དྲུང་གླིང་།）…………………………………（234）
永乐版《大藏经》（གཡུང་ལོ་པར་མའི་《བཀའ་བསྟན།》） …………………（234）
佑宁寺（དགོན་ལུང་བྱམས་པ་གླིང་།）…………………………………（234）
娱驴节（般古昂）（བོང་སྟོན།）…………………………………（234）
《喻法宝聚》（《དཔེ་ཆོས་རིན་ཆེན་སྤུངས་པ།》） …………………………（235）
御制平定西藏碑（བོད་ཞི་འཇགས་སུ་བཏང་བའི་གོང་མའི་བཀའ་ཡི་རྡོ་རིང་།） ………（235）
御制十全武功碑（མཛད་པ་བཅུ་ཕྱོགས་པའི་གོང་མའི་བཀའ་ཡི་རྡོ་རིང་།） …………（235）
元朝历任帝师（ཡོན་རྒྱལ་རབས་དུས་ཀྱི་ཏི་ཤྲཱི་རིམ་བྱོན།） ……………………（235）
园林建筑（ཕོ་བྲང་གླིང་ཁ།） ………（236）
远行禁忌（ཆོས་ཆ་བཟང་ངན་བལྟ་བ།）…………………………………（236）
约如（གཡོ་རུ།） …………………（236）
《月王药诊》（《སྨན་དཔྱད་ཟླ་བའི་རྒྱལ་པོ།》）…………………………………（236）
月子草（སྐྱེ་སློའི་རྩྭ།） ……………（236）
《乐论》（《རོལ་མོའི་བསྟན་བཅོས།》）…………………………………（237）
《乐论注疏》（《རིག་པའི་གནས་ལྔ་ལས་བཟོ་རིག་པའི་བྱེ་བྲག་རོལ་མོའི་བསྟན་བཅོས་ཀྱི་རྣམ་པར་བཤད་པ་འཇམ་དབྱངས་བླ་མ་དགྱེས་པའི་སྙན་པའི་སྒྲ་དབྱངས་བློ་གསལ་ཡིད་འཕྲོག་འཕྲིན་ལས་ཡོངས་

ཁྲབ།》)…………………………（237）
乐器(རོལ་ཆ།)…………………（237）
《云乘王子》(《རྒྱལ་བུ་སྤྲིན་གྱི་བཞོན་པའི་
རྟོགས་བརྗོད།》)…………………（237）
云星遗址(ཡུན་ཤིང་གི་གནའ་ཤུལ།)
……………………………（237）
韵律学(སྡེབ་སྦྱོར།)……………（238）

Z

藏被(མལ་གཟན།)………………（239）
藏币(བོད་དངུལ།)………………（239）
藏传佛教(བོད་བརྒྱུད་ནང་བསྟན།)
……………………………（239）
藏刀(བོད་གྲི།)…………………（239）
藏端阳(ལྔ་པའི་བཞི་རྒྱལ།)………（240）
藏汉联姻(བོད་རྒྱ་གཉེན་སྡེབ།)……（240）
藏红花(གུར་གུམ།)……………（240）
藏军(བོད་དམག)………………（240）
藏历(བོད་རྩིས་ལོ་ཐོ།)……………（241）
藏历年(བོད་ལོ།)………………（241）
藏密(གསང་སྔགས།)……………（242）
藏面(བོད་ཐུག)…………………（242）
藏牌(སྦག་ཆེན།)………………（242）
藏袍(ཕྱུ་པ།)……………………（242）
藏棋(མིག་མངས།)………………（243）
藏式桌柜(ཅ་སྒམ།)……………（243）
藏毯(ས་གདན།)………………（243）
藏陶(རྫ་ཆས།)…………………（243）
藏王墓(བཙན་པོའི་བང་སོ།)………（244）
藏文(བོད་ཡིག)…………………（244）
藏文《大藏经》(《བཀའ་བསྟན་འགྱུར།》)
……………………………（244）
藏文数字异名(གྲངས་ཀྱི་མངོན་བརྗོད།)
……………………………（245）
藏文书法(བོད་ཡིག་ཡིག་གཟུགས།)
……………………………（245）
藏文虚词(ཚིག་ཕྲད།)……………（245）
藏戏(ཟློས་གར་རམ་ཨ་ཅེ་ལྷ་མོ།)……（245）
藏戏唱腔(ལྷ་མོ་དབྱངས་རྟ།)………（245）
藏医(བོད་སྨན།)………………（246）
藏医对人体的解释(བོད་ལུགས་གསོ་རིག་
གིས་མིའི་ལུས་པོར་ངོས་འཛིན་སྟངས།)
……………………………（246）
藏医学南北派(བོད་ཀྱི་གསོ་བ་རིག་པའི་
ཟུར་བྱང་ལུགས་གཉིས།)……………（246）
藏医诊断(བོད་ལུགས་གསོ་རིག་གི་སྨན་དཔྱད།)
……………………………（247）
藏语(བོད་སྐད།)………………（247）
藏族的起源(བོད་ཀྱི་འབྱུང་ཁུངས།)
……………………………（247）
藏族金银器皿(བོད་ཀྱི་གསེར་ཆས་དངུལ་

ཆས།) ……………………………(247)
藏族人名(བོད་མིའི་མིང་།)
……………………………(247)
藏族通用章噶(བོད་དམངས་ཀུན་སྤྱོད་ཏམ་ཀ།) ……………………………(248)
藏族姓氏(རུས་རྒྱུད།) …………(248)
藏族远古六姓(རུས་རྒྱུད་ཆེན་པོ་དྲུག)
……………………………(248)
藏族远古四姓(གནའ་བོའི་རུས་བཞི།)
……………………………(248)
宰鲜(ཤ་སོས་པ།) ………………(249)
再后加字(ཡང་འཇུག་ཡི་གེ།) ……(249)
糌粑(རྩམ་པ།) …………………(249)
糌粑收取局(རྩམ་གཉེར་ལས་ཁུངས།)
……………………………(249)
赞普(བཙན་པོ།) ………………(249)
灶塘禁忌(ཐབ་ཚང་གི་འཛེམ་བྱ།)
……………………………(249)
灶帐(ཐབ་གུར།) ………………(250)
则玛加(敲肋骨)(རྩིབ་མ་བཅག་པ།)
……………………………(250)
则恰列空(རྩེ་ཕྲུག་ལས་ཁུངས།) ……(250)
泽当寺(རྩེད་ཐང་དགོན།) ………(250)
扎巴(གྲྭ་པ།) …………………(250)
扎布旧石器(ར་བང་ཁུལ་གྱི་གནའ་བོའི་རྡོ་ཆས།) ……………………………(250)
扎仓(གྲྭ་ཚང་།) ………………(251)
扎崇节(ཛ་ཁྲིམ།) ………………(251)
扎康(སྲག་ཁང་།) ………………(251)
扎拉莫(གྲྭ་ལྷམ།) ………………(251)
扎玛茹(ཊ་མ་རུ།) ………………(251)
扎年琴(སྒྲ་སྙན།) ………………(251)
扎什伦布寺(བཀྲ་ཤིས་ལྷུན་པོ་དགོན།)
……………………………(252)
扎什伦布寺摩崖雕像(བཀྲ་ཤིས་ལྷུན་པོའི་བྲག་བརྐོས།) …………………(253)
扎什伦布寺展佛节(བཀྲ་ཤིས་ལྷུན་པོའི་གོས་སྐུ་བཞམས་པ།) ………………(253)
扎什伦布寺金刚神舞(བཀྲ་ཤིས་ལྷུན་པོའི་གཟིགས་མོ་ཆེན་མོ།) ……………(253)
扎什伦布寺最古老的塑像(བཀྲ་ཤིས་ལྷུན་པོའི་གནའ་བོའི་འཇིམ་སྐུ།) ………(253)
扎秀(སྒྲ་ཤུབས།) ………………(254)
榨油歌(སྣུམ་བཙག་གླུ།) …………(254)
展佛节(གོས་སྐུ་བཞམས་པ།) ………(254)
章噶(ཏམ་ཀ) ……………………(254)
章噶嘎波(ཏམ་ཀ་དཀར་པོ།) ……(254)
章噶纸币(ཏམ་ཀ་ཤོག་དངུལ།)
……………………………(255)
帐篷(སྦྲ་གུར།) …………………(255)
帐篷商(འབྲོག་ཚོང་།) ……………(255)
招福(གཡང་འགུག) ……………(255)

哲蚌寺(འབྲས་སྤུངས་དགོན།) ……(255)
哲布尊丹巴(རྗེ་བཙུན་དམ་པ།) ……(255)
哲噶尔(འབྲས་དཀར།) ……(256)
蔗色(འབྲས་སིལ།) ……(256)
珍珠七十(མུ་ཏིག་བདུན་ཅུ།) ……(256)
珍珠唐卡(མུ་ཏིག་ཐང་ཀ) ……(256)
正门洗洁(གཞུང་སྒོ་ཁྲུས་གསོལ།) ……(256)
《正直明镜鉴》(《ཁྲིམས་ཡིག་དྭངས་ཤེལ་མེ་ལོང་།》) ……(256)
《郑宛达瓦》(《དྲུ་མགྲིན་སྔོན་ཟླ་བའི་རྟོགས་བརྗོད།》) ……(257)
政教合一(ཆོས་སྲིད་ཟུང་འབྲེལ།) ……(257)
直贡梯寺天葬台(འབྲི་གུང་དུར་ཁྲོད།) ……(257)
《直美衮登》(《དྲི་མེད་ཀུན་ལྡན།》) ……(258)
直贡巴·仁钦贝(འབྲི་གུང་པ་རིན་ཆེན་དཔལ།) ……(258)
直贡噶举派(འབྲི་གུང་བཀའ་བརྒྱུད།) ……(258)
直贡梯寺(འབྲི་གུང་མཐིལ་དགོན་པ།) ……(258)
直贡赞普的传说(ཁྲི་གུམ་བཙན་པོའི་གཏམ་རྒྱུད།) ……(258)
掷骰子定罪(ཤོ་རྣམ།) ……(259)
仲敦巴·杰瓦迥乃(འབྲོམ་སྟོན་པ་རྒྱལ་བའི་འབྱུང་གནས།) ……(259)
仲吉(དྲུང་སྐྱིད།) ……(259)
仲吉林卡(དྲུང་སྐྱིད་གླིང་ཀ) ……(259)
仲鲁(སྒྲུང་གླུ།) ……(259)
仲孜会议(དྲུང་རྩིས་ཚོགས་འདུ།) ……(259)
重罚肉刑律(ནག་ཆེན་ཁྲིམས་སྦྱོར་གྱི་ཞལ་ལྕེ།) ……(260)
《珠东争战》(《འབྲུ་སྟོང་གཡུལ་འགྱེད།》) ……(260)
竹巴噶举派(འབྲུག་པ་བཀའ་བརྒྱུད།) ……(260)
竹器(སྨྱུག་ཆས།) ……(260)
竹素其玛(གྲོ་སོ་ཕྱེ་མར།) ……(260)
煮千节(དགུ་གཏོར།) ……(260)
《柱间遗训》(《བཀའ་ཆེམས་ཀ་ཁོལ་མ།》) ……(261)
转山会(གནས་རི་སྐོར་བ།) ……(261)
转世制度(ཡང་སྲིད་ངོས་འཛིན་ལམ་ལུགས།) ……(261)
转中柱(དཀྱིལ་ཀ་བསྐོར་བ།) ……(261)
庄房(ཞིང་ཁང་།) ……(262)
庄窠(庄郭)(གྲུང་ཁང་།) ……(262)

庄园建筑（གཞིས་ཀའི་འཛུགས་སྐྲུན།）
……………………………（262）
追究案由律（སྐྱོད་འདེད་ལེ་ལན་གྱི་ཞལ་ལྕེ།）
……………………………（262）
卓米·释迦益西（འབྲོག་མི་ལོ་ཙཱ་བ་ཤཱཀྱ་ཡེ་ཤེས།）……………………（262）
卓木基巧（གྲོ་མོ་སྤྱི་ཁྱབ།）………（262）
卓尼版《大藏经》（ཅོ་ནེ་《བཀའ་བསྟན》པར་མ།）……………………（262）
卓尼禅定寺印经院（ཅོ་ནེ་དགོན་པའི་པར་ཁང་།）……………………（263）
卓潘岭医学校（འགྲོ་ཕན་གསོ་རིག་སློབ་གླིང་།）……………………（263）
卓浦噶举派（གྲོ་ཕུ་བཀའ་བརྒྱུད།）
……………………………（263）
卓浦寺（གྲོ་ཕུ་དགོན།）……………（263）
《卓瓦桑姆》（《འགྲོ་བ་བཟང་མོ།》）
……………………………（263）
孜本（རྩིས་དཔོན།）………………（264）
孜康（རྩིས་ཁང་།）………………（264）
孜然巴（རྩིས་རམས་པ།）…………（264）
孜森穹嘎（རྩེ་གཟིམ་ཆུང་འགག）
……………………………（264）
孜厦（རྩེ་ཞྭ།）…………………（264）
孜厦布丹列空（རྩེ་ཞབས་བརྟན་ལས་ཁུངས།）
……………………………（265）
孜仲林卡（རྩེ་དྲུང་གླིང་ཀ）………（265）
自由虚词（ཕྲད་རང་དབང་ཅན།）
……………………………（265）
宗角禄康（龙王潭）（རྫོང་རྒྱབ་ཀླུ་ཁང་།）
……………………………（265）
宗教禁忌（ཆོས་ལུགས་འཛེམ་བྱ།）
……………………………（265）
宗教诵经音乐（ཞལ་འདོན་རོལ་དབྱངས།）
……………………………（265）
宗教唐卡（སྐུ་ཐང་།）……………（265）
宗教乐曲（རོལ་མོའི་མཆོད་པ།）……（265）
宗喀巴（རྗེ་ཙོང་ཁ་པ།）…………（266）
宗喀巴的诗（རྗེ་ཙོང་ཁ་པའི་ལེགས་བཤད་གསུང་རྩོམ།）……………………（266）
宗萨寺（རྫོང་གསར་དགོན།）………（266）
宗山建筑（རྫོང་མཁར་གྱི་བཀོད་པ།）
……………………………（267）
宗谿（རྫོང་གཞིས།）………………（267）
阻婚（མནའ་མའི་ལམ་བཀག་པ།）……（267）
钻洞验孽（བར་དོ།）……………（267）
尊莫厦（བཙུན་མའི་ཞྭ།）…………（267）
作明佛母像（རིག་བྱེད་ལྷ་མོའི་སྐུ།）
……………………………（268）

A

阿底峡(ཇོ་བོ་རྗེ་ཨ་ཏི་ཤ།)(982~1054)

意为殊胜,原名月藏,法号吉祥智。汉名无极自在。孟加拉国僧人。北宋宝元元年(1038)到西藏阿里传播佛法,为藏传佛教后弘期的代表人物。朗达玛灭佛后,阿里地区古格政权的绛曲沃迎请其入藏。阿底峡在藏17年,游学各地,著述显密论著50余种,《菩提道灯论》为藏传佛教噶当派理论基础,他也被尊为噶当派鼻祖。培养了噶当派创始人仲顿巴·杰瓦迥乃等许多著名弟子。他还有《医头术》等八部医学著作。其显密译著收于藏文《大藏经》甘珠尔中。北宋至和元年(1054)圆寂于拉萨聂唐(今拉萨市曲水县聂唐乡),享年72岁。后来宗喀巴继承和发扬了阿底峡的佛学理论,吸收其佛学思想,写了《菩提道次第广论》,并创立了藏传佛教格鲁派。

阿尔波列空(ཨར་པོའི་ལས་ཁུངས།)

藏语音译,意为"建设局",旧西藏地方政府下属机构之一。其职责是:管理布达拉宫、罗布林卡、大昭寺、小昭寺以及各军营、藏医院等各处公房的维修、新建等工程。

阿尔谐(ཨར་གཞས།)

藏民族的一种建筑劳动歌曲,在打阿嘎土时使用。这种歌曲的内容十分丰富,每首歌曲都是一首叙事诗。它的基本表演形式是把所有参加这一劳动的人分成两队,手持打"阿嘎"的工具,边敲打边歌舞。娱乐与劳作相结合的一种方式。它的音乐旋律流畅,音调欢快活泼,如今演变成了风格别具的藏族踢踏舞。具有民间歌舞的风格和特色,以及民间曲艺的艺术特点。

阿嘎土(ཨར་ཀ)

藏族一种特殊的建筑材料。阿嘎为藏语音译,系西藏、甘肃、青海等地山上的岩石经过长期风化而形成的粘土,其颜色多为灰白色,也有淡红色或浅黄色的,其用途相当于水泥,藏族人民常用它来修建房顶、地面、平台等。用阿嘎土加小石粒磨打后的地面非常平整、美观结实,若能再上蜡或擦油则地面明亮光洁如打磨过的大理石板。其缺点是不耐水湿。

阿古顿巴的故事(ཨ་ཁུ་སྟོན་པའི་སྒྲུང་།)

阿古顿巴是藏族民间故事中机智人物的典型代表,故事充满戏剧性,富有幽默诙谐的特点。故事主要内容是"小人物"斗智斗勇使"大人物"丑态百出,反映了社会下层人民不畏强暴、勇于抗争的斗争精神，是对人民群众所具有的智慧的赞美。故事往往采取讽刺、调侃的语调，让人在欢笑中领略阿古顿巴的机智和“大人物”的愚蠢。无论思想性还是艺术性，都是民间故事中的佳作。

阿里噶本（མངའ་རིས་སྐར་དཔོན།）

旧西藏管辖阿里地区的西藏地方政府下属机构之一。设东西噶本两人，皆为五品俗官。噶本又挑选强佐、管家二人协助处理一般事务。噶本驻噶尔宗，下辖普兰、昂仁、日土、东噶等四个宗和十二个牧区及半农半牧区，各区设有千户和百户头人。

阿里三部（阿里三围）（སྟོད་མངའ་རིས་སྐོར་གསུམ།）

阿里自南至北分为三部：南部阿里在今普兰县至昂仁县一带；中部阿里在今札达县一带；北部阿里在今新疆与西藏交界西端与克什米尔接壤的一带。吐蕃赞普后代吉德尼玛衮于公元10世纪出走阿里，在那里建立了三个小邦并分给三个儿子统领。长子统领芒隅（今普兰县境），为湖泊环绕之地；次子统领达莫（今普兰县境），为雪山环绕之地；三子统领古格（今札达县境内），为岩石环绕之地。此三地合称阿里三围。元时称为“纳里速古鲁孙”，明时称为“俄力思”，今称阿里或阿里地区，下辖噶尔、日土、札达、普兰、革吉、改则、措勤等县。

阿热　（ཀར་བྲོ།）

藏族传统歌舞“阿卓”中，领舞者面带白色慈祥的面具，手持彩色长弓，身穿藏式古装，腰挂圆鼓带领人们载歌载舞。

阿旺楚臣（ངག་དབང་ཚུལ་ཁྲིམས།）

藏传佛教格鲁派第一世策门林活佛。乾隆四十二年（1777），因第穆活佛阿旺降白·德勒嘉措圆寂，乾隆皇帝旨谕：“其第穆呼图克图印务，命雍和宫额尔德尼诺门汗阿旺楚逞前往署理。”嘉庆十六年（1811）他在大昭寺北边修建了一所寺庙，嘉庆皇帝赐名为“祝寿寺”（即今天策门林寺）。他担任摄政14年。

阿旺降白·楚臣嘉措（ངག་དབང་འཇམ་དཔལ་ཚུལ་ཁྲིམས་རྒྱ་མཚོ།）（1792～1862）

藏传佛教格鲁派第二世策门林活佛。乾隆六十年（1795）被认定为第一世策门林转世灵童，两年后在卓尼禅定寺坐床。嘉庆十四年（1809）到拉萨色拉寺修习显密二宗，获格西学位。嘉庆二十四年（1819），因第穆活佛土丹晋美嘉措圆寂，嘉庆皇帝旨谕：“布达拉商上事务，着阿旺降白楚臣嘉措接办。”他任摄政职务25年，政绩显著，屡次得到嘉庆皇帝的赞赏。曾任甘丹寺赤巴和十世达赖喇嘛的正经师。后因贪污舞弊和欺凌达赖喇嘛，又与驻藏大臣失和，道光二十四年（1844）清廷将其革职查办，发配黑龙江。其摄政职务，由七世班禅额尔德尼丹白尼玛暂时代管。

阿旺降白·德勒嘉措（ངག་དབང་འཇམ་དཔལ་བདེ་ལེགས་རྒྱ་མཚོ།）（1757～1811）

藏传佛教格鲁派第六世第穆活佛。生于西藏贡布地方（今林芝县东南）。乾隆二十二年（1757），七世达赖格桑嘉措圆寂，乾隆皇帝怕噶伦等官员擅自专权，遂建立了摄政制度，加封第六世第穆·阿旺降白·德勒嘉措以诺门汗（蒙语，意为法王）名号，令其暂管西藏政教事务，待八世达赖成年后还政。从此，开始确立了摄政活佛制度。这一制度一直延续到民国末年。从1757年至乾隆四十二年（1777），他担任摄政职务共20年。丹吉林寺第穆活佛系统中担任摄政的共有3人，另二人是第七世第穆·土丹晋美嘉措和第九世第穆·阿旺罗桑赤勒饶吉。

阿旺·罗卓甲措（ངག་དབང་བློ་གྲོས་རྒྱ་མཚོ།）

藏族小说家。又名达普巴·罗桑登白坚参，18世纪西藏达普寺第四代活佛。

阿卓（རྔ་བྲོ།）

藏语“阿”是鼓的意思，“卓”是舞的意思。主要流传于拉萨、日喀则、山南、工布等地区，是古老的藏族传统歌舞之一。据有关史料和桑耶寺壁画记载，早在吐蕃赞普松赞干布制定“出世十善法”和“世间道德规范十六条”时所举行的典礼上以及建成桑耶寺的大典上都表演过。阿卓的音乐旋律是较为简单原始的音乐风格。它主要由三部分组成：一是叫做平整净土的歌舞，内容是西藏本土宗教——苯波教遗留下来的祭祀驱鬼仪式；二是“卓”，是歌舞的主要部分，内容主要是表现或模拟各种动物的叫声和姿态的表演；三是叫做“吉祥”，作为尾声，祝福扎西德勒（吉祥如意）。表演形式是由一位藏族古代老人形象者带领十几位身穿藏式古装的演出者一起载歌载舞。

矮门（སྒོ་ཐུང་།）

拉萨、日喀则、林芝等地的建筑习俗。过去在上述地区的房门都很矮，尤其是用于寝室的房子。除小孩以外，成人均须低头弯腰才能进屋。据说矮门是为了防止行尸闯入的手段。藏族认为有些人死后余孽未尽，其尸体还会起身去完成余孽或寻找食物。这种行尸不会说话，不会弯腰，不会拐弯，只知径直往前跑，碰上行人，行尸会用手去“摸顶”，使活人也变成行尸。修矮门就是为阻止这些行尸入室。由于行尸不会弯腰低头，所以进入矮门时，头便会撞在上门框上而倒地，无法进门。也有防止活人梦游的说法。

暖珠(ལོ་མཆོད།)

庆贺死者在中有阶段的转世仪式。死者去世一周年,已经完成了转世投胎的过程,获得了新生。为了庆祝这一历程的完成,这一天家人要举行盛大的庆祝活动。他们邀请所有的邻里亲友,饮酒狂欢,歌舞一天。这一活动,藏语称“暖珠”。

安多方言(ཨ་མདོའི་ཁ་སྐད།)

藏语三大方言之一。主要分布在甘肃甘南藏族自治州和青海六个藏族自治州、化隆回族自治县和循化撒拉族自治县以及四川省甘孜和阿坝藏族自治州的部分地区。声母比较复杂,复辅音声母一般为20—30个,有的地区达80多个。有送气清擦音声母和清化鼻音声母。语气较重,韵母较简单,没有长元音、复合元音、鼻化元音和圆唇前元音;辅音韵尾较卫藏方言多;有央元音,没有声调。动词的语法范畴一般通过内部曲折来表示;保留着较多的古语词,敬语较少。语法方面,用辅音和元音的曲折变化来表示动词本身的自动和使动;形容词一般不分普通、较高和最高三个级别;表示疑问主要是在动词前加疑问副词。

安多女装(ཨ་མདོའི་མོ་གོས།)

指青海、甘肃和四川阿坝地区的一种藏族妇女服装。其特点是,皮袍多在肩部及下摆和袖口外缝饰,依次排列的约10厘米宽的黑、红、绿、紫诸色条,其边饰亦多蓝、绿、紫、青、橙、黄、红等颜色,依次递增构成五彩色带。布袍与皮袍差不多,注重用较宽的水獭皮或织锦缎做边饰。如此再配上鞋靴、狐皮帽、彩绸腰带,佩戴金玉珠宝饰品,显得豪放而稳重。

《安多政教史》(《མདོ་སྨད་ཆོས་འབྱུང་།》)

全称《安多政教史·书志之海》,别称《脱思麻教法史》,该书作者是扎贡巴·贡却丹巴饶杰(བྲག་དགོན་པ་དཀོན་མཆོག་བསྟན་པ་རབ་རྒྱས།)(1801~?),作者通过实地考察,参考了530余部史籍,费时10年才于同治四年(1865)完成此巨著。原版由甘肃甘南阿木却乎寺雕刻,现有拉卜楞寺木刻本并由甘肃民族出版社正式出版。是一部论述安多地区佛教、政治、文化、经济、教育等多方面的专著。全书三卷,书中尤其对安多地区寺院历史沿革、建筑、教育、各寺重要名僧以及各寺的地域距离、物产、僧尼人数等进行了详实的考证,是研究安多地区政教史不可多得的一部参考书。

昂赛婚礼(ངམ་སེའི་གཉེན་སྟོན།)

青海玉树昂赛地区的藏族婚俗。婚俗的主要特色是歌舞。男方家的迎亲队伍在举行婚礼的那天下午来到女方家,女方家邀全村男女作陪。男女双方在敬茶饮酒中间,轮流站出几个人,齐唱酒歌“青勒”,歌的调子是固定的，但歌词要即兴编唱，所以歌唱者既要有嘹亮的歌喉，更要机敏、幽默。人们边唱边向对方队伍中的长者敬酒。傍晚时分，新郎新娘来到歌舞现场，人们高兴地跳起锅庄舞，边跳边唱，男方的歌词是感谢女方的热情接待，祝福主人幸福美满。女方的歌词则是祝福新娘在今后的生活中万事如意，别忘记家乡的亲人。东方发白的时候，歌舞进入高潮，新郎新娘各领一队人，对面而舞，最后逐渐融成一个圆圈，新郎新娘交互高歌，歌毕一对新人才与迎亲队伍一起返回新郎家。

B

八邦寺(དཔལ་སྤུངས་དགོན།)

藏语意思是“吉祥集中佛教法轮寺”,位于四川省德格县八邦乡,全名叫德格八邦圣教法轮寺院(དཔལ་ སྤུངས་ དགོན་ པ་ ཐུབ་ བསྟན་ ཆོས་ འཁོར་ གླིང་།)。历史记载曾属藏传佛教噶举派寺院。因其建筑宏伟,在康区有“小布达拉宫”之称。据《白教传世记》载,该寺由第二十七代德格土司曲加·登巴泽仁骋请龚亚大喇嘛确吉俊乃创建于清朝雍正五年(1727)。八邦寺建筑中主经堂共三层,高24米,经堂的八根合抱粗逾的大柱为千年巨树整树造成。寺内藏有不少文物,50年代有镀金菩萨像7尊,大小红、黄铜质菩萨近千尊,百年唐卡万余幅,还有10多万块经书版和大量藏医学书籍。

八堡棋(མཁར་བརྒྱད་མིག་མངས།)

藏族棋类的一种,流行于四川康区。有四颗白棋子,表示国王和大臣,有二十个黑棋子表示百姓。其规则是:凡棋眼间有线条联络处,棋子就可以走动,没有线条连接处,棋子不可走动。白棋先走,可以跨越黑棋,被跨越的黑子表示已吃,要去掉。黑棋子不能跨越白棋,也不许吃白棋,只能围困。如果黑棋将四个白棋分别堵死在八堡中则为最佳胜棋。

八大藏戏(ལྷ་མོའི་འཁྲབ་གཞུང་ཆེན་པོ་བརྒྱད།)

八部著名的藏戏传统剧目。即《甲萨帕萨》、《顿月顿珠》、《诺桑法王》、《卓瓦桑姆》、《直美衮登》、《苏吉尼玛》、《朗萨文绷》、《白玛文巴》。这八部作品是藏戏的八大代表剧目,标志着藏戏艺术的全面成熟。

八世班禅丹白旺秋(པཎ་ཆེན་སྐུ་ཕྲེང་བརྒྱད་པ་བསྟན་པའི་དབང་ཕྱུག)(1854～1882)

生于后藏南木林宗托布结地方,父名丹增旺嘉,母名扎西拉姆。按金瓶掣签制度确认为七世班禅丹白尼玛的转世灵童,咸丰十年(1860)在扎什伦布寺坐床。咸丰皇帝派钦差大臣前往祝贺,并赏赐白银、珠宝等物。光绪四年(1878)在蔡公堂寺为十三世达赖喇嘛剃度,取法名为“土登嘉措”。29岁时在扎什伦布寺圆寂。班禅所辖政教事务,暂由扎萨喇嘛代理。

八世达赖喇嘛强白嘉措(ཏཱ་ལའི་བླ་མ་སྐུ་ཕྲེང་བརྒྱད་པ་འཇམ་དཔལ་རྒྱ་མཚོ།)(1758～1804)

生于后藏南木林宗托布结热拉

冈地方一贵族家，其家被清廷封为公爵，即拉鲁家。《番僧源流考》写其名为罗卜藏丹悲旺曲嘉木巴勒嘉木磋。乾隆二十七年(1762)在布达拉宫坐床，仪式由清驻藏大臣和摄政主持。8岁时授戒。乾隆四十六年(1781)，清政府封“西天大善自在佛掌管天下释教普通瓦赤喇怛喇达赖喇嘛”之尊号，并赏赐金印册，同年八世达赖亲政。乾隆五十三年(1788)，廓尔喀入侵西藏。清廷派福康安领兵入藏平乱。乾隆五十七年(1792)福康安同达赖、班禅等拟定《钦定藏内善后章程》，后经清政府批准并颁布实行。嘉庆九年(1804)，八世达赖喇嘛在布达拉宫圆寂。

八思巴(ཆོས་རྒྱལ་འཕགས་པ།)(1235～1280)

萨迦派第五代法王，萨迦地方政权的统治者，本名罗追坚赞，八思巴是称号，意为圣者。南宋淳祐六年(1246)随萨迦派第四代法王贡噶坚赞去凉州觐见成吉思汗的孙子阔端，共同议定西藏归顺蒙古的条件。蒙古宪宗三年(1253)被忽必烈召见，并拜为国师。元中统元年(1260)，忽必烈称帝，授他为“灌顶国师”，兼管总制院，成为元朝中央政府的一名高级官员。受忽必烈委托，参照藏文字体创造了新蒙古文即八思巴文。至元六年(1269)，被忽必烈授予“皇天之下，大地之上，西天佛子，创字圣人，神佛化身，调伏人间者，诗之源泉，五明大师，帝师圣者”的封号，并封为“大宝法王”。忽必烈还让八思巴掌管萨迦地方政权。八思巴于至元十三年(1276)返回西藏，至元十七年(1280)在萨迦南寺去世。

八思巴玉雕像(ཆོས་རྒྱལ་འཕགས་པའི་གཡང་ཏིའི་སྐུ་བརྙན།)

在布达拉宫帕巴拉康(圣者殿)内供奉着一尊玉雕八思巴像。雕像免冠，发长一厘米，双眉高而弯曲，一对长莲眼下视，耳大、鼻正、唇轻闭，一副清静自若的神态。双腿盘坐，左腿在里，右脚在外，脚掌向上。双掌相对于胸前，右掌在内，左掌在外。身披袈裟，右臂袒露，坐在镶宝玉座中的有玉雕莲花和供养人。玉雕背后有两个连环，周围有宝珠装饰，其后有玉石框架。雕像、像座、像背三者为一整体放在玉雕嵌珠的方桌上，显得格外精致秀美。

巴贡(དཔའ་བསྒོང་།)

藏语音译，意为“压倒气焰”。是一种原始的宫庭舞剧。这种舞剧反映的内容是公元7世纪吐蕃赞普赤松德赞修建桑耶寺时，传说中的莲花生大师为首的大圣们征服了破坏寺院建筑的鬼神，以正气压倒了邪气。在西藏古老传统中，这种舞剧只在每代萨迦赤钦执政坐床典礼上才演出，但据传说有些边缘农村中，还有演出“巴贡”的文艺班子。这种舞剧的音乐一般都以曲牌联曲的形式演唱，并有鼓钹伴奏，除用舞蹈表演，还有少量歌曲和朗诵。这种专供萨迦宫廷演出的原始舞剧与萨迦最古老的“谐钦”音乐比较相似，具有浓厚的地方特色。

巴果(སྦ་སྒོར།)

后藏妇女头饰之一。主体呈弓形，外缚红呢料。弓形之上饰以白色珍珠串，头饰前沿饰以成排的珊瑚、松耳石，两根发辫顺着“巴果”两端垂下来。其头饰价值昂贵，旧西藏除达官贵人、财产雄厚者外，一般妇女戴不起。

巴沃·祖拉陈哇(དཔའ་བོ་གཙུག་ལག་ཕྲེང་བ།)(1504～1566)

藏传佛教噶玛噶举派活佛，藏族历史上的一位著名学者。他所著的历史著作《贤者喜宴》资料丰富、内容广博，除历史记载外，还收集了不少神话和历史传说故事，情节优美，语言朴素，因而它既是历史著作，也是文学作品。

巴卧(པགས་ལྷམ་མམ་ཀོ་ལྷམ།)

藏语意为“皮鞋”。主要由两部分组成，鞋底、鞋帮均以牛皮制作，鞋腰则用牛毛线纺织加工而成。另有一种藏鞋，鞋底、鞋帮用一块牛皮制成，其帮面的前部用细皮条串连，用牛毛纺织的鞋筒缝在鞋帮上，穿后用牛毛绳束住鞋筒，制作简便，经久耐用。

巴乌(བག་ངུ།)

藏族传统婚俗。“巴”是新娘的意思，“乌”是“哭”的意思，“巴乌”就是临出嫁前姑娘哭泣的意思。姑娘出嫁前，女方家要为姑娘举行盛大的梳头仪式。为姑娘梳洗打扮的妇人须同姑娘属相相符，她们一边梳头，一边唱着悲凉的哭嫁歌，以抒发家人对姑娘依依难舍的亲情。这一天媒人必须到场，来听姑娘的哭声和梳头妇人的讽刺挖苦。

巴希列空(འབབ་ཞིབ་ལས་ཁུངས།)

旧西藏噶厦下属机构之一，始建于1920年。设堪仲、孜巴(会计)各一名，僧俗办事员各一名。其职责是：会同各宗豁核查寺院、贵族所占土地的实际数据，并根据所核查到的实际数据重新确定应缴纳的赋税数量。

《巴协》(《སྦ་བཞེད།》)

别名《桑耶寺详志》，巴·赛囊著。藏族早期长篇历史作品，所记史事颇为翔实，为后世藏族史学家写史的依据，其作者据传是8世纪赤松德赞的名臣巴·赛囊。该人曾受赤松德赞的派遣去印度迎请堪布菩提萨埵来西藏，是藏族最早出家的七觉士（七试人）之一，法名益西旺布。《巴协》以手抄本传世，书中自赞普赤德祖赞（704—755 在位）兴佛说起，直到其子赤松德赞建成桑耶寺为止。还有不少由后人续写的《巴协》不同版本传世。

巴珠（སྤ་རྒྱུག）

藏族妇女的一种头饰。巴珠通常有两种形式，一种近似三角形，通行于前藏一带；一种呈圆形，流行于后藏一带。过去普通妇女的巴珠，只点缀几颗珊瑚石，贵族妇女的巴珠缀满珊瑚、玛瑙和珍珠，既贵重又庄严。

拔（འབག）

意为面具。面具在藏区主要有两类：一是供挂于寺院的神魔面具；另一类是供演出使用的艺术面具和藏戏面具。面具的作用是供崇拜用或代表某一形象，面具的种类有平面的和立体的两种。原料大多用布、泥、金属、木材等制作而成。

拔戎噶举派（འབའ་རོམ་བཀའ་བརྒྱུད།）

藏传佛教塔布噶举派的四大支系之一。创始人达玛旺秋。他是达波拉杰的弟子，生于西藏彭域。北宋绍兴三十年（1160）在后藏昂仁地区建立拔戎寺，收徒传法，创立拔戎噶举。寺主由其家族世代承袭。该派在法统上没有太大发展。教派逐渐衰绝。

白哈尔（པེ་ཧར།）

藏传佛教格鲁派护法神中的主神，但在其他一些教派中白哈尔有时为从属神。据说此神是经堪布菩提萨埵、莲花生大师和赞普赤松德赞三人商量后决定让他担任总护法神的。他原是巴达霍尔静修院的守财神。吐蕃攻打巴达霍尔并破坏了他们的静修院，白哈尔便随着来到了西藏的桑耶寺。其形象有多种，常见的造像是一身白色，一面二手，面相威严，头戴垂缨圆竹帽，右手持金杖，左手持银制卦瓶，穿朱砂色外衣，骑一头白狮，以珠宝装饰全身，身旁有许多卫士围绕。又传说该神由回鹘传入或由孟加拉传入西藏。

白胶日·延缓半月（བགོལ་པོ་ཟླ་ཕྱེད།）

藏历说太阳在第 23 宿 32 度时（即公历 3 月 9 日）起的 15 天内，称之为延缓半月的日期。在此期间正是白胶树出胶或发芽阶段，因而称之为白胶日，这一算法主要是拉萨和雅砻一带地区的计算方法。

白居寺（དཔལ་འཁོར་བདེ་ཆེན་དགོན།）

全称“吉祥轮上乐金刚鲁希巴坛城仪轨大乐香水海寺”，简称“班廓德庆”，即“吉祥轮大乐寺”。在西藏江孜县西，年楚河畔。明永乐十六年(1418)由江孜法王绕丹贡桑帕和一世班禅克珠杰格勒白桑创建佛殿、僧房，建“白阔曲登”(白居寺佛塔)，改名白居寺。该寺中心为措钦大殿，三层。底层中间为佛堂，主供一尊高8米的强巴(弥勒)铜坐佛像。寺内珍藏着大量佛经、壁画和全套《甘珠尔》、《丹珠尔》。寺旁的白居塔驰名国内外。塔有9层，30多米高，共有108个门，77间佛殿、神龛和经堂。殿堂内藏有大量佛像，传说有10万之多，故该塔又称“十万佛塔”。这些佛像形态各异，极富神韵，堪称造型艺术杰作，是该寺突出的成就和特点。

白居寺塔(དཔལ་འཁོར་མཆོད་རྟེན།)

白居寺旁，便是驰名国内外的白居塔。塔有九层，高达三十二米多，一百零八个门，七十七间佛殿、神龛和经堂。殿堂内，藏有大量佛像，据说多达十万，故白居塔又称“十万佛塔”，塔身建筑十分奇特，五层以下，四面八角；六层以上，则呈圆形。塔上有四面八门，门上饰有飞龙、跑狮、走象的雕塑，这些动物雕刻造型精美、生动。

《白玛文巴》(《པད་མ་འོད་འབར།》)

八大传统藏戏剧目之一。剧情大意是：国王牟笛甲保害怕富商诺桑会来夺位，就串通大臣设下阴谋，派其到海中寻宝。诺桑死于海中，但其遗腹子逐年长大后又被国王发现，并派往大海。此子名叫白玛文巴，英武神明，入海得宝而归。国王不甘心，又派他前去罗刹国取宝。白玛文巴排除种种困难，获得罗刹女的金锅和银匙，交给国王。国王听说金锅可以在天空飞翔，就逼白玛文巴一道坐金锅腾空游玩。到达罗刹国上空时，白玛文巴将国王推下去摔死，由众罗刹分食。白玛文巴飞回王宫，接替王位，举国欢乐。

白面具藏戏(འབག་དཀར།)

西藏最古老的民间戏曲，也是整个藏族戏曲的母体剧种，主要流传于山南和拉萨的部分地区。其音乐起源于公元7世纪的雅砻地区，所有音乐唱腔都是以人定曲，专曲专用，曲牌名是根据唱腔旋律的长短不同，人物的不同身份分类的。其音乐最大特点是大多数唱腔的开头都有模仿动物吼叫声作引子，这是根据西藏传统的七音的基本要求来设计的。目前，白面具藏戏音乐只保留了长调、中调、短调、谐、常调以及反面人物唱腔等六种原始唱腔。

白石崇拜(ཐུན་རྡོ།)

拉萨周围农区的一种祈祷丰收的仪式。在当地人眼中，白石是龙女、神女的化身，具有非凡的魔力。

每年藏历正月初五，农人都要把珍藏在“央岗”（财运箱）里的羊头大的白石头安放在农田里。

白石安放仪式颇为有趣。当天早晨，人们早早起床，穿上节日盛装，耕牛也用彩绸、贝壳、铜铃和银饰品打扮得花枝招展。人们牵着被青稞酒灌得醉熏熏的牛，携带用彩色藏毯包裹的白石来到农田里。白石要放在农田中较高的地方，上面洒些青稞酒、糌粑，粘一块酥油。然后农人架起木梨，绕白石耕出五道畦子，分别撒上青稞、油菜等农作物种子。仪式完毕，人们便兴高采烈地唱起祈神歌，边歌边舞，饮酒喝茶，直到傍晚，人们才快乐地返回。

十天以后，人们要到白石旁查看种子的生长情况，以决定当年的种植计划。秋天开镰收获的那一天，家中的长者再次来到白石边举行祭祀仪式，恭恭敬敬地把他们庄稼的守护神——白石，用彩色藏毯包好，迎请回家供奉在“财运箱”里。

拜鹰节（བྱ་མངལ་དུས་ཆེན།）

西藏林芝地区苯教寺庙大神鹰寺的一个宗教节日，每年藏历四月十三日至十五日举行。相传，该寺首任主持、苯教大法咒师冬敦·然巴珠赛死后，有一神鹰为其守护遗体，这一神鹰就是冬敦·然巴珠赛的化身，以后它每年来寺庙巡视一次。于是信徒们每年都要来该寺祭祀冬敦·然巴珠赛，参拜神鹰，相沿成习。

班禅（པཎ་ཆེན།）

藏传佛教格鲁派两大活佛之一（另一为达赖）的称号。“班”是梵语“班智达”（学者）的略称，“禅”是藏语“大”的意思，二字合起来意为大学者、大师。“额尔德尼”是满语，意为“珍宝”。班禅称号最早出现于清顺治二年（1645）。明崇祯十四年（1641），应四世班禅罗桑确吉坚赞和五世达赖阿旺罗桑嘉措的邀请，蒙古和硕特部首领固始汗率兵进藏，消灭了藏巴第司政权，帮助五世达赖罗桑嘉措建立了甘丹颇章地方政权，并于1645年，赠给宗喀巴的四传弟子罗桑确吉坚赞“班禅博克多”的称号。他成为四世班禅（前三世班禅为后人追认），主持扎什伦布寺，管辖后藏部分地区。清康熙五十二年（1713），清政府正式册封五世班禅罗桑益西为“班禅额尔德尼”，并赐金册金印，确认了班禅的宗教地位。此后，历世班禅额尔德尼转世，必须经中央政府册封，成为定例。现在的班禅额尔德尼传至第十一世。据藏传佛教的解释，班禅是无量光佛的化身。

班禅大师管辖区（པཎ་ཆེན་རིན་པོ་ཆེའི་མངའ་ཁོངས།）

雍正帝时，将后藏地区封给五世

班禅，五世班禅只接受了拉孜、昂仁、彭措林3个宗。颇罗鼐和珠尔墨特那木扎勒执政时，又赠给班禅大师一批庄园。这就形成班禅大师管辖区。辖区由班禅大师领导下的班禅拉章管理，与噶厦同属驻藏大臣管辖。所辖的宗豁有：拉孜、昂仁、澎错林、谢通门、达纳仁钦孜、岗巴、间隆、兰伦热、豁卡、江孜查普、达木萨迦等。还辖有200多座寺庙。

班禅堪布会议厅（པཎ་ཆེན་ནང་མ་སྒར།）

1923年，九世班禅出走内地，为管理班禅行辕的各项行政事务，组织了班禅堪布会议厅。民国时期，班禅堪布会议厅积极与中央政府联系，多次发表声明，反映班禅方面广大僧俗民众的愿望，并派代表参加全国性的会议，在南京设立办事处。九世班禅圆寂后，班禅堪布会议厅留在青海塔尔寺，参加了寻访和认定九世班禅大师转世灵童的工作。青海解放时，堪布会议厅和十世班禅致电拥护共产党。1961年9月，在西藏自治区筹备委员会第四十一次会议上，班禅堪布会议厅将公章上交，宣布历史使命完成。

班禅拉章（པཎ་ཆེན་བླ་བྲང་།）

拉章是藏语音译，意为"上师宫殿"。班禅领导下的管理班禅辖区的政权机构，人们用班禅在扎什伦布寺的住所来指代班禅政权。班禅拉章与原西藏地方政府相仿，也分僧俗两个系统：僧官系统称为"孜"，俗官系统称为"雪"，共有七品以上官员、侍从270多人，一般执事人员约600人。

班丹拉姆（དཔལ་ལྡན་ལྷ་མོ།）

藏语音译，吉祥天母之意。藏传佛教主要护法神之一。西藏各大寺庙均崇信供奉。原为印度教、婆罗门教掌管命运、财富和美丽的女神，后为西藏佛教吸收为护法神。其形象面色青蓝，头发红色竖之，饰戴骷髅，耳挂小蛇，手持骷髅头和棒，骑一匹黄骡。每年藏历十月十五日，拉萨大昭寺的班丹拉姆由僧人抬出游行，与拉萨河对岸的其夫相会一次。有关该女神的传说很多。

班智达（པཎྜི་ཏ།）

梵语，意为"学者"。藏传佛教借用，表示某人学识渊博。荣获班智达称号，要有学术著作和经过口头考试。西藏历史上最早获得此称号的著名人物是萨班·贡噶坚赞（1182～1251年）。他著有十数种著作，著名的如《萨迦格言》、《正理藏论》、《三律仪论》等。获得此称号的人均在名字前加上学位名。如萨班·贡噶坚赞的"萨班"，乃是"萨迦（教派名）班智达"的简称，贡噶坚赞才是人名。

班智达土瓦列波(པཎྜི་ཏ་ཐུགས་པ་ལེགས་པོ།)

古代藏族天文历算学者,生卒年不详。曾把内地、尼泊尔等地共同性的算学译成了藏文,吸取了各典籍精华,编著了《珍宝明灯》、《冬夏至图表》、《五行珍贵之明灯》,这些著作是目前西藏保存的我国古代天文历算的重要经典。

邦那摩崖雕像(སྤང་ནག་བྲག་བརྐོས་སྐུ་བརྙན།)

位于西藏林芝县米瑞乡邦那村北面的山角下。两组雕像分别雕有释迦佛像和四臂观音、帕木竹巴·多吉杰波像。第一组的释迦佛像和帕木竹巴·多吉杰波像均为线刻,释迦佛高 0.72 米,宝髻低平,袒右胸,内着僧祇支,披袈裟,手施无畏印,雕“云”纹头光,盘坐;帕木竹巴·多吉杰波手施降魔印,结跏趺坐,高 0.7 米。第二组已模糊不清。

帮典(པང་གདན།)

藏语音译,即“围裙”,是藏族妇女喜爱的衣物之一,也是藏族妇女的标志。帮典,系羊毛织品,编织独特精密,色彩鲜艳,美观大方。其生产过程为,先手工将羊毛纺织成线,再染色、刷毛,然后织成条状,再缝合而成。帮典的品种很多,最好的用 14 至 20 种染色毛纱,精工制成,其次的是一种比较普通的围裙。帮典过去只限于已婚妇女系带,现在青年姑娘也在喜庆节日佩带,有如彩虹罩身,十分好看。

棒康(འབངས་ཁང་།)

流行于西藏昌都与四川甘孜、道孚等地的一种民居。建筑方式是以泥土砌筑较高的墙基,墙基上用大圆木垒砌穿斗成四壁,小圆木铺顶。此种房屋具有保暖、防寒的性能。

抱石头(རྡོ་འཁྱོགས།)

藏族民间传统体育活动。一般在节庆日或劳动之余进行。比赛之前先选一圆形光滑的大石头,重量约为 150 公斤左右,为使石头滑溜难下手,还要在上面涂一层酥油。比赛时地上划一圆圈,比赛者必须将石头抱起,然后以腋下转到背上,再从背上转回胸前,最后抱着石头沿圆圈绕场一周即为成功。也有将石头抱起后,从前或肩部向外抛出,以远者为胜。

北京版《大藏经》(《བཀའ་བསྟན་》པེ་ཅིང་པར་མ།)

是诸版藏文《大藏经》中最豪华壮观的一种。是康熙皇帝敕命雕刻而成,其中《甘珠尔》部分是康熙二十二年(1683)刊刻,计 106 帙,乾隆初年曾进行过修补,《甘珠尔》部分是雍正二年(1724)刊刻,计 225 帙。此版《大藏经》曾均藏于北京,毁于光绪二十六年(1900)八国联军入侵之时。

贝卡多觉(སྦེ་ག་རྡོ་འཁྱོགས།)

藏语音译,意为“角力”。“贝卡”意为摔跤比赛,“多觉”意为举石。旧时西藏拉萨每年藏历正月二十五日早上8点,举行“贝卡多觉”活动,数以万计的僧俗群众观看节目。比赛结束后,对获胜者要颁发奖品。是藏族地区流行的一种体育娱乐活动。

背夫(ཁུར་ཚ་བ།)

在西藏勒布、樟木、米林等边境地方,地势险要,交通阻塞,牛马难以成帮通行,为了与印度、尼泊尔、不丹等国进行贸易活动,商人们往往利用边民背运物资。有些边民一生以背物为业,称为背夫。背夫一般每人每次背上六、七十斤重的货物,手拉树枝、竹子,攀山寻道,徐徐前行。如今,随着交通的发展,原来的背夫也逐渐改行。

背鬼人(གླུད་འགོང་།)

背鬼人,藏语音译为“吕贡”。是拉萨旧时举行“会供”法会(传小召)期间赶鬼活动中必不可少的人物。一般由农奴、乞丐或囚犯充任。他们是鬼的化身,不祥和恐怖的象征,谁碰着他们的身体,谁就要倒大霉,当官的丢官、做生意的破财、健康人生病或者短寿。在藏历二月二十八日赶鬼活动中,他们要背着鬼远离人群,被关进山南桑耶寺的黑房子“伍康”;或者到拉萨北边彭波地区的乌金豁卡。

苯教转经(བོན་གྱི་ཕྱི་སྐོར།)

苯教转经朝拜时与佛教不同,为逆时针方向转圈。佛教传到藏区后与苯教融合,但苯教的一些宗教习俗也被保留了下来,逆时针方向转经就是其中之一。佛教转经是按顺时针方向,苯教转经是按逆时针方向。

苯教(བོན་ཆོས།)

“苯(བོན་)”字是藏语音译,“苯”就是藏族原始口碑传承宗教的名字。所以“苯”是藏族史前宗教,诞生于象雄地区。“苯波”是史前宗教的继承者或从业者。苯教是始祖敦巴辛饶创立的雍仲苯波教的简称。苯教已经不是原始宗教,尽管其中包含有丰富的原始宗教因素,或富有浓厚的原始宗教色彩。敦巴辛饶为雍仲苯教的创始人,至今已有大约几千年,但对敦巴辛饶的出生年代说法不一,而且有上千年的差异。

苯医(བོན་སྨན།)

藏族最古老的一种医学。以白、黑、蓝三种颜色来象征医术形式。即,白色为治愈,黑色为病痛,蓝色为药效。它主要靠三种疗法,即:放血疗法、火疗法、涂摩疗法,用以医治各种疾病。同时采用热酥油止血,青稞酒糟治疗外伤等朴素的治疗方法。公元 4 世纪，天竺的著名医学家碧琪和碧腊玛入藏，传播了脉经、药物经、治伤经等五部医典，对“苯医”的发展起了积极作用。

鼻烟壶（སྣ་ཏྲུ།）

藏族人民喜欢随身携带的物品之一。其特点是做工精致、小巧玲珑，一般用牛羊犄角制成。具体做法是：先截取一段牛羊犄角，然后将中间掏空，再泡于水中，等软化后压扁成形；晾干后，削两木片将横截面堵上，一侧可自由启闭，用做壶盖，另一侧堵死；壶盖穿一根小绳，并系上小铜铃；在靠近堵死的一侧，单独钻一个出鼻烟的小圆孔。但也有瓷、竹、铜等其他材质的鼻烟壶。

比玛（སྤྲི་མར།）

藏语音译，意为“奶皮子”。藏族奶食品之一，多为牧民自制。其制作方法：将鲜牛奶或羊奶放入锅内，加热至一定温度，不要煮沸，用木棒轻轻搅动，然后使其自然冷却，这样乳汁中的脂肪即会凝聚在上面，结成薄薄一层皮子，用筷子揭起，放到通风处阴干即成。吃时，再拌以砂糖等佐料，营养丰富，醇香可口。

必汪（པི་ཝང་།）

藏语音译，意为“胡琴”。是一种藏族传统声乐器。琴筒是用竹筒上绷上羊皮，双弦，弓由竹条或马尾制成，高低、大小不一，硬木做杆。必汪是旧时热巴舞的常用乐器。在四川、云南等藏区的弦子舞，都是由演奏必汪者领舞，边跳边唱，具有独特的风味。

碧秀（པི་ཤུ།）

藏语音译，意为“响箭”。“碧秀”比赛是流行于西藏林芝地区的一种传统体育活动，相传已有四百年的历史。碧秀一般长 80 厘米，竹制箭杆，尾部插有羽毛，头部是青冈类硬质木料制成的四眼内空的切面蛋状形，箭射出后，由于气流从箭头眼孔内穿过而发出“呜、呜”的响声。“碧秀”比赛的靶子是用牛、羊皮和布烊等制做的，射手相距靶子 30 米左右。

壁画（ལྡེབས་རིས།）

藏语称“碟布日”。西藏壁画历史大约要追溯到公元前 10 世纪左右的象雄壁画，公元 7 世纪吐蕃赞普松赞干布时代出现唐卡。壁画一般画在西藏各寺院、拉章（大活佛居室）和贵族住房的墙壁上。从内容上大体分为两类：一类是寺庙壁画，有释迦牟尼的十二相成道、密宗事部三怙主、藏传佛教史、人类起源、藏族史、各教派创始人的自传、寺院志、吉祥物等；另一类是家庭住宅墙壁上的吉祥物、四瑞图、五欲图、七宝图、山水花草、景物、八吉祥徽等吉祥图案。西藏的壁画和绘画风格，是吸收汉地和古印度、尼泊尔的绘画技艺形成了独特风格和派别，是西藏文化艺术的瑰宝。

壁画分格式布局（ལྡེབས་རིས་ལོགས་བཅད་དབྱིབས་ཀྱི་བཀོད་པ།）

主要运用于绘制佛传故事，主要流行于西藏西部、西南部的佛寺中，即将佛传故事的每一情节分格绘制、依次编排，通常绘制在佛像的下方，位于壁画主画面的下方。

壁画回环式布局（ལྡེབས་རིས་དཀྱིལ་འཁོར་དབྱིབས་ཀྱི་བཀོད་པ།）

藏族壁画中主要用于表现具有情节性的场面（如历史故事），采用散点透视的方法，将每一片段按照一定的顺次回环往复地安排成“连环画”式的结构，情节分明但又意义连贯。

壁画中心式布局（ལྡེབས་རིས་གཙོ་འཁོར་དབྱིབས་ཀྱི་བཀོད་པ།）

藏族壁画中主要见于肖像作品，通常是在画面的中心绘制主尊（佛祖、菩萨、法王、高僧等），其四周围绕以众佛、众神、装饰图案等，突出画面的核心。

冰桥（ངར་ཟམ།）

因青藏高原特殊的地理位置，冬季非常寒冷，河面结成很厚的冰，常年如此，冰面十分坚固。人们为方便人、畜及车辆在冰上安全行驶，在结冰时便在一固定地段插入树梢、木棍等物，自然形成冰面路，人们称之为冰桥。

丙辰法会（གསར་ཚོགས་སྨོན་ལམ་ཆེན་མོ།）

是佛教后弘期时的一次重要的宗教大会。公元 1076 年（第一绕迥丙辰年），阿里王哲德在托林寺举办了一次法会，弘扬佛法。西藏的许多僧人都赶去参加，使沉寂了一个阶段的佛教再度兴起，散落在各地的僧人得以重聚。会后，许多僧人前往印度、克什米尔一带学法取经，回藏后在阿里及卫藏大力弘传，并翻译、注述了大量典籍，使佛教廾始重新振兴。

病人禁忌（ནད་པའི་འཛེམ་བྱ།）

旧时藏族群众生病时一般要请喇嘛打卦和念经。若家里有病人，则在门上挂一红布条或红纸，表示禁忌生人进门，以免将鬼魔引入室内，危害病人。有些地方则在病人眉心处抹上锅黑，不让病人睡熟，以免灵魂被鬼魔带走。

波康列空（ཐོགས་ཁང་ལས་ཁུངས།）

藏语音译，意为“粮饷处”，噶厦专门负责粮饷供应的机构，乾隆五十七年（1792）成立。当时，清政府在拉萨建立汉式练兵营，为解决官兵的军需问题，成立了该机构。

波密土王管辖区（སྤོ་བོ་ཀ་གནམ་སྡེ་པ།）

西藏波密过去是一个很少与外界接触的小土邦。这个小土邦的土王管辖着 18 个宗，包括现在的波密、墨脱一带。18 世纪，噶厦管辖着波密，在浦龙宗、许莫宗、欲入宗、唐堆宗等派有宗本，在倾多派有总管，支派差役。噶朗土王的属下反对向噶厦支差，在边坝宗等交通要道上进行抢劫，并杀死政府官员。1836 年，噶厦遵照道光皇帝的圣谕，决定不再向波密各宗委派官员，并委任噶朗土王为波密总管，从而形成了波密土王管辖区。

波细列空（འབབ་ཞིབ་ལས་ཁུངས།）

藏语音译，意为“地税调查局”，设在大昭寺内，噶厦下属机构之一，1916 年成立。下设堪仲、孜巴（会计）各一名，僧俗办事员各一名。其职责是：调查贵族、寺庙所属豁卡藏匿不报的垦荒或新增地亩，并征收差税，将每年所收粮款用于藏军开销。

播种习俗（ཞིང་འདེབས་ལུགས་སྲོལ།）

在四川甘孜、西藏昌都等地农区，播种时有许多讲究。播种期由喇嘛打卦确定，一旦确定不可更改。播种人是由上年收成好的人担任，其属相要同当年的属相相符。有的年份男女均可参与播种，有的年份只有妇女从事这项工作。播种完毕后，还要请喇嘛念经禳灾，以求庄稼顺利成长。同时播种期内还有许多禁忌：禁止伐树，以免触犯天神而下冰雹；禁止上山采药，以免触犯土神而招虫；禁止捕鱼，以免触犯水神而干旱；禁止妇女没戴头巾或拿着空筐而在地里行走，禁止在地里吵架、哭泣、打架，否则会亵渎神灵而妨碍庄稼的生长等。

博东班钦（བོ་དོང་པཎ་ཆེན།）（1375～1451）

名乔勒朗杰，又名吉美扎巴或确吉坚参。出生于博东埃经堂，他学识渊博，尤以词章之学著称。有《摄真实论》等著作近百卷，在藏族高僧中著述最富。倡建拜摩却顶等数座寺庙并在其中讲学。

博多哇（པོ་ཏོ་བ།）（1031～1105）

藏传佛教噶当派名僧。生于拉萨以北澎波地区哲地的查沃岗。仲敦巴的三大著名弟子之一。北宋嘉佑三年（1058）在热振寺拜仲敦巴为师。北宋元丰四年（1081）周游各寺讲经说法，收弟子两千余人。他以阿底峡的《菩提道灯论》为主要教授内容，注重戒律，强调修行次第，开创噶当派的支系教典派，并创建博多寺。他使噶当派的名声得到极大提高。

著名弟子有朗日塘巴·多吉僧格和夏惹瓦·云丹扎。

卜辞(ཏུས་བརྟོས་ཆེས་འབྲས།)

现存资料极少,在敦煌古藏文文献中有一份前后都已残缺的卜辞手卷,其中仅有三十段尚且较为完整。从内容上看,每段卜辞都大致可粗分为两个部分:第一部分为卜辞正文,大多是对牧区自然风光的描述;第二部分是对正文所述景物应验结果的昭示,所卜的结果与上部分的自然描述并无必然联系。从形式上来看,第一部分是诗歌体,基本为六音节句,多用直叙手法,间有比喻等;第二部分是散文体,多直叙,文风古朴。研究者多把第一部分作为文学作品而进行审美探讨,把第二部分作为研究当时社会历史的资料而进行收集。

卜丰年(ལོ་ཞིམ་ལས་བརྟག་པ།)

西藏后藏新年习俗。新年期间,人们要选择一块干净的空地,分别撒上青稞、小麦、豌豆、油菜籽,然后站在远处,眼巴巴地等着鸟儿来吃。鸟儿吃什么种子,当年什么就丰收,如果把种子全吃掉,自然是五谷丰登。

除了向鸟问卜以外,后藏农民还要向神问卜。年前七天,人们就要将五谷种子分别种在盛有泥土的五只碗里,放在佛龛前。新年这天,净手礼佛之后,农人们细心察看刚出土的嫩苗,哪一种苗长得壮实,那一种作物就会丰收。

不定偶婚(གབ་མཐུན།)

旧西藏一种特殊的婚姻形式。在过去,西藏男女比例本身女多男少,加上一妻多夫制较多和大量男子出家为僧,造成了妇女过剩,有些无夫可嫁的女子采用不定偶婚来弥补家庭劳力的不足。这种情况多见于农牧区。未婚妇女所生子女均由女方承担抚养义务,男方不负任何责任。

不自由虚词(ཕྲད་གཞན་དབང་ཅན།)

藏文文法中有变体的不能自由使用的虚词。它有三个以上不同的变体形式,使用时受前一音节后加字字母的限制。共有 9 种:宅扎(འབྲེལ་སྒྲ།)(属格助词)、且扎(བྱེད་སྒྲ།)(具格助词)、拉顿(ལ་དོན།)(类格助词)、间堆(རྒྱན་སྡུད།)(饰集词)、拉介(ལྷག་བཅས།)(待述词)、且堆(འབྱེད་སྡུད།)(离合词)、佐次(རྫོགས་ཚིག)(终结词)、次差(ཚིག་ཕྲད།)(虚词)、塔达塞介(时态助词)。

布达拉宫(ཕོ་བྲང་པོ་ཏ་ལ།)

位于拉萨市的布达拉山(又称红山)上。“布达拉”是梵语“普陀洛伽”的译音,意思是观音菩萨在苦海中伫泊慈航、普渡众生之处。是西藏现存最大最完整的古代宫堡建筑群，距今已有300多年历史。据史载，唐贞观七年(633)，吐蕃迁都拉萨，松赞干布在红山上修建了999间房子，连同山顶红楼共1000间。赤松德赞时遭受雷击，吐蕃末期又毁于兵乱，曲结扎普(法王洞)和帕巴拉康(观音殿)是当年的遗存。现在的布达拉宫是17世纪在被毁宫堡遗址上重新修建的。清顺治二年(1645)，五世达赖喇嘛命第巴索朗热登重建布达拉宫。顺治十年(1653)白宫竣工，五世达赖喇嘛从哲蚌寺的甘丹颇章宫移居布达拉宫。康熙二十一年(1682)五世达赖圆寂后，第巴桑杰嘉措开始修建红宫和灵塔。康熙三十二年(1693)红宫基本完工。到十三世达赖喇嘛土登嘉措时，又掀起一次扩建高潮。至此，始具现在规模。从五世达赖喇嘛起至1959年以前，重大的宗教、政治仪式都在此举行，是历代达赖喇嘛生活起居和从事政治活动的场所，成为旧西藏政教合一的统治权力中心。布达拉宫有十三层，高117.19米，整个建筑占地41公顷，主体由红宫和白宫两部分组成。红宫是历世达赖的灵塔殿和各类佛堂。白宫在红宫之东，有历世达赖居住的寝室；摄政、达赖经师的居室；噶厦办公室；集会场所等。东大殿是白宫殿的最大宫殿，用44根柱支撑，是达赖喇嘛举行坐床、亲政大典等重大宗教活动的场所。殿内保存着清顺治皇帝册封五世达赖的金册金印等。红宫中的主体建筑为历代达赖的灵塔殿，有五世达赖喇嘛的灵塔、十世达赖喇嘛楚臣嘉措和十二世达赖成烈嘉措的灵塔及两座尊胜塔。布达拉宫内珍藏有大量的雕塑、壁画和佛教典籍，其中金字缮写的《甘珠尔》及贝叶经，堪称稀世之宝。五世达赖喇嘛和十三世达赖喇嘛的灵塔均用金皮包裹，镶嵌珠宝，高达14余米，极为辉煌壮丽。1961年列为全国重点文物保护单位。

布达拉宫版《大藏经》(པོ་ཏ་ལའི་《བཀའ་བསྟན་》པར་མ།)

该版《大藏经》是根据止贡廓觉活佛的要求和提供的资金，由十三世达赖喇嘛土登嘉措下令组织技工刻印一套《甘珠尔》，喜绕嘉措大师为该版本写了序言，从1926年至1936年，历经十年时间，在罗布林卡的格桑颇章内刊刻完成，存放于布达拉宫印经院。该版本以纳塘手抄本为范本，稍加改动而成。

布达拉宫印经院(ཕོ་བྲང་པོ་ཏ་ལའི་པར་ཁང་།)

是西藏和四省藏区规模最大的印经院之一。由第五世达赖喇嘛阿旺·罗桑嘉措创建于明末清初，位于布达拉宫下面，因而得名。后由第十三世达赖喇嘛土登嘉措在原有的基础上扩建，藏语简称“雪巴尔康”（ཞོལ་པར་ཁང་།），全称是“雪境福利宝库洲”。该印经院藏有大量藏文经典，有著名的《大藏经》、十三部《毗奈那》、六部《宝积经》、六部《大方广经》、二十一部《般若波罗密多经》、十二部《涅槃经》、六十一部《续部》和简本目录等。

布顿·仁钦珠（བུ་སྟོན་རིན་ཆེན་གྲུབ།）（1290~1364）

元朝时译作“卜思端”。西藏佛教史上的著名人物，被尊为布顿大师。他是卓浦寺第三任座主羊孜巴·仁钦僧格的弟子。后任夏鲁寺主持，创夏鲁派。他对显密二宗的经典作了大量的整理、鉴别和注释工作，还翻译过许多印度佛典。其《全集》共26函，约200余种，元至顺三年（1322）著成《善逝教法源流史》（别称《布顿佛教史》），是研究印度佛教和西藏佛教的重要史籍。元顺帝曾请他赴京，辞而未去。

《布顿佛教史》（《བུ་སྟོན་ཆོས་འབྱུང་།》）

又名《善逝教法源流史》。佛教史书名。布顿·仁钦珠著。成书于1322年。分为两篇：前篇论述佛教理论及印度佛教历史，后篇论述藏传佛教概况，并附有《大藏经》目录。是研究印度佛教和藏传佛教的重要史籍。全书木刻版212页，122页以前所讲的是印度与尼泊尔佛教弘传史，122页以后所讲到的是藏族地区佛教弘传的历史。最后部分讲的是纳唐《甘珠尔》与《丹珠尔》总目录。

布顿派（བུ་ལུགས།）

布顿·仁钦珠任夏鲁寺（在日喀则）寺主，曾在此传授四续部灌顶及讲解显密二教，于14世纪中叶逐渐形成布顿派。

布玛古墓群（བུ་མ་གནའ་བོའི་བང་སོའི་ཚོགས།）

位于西藏日喀则地区昂仁县卡嘎乡布玛村南，此墓群面临古湖滨，海拔4350米，共有古墓葬39座，均为土封的圆形。经考古试掘的两墓内部结构均系夯土平地起建，夯筑墓圹，墓圹顶部和四壁有石板砌盖。其中一座在主墓一侧，另有随葬坑一个，之间用小龛相通，坑内葬有一人，坑外分别葬一人一犬，主墓中共葬5人。从两墓中出土的有陶器20多件和骨匕、骨簪、石磨、石臼、矿石颜料装饰品，墓穴中随葬的还有粮食，以及牛、羊、猪、狗等动物。其中，墓中出土的一具人头盖骨保留有清晰的“环锯头骨”的锯痕。

C

擦擦(ཚ་ཚ།)

小泥制拓印的神像(泥佛)和神塔小像。供奉在神祇祭台的某处,是以神山圣地的细黄土揉搓的泥,用模具拓印的小神塔或佛像。

擦鲁(རྩེད་གླུ།)

藏语意思是游戏歌,流传于云南维西塔城乡,也称“骑马调”。此种歌曲调悠扬、流畅,填词自由,属山歌,只能在野外唱。歌词格式是六言四句或多句,特别适于骑马、走路时唱。

猜歌(རྒྱག་གླུ། ལ་གཞས།)

流传在西藏农牧区的一种感情色彩十分浓厚、具有独特艺术风格的情歌。猜歌的演唱形式是许多青年男女聚在一起,选出一位最出色的歌手,把在场的所有人的戒指或一条藏式鞋带收集在手中,然后为每件物品唱一首歌,歌词内容大多是猜想物品的主人的愿望、命运和前途如何等。这种艺术形式是农牧区男女青年相互勾通感情的桥梁,深受青年男女的喜爱。

采花节(女儿节)(མེ་ཏོག་དུས་ཆེན།)

甘肃博峪地区藏族的传统节日,每年农历五月初四、初五举行。初四这天,村里的青年女子在至亲男性的陪同下,上山采花。他们来到神山之巅,女子聚在一起以歌舞娱神,男子煨桑敬神。当天夜里,全体人员在山上露宿。第二天一早,人们下山途中载歌载舞,沿途采花。归寨后,先由无儿女的人家“接花”,以此来表达人们对人丁兴旺的向往和美好的祝愿。随后人们来到寨中的一个大厅,女舞男歌,开始了别有情趣的“对花”,青年男女尽情调笑。村里的人们则捧出美酒,为采花来的姑娘们洗尘。

蔡巴噶举派(ཚལ་པ་བཀའ་བརྒྱུད།)

藏传佛教噶举派支派之一。创始人是向蔡巴。他于 1175 年在拉萨东部蔡公堂地方建蔡巴寺,该派由此得名。1187 年又在附近建贡塘寺。至元四年(1268)元世祖封该派首领桑结额朱为蔡巴万户长,掌管这一地方的政教大权。其子仁钦坚赞曾到北京朝贡,元世祖赐诰命金印,蔡巴成了前藏势力较强大的一个万户。后被帕木竹巴击败,其寺庙改宗格鲁派。

仓宫尼庵(ཨ་ནེའི་མཚམས་ཁང་།)

藏传佛教格鲁派著名的尼姑寺庙。在拉萨城南。500 多年前宗喀巴的弟子古纠顿丹创建。尼姑最多时达200余人,学经外以能歌善舞演藏戏著称。学经制度严谨,拉萨不少富裕人家都愿意将女儿送入该寺。与拉萨北郊的嘎丽寺、米钦热寺以及朗古寺齐名,为四座著名的尼姑寺。

《仓央嘉措诗歌》(《ཚངས་དབྱངས་རྒྱ་མཚོའི་མགུར་གླུ》)

六世达赖喇嘛仓央嘉措(1683～1707)是藏族最伟大的诗人之一,其作品是我国乃至世界文学中的瑰宝。作为西藏僧俗各界的最高精神领袖,他没有被束缚于严格的教规之中,却经常混迹于世俗,做出许多“风流韵事”,并写出大量充满激情的、惊世骇俗的爱情诗歌。诗中大胆而直率地表达了对纯真爱情的向往和对幸福生活的追求,激烈地抨击了旧的社会制度和禁欲主义思想,深受广大僧俗群众的喜爱。在格律结构上,《仓央嘉措诗歌》采取“谐体”民歌形式,基本上都是“四六体”,即每四句六音节为一首;语言质朴,平易通俗,比喻生动形象,对群众语言借鉴、汲取甚多。

策墨林(ཚེ་སྨོན་གླིང་།)

萨玛尔第巴克什的官邸。在拉萨大昭寺之西。始建于清嘉庆16年(1811),竣工后钦赐名祝寿寺。策墨林活佛的祖寺为色拉寺。该活佛转世系统中有两位出任过摄政。第一位是一世策墨林·阿旺楚逞,任职14年。时在乾隆42年(1777)至乾隆56年(1791)。第二位是策墨林·扎巴楚逞,任职25年。时在嘉庆24年(1819)至道光24年(1844)。因贪污等原因,遭革职,发配黑龙江。1877年圆寂后得到平反。

策却林(ཚེ་མཆོག་གླིང་།)

格鲁派著名寺庙。位于拉萨吉曲河南岸。原为一个修道岩洞,16世纪仁桑噶布在此建寺庙。乾隆五十五年(1790)噶钦·耶协嘉措维修扩建,成为祈祷达赖喇嘛长寿诵经的处所。该寺活佛曾代理过西藏地方政府的摄政,在政治和宗教上有相当的地位。

插箭节(ལབ་ཙེ་གསོལ་མཆོད།)

藏族原始宗教——苯教遗留下来的古老的祭神祇节日。各地区举行节日的时间不尽相同,多在农历五、六、七月间举行。比较典型的安多藏区插箭节是在农历六月十五日举行。过去,各地藏族部落都有自己的地方神和圣山。节日的前一天,各部落的男人们都骑着马,身穿节日服装,携带节日食品汇集到自己的圣山脚下。节日这天,人们手持长长的木制箭杆,爬上圣山山顶,首先大家共同竖起一根最长的箭杆,然后每个人把自己手里较小的箭杆插在长箭杆四周,用各种彩带和羊毛绳牢牢捆住，并拉上五彩经幡。插箭仪式结束后，还要举行丰富多彩的文体活动，人们往往要连续狂欢数天。

插彩箭簪玉（མདའ་དར།）

藏族一种传统的婚礼仪式中招运祈祷经旗。经旗是根据新娘的五行八卦所制的招运旗。新娘嫁到婆家，要随身带来娘家的经旗，经旗插在婆家的屋顶，表示新娘不仅人来了，她的保护神也来了。同时，男方的一位亲友要把一枚绿松石别到新娘头上，表示已经承认了她是家庭主妇的地位。

茶和瓷碗传入西藏的传说（བོད་དུ་ཇ་དང་དཀར་ཡོལ་བྱུང་རབས།）

这则传说反映了古代藏汉之间文化的交流与融合。传说吐蕃时期的第三十五代赞普赤都松芒布杰久病不治，忽有一异鸟叼一袋树叶落在宫墙上，取叶煮食，非常清香，病亦缓解。令大臣四处寻访，于大渡河对岸唐朝地方找到这种树叶，运回吐蕃，终于治好了赞普的病，这种树叶就是茶叶，从此藏族有了茶喝。赤都松芒布杰赞普感到过去的杯盏和这种美味饮料很不相称，就根据传闻派使者向中原皇帝请求帮助，中原皇帝就派出工匠来到吐蕃，用特殊材料烧制出连中原都没有的美丽的瓷碗和瓷杯。从此藏族用上了瓷碗和瓷杯。

茶马古道（ཇ་རྟའི་ཚོང་ལམ།）

中国古代的重要商路。茶马古道的线路主要有两条：一条自云南普洱茶叶产地，经大理、丽江、中甸、德钦、察隅或昌都、洛隆、工布江达至拉萨；另一条从四川雅安，经泸定、康定、巴塘、昌都至拉萨。两条商路在拉萨交汇后，再经由亚东、江孜至印度、尼泊尔、缅甸等。茶马古道，对亚洲文明的传播起了重要作用。

茶马互市（ཇ་རྟ་བརྗེ་ཚོང་།）

在我国宋明两代，内地与西藏最重要的贸易形式。互市之初，交换以布帛为主，因而称为“帛马互市”。内地茶叶流入西藏，最早是在公元 8、9 世纪的吐蕃时代，随着饮茶之风的兴起，藏汉族毗邻的居民开始以藏区的马匹换取汉地的茶叶。宋朝时，北部、西部战事不断，对战马的需求日益增多，遂把这种民间贸易形式纳入官方的管理之下，宋神宗熙宁六年（公元 1073 年），朝廷分别在兰州、西宁、黎州、雅州设立了专门机构；明朝时，朝廷分别在河州、秦州、洮州、岩州等地设茶马司，建茶库，专门从事茶马交易。茶马互市，有的地方一年一次，有的地方一年两次，开市的日子也是当地各族人民盛大的节日。宋明两代非常重视茶马互市，并始终从巩固边防、增加中央政府财政收入的战略高度来对待这一贸易形式。

官府除委派要员专管此事外，还明令禁止私茶外运，“贩运私茶者，与私盐同罪”，“私茶出境，关隘不检举告捕，定为死罪”。直到清王朝，广有东北、漠北草原，战马缺乏得以根本解决，茶马交换才逐渐为其他物产所代替。

茶叶之路（ང་འདྲེན་ཇ་ལམ།）

四川康定城至拉萨、日喀则的一条重要商路。清朝初年，内地与西藏的茶叶交易中心逐渐转移到了康定城，藏区茶叶需求量很大，于是各地僧俗显贵，纷纷组织庞大的商队去康定城驮运茶叶，其中最著名的两个商队分别是萨迦寺的商队和日喀则的商队。西藏和平解放后，川藏公路修通，这条“茶叶之路”才完成其历史使命，前后历时几百年。

察茹（ཚ་རུ།）

藏语音译，意为“用绵羊羔皮缝制的服装”。其制作方法是，羊羔皮作里，外罩布料，领缘、袖口、下摆、襟边均用花色氆氇或水獭皮装饰，中等身材者一般需羔皮 22 张，其特点是轻便暖和、美观大方。

差巴（ཁལ་པ།）

藏语音译，意为“支差的人”。在旧西藏绝大多数差巴属于农奴，没有人身自由，终身依附领主，除耕种差地外，终年为领主支各种差役。若破产，即被领主夺去差地而沦为堆穷、奴隶或逃亡他地。

差大（ཁལ་བརྡ།）

藏语音译，意为“差徭通知”。旧西藏催差征税时下发给差户。为了让差巴支差，噶厦先分给差巴一份地，包括附属房屋和其它生产资料，然后以差地、房屋、生产资料的多少来划定差岗数，并据此派差，差户若未交纳差税，就下发“差大”催缴。

差岗（ཁལ་རྐང་།）

藏语音译，意为“交差的土地单位”。旧西藏噶厦在官家、贵族、寺院三大领主内征收赋税、徭役，三大领主又将这些赋税、徭役派给所属差巴，并给予相应的土地。差地单位有两种，一种叫“顿”，一种叫“岗”，“一顿”等于“二岗”，“岗”多用作兵差，叫“玛岗”。“顿”和“岗”的面积没有统一标准，各地的面积大小不尽相同。

差户（ཁལ་དུད།）

领种一定数量差地的农户。差户要负担一定数量的差役、粮赋等。明正土司统治属地，差户分为两等，上等差户种差地 60 克，下等差户种差地 30 克。差役负担是：上等差户出一牛一马，下等差户出一马，终年为土司服役；粮赋负担是：差户每年给土司交纳 16 克粮食。此外，秋收时，每家差户要出一人为土地头人收割 2 – 4 天，不应差则加倍惩罚；由差户轮流，每年去 3 人在土地头人家当“该苏”（短差），期限一年，其中 1 人当侍从，2 人负责催差催粮；每年每户给土地头人上交柴草 150 – 500 公斤不等，上交牛粪 10 背（约 500 公斤）；逢年过节还要给土地头人送礼。废除土司制度后，把差户分为三等，上等差户种差地 60 克以上，中等差户种差地 30 – 60 克，下等差户种差地 15 – 30 克。

铲土歌（ལས་གཞས།）

流传于西藏各农区的劳动歌曲之一。它产生于长期的铲土、平整土地、修建水渠等劳动中。因不同的劳动形式，产生了不同的演唱形式。主要有两种演唱形式。一种是在平整土地或修水渠时，二人一组或三人一组劳动，两人在前面拉铁铲上的绳子，一人在后面掌握铁铲，为了动作统一，协调劳动，以歌的节奏为劳动节奏；另一种形式是在铲土时，大多是独立劳动，边劳动边演唱。歌曲内容有讲述生产知识的，有鼓舞劳动热情的，有反映男女间爱情生活及宗教信仰等多方面内容。歌曲旋律的风格则丰富多彩。

忏悔费（བཤགས་རྫེན།）

犯罪者向头人或领主缴纳的财物。表示认罪并保证永不再犯。忏悔费的多少依据犯罪情节的轻重来定。杀人者的忏悔费最多，有的地方为 100 两银子；盗窃者的忏悔费较少，一般缴上几两、几十两银子或马匹枪支等物即可。

昌都版《大藏经》（ཆབ་མདོའི་《བཀའ་བསྟན་》པར་མ།）

由昌都叶仓·罗桑贡觉和德格女土司德钦卓玛主持创刻于 20 世纪 30 年代。此版本以布达拉版《大藏经》为底本，内容完整，文字清晰。

昌都藏戏（གཙུང་རི་བོ་ཆེའི་ལྷ་མོ།）

昌都藏戏形成于七世帕巴拉时期的昌都强巴林寺，起源于昌都寺喇嘛每年夏令安居的长期宗教活动结束后的游乐活动。该剧种的音乐唱腔除了受藏族古老剧种音乐的影响，但大多数唱腔旋律是在民间音乐的基础上发展而成的，具有很强的康区民族民间音乐的特点。该剧种还在迎接活佛灵童或坐床典礼上演出，演出的内容是八大传统藏戏和几十个自创的传统剧目。

昌珠寺（ཁྲ་འབྲུག་དགོན།）

始建于吐蕃松赞干布时期，位于雅砻河以东的乃东县境内，现属格鲁派寺庙。昌珠寺汉语意译为“鹞龙寺”，传说中这里曾是一片湖泊，里面藏着毒龙，龙头似蛇，凶恶无比。松赞干布想在此竭水筑城，因有恶龙无法填湖，便变身为鹞鹰斗龙，龙败，湖枯，于是埋一宝物，奠基建寺，因而得名昌珠寺。昌珠寺的重要建筑有大门、佛堂、措钦大殿等。措钦大殿南北宽 29 米，东西长 45 米，经堂中有 64 根柱子，主要佛殿三间，形式与拉萨大昭寺相近，内有天棚天井。昌珠寺绕寺一周有 347 个铃铛，风吹自然响，这是昌珠寺不同于西藏其他寺庙的最大特点。

昌珠寺的传说(ཁྲ་འབྲུག་དགོན་པའི་ལོ་རྒྱུས།)

吐蕃赞普松赞干布作出修建大昭寺的决定后，文成公主善观风水，就以五行之法算出吐蕃地形很像仰卧的女魔，而她延伸的臂膀就在山南贡布山的西南。当地有一湖，湖阔水深，内有一条五头怪龙经常犯世。为降妖除怪，松赞干布变作一只鹞鹰，于山顶俯察湖中怪龙的行踪，只要它一露面，鹞鹰即疾冲下去啄其一首，然后又回到山顶休息、观察。如此往返，怪龙终于被除。为了永镇怪龙，乃填湖兴寺，名为“昌珠寺”(ཁྲ་འབྲུག་དགོན།)，意即“鹞龙寺”。松赞干布和文成公主回山南时，就在该寺居住。

常觉(གང་སྦྱོར།)

名贵藏药之一。由坐台、藏红花、牛黄、熊胆等几十种名贵药物制成，能平衡人体的“三大因素”，用于头部、上下腹和四肢疮症溃疡，各种中毒症、慢性热症，及出血症、化脓、瘟疫皆有良好效果，无染瘟者可滋补身体。

超度亡灵(བྱུགས་གྲོལ། འདོས་པ།)

丧葬习俗。流行于大部分藏区。人死后，家人要为死者请喇嘛念经、做法事，超度灵魂。这种超度活动每七天举行一次，共举行七次。所以也称“七七超度”。每次超度活动，都有不同的仪式仪轨。第一个七天，除宗教仪式外，亲朋好友还要帮亡者家属洗头，以示悲痛完毕。最后一个七天，亡者家人要举行盛大宴会，感谢亲友的帮助，祝贺亡者的灵魂有了新的归宿。

超浦译师(ཁྲོ་ཕུ་ལོ་ཙཱ་བ།)(1173 ~1225)

10 岁受沙弥戒，法名楚逞协饶。19 岁受具足戒。精通梵文，著名翻译家。师从杰曹和衮丹学习噶举派的 13 种语旨传承。24 岁赴尼泊尔广学显密教法。回藏建卓浦寺，塑造大弥勒佛像。参与创立了卓浦噶举。

炒茶(སྲེག་ཇ།)

藏族民间传统饮料，主要流行于青海、甘肃等藏族聚居区。其制作方法是，先将酥油在锅中溶化，然后放少量糌粑、核桃仁炒匀后，再加入清茶，煮开后，加入少许奶粉和鸡蛋，倒进酥油茶桶内，捣碎均匀即可饮用。是产妇最好的滋补品，也是招待贵客的最佳饮品。

承旨官(བཀའི་འཕྲིན་བློན།)

吐蕃时期官名。其职责是：拟写、复核和发布赞普的诏命。在复核中，若发现诏命有不正当或与以往成例有抵触之处，可请求御前会议重新审议。

城镇建筑(གྲོང་ཁྱེར་གྲོང་རྡལ་གྱི་བཀོད་པ།)

西藏著名的古城镇有拉萨、日喀则、昌都、江孜、夏鲁、萨迦、琼结等。布局方式大致有两种类型：(1)城镇和寺庙结合一体，宗教色彩浓厚，拉萨、昌都等城镇就是以佛殿经堂或寺院为中心发展起来的；(2)以宗堡为主体，居住区、寺院围绕宗山建筑布置，宗政府占据山头，山下为居民区簇拥，寺庙或位于城镇一端，或建于山腰，日喀则、江孜、琼结等城镇便属于此类。

赤德松赞(ཁྲི་ལྡེ་སྲོང་བཙན།)(764～815)

吐蕃第三十九代赞普，唐德宗贞元二十年至唐宪宗元和十年在位。又名叫赛那列(སད་ན་ལེགས།)。即位后，继承父王赤松德赞的业绩，大力扶持和发展佛教，翻译佛经，修建寺庙，任用僧人参与朝政，规定僧人不准当奴仆，不负担差税，并令其长子出家为僧，是吐蕃王室成员中最早的佛教僧人。元和九年(814)，主持厘定文字，确定翻译的三大原则和四种方法，并以诏命颁布。

赤德祖丹(ཁྲི་ལྡེ་གཙུག་བརྟན།)(680～755)

吐蕃第三十六代赞普，一出生就即位，由祖母赤玛略摄政。唐景龙四年(710)，与金城公主联姻，唐、蕃双方盟和息兵，于赤岭(青海日月山)划界互市。曾上表唐朝称："外甥是先皇帝舅宿亲，又蒙降金城公主，遂和同为一家。"在位期间，大力发展佛教，翻译经典，修建寺院，接纳从外地逃来的僧侣。天宝十四年(755)被属下弑亡。

赤脚诵经(རྐང་རྗེན་ཆོས་འདོན།)

西藏那曲比如县达尔木寺的传统习俗。该寺自每年藏历七月十五日开始，要举行为期四十五天的颂经活动。颂经期间，全寺僧众均赤脚行走，是为了避免踩死地上的昆虫。

赤热巴坚(ཁྲི་རལ་པ་ཅན།)(806～841)

本名叫赤祖德赞(ཁྲི་གཙུག་ལྡེ་བཙན།)意为辫结王。吐蕃第四十代赞普，唐元和十年(815)即位。在位期间，实行偃武修文的政策。对内，崇信佛教，顶礼僧人，修建寺院，修订经典，曾三次下令规范文字；对外，主动与唐朝修好。在他的倡导下，吐蕃在唐长庆元年(821)及长庆三年(823)与唐朝举行了“长庆会盟”仪式，并分别在长安、拉萨、唐蕃交界处立长庆会盟碑。唐长庆四年(824 年)遣使向唐求得五台山图，随即于全藏大兴佛寺。会昌元年(841)，被韦·甲多热和觉卢·烈扎缢杀，其兄达摩继位。

赤松德赞(ཁྲི་སྲོང་ལྡེ་བཙན།)(730～785)

吐蕃第三十七代赞普。唐天宝十四年(755)即位，诛戮叛臣，勘定内乱，整顿吏治，加重征敛。从天宝十五年(756)开始，多次派遣使者入唐请和，并愿发兵帮助唐朝讨击安史叛军。宝应二年(763)，曾趁唐朝政大乱，边防空虚，派兵一度攻入唐都长安。在位期间，大力扶植佛教，宣布苯教为非法，迎请汉地僧人摩诃衍和印度僧人寂护、莲花生到吐蕃传教，兴建西藏第一座佛教寺院——桑耶寺；并设新制，定民法，任用亲信僧人为“却论”(僧相)，首开了僧人干预朝政的先例。

赤尊公主泥塑(བཙུན་མོ་བལ་བཟའི་འཇིམ་སྐུ།)

尼泊尔公主像。相传此像塑造于公元 7 世纪，现与松赞干布、文成公主的泥塑像一起供奉在布达拉宫法王禅定洞(曲杰朱普)内。赤尊公主位于松赞干布像左侧，面向松赞干布，双眼略下视，若有所思，眼珠黑白分明，朱唇微启，双耳佩戴垂体大耳环，头裹金黄印花冠巾，蓝发稍露，柳叶细眉。公主双手合掌于胸前，呈祈祷状。

冲木(ཁྲོམ།)

藏语音译，意为“街市”，藏族传统贸易场所。在宗教节日到来的时候，各地农牧民将农牧产品带到寺院周围某个固定的地方进行交换，这种固定的地方就是“冲木”。

充谐(འཁྲུངས་གཞས།)

藏语意思为“婚礼”歌曲。它是“谐钦”、“果尔谐”、“百谐”、赞词朗诵“夏”等艺术的综合性艺术。西藏民主改革前，上中层社会的男女青年举行婚礼时，每项仪式都配有“充谐”的歌舞艺术，例如男方入赘到女方家时，男女双方各派几名能歌善舞的叫“相钦”的人进行对歌、对舞、对词，女方家还要派人设三个迎接站迎接新郎的人马，每个站上都有“相钦”向新郎献歌、舞词等。因地区差异，各地的“充谐”都带有浓郁的地方特色。

初拉袍(ཕྲུག་ལྭ། ཕྲུ་ག།)

藏语音译，系用加毳毛氆氇制作的一种长袍。传统中初拉是在长袍的衣边上镶缀水獭皮、库锦、金宝地等民族缎，五光十色，非常华丽，是一种高档服装。藏族男青年穿上初拉，配以粉红或果绿绸腰带，系上什样绵藏刀,头戴金花帽或藏式礼帽,脚穿皮藏靴,显得英俊潇洒。女式与男式衣料相同,式样稍有差别,中式高领,右大襟,衣型比男式肥长,扎腰带后,下摆与脚面齐。男女着装时,平时习惯将右臂露在衣外,天热时,将上半身脱下,用双袖缠在腰间,男女初拉袖长过膝,长袖善舞,正表现了藏族人民能歌善舞的民族特征。

除草歌(རྩྭ་འབྲེག་ལས་གཞས།)

流传于西藏各农业区的劳动歌种之一。这种歌曲形式简洁易唱,内容丰富,十分受广大劳动者的喜爱。演唱的内容大都是具有较完整的人物形象和故事情节的传统民间故事。演唱形式是参加劳动的人们在田野上排成长队,由一人领唱,众人合唱,边除草边歌唱,场面壮阔,热闹非凡,直到除完草为止。

楚布寺(མཚུར་ཕུ་དགོན་པ།)

在西藏拉萨之西堆龙德庆县境内。南宋淳熙十六年(1187)噶玛巴都松钦巴所建。藏传佛教噶玛噶举派的主寺。噶玛噶举在藏传佛教中最早采用了活佛转世制度。该寺原有两大活佛世系,一为黑帽活佛世系,一为红帽活佛世系。黑帽系称噶玛巴,红帽系称沙玛尔巴。后红帽系迁往当雄的羊八井寺。楚布寺自第一世活佛都松钦巴驻锡以来,现已传至第十七世——噶玛巴伍金卓堆赤烈多杰。

楚布亚曲(མཚུར་ཕུ་དཔྱར་མཆོད།)

藏传佛教噶玛噶举派祖庭——楚布寺一年一度的祭祀节日。该节日始于11世纪末,每年藏历六月十日至十二日举行,为的是纪念藏传佛教前弘期密宗祖师莲花生大师的生日。节日首先从“展佛”开始,藏历六月十日凌晨,楚布寺僧人鼓乐齐鸣,隆重迎请出一幅巨大的唐卡佛像,抬到寺院对面的山上展开,让人们朝拜。随后还要举行会供法会和各种文体活动。这一宗教节日同时也是当地藏族群众的物资交流大会。每到这个时候,各地商人都要云集楚布寺,广大农牧民也都要把自己的土特产品拿来进行交易。

踹门(སྒོ་རྡུང་།)

藏族的送亲礼仪。送亲队伍把新娘送到新郎家门口,新郎家却故意紧闭大门。送亲队伍的首领吟唱“果谐”(门赞)并向门环献上哈达,然后踹开大门,把新娘送入房内。这一习俗流行于雅鲁藏布江中游地区。

传大召(སྨོན་ལམ་ཆེན་མོ།)

藏语称“默朗钦波”,意为“大祈愿”法会。明永乐七年(1409)藏传佛教格鲁派创始人宗喀巴纪念释迦牟尼战胜外道祖师,在拉萨兴办一个大型宗教法会，借以扩大格鲁派的影响。这次的活动得到多方响应。于当年藏历正月初一至初十五在大召寺举行了第一次传大召，共举行了15天，分别由宗喀巴以及贵族和大小寺院主持做施主。曾中断过十几年，后又恢复，每年举行，时间从藏历正月初三至二十五日，成为惯例。传召法会规模盛大，内容丰富多彩，有辩经、考试格西学位、降神送鬼、燃灯等活动。

传记画（མཛད་རིས།）

表现释迦牟尼现世及前世本生故事及其他佛、菩萨和法王等的故事的壁画。有大师传（莲花生、阿底峡）、法王传（八思巴、米拉日巴、宗喀巴、五世达赖）、藏王传（松赞干布、赤松德赞）等等。这类壁画往往用几十以至几百幅连环画面，表现人物的生平事迹。如布达拉宫红宫五层司西平措大殿的墙壁上，全部是五世达赖一生的活动内容。

传小召（ཚོགས་མཆོད།）

藏语称“村确”，意为“会供法会”。始于康熙二十二年（1683），为五世达赖兴办的年祭。五世达赖逝世后，第巴桑结嘉措隐瞒丧事，后于忌日托名建此纪念节日。在每年藏历二月下旬举行，之后每去世一代达赖，就增加会期一天，到1950年时已增至10天。法会期间三大寺僧侣要在大昭寺辩经，复试选拔措仁巴格西（二等格西）。与祈愿大法会相比，规模小，故称为传小召。

吹中（ཆོས་སྐྱོང་།）

藏传佛教中护法神附于人的角色，是一尊贵的专职，不是一般人可以担任的。有拉木吹中、乃琼吹中、噶东吹中、桑耶吹中等，以乃琼吹中最为重要。大喇嘛死后寻找转世的呼毕勒罕，多要经过乃琼吹中或拉木吹中的认定。政教界遇到重大的疑难之事，也多由吹中来决定。所以吹中的权力很大，地位很高。其职位可以世袭，还有自已世袭的封地。《卫藏通志》记载了吹中作法时的情形：头戴金盔，上插鸡羽，高约二三尺，穿甲，背插小旗五面，周身以白哈达结束，足穿虎皮靴。手执弓刀，登坐法坛，凡人叩问吉凶，托神言判断福祸，出则人从，装束鬼怪，执旗鸣鼓，钹导引之。

词藻学（མངོན་བརྗོད།）

藏族十大学科中的小五明之一。研究各种事物之命名，昭示同一意义具有各种不同名称、同一名称只有多种意义以及表示数字异名等的一门学科。主要以印度学者长寿狮子所著的《长寿字库》和热觉瓦所著《如意牛》（《长寿字库》的注释）为蓝本。这两本均已译为藏文。《长寿字库》

为偈体，全书 1500 多偈。第一篇收录了天界、天空、天文、时节、智慧、言语、乐舞、下界、地狱、水界等方面的词；第二篇收录了大地、城市、山川、草木、禽兽、人类、婆罗门、刹帝利、吠舍、首陀罗等方面的词；第三篇收录了形容词，构词形态互有关联的同义、多义、不变等词；最后专章论名词性别。藏族学者编撰的词藻学著作也不少，著名的有：萨班 · 贡噶坚赞的《词藻详解意义明示》、仁邦巴 · 阿旺计扎的《智才耳饰》、拜岗译师却吉嘉措的《名词词藻白莲花鬘》等。

次开（ཚིགས་ཁེབས།）

藏语音译，意为“戒指”。用金、银、铜、玉等制成，式样较多。细小圆形戒指，制作简单，饰物少，宽大的马鞍形戒指，花纹镌刻十分讲究，镶有宝石、珊瑚、松耳石等物。藏族男女老少均喜，戴在中指、无名指、小指等处。

次思塔（ཚེ་སྲིད་མཆོད་རྟེན།）

位于西藏山南地区乃东县卡当乡境内的山凹里，据载，由向尊珠扎巴（1123 ~ 1194）创建。此塔群共有五座塔，其中四座整齐地排在一条线上，另一座相对独立，塔身为圆形瓶状，塔高 2.5 米。五座塔虽非同一时期建造，但建筑风格统一，规模相当，都以矩形石为基，石基长 30 米，宽 7 – 13 米，高 1.3 米，五座塔浑然一体。这组塔体现了西藏塔类建筑较高的艺术水平。

聪基康（ཚོང་སྤྱི་ཁང།）

藏语音译，意为“商税总局”。噶厦设在江孜和亚东负责征收商业税的机构。在江孜除征收商业税外，还征收农业税；在亚东则主要负责进出口贸易和海关关税。

聪切（ཚོང་ཕྱེད།）

藏语音译，意为“买一半或卖一半”，藏族民间一种古老的买卖形式，即只买或卖某一商品的一半。例如，乙方向甲方买一头牛的一半，使这头牛成为甲乙双方的共同财产，并由甲方饲养；若这头牛生一头小牛，那么，小牛也是甲乙双方的共同财产；小牛长大后，分给乙方，买卖关系才算结束。

措钦大殿 （ཚོགས་ཆེན་འདུ་ཁང་།）

“大殿堂”的意思。各大寺院都有集体诵经的活动场所——措钦。例如，色拉寺措钦是色拉寺建筑群中最大的建筑，也是全寺僧人的集体诵经祈愿活动中心。始建于康熙四十八年（1709），由拉藏汗主持兴建。建筑面积 1100 平方米，由 108 根大圆木柱建成，殿堂分为四层，正殿内主供未来佛弥勒佛像及释迦也失的塑像。

乃登拉康(罗汉堂)供奉着明朝中央赐给色拉寺的十八罗汉像(据说为檀香木雕刻而成的);加央拉康(文殊菩萨殿)内藏有一部永乐八年(1401)印制的《大藏经》,共108函,此乃是永乐皇帝赐给的礼品之一;土其拉康内珍藏有用金汁书写的手抄《甘珠尔》(经律藏)、《丹珠尔》(论藏)共200多函。据说,此大殿可容纳5500名僧众。

D

达波噶举派（དྭགས་པོ་བཀའ་བརྒྱུད།）

藏传佛教噶举派两大传承之一。由达波拉杰创立，而渊源于玛尔巴、米拉日巴师徒。达波拉杰是米拉日巴的第二大弟子。他幼年学医，最初为噶当派门徒，后拜米拉日巴为师。他把噶当派的道次和米拉日巴的密法融合在一起，形成了自己的体系，创立了该派。1121 年他在岗波山地方修建岗波寺。他有 500 名弟子，其中四人在前后藏建寺收徒，形成四大支系，其中帕竹噶举又分出八支，构成该派“四大八小”的系统。

达波拉杰（དྭགས་པོ་ལྷ་རྗེ།）（1079～1153）

本名“宁波贡嘎”，法名“索南仁钦”。“达波拉杰”意为达波地方的医师。藏传佛教达波噶举派的创始人。他幼年学医，32 岁时随格西夏哇林巴出家。最初学习噶当派教法，后拜米拉日巴为师，将噶当派的道次第和米拉日巴的《大手印》融汇一起，写成《道次第解脱庄严论》。修建达波噶举主寺岗波寺，广收门徒传法，形成达波噶举许多支系，总称为“四大八小”。

达尔康（དར་ཁང་།）

藏语音译，意为“电报电信局”，旧西藏噶厦下属机构之一，1920 年成立。主要负责地方政府或私人的电话电报业务和拉萨与江孜之间的电话联络。

达赖喇嘛（ཏཱ་ལའི་བླ་མ།）

藏传佛教格鲁派两大活佛之一（另一为班禅喇嘛）的称号。达赖喇嘛是蒙古语和藏语的合称。达赖是蒙古语，意为“大海”；“喇嘛”是藏语，意为“上师”。达赖喇嘛意为“德智深广犹如大海无所不纳无所不能之上师”。这个称号始于明万历六年（1578）。当时蒙古土默特部首领俺答汗，三次派人到西藏迎请格鲁派首领索南嘉措到蒙古传教。于是索南嘉措到青海与俺答汗会面，俺答汗赠他“圣识一切瓦齐尔达喇达赖喇嘛”的尊号。自此以后，才有达赖喇嘛一词。索南嘉措为三世达赖喇嘛（前两世为后人追认）。清顺治九年（1652）五世达赖喇嘛阿旺罗桑嘉措进京朝见顺治皇帝。次年返藏途中，顺治派人送去满、汉、蒙、藏四种文字的金册，正式册封他为“西天大善自在佛所领天下释教普通瓦赤喇怛喇达赖喇嘛”。此后，每世达赖喇嘛的转世灵童，都必须经中央政府批准。现在的达赖喇嘛为第十四世。据藏传佛教的解释，达赖是观世音菩萨的化身。

达垄噶举派(སྟག་ལུང་བཀའ་བརྒྱུད།)

藏传佛教噶举派帕竹噶举支系之一。创始人是达垄塘巴·扎西贝。他师从帕木竹巴。39 岁时受人迎请至达垄。他遵师预言,在此地建达垄寺,创立达垄噶举派。后来该派于南宋景炎元年(1276)又在昌都地区类乌齐建类乌齐寺,与达垄寺并称为“下塘”和“上塘”,是该派在西藏的两个主寺。

达垄寺(སྟག་ལུང་དགོན།)

藏传佛教噶举派达垄噶举派的祖寺。南宋淳熙七年(1180)达垄塘巴·扎西贝所建。在西藏林周县的达垄地方。该寺教法源自帕竹噶举而又有独创之处,故形成自身的宗派。该派僧人后又在昌都类乌齐地方建类乌齐寺,称为“下塘”,祖寺达垄寺称为“上塘”。

达垄塘巴·扎西贝(སྟག་ལུང་ཐང་པ་བཀྲ་ཤིས་དཔལ།) (1142~1210)

藏传佛教噶举派达垄噶举创始人。生于羊雪邦若顶(在康区境内)。幼年出家,24 岁时作帕木竹巴侍者,受到上师青睐,得心传。39 岁时受人迎请,到达垄地方,建达垄寺,收徒传法,戒律严格,创达垄派。据传他圆寂前,召集 3000 余名弟子,显示种种神变,然后入灭。

达玛旺秋(དར་མ་དབང་ཕྱུག)(约 12 世纪)

藏族高僧,生于拉萨北彭波地区。藏传佛教拔戎噶举派的创始人。达波拉杰的弟子。北宋绍兴三十年(1160)在绛地(今后藏昂仁)建立拔戎寺,收徒传法,创立拔戎噶举。他死后,寺主职位由其家族世代相承。后由于寺主频繁易人,家族内讧,教派逐渐衰绝。

达玛乌东赞(འུ་དུམ་བཙན་པོའམ་གླང་དར་མ།)

(? ~842 年) 原名“达玛”,《新唐书》作“达磨”,吐蕃末代赞普,唐开成三年至会昌二年(838~842)在位。达玛在位期间,对佛教采取禁绝措施,史称“朗达玛灭佛”,佛教徒视其为牛魔王再世,故称其为“朗达玛”(“朗”意为“黄牛”)。842 年,达玛被佛教僧人拉隆·贝吉多杰刺杀。其死后,二子争位,吐蕃政权分裂。

达玛乌东赞灭佛(གླང་དར་མས་ཆོས་བསྣུབས་པ།)

藏传佛教史上的重要事件,时间约在公元 838~842 年之间,以此为界,西藏佛教分为前宏期与后宏期。达玛(? ~842)为吐蕃末代赞普,838 年为反佛贵族集团拥立,下令灭法毁佛改革,封闭佛像,拆毁寺庙,焚烧佛经,迫害上层僧人。842 年被佛教徒僧人拉隆·贝吉多杰暗杀。死后,吐蕃统治集团分裂,政权灭亡。西藏佛教散布在各边远地区,后逐渐复兴,史称“后宏期”。

达玛乌东赞的传说(གླང་དར་མའི་གཏམ་རྒྱུད།)

吐蕃赞普达玛乌东赞的传说。传说达玛乌东赞非常残暴。每天早晨给他梳完头的女仆都失踪了,大家不知道是怎么一回事。后来一个叫卓玛的女仆给他梳头时才明白了,原来达玛乌东赞头上长着角,他怕女仆们泄露出去,所以就杀人灭口。达玛乌东赞逼着卓玛起誓,永不泄密。后来她实在忍不住了,就在田野对着老鼠洞说了,洞里长出一支竹子来。卓玛的丈夫在妻子被达玛乌东赞抢走后,到处流浪寻找卓玛,一天他看到一根竹子,就做了个笛子,一吹起来,里面就响起卓玛的声音“达玛乌东赞头上有角”。达玛乌东赞头上长角的这件事终于被大家知道,于是人们称“朗达玛”,后来就联合起来杀了朗达玛。

达玛扎(དྷརྨ་ཏ)

吐蕃后裔则德时人。生卒年不详。藏传佛教著名译师,世称“宁译师”。他曾与热译师、俄·罗敦协饶、赞喀布齐等一起参加了丙辰法会,不久则德王派他和热洛等人到印度取经学法。他在印度学经 12 年,翻译了“四面明王法则”。后来四面明王成了萨迦派的主要护法神。现在达孜县德庆宗的东北仍保留有他修行的山洞“宁衮浦”。传说他与热洛斗法失败,被热洛所害。

达木寺(བཀྲ་སྨོན་དགོན།)

在西藏自治区那曲地区比如县茶曲乡以西 5 公里处。据说唐代文成公主进藏路经此地时修建。曾遭水灾和人为毁坏,后修复。保存有许多铜佛、木佛及经书和唐卡,具有历史文物价值。附近的达木天葬台闻名区内外,特点是有一堵用骷髅头砌成的墙。

达木天葬台(བཀྲ་སྨོན་དུར་ཁྲོད།)

位于西藏那曲比如县达木寺附近。该天葬台仅有三间北房,两座尼泊尔式佛塔,规模不大。这里保存有死者头骨的骷髅墙。人们把几百个骷髅整齐地垒成了一堵骷髅墙。这样做的目的,是在提醒世人:人生前所做所为、富贵贫贱各不相同,但归宿却总是一样,所以无须去争名逐利。

达扎鲁贡(སྟག་སྒྲ་ཀླུ་གོང་།)

赤松德赞赞普时的重臣之一,生卒年不详。出将入相,忠心耿耿,谋略广博,刚毅雄武,为吐蕃屡建功勋。对内,他帮助赤松德赞平息了大相巴尔·东匝布和朗·涅斯的叛乱;对外,他统领蕃军攻唐廷、陷京师,“杀伤唐军甚众,唐帝广平王出走,逃往陕州”。为此,赤松德赞专门为他立了纪功碑,现位于布达拉宫广场。

达扎鲁贡纪功碑(སྟག་སྒྲ་ཀླུ་ཁོང་གི་མཛད་རྗེས་རྡོ་རིང།)

位于拉萨布达拉宫广场北面,公路南侧,公元 8 世纪赤松德赞赞普在位时所立。碑身通高 7.99 米,呈方柱形,碑身完好。这块碑是为了表彰达扎鲁贡的功绩而立,故名纪功碑。达扎鲁贡是赞普赤松德赞的重要大臣,位居大论要职。碑文中说:他的后代们若犯下了杀人罪,由赞普下诏赦免;若对赞普怀有二心,只要一旦悔悟,也不处以死刑,其兄弟子侄决不连坐。这块碑对于研究吐蕃奴隶制社会政治制度以及吐蕃与唐朝关系史提供了重要史料。

达孜珠曲节(སྟག་རྩེ་སྒྲུབ་མཆོད།)

格鲁派祖庭甘丹寺为修习密宗教法的弟子举行的一年一度的灌顶法会。每年藏历二月三日至十五日举行。该法会于永乐十六年(1418)由格鲁派开山鼻祖宗喀巴首创,原名叫"甘丹珠曲　"(དགའ་ལྡན་སྒྲུབ་མཆོད།),到七世达赖喇嘛时期,地方政府从达孜地方划出几个豁卡给甘丹寺经营,以确保法会期间的钱粮供应,从此以后改称"达孜珠曲"。后来,法会逐渐演变成群众性的宗教节日。期间,许多信教群众,千里迢迢赶来转经朝拜,热闹非凡。

打场歌(འོང་རའི་གཞས།)

流传于西藏各农区的农业劳动歌曲。歌曲的风格、节奏都与打场的各种劳动场面相协调。打场歌中还包括踩场、翻场、扬场等劳动场面的歌曲,其音乐旋律流畅、简洁,易于演唱。其内容生动活泼,主要表达人们对自然界的深厚感情,具有深刻的文化内含。其表演形式既有热情扬抑的打场歌,又有载歌载舞的踩场歌,还有明快悠扬的打场歌,以及粗犷豪放的翻场歌,具有浓厚的民族特色。

打地基歌(ཨར་གཞས།)

流传于西藏各地的早期建筑劳动歌曲之一。人们在新建房屋的地基上排成长队,每人双手高举较大的石头,当领头的人一声令下,人们便把手中的石头砸到地基上,唱词以单个数字为内容,音色宏亮,情绪高亢,重复着数字,直到地基打好为止。

打墙歌(ཨར་གཞས།)

在建筑土木结构的房屋时所唱的歌曲。在房屋建造过程中,墙不用土砖,而是用大木板架子装钉在地基两侧,中间装满湿泥土,参加劳动的人排成长队,手持一种下粗上细的木制工具边打边唱边舞,它的演唱形式主要是一问一答的对唱形式,歌曲的内容主要是吉祥祝福之词、男女爱情故事,以及颂扬民族风格。

打酥油歌(འོ་སྐྱ།)

藏族群众在提炼酥油时唱的歌,有专门的曲调。牛奶稍加温发酵后,要在奶桶里打上数百次或数十次,以牛奶多少而定。牛奶经过打(搅拌)后,酥油就会漂浮凝结在上面。打奶歌在打奶时边打边唱,主要用来记打奶的次数,也有强调节奏、劳娱结合、掌握打奶速度的作用。

大宝法王(རིན་ཆེན་ཆོས་རྒྱལ། ཆོས་རྒྱལ་འཕགས་པ།)

元、明两朝对藏传佛教名僧的最高封号。至元六年(1269),萨迦派八思巴奉旨创立蒙古新字,被加封为"大宝法王"。至元十七年(1280),八思巴卒于萨迦,元帝赐封"皇天之下万人之上宣文辅治大圣至德普觉真智佑国如意大宝法王西天佛子大元帝师"称号。明永乐四年(1406),明成祖征聘噶玛噶举派活佛哈立麻进京,翌年封其为"万行具足十方最胜圆觉妙智慧善普应佑国演教如来大宝法王西天自在佛领天下释教",简称"大宝法王",位于"大乘法王"、"大慈法王"之上。

大乘法王(ཐེག་ཆེན་ཆོས་རྒྱལ།)

明朝对藏传佛教名僧的封号。永乐十一年(1413)明朝廷封萨迦派僧人昆·泽思巴为"万行俱融妙法最胜真如智慧弘广普济护国宣教正觉大乘法王西天上善金刚普应大光明佛",简称"大乘法王"。

大慈法王(བྱམས་ཆེན་ཆོས་རྗེ།)

明朝对藏传佛教名僧的封号。1414 年,格鲁派创始人宗喀巴弟子释迦也失进京朝贡,永乐十三年(1415)明成祖封他为"西天佛子大国师",宣德九年(1434),明宣宗又封他为"万行妙明真如上胜清净般若弘照普慧辅国显教至善大慈法王西天正觉如来自在大圆通佛",简称"大慈法王"。

大黑护法(ཆོས་སྐྱོང་མགོན་པོ།)

藏传佛教护法神之一。由印度传入。身形很多,其中一些产生于西藏。常见的有六手大黑护法,黑蓝色,一头三目六手,面目暴怒,脚踏白色的象头神或被打败的魔障。身系虎皮围裙,戴五骷髅头冠,拥抱明妃。该神形态各异,主要是由于不同教派传规不同而形成。

大手印法(ཕྱག་རྒྱ་ཆེན་པོ།)

藏传佛教噶举派独创的教法。注重世界的唯一"空性"。有显密之分。显教之法是以经教证空性,"心体之上,专一而住,"无分别,令成住分"。然后可达到"空智解脱合一"的境界,可修成佛了。密教之法以"修习乐空双运,即方便胜慧双运的大手印”为最高法，即“唯一白法”，它能息灭一切生死苦恼。密法采用苦修，先从修“拙火定”开始，引风息入、住、融于中脉，再引至脐，拙火炽燃，而后可生起四喜，达到瑜珈境界。

大威德金刚(རྡོ་རྗེ་འཇིགས་བྱེད།)

梵语称“阎曼德迦”，意思为怖畏主或威德金刚。藏传佛教密宗的护法神，本尊神。他的形象繁多，据说是文殊菩萨的变化身。其形象有：九头三眼三十四臂十六足；三面六臂六足。身体蓝色，拥抱明妃，脚踏水牛及许多禽兽等。三十四臂各持兵器。其意义表示方便大乐和智慧、精进、勇猛。格鲁派主修的护法神。

大相(བློན་ཆེན།)

吐蕃时朝首席大臣，九大尚论中的大贡论。其职责是辅佐赞普，处理赞普交办事宜，召集盟会，兼摄军政。

大象拔河(གླང་ཆེན་ས་གཤགས།)

流行于藏族聚居区的一种体育活动。比赛前，先在地上划两条平行线为河界，比赛由两人或两人以上进行。在一条长约四米的布带两端打结，双方各自套在脖子上，两相背，将赛绳经过腹部从裆下穿过，然后爬下，膝着地，趴着拔河，动作模拟大象，故称大象拔河。布带中间系一条红布为标志，垂直于“河”中央，发令后，双方用颈部的力量拖拉布带，奋力向前爬行，以将红布标志拉过河界为优胜。是一项深受藏族人民喜爱的传统体育竞技活动。

大遗虹化(འཇའ་ལུས།)

密宗修行者经过特定的密法修持，临终时，修行者按照特定的意念指令，将所有的能量释放出来，归还宇宙。周围的人可以听到轰隆隆巨响，看到一团虹光骤然升空，没入无穷无尽的宇宙。虹化后的遗体，将比原来的人体缩小数倍。

大圆满法(རྫོགས་པ་ཆེན་པོ།)

藏传佛教宁玛派修行方法之一，以此为正传。主张人的身体、内心就其本质而言是纯净的，是“远离尘垢”的。修行的关键是将这个远离尘垢的心体把握住，听其自然，让此心随意而往。要是能够做到在“空虚明净”中把心安住于一境，就能得到修行正果，可以成佛。

大昭寺(ལྷ་ལྡན་གཙུག་ལག་ཁང་།)

位于拉萨市中心。建筑面积约2.5万平方米。松赞干布迎娶尼泊尔赤尊公主和唐朝文成公主之后由赤尊公主修建。由文成公主根据阴阳五行的方法，测度地势，选择基址，赤尊公主兴建。又经元、明、清历代扩建，形成现在的规模。建筑具有唐代风格，铜瓦镏金顶，殿堂数十间，存在大量珍贵文物。正殿供奉文成公主从长安带来的释迦牟尼金像，各佛堂有松赞干布、文成公主和赤尊公主的塑像及佛像、祖师塑像，还有唐代的丝织佛像，元代的银灯，明代的珍珠衣和金灯，众多的壁画。每年正月，格鲁派的传召法会在该寺举行。寺门前方有建于唐穆宗长庆三年（823）的“唐蕃会盟碑”，碑高三米多。碑文以藏汉两种文字镌刻，记述了唐蕃结为舅甥之好的经过。碑后有一棵古柳，相传是文成公主所植，称为唐柳。寺内有明宣德年间中使杨英等人所立题名碑和原西藏地方政府的一些机构，如噶厦、孜康（统计局）、协尔康（检察局）、拉恰（财务机构）等。该寺为全国重点文物保护单位之一。

逮解法庭律（བཟུང་བཀྱིགས་ཁྲིམས་རའི་ཞལ་ལྕེ།）

藏族古代法律之一。其内容是对犯罪分子依法惩治。本法规定，对于触犯法律者一律视犯罪情节而捆绑逮解，对于罪行严重者则加重处罚，或者上重刑锁脚架锁住双腿并盖上官印，施该肉刑者必须在大庭广众之下宣布其罪行并施之以重刑。

代本（མདའ་དཔོན།）

藏语音译，藏军军官名，相当于团长，官阶为四品。乾隆末年，确定每一名代本管辖士兵 500 名，下分两名如本（相当于营长），每个如本管辖 250 名士兵，后来有所扩充。代本必须是贵族出身。待遇是：赐庄园 1 个，庄园里的土地、农奴、房屋均为代本任职期间所占有；此外，每年还发给藏银 900 两，后来增至 9000 两（15 两合 1 银元）；还可以用 10 名士兵当佣人。除有权指挥所属官兵外，还有权对违抗劳役的士兵鞭打或关进监牢。在噶伦缺额需要补任时，代本可升补噶伦，但必须由驻藏大臣和达赖喇嘛共同提名并呈报皇帝任命。

《岱巴登巴》（《ཟླེ་པ་བརྟན་པ།》）

八大传统藏戏之外较为著名的藏戏剧目之一，出于《噶当教史集》。剧情大意是：天竺国本噶纳邦美丽详和，众生幸福。国王和王后占卜得知灾难将近，到自己的生命树附近察看，见二野猪正在啃食生命树。国王杀死公猪，母猪逃遁。王后因生命受损，不久病逝。母猪化作美女，迷惑国王并作了王妃，并欲加害国王及王子，装病不起，伪称必须王子到南罗刹洲取一药草才能治愈。王子名叫岱巴登巴，十分孝顺，就历经艰辛前往南罗刹洲。在山神帮助下，终于取回灵药，并娶罗刹公主为妻。王妃害死国王执掌政权，派军队阻止王子回宫，王子与罗刹公主以有求必应“如意宝钵”击败敌人，杀死王妃，从此天下太平。

丹吉林寺(བསྟན་རྒྱས་གླིང་།)

第穆活佛的寺庙。在拉萨市大昭寺的西北部。始建于乾隆43年(1776),竣工后赐名广法寺。第穆活佛的祖庙在工布地区,现在林芝县东南的第穆寺。第穆活佛转世系统中任摄政的共有3位。第一位是六世第穆阿旺降白·德勒嘉措,任摄政20年。时在乾隆22年(1757)七世达赖圆寂、八世达赖未亲政之间。这是清朝在西藏确立摄政活佛制度的开始。第二位摄政活佛是七世第穆洛桑吐丹·晋美嘉措,任职7年。时在清嘉庆16年(1811)至嘉庆23年(1818)。原因是当时任摄政的功德林活佛圆寂,而九世达赖还年幼。所遗摄政之缺,嘉庆皇帝赐给了第七世第穆。第三位第穆摄政是第九世活佛阿旺洛桑赤列饶杰,自光绪十二年至二十一年(1886至1895),任职9年。

丹萨替寺(གདན་ས་མཐིལ།)

藏传佛教噶当派帕竹噶举派的主寺。位于西藏山南地区桑日县境内。1158年帕木竹巴·多吉杰布兴建,并任寺主。以后寺主兼管地方行政,逐渐形成帕竹地方政权。

丹直塔钦(རྟེན་འབྲེལ་དར་ཆེན། ཞེལ་བྲག་ཚེས་བཅུ་ཆེན་མོ།)

西藏山南地区协扎和洛扎卡曲等地的一个宗教节日。每年藏历五月十日举行。这一天是莲花生大师的诞辰日,每年都要举行庆祝活动,十二年还要举行一次大庆。节日期间,主要是施舍和举行各种祭祀活动。同时,参加庆祝活动的群众还要进行歌舞表演和物资交流。

丹珠尔(བསྟན་འགྱུར།)

意为论部。藏文《大藏经》两个组成部分之一。是佛经的解说和注释,还有密宗仪轨和五明部分的著作。14世纪后半叶,布顿·仁钦珠编订。共收书3400余种。

刀耕火种(བསྲེགས་རྨོད་ཀྱིས་འདེབས།)

是人类原始的耕种方法,把地上的草木烧成灰来做肥料,就地挖坑下种。是农民开辟耕地、从事耕作、获得生活资料早期的主要手段之一。其方法是:用刀、斧砍伐山林后就地焚烧,并以灰烬作肥料,然后在上面开坑播种。这种耕作方式,由于技术原始落后,土地连续耕作后出现贫瘠,不得不采取轮作技术和休耕制,即五年左右必须丢荒休耕,另辟新地,结果造成大片森林被毁,浪费极大。

盗窃追赔律(བརྐུས་པ་འཇལ་གྱི་ཞལ་ལྕེ།)

藏族古代法律之一。即对盗窃他人财物者依情节轻重责令交还原赃并加若干倍赔偿。一般说来,"偷赞普一赔万”；偷窃僧人集体财产要驱逐出境；偷三宝（佛、法、僧）供物赔偿80倍；偷长官库房赔90倍，或施以挖眼、断筋、砍手的酷刑；于近处行窃则赔七连赃共8份；偷邻居财物则罚八连赃共9份；到远处行窃则处以退赃并赔新；其余依实际情况处理。

道歌（མགུར་གླུ）

米拉日巴（1040～1123）于北宋元丰元年（1078）投洛扎玛尔巴译师门下学道，前后经历六年八个月，勤服劳役，极尽苦行，最终玛尔巴传授密道全部修法。四十五岁重返阿里，隐迹山岩里，身穿白棉布衣服，采食荨麻度日，潜心修行九年，终于即身证得最胜悉地。米拉日巴道歌由藏族著名高僧米拉日巴创作于11世纪后期，是一种具有独特的藏民族风格的民歌。道歌内容大体分为三大类：一是讲解宗教哲理；二是咏叹世道人心，抨击宗教上层人物的贪恋狡诈和虚伪做作；三是赞美家乡风光和自然景色。其形式对后世诗歌创作和歌曲创作有一定的影响。

道光宝藏（ཏའོ་ཀོང་དངུལ་སྒོར།）

噶厦于道光元年至十六年（1821～1836）铸造的银币。币重4克，厚约0.9毫米，直径28毫米，面值1钱。正面铸有“道光宝藏”、“元年”的汉文字样，背面是“道光宝藏”、“元年”的藏文字样。

道果法（道果论）（ལམ་འབྲས།）

藏传佛教萨迦派主要教法。认为修法者只有断除一切“恶业”，排除常人对世事的见解，用“空”来看待世界，循序渐进的学法，就可得到“一切智”，达到涅槃境界之“果”。此法的要义是：“首应破非福，次则破我执，后破一切见，知此为智者。”此教法后为格鲁派所吸收。

德朵节（བདེ་སྟོད་དུས་ཆེན།）

四川阿坝藏族自治州的一个苯教节日，主要活动是祭火神，祈求免除火灾。节日在每年冬天天干物燥、火灾频发的季节举行。节日期间，以村寨为单位，请人颂经祈福，寨上各家各户要轮流杀牛宰羊敬神。

德格版《大藏经》（སྡེ་དགེའི་《བཀའ་བསྟན་》པར་མ།）

此版本是至今珍藏的藏文版《大藏经》中唯一完好无损、字迹清晰、文字正确无误的版本。由德格第十二世土司确吉·丹巴泽仁于清雍正七年（1729）主持刊刻，由德格八帮寺著名高僧司都确吉迥乃进行校审和编纂《甘珠尔》的目录及说明。土司去世后，由其子贡嘎·次乃嘉措继续主持刻完未完成的《丹珠尔》，并邀请著名活佛楚臣仁钦写了《丹珠尔》序言和目录，还介绍了作者和译者的简历。刻版刊刻的《甘珠尔》和《丹珠尔》共用了 8 年时间，质量较高，版本新颖别致。

德格画派(ཁམས་བྲིས་ཐང་ག།)

绘制唐卡的一个流派，以四川东北部地区的德格为中心。此派艺术明显地受内地中原文化艺术影响。

德格印经院(སྡེ་དགེའི་པར་ཁང་།)

又名“更庆寺印经院”(དགོན་ཆེན་དགོན་གྱི་པར་ཁང་།)，藏区规模最大的印经院之一。位于四川德格县城以东，由第十二代德格土司确吉·丹巴泽仁主持兴建于雍正七年(1729)，后经多次修善扩建，发展成规模较大的印经院。印经院内设有藏经库、晒经楼、洗版台和储纸库，现存有 21.7 万多块印版，包括天文历算、医学、逻辑学、音乐、美术、佛本生传记等印版，不仅版本精良、印刷技术考究，堪称藏族文化的汇集地。在这里所印的经书，不仅供藏、川、滇、甘、青各地，还发行到印度、尼泊尔、不丹、日本和东南亚各国，并在每年印经的第一天举行隆重的“功扫会”，向《甘珠尔》和《丹珠尔》的保护神以及各藏经室敬献哈达和蓝丝巾，祈求印经顺利，并允许僧俗来朝拜经版。

德细列空(བདེ་ཞིབ་ལས་ཁུངས།)

藏语音译，意为“治安调查局”，旧西藏噶厦下属机构之一，设在大昭寺内。1938 年成立，设官员 2 名，办事员 2 名。其职责是：维护社会安定，制止聚众赌博和打架斗殴等。后来该机构专门调查判决刑事案件，所以又称“觉希列空”即“审判衙门”。

蹬棍(དབྱུག་བཟུང་ལུས་རྩལ།)

藏族民间流行的一种体育娱乐活动。两人四足相抵，双方共推一木棒，以把对手拉离地面者为胜，是锻炼腰部力量的简便有效的活动。

帝师(གོང་མའི་དབུ་བླ། ཏི་ཤྲཱི།)

元朝对藏传佛教萨迦派领袖封授的高级官职。帝师只设 1 名，在萨迦昆氏家族中封授，只有在昆氏没有男性继承人时才在萨迦派高僧中封授。帝师的职责是：作为皇帝及皇室成员在宗教上的老师，要为皇帝及其家人传戒灌顶、讲授佛法，率领僧人为皇帝做法事祈福，保佑国泰民安；若遇军国大事或自然灾害，要诵经护佑；同时掌管宣政院，负责全国佛教事务；帝师又是西藏萨迦地方政权的领袖，西藏首席行政长官萨迦本钦要由帝师提名，皇帝委任。

第巴(第司)(སྡེ་པ། སྡེ་སྲིད།)

藏语音译，由梵文“神”转意而来，意为“地方行政长官”。甘丹颇章地方政权前，西藏地方就有 3 个强大的第巴：山南上部的第巴雅郊巴，山南下部的第巴衮绕巴，后藏的第巴藏巴。当时的第巴应理解为地方上的首脑。格鲁派掌权后，“第巴”成了一种官名，其职权是代理达赖喇嘛总理西藏地方政务。

第巴地方政权（སྡེ་པ་སྲིད་གཞུང།）

1642 年，青海的蒙古和硕特部领袖固始汗率兵进入卫藏，推翻了第司藏巴地方政权。清政府在西藏继续贯彻扶植格鲁派的政策。顺治九年（1652），五世达赖进京觐见清顺治皇帝，翌年返藏，清朝中央政府赐予金册、金印，并封之为“西天大善自在佛所领天下释教普通瓦赤喇怛喇达赖喇嘛”。同时，顺治皇帝又封固始汗为“遵行文义敏慧固始汗”。至此，西藏地方在清朝中央政府的支持下，开始了以蒙藏僧俗封建主的联合统治，达赖喇嘛为政治和宗教领袖，固始汗为最高军事首领。顺治十一年（1654），固始汗卒，格鲁派集团逐渐集中权力。康熙十八年（1679），五世达赖委任桑结嘉措为第五任第巴（地方行政官）。五世达赖喇嘛圆寂后，桑结嘉措欲独揽西藏地方军政大权，蒙藏统治集团之间的矛盾日趋尖锐。康熙四十四年（1705），固始汗之孙拉藏汗执杀了桑结嘉措。康熙五十二年（1713），康熙皇帝为了防止拉藏汗独揽西藏政务，册封五世班禅罗桑益西为“班禅额尔德尼”。康熙五十六年（1717），蒙古族准噶尔部兵陷拉萨，杀拉藏汗，任命达孜巴为第巴。康熙五十七年（1718）和康熙五十九年（1720），清政府两次出兵西藏，驱逐了准噶尔军队。康熙六十年（1721），清朝中央政府废除了由蒙古汗王任命主管西藏地方政务大权的第巴职位，制定了噶伦制度。

第穆摩崖石刻碑（དེ་མོའི་བྲག་བརྐོས།）

在西藏林芝县第穆地方的苯日山北麓。这里曾是吐蕃属下的十二个小邦之一，统治这一地区的工布管辖者乃是吐蕃的近支，公元 8 世纪，赤松德赞和赤德松赞父子两代，曾先后以盟书诏文的形式肯定了工布管辖者的某些特权，后又将诏文镌刻于石上。

第司藏巴地方政权（གཙང་པ་སྡེ་སྲིད།）

17 世纪初，辛厦巴 · 彭错南杰推翻了帕竹地方政权，在日喀则建立了第司藏巴地方政权，又称藏巴汗地方政权。这个政权存在二十四年，崇德七年（1642）被青海的蒙古和硕特部领袖固始汗推翻。

碉房（རྡོ་མཁར།）

过去贵族、领主、大商居住的房子，一般三层以上，最高到五层。用石作墙，木头作柱，柱子密集，约四平方米便有一柱，上用方木铺排作椽，楼层铺木板；二、三层向阳处均落地玻璃，采光面广，人住其中，冬天不用生火取暖；楼顶有阳台，可供晒物品用。这种碉房，四周围墙，中间庭院，墙厚尺余至二尺，可当碉堡打仗、防御用。窗户多朝庭院开放，院外用小窗窄门，有挡风御寒之利。这种房屋，二、三层住人，底层当库房。

掉头费（ཁྲོ་ཞིའི་རིན།）

旧时执法人员向凶手或肇事者一方罚取一定数量的财物并付给受害人一方，这笔财物叫掉头费，也叫挡兵款。否则，被打死或打伤的一方便联合自己的亲友向凶手或肇事者一方进行复仇。掉头费一般罚取钱银、马匹或牛羊、枪支，具体罚取何物由执法人员决定，也可由受害者一方指定。掉头费数量的多少也因受害人身份的高低而有所不同，但要比命价、血价、谋害费少。

《丁香帐》（《ལི་ཤིའི་གུར་ཁང་།》）

古藏文辞书，全名为《藏语古今语词指津善言丁香帐》，作者是觉顿·仁钦扎西。全书共收录1000多条词语，其中古今对照的有800多条。该书是作者在对当时使用藏文词汇的混乱现象作调查研究的基础上，根据藏文的几次厘定而编写的，对藏文的规范化起到了积极的作用，是从事古藏文研究、教学、翻译工作的一部极有价值的参考书。

订婚回避（སློང་ཆང་གཡོལ་བ།）

雅鲁藏布江中游扎囊地方的婚俗。男方家相中某家的姑娘，就会派一位精于各种礼仪的长者作为代表到女方家求婚。姑娘这时要找个地方躲起来，只把她的衣服、首饰摆出来，表示她也参加了这次关于决定她终生幸福的谈判。男方家的代表向姑娘的衣服献哈达、敬酥油茶，并撒些糌粑作为见面礼。然后拿出一定数目的“吃奶钱”交给姑娘的母亲。母亲若收下这笔钱，婚事就算成了。

定本（ལྡིང་དཔོན།）

藏语音译，意为“村长、头人”。旧时西藏的一种官名，是宗以下的地方头目。后来“定本”被藏军引用，成为军官名，管辖25名士兵（相当于排长），受甲本领导，官阶是七品。待遇是：每年可支领粮食48克，藏银1004两，茶叶10块，酥油6克。属下有“纠本”相当于班长，帮助管理士兵。

东唐（སྟོང་ཐང་།）

藏语音译，意为“命价标准”。藏族古代法律之一。以人的等级折算命价，等级高则命价高，等级低则命价低。高者可达1000两黄金，低者只有20两黄金。

冬虫夏草（**虫草**）（དབྱར་རྩྭ་དགུན་འབུ།）

又称“夏草冬虫”，因冬天是虫夏

天是草而得名。属子囊菌纲，麦角菌科。寄生在鳞翅目蝙蝠蛾科昆虫绿蝙蛾的幼虫体上，幼虫在冬季蛰居土中，冬虫夏草菌侵入虫体，长出菌丝，布满虫体变成菌核，夏季便从这种土内潜伏的虫体或菌核上生出有柄的虫草。主要产于四川、云南、甘肃、青海、西藏等地。其干燥虫体是中医、藏医的常用药物。性温，味甘，有滋阴状阳之功效，主治虚劳咳嗽、痰血、气喘、遗精等症。

冬房（དགུན་ས།）

西藏和其它四省藏区牧区牧民冬天的居所。由于牧民游牧生活的特殊性，夏季可随处搭帐篷，而冬季则必须建筑冬房来御寒。冬房地址一般选在向阳、背风和水草风茂的山谷或小盆地上，属木架结构，形状与毛帐相似，房顶和地面都用木板建造，里外用牛粪严敷，以御寒，屋中央有一灶堂。四川等地的牧民每年夏初都要把冬房拆掉，把木板埋于地下，冬天返回冬草场时重新修建。

冬季大法会（དགུན་ཆོས།）

是藏传佛教萨迦派祖庭萨迦寺及其周围地区一个盛大的宗教节日。每年藏历十一月二十三日至二十九日举行。冬季大法会始创于1474年，阿羌阿旺贡嘎仁钦继承法王位后，萨迦地方政权铲除了内忧外患，再次中兴，为庆祝萨迦政权的胜利，阿羌阿旺贡嘎仁钦发起了这一以跳神为主要内容的宗教节日。萨迦的羌姆神舞具有独特的风韵，它的三个主神分别是萨迦寺的三个守护神，其面具直径约一米，这样巨大的面具无法直接戴在头上，只好架在肩上。架起这样的面具，加上独特的服饰、舞步，构成羌姆神舞威猛雄壮的主旋律。羌姆神舞场面宏大，每一项都有一百零八人表演，而跳神的仪式仪轨又都一成不变，严守定规。大法会期间，萨迦寺万人云集，自然也就成了群众聚会游艺、交流物资的好场所，久而久之，伴随一年一度的冬季大法会，萨迦也就形成了一年一度规模巨大的“冲堆”（ཚོང་འདུས།）（类似于集市），其影响不仅覆盖前后藏，而且波及到周边国家。

度母（救度母、多罗母）（སྒྲོལ་མ།）

藏传佛教女神名。观世音菩萨的化身，可显现21位不同的度母之形。表示慈悲心救苦救难。最常见的是白度母和绿度母，以颜色区分。白度母为白色，高发髻，戴大耳环，盘坐在莲花座上，一手持莲花，一手平伸，接受人们的求祈。绿度母为绿色，坐相姿态与白度母相似，不同处是只盘左腿，右腿下垂足踏莲花。

都贵列空（འདུ་འགོད་ལས་ཁུངས།）

藏语音译，意为“军饷处”，噶厦下属机构之一。成立于 1948 年。其职责是：为藏军筹集军饷。该机构曾印刷发行过一种叫“都贵堆古斯瓦”的钱币。

斗风筝（བྱ་འཕིར་འཛིང་རེས།）

流行于西藏的传统娱乐活动。每年开春或秋高气爽之季，人们便做各种精巧的风筝，聚在一起比赛。比赛不仅看谁放得高，还要相互“打斗”。为了战胜对方，一般要在风筝线上粘碎玻璃碴等利器，当风筝升到高空后，可拉动线绳割断对方的线，让其风筝从空中掉下。这主要看各人控制风筝的技巧。老年人放风筝主要是祈望长寿。多数在线与风筝的接头处插一柱香，当风筝升到一定高度时，香火将线烧断，风筝便随风逝去，据说飘得越远，寿数就越大。

堆白多当列空（འདོད་དཔལ་རྡོ་དམ་ལས་ཁུངས།）

藏语音译，意为“五金工匠管理处”。旧西藏噶厦下属机构之一，设在布达拉宫脚下，设六品僧官 2 名。其职责是：管理各行业手艺人自发形成的组织，并让他们按规定向政府支差。

堆穷（དུད་ཆུང་།）

藏语音译，意为“小烟户”。在旧西藏，等级比差巴低一级，没有土地，经济上依附于头人或大差巴，以给庄园耕种自营地的劳役或服其它杂役换得少量的份地。一般要当帮工，贫困不堪，没有政治权利。小烟户要给庄园主砍柴、背水、放牛等。

堆谐（སྟོད་གཞས།）

踢踏舞。藏语的意思是“上部歌舞”。从地理位置讲，西藏阿里地区地势高于西藏其他地区，这种歌舞原是流行在阿里地区的一种丰收歌舞，因此得名。演唱形式单人或多人，有时配乐有时不配乐；演唱时边唱边用双脚击地发出有节奏的声音，手部前后摆动。音乐旋律先慢后快，轻松活泼。后来这种歌舞流传到西藏各地，成为各阶层都喜爱的歌舞形式。

堆绣（འཚེམ་དྲུབ།）

具有藏族独特风格的画种。主要流行于甘肃、青海的藏族地区。堆绣是用各类色彩的绸缎、羊毛、棉花等材料，在布幔上堆砌、刺绣而成的画。画面上一般有佛像、人物、山水、花鸟等。采用平堆与高堆的技术手法，立体感极强。在拉卜楞寺和塔尔寺中均藏有此类珍品。

对歌（ལ་གཞས། རྒྱུག་གླུ།）

流传于西藏各地的对唱歌曲。这种歌曲最早出现在一些劳动场所与藏族青年男女激情倾诉爱美之声时，通常人们在田间地头、山坡草地上劳动时为了驱除疲劳而创作的。经过长期的发展，这种演唱形式更加完善和独特，具有很大的随意性，曲调一般是按固定的旋律，歌词则可以即兴发挥。这类歌曲一般都短小精悍，通俗易懂。

兑巴（བསྟོད་པ།）

藏语音译，是对以歌颂英雄人物为主题的叙事诗的总称，其中也有一些赞美自然风光的诗歌。

《敦煌本吐蕃医学文献选编》（《ཏུང་ཧོང་ནས་ཐོན་པའི་བོད་ཀྱི་གསོ་རིག་ཡིག་ཆ་བདམས་བསྒྲིགས།》）

是从敦煌石窟中发现的几份极其重要的古藏文医学文献。由民族出版社于1983年出版，其中包括两份《医疗术》和两份《火灸疗法》。这几份医学文献中所提及的种种疾病、治疗疾病的药物以及火灸疗法的取穴部位、主治疾病和治病手法等都具有很鲜明的特点，表明开始形成藏族的独立医学体系。同时，这几份文献也反映了藏医与中医交流的情况。

敦煌藏族故事（ཏུང་ཧོང་ནས་ཐོན་པའི་བོད་ཀྱི་སྒྲུང་གཏམ།）

敦煌古藏文写卷中有《金波聂基兄弟俩和增格巴辛姐妹仨》、《白噶白喜和金波聂基》两则故事，内容均以表现社会生活为主，基本上脱离了神话框架。这两则故事的所属类型大致相似：一是魔鬼把甲的亲人乙吃掉，然后又装扮成乙去吃甲；一是某人劳动回去时，发现家里已有一孔雀变成的美貌女子做好了饭菜、收拾好了家什。这两则故事分别属于“狼外婆”型和“田螺姑娘”型故事，反映了善良终将战胜邪恶，辛勤劳动终会换取到幸福生活的美好愿望。

顿（འདོན།）

藏语音译。旧西藏用来计算差地面积的单位。每顿差地的面积大小不等，大的可种青稞100多克，小的只能种青稞20－30克。

顿丹确丹（དོན་ལྡན་མཆོད་རྟེན།）

著名佛塔，位于四川省色达县城南郊。建成于1914年，由当地世袭头人嘎夺和瓦修喇嘛四郎洛布主持修建。塔高50米，共9层，塔基周长为100米，全部是木石结构，内圆外方、内方外圆交错重叠。塔内藏有大量矛、铜戟、绫罗绸缎、珠宝玉器、金银铜铁和各种日用品。

顿渐之争（སྟོན་ཙེན་རྩོད་པ།）

西藏早期佛教内部的关于教义、仪轨的一场争论。时间约在唐贞元八年至十年（792至794）。由摩诃衍那引发。他又被称为“大乘和尚”，唐代汉地僧人。赤松德赞时期，他入藏传法，主张禅宗顿悟，强调人的主观觉悟。一时从者甚众，赤松德赞的一位妃子没卢氏带领30多名贵妇从其受戒当了尼姑。于是引起在藏印僧和渐门派（主张渐次修行才能成佛）的不满。印度僧人嘎玛拉西拉代表渐门派与摩诃衍那公开辩论，赤松德赞亲自主持。辩论持续数年，后赤松德赞同意渐门派观点。摩诃衍那先胜后负，被遣回内地，教法遂遭禁止。但禅宗仍有影响，宁玛派的“大圆满法”和噶举派的“大手印法”，都吸收了禅宗顿悟观点成分。

顿钦（སྟོན་ཆེན།）

即布达拉宫的宗教祭祀大摆供活动。藏历年过后不久举行。节前两个月，布达拉宫就要组织七十多人制作油炸面食。他们制作的“卡赛”又大又好，上面印有各种吉祥图案。摆供这天，布达拉宫东西大厅中央“卡赛”堆有十几米高，堆前摆放水果、干果等，“卡赛”堆上摆放着十几头已经掏去内脏、制成了风干肉的整牛躯和整羊躯，以示向人们祝福牛羊肥壮、五谷丰登。仪式结束时，前来参加活动的人们要将“卡赛”、干肉争抢一光。人们认为这样可以抢来一份灵气和祥瑞。

《顿月顿珠》（《དོན་ཡོད་དོན་གྲུབ།》）

八大传统藏戏剧目之一。剧情大意是：道巴桑林国国王婚后无子，远涉高夏洲向神龙祈祷。回去后王后生一子，异常聪明，但王后在王子五岁时去世。国王又纳一妃，又生一子。大王子叫顿珠，小王子叫顿月，二兄弟亲密无比。王妃欲小王子继位，就陷害顿珠大王子。大王子被逐，小王子也随之出走。顿珠、顿月二王子历尽艰辛，相互失散。顿珠几经周折成了另一国家的王子并娶那国公主为妻，但他仍不妄顿月，就带人四处寻找。兄弟二人终于相逢。后来顿珠顿月回国看望父母，父亲把王位传给了顿月，顿珠仍回到另外的那个国家当国王去了。兄弟二人和睦友爱，直到终年。

多吉扎寺（རྡོ་རྗེ་བྲག་དགོན།）

藏传佛教宁玛派寺庙。在西藏贡嘎县雅鲁藏布江北岸的勇宗山下。明崇祯三年（1630）宁玛派僧人扎西多布吉修建，为宁玛派“北藏”的主寺。寺内藏有大量的梵文经典，又是掘藏的著名处所之一。蒙古准噶尔部侵藏时该寺被严重毁坏，寺主白玛赤列等遭害。颇罗鼐掌管西藏地方政权时重新修建了该寺。

多拉山摩崖石刻（རྡོ་ལ་རི་བོའི་བྲག་བརྐོས་སྐུ་བརྙན།）

位于西藏林芝地区工布江达县以西30多公里处的金达乡多拉山南麓，面向尼洋河。此石刻有一释迦牟尼佛像，两佛塔，上刻六字真言，在一宽4.1米、高3.1米的崖面上。释迦佛高 2.5 米，结跏趺而坐，女性神态略重。传说此石刻为文成公主进藏时用马鞭画成，后人依形雕出。

多罗那他（ཏཱ་ར་ནཱ་ཐ།）（1575～1634）

明代藏传佛教觉囊派大师。本名叫贡噶宁布（ཀུན་དགའ་སྙིང་པོ།）。生于卫藏交界的喀热琼尊地方。著有多部觉囊派教义的书。万历三十六年（1608）著《印度佛教史》。万历三十八年（1610）在觉囊寺附近，建达登彭措林寺。在蒙古一带传教达 20 年之久，被称为“哲布尊丹巴”（尊胜）。崇祯七年（1634）卒于库伦。他的转世灵童成为哲布尊丹巴一世。

多闻天王（多闻子）（རྣམ་ཐོས་སྲས།）

藏语称“那姆推塞”，蒙语称“那木斯莱”。四大天王之一。藏传佛教的财神和库主，作为密宗护法神，守护坛城，位于北方。由印度传入，梵语称“毗沙门”。据《宝生佛》记载，其形象有十多种。常见的造像是左手托塔，右手执宝杖，也有持红矛、花貂的。

多香城堡遗址（དོ་ཤང་མཁར་རྫོང་གནའ་ཤུལ།）

位于西藏阿里古格古城西南约 25 里的多香村。遗址面积约 12 万平方米，可分为西、南、山顶三个区：南区山下多是佛塔和殿堂；山顶区、西区和南区的山腰主要是防御区和居住点，有房屋遗迹 73 座、塔 11 座、窑洞近 200 孔、碉堡 16 座，建筑风格与古格遗址相同，但无一存在了。在此发现的残墙断壁，可能是原来的集会殿，墙上依稀能辨出菩萨、佛、胜乐金刚、六臂依怙等。原依怙殿由窑洞和洞前平房结合，虽平房已毁，窑洞保存较好，洞内壁画手法是其它地方少见的。现在保存较完整的还有台地上的六大塔和三小塔，座呈圆台形，座的四周饰有八吉祥、双狮和束腰卷草纹图案；塔形是钟形塔瓶，最上面是圆锥形塔刹，外包饰红陶。该遗址还散存许多与古格遗址相同的东西。

朵巴（དོས་པ།）

旧时从西藏到四川康定城以贩运茶叶为主的庞大商队。朵巴商队一般每年藏历四月天气转暖时从日喀则等地出发。商队组织严密，人员众多，少则几百人，多则上千人，骡马往往上万匹。商队中有骡夫、伙夫、商务官员以及装备精良的卫队。这些商队要经过半年左右的奔波，才能到达目的地——康定城。然后购茶，出售西藏土特产。度过寒冷的冬季，第二年开春，商队驮上茶叶沿原路返回。商队到家之时，也是当地群众盛大的节日，青年男女身着节日盛装，载歌载舞，给商队献哈达、敬酒、唱祝福歌。

朵嘎（སྟོད་འགག།）

藏语音译，意为“无袖上衣或坎

肩”，系藏族僧服。样式与一般背心相同，用紫红色氆氇缝制，夏季用紫红布料制作，无任何装饰物，其长度以各自的身高为准。

朵甘思宣慰使司都元帅府(མདོ་ཁམས་ཁོན་སྡེ་སི།)

元朝在藏区设立的三个宣慰使司都元帅府之一，属元朝中央政府的宣政院管辖。辖区包括今青海省玉树藏族自治州、四川省甘孜藏族自治州和西藏自治区昌都地区、那曲地区东部。设宣慰使4名，同知2名，副使1名，经历都事各2名，捕盗官3名，镇抚2名。其职责是：管理元朝在当地的驻军，维持元朝通往西藏的驿路，传达元朝中央政府的命令，征集赋税差役，保证元朝在西藏、云南两地军事行动的后勤供应，有时还要发兵随元朝宗王出征，镇压反叛。

朵喀夏仲·次仁旺杰(མདོ་མཁར་ཞབས་དྲུང་ཚེ་རིང་དབང་རྒྱལ།)(1697～1764)

藏族著名的学者、作家。出生于贵族世家，自幼聪颖，后跟从名师学习宁玛派教典，在雍正、乾隆两朝曾任西藏地方政府噶伦三十余年。博学多识，擅长历算和“年阿体”诗作，著述甚丰。代表作有长篇小说《勋努达美》、传记《颇罗鼐传》、自传《噶伦传》等。《勋努达美》是西藏文学史上的一座丰碑，倍受后人推崇，《颇罗鼐传》具有很高的史料价值和文学价值。

朵麦基巧(མདོ་སྨད་སྤྱི་ཁྱབ།)

旧西藏负责管辖昌都地区的基巧级地方政权机构。1913年，原西藏地方政府占据昌都地区后，即在昌都设置分噶厦，兼理军事、民政，昌都分噶厦简称“朵基”。朵基府设噶伦1人，总揽昌都地区的军政事务。同时，噶厦的军粮局还在昌都设置分署，负责管理昌都地区征收的军粮。

朵塔尔玛(མདོ་དར་མ།)

流传于西藏拉萨、阿里、那曲等地的一种吹打乐队名称。整个乐队由6人组成，乐队的乐器有鼓、云锣、洞箫和唢呐等乐器。通常用两个音色不相同的大鼓和小鼓、钹和两个唢呐、两支鹰笛合奏或独奏。据资料记载，“朵塔尔玛”的乐曲有“冲党内朗白期浓”、“塔雪盆”、“杰布塔鲁”等14首有标题、有风格的乐曲。每首乐曲的开始和连接下一曲之间，打击乐由慢渐快，达到高潮后稍停片刻，继儿声号召性的鼓点节奏，乐曲也由此开始演奏。舞蹈部分由2人、4人、6人或10人排成一行或两行做多种祭祀手势、交叉起舞，表现了祭祀苯教的各种天王、天神的内容，有人称“朵塔尔玛”的音乐为“羌鲁”。

E

峨堡会(ཟ་པོ་དུས་ཆེན།)

青海海北藏族自治州门源峨堡一带藏族的传统节日,每年农历八、九月份举行,也叫“盘坡草原会”。节日的主要活动是跑马和走马比赛,跑马比赛赛的是速度,而走马比赛赛的是马的走技和骑手的骑艺,讲求的是马走得稳而快。赛马结束后,要给胜者披红挂彩、颁发奖品。晚上,赛马场上燃起了熊熊篝火,青年人翩翩起舞,老年人举杯共饮。峨堡会同时也是当地蒙、土、回、汉等各族人民的共同节日。

儿歌(བྱིས་པའི་རྩེད་གླུ།)

流传于西藏各地的儿童歌曲。例如“玩石头歌”、“阿久歌”、“跳绳歌”等,根据各地儿童的活动不同,旋律风格也不尽相同。藏语“阿究”是一种羊的膝关节的方形短骨,把骨头放在四方,分做马、驴、绵羊、山羊进行玩耍,是一种可歌可不歌的古老的儿童玩耍形式。歌曲生动自然、快乐活泼,具有高原独特的儿歌风格。

二次葬(བྱ་གཏོར།)

丧葬习俗。流行于四川甘孜部分地区。在这些地区花甲老人去世以后,尸体先要进行火葬。然后将骨灰拌合糌粑、酥油等物,做成团状,用以饲鹰,谓之“天葬”。

二牛抬杠(སྣོན་དོས།)

藏族地区传统犁耕方式。其法有二:①先在两头牛颈上横架一根木杠,再将犁拴在木杠上,一人握犁把并赶牛带犁前进;②将犁辕前端系于一横木上,再将横木架在两牛额上并缚于牛角,让牛用头顶推犁前进。二牛抬杠每天可耕地 5 克(西藏计量单位,每克约相当于 1 亩)左右。

二世班禅索南乔朗(པཎ་ཆེན་སྐུ་ཕྲེང་གཉིས་པ་བསོད་ནམས་ཕྱོགས་གླང་།)(1439 ~ 1504)

生于后藏恩萨地方(现在的日喀则江当区)一户农民家中。幼年到前藏拜甘丹寺第四任赤巴拔梭为师,取法名索南乔朗。学经多年,精通显密,长于论辩。中年后在后藏隐根寺传播格鲁派,有得意门徒 16 人。与萨迦派、噶举派宗教势力辩论,扩大格鲁派影响。与扎什伦布寺建立密切的关系。66 岁时圆寂。因弘扬格鲁派的功绩,后被追认为第二世班禅。

二世达赖喇嘛根敦嘉措(རྒྱལ་བ་སྐུ་ཕྲེང་གཉིས་པ་དགེ་འདུན་རྒྱ་མཚོ།)(1476 ~ 1542)

生于西藏日喀则西北的达那地方。幼时随父学习宁玛派密法。明成化二十一年(1485)被扎什伦布寺僧众迎入该寺,翌年出家,从隆日嘉措受近事戒。后因与扎寺赤巴失和,明弘治七年(1494)去拉萨哲蚌寺学经,明正德十二年(1517)任哲蚌寺堪布。长期在卫藏地区传法,修建曲科杰寺等,广收门徒,名望日益提高。应明朝政府之邀,曾欲前往北京,因受西藏排挤格鲁派势力阻挠未能成行。曾主持一年一度的拉萨祈愿大法会。明嘉靖五年(1526)兼任色拉寺堪布。后来在哲蚌寺修建了甘丹颇章宫(布达拉宫未修之前的达赖喇嘛所住宫殿,在此处理政教事务),设立了管理寺院庄园、财产的第巴职务。圆寂后被追认为达赖喇嘛二世。

F

梵文转写字(སཾ་སྐྲི་ཏའི་སྐད་དོད།)

藏文古籍中通常使用的用藏文音译的梵文文字。有一些梵藏对照的辞书和经典著作,其中的梵文用的全是梵文转写体。一般认为,梵文转写字有16个元音字母、34个辅音字母。也有学者主张元音字母为13个或16个,辅音字母为33个。关于梵文转写字的发音和拼读规则,历代藏族学者写了不少专著,例如:邦译师洛卓丹巴(1276~1342)与强曲泽莫译师(1302~1380)所写的《梵文读法》,纳唐译师根敦贝(约14、15世纪人)写的《梵文转写字读法集要》等。

方经(པོ་ཏི་ཆེན་པོ་ལྷགས་ཡོང་མ།)

是世界罕见的经书珍品。现收藏于萨迦南寺内。其宽、长均1米余,上下用夹板固定,全部用金汁写成。夹板四周,还挂着一只只小铜铃,以防偷盗。是萨迦寺镇寺之宝。

放牧歌(འབྲོག་གླུ།)

流传于藏北牧区的牧业劳动歌曲,产生于放牧生活中。演唱者站在高山之巅,面对广袤的雪山和草原,高歌牧人自己的生活,歌唱雪山,歌颂草原。放牧歌曲调宽广悠扬,音乐旋律的曲式结构大多是两起两落,仿佛翻越连绵不断的高山,是牧业劳动歌曲所特有的又一种风格,具有浓厚的地方特色和民族风格。

放生(ཚེ་ཐར་གཏོང་བ།)

放生源于苯波教朵玛祭祀仪轨,把将要宰杀的牛羊等动物不杀而放其一条生路的宗教活动。放生一般是在逢本命年生日的那天进行。一善解百灾的信仰方式。由家人为过生日者买下一只待宰的绵羊或山羊,就地放生,任其自然死亡。另外,在喇嘛卜得一凶卦或得一场大病的情况下也进行放生。这类放生仪式一般都在寺院举行,即把放生对象牵至寺院,领到一方垫子上平放,提放三次,祈祷诵经,然后在其脑门沾湿糌粑等食物,拍其背赶出寺院,任其自由游荡。已放生的动物,是献祭给神佛的礼品,任何人不会宰杀或据为己有,否则将招灾引祸。藏族信仰放生的做法是保护自然的具体措施。

放生节(རི་འབྱུག།)

藏传佛教的传统节日,各地时间略有不同。比较典型的应数甘肃拉卜楞寺的放生节,该节日每年正月初八举行，节日期间，该寺僧众要虔诚地诵经，跳宗教舞蹈，然后将事先准备好的牛羊系上彩绸、洒上净水后放生。被放生的动物，就具有了一定的神性，被藏族人民视为圣物，任何人不得宰杀。在藏区，被放生的牛羊数量惊人，街头荒野，人们随处可见无主的放生神牛、神羊，任其自然死亡。

飞绳（འཕག་ཐུད།）

即滑绳运动，是藏历正月初二在布达拉宫前举行的表演性的传统体育项目或杂技项目。《十三世达赖喇嘛传》载："绳子上端拴在布达拉宫一间屋子里，下端拴在布达拉宫下面平地上的一个方形石碑上，绳子斜长二百五十英尺（约 80 米），净高一百英尺（约 32 米）。表演者三人一个接着一个从上面滑下来。开头，每一个人都大声念经祈祷，并给在开始往下滑的屋顶上撒糌粑面，以做为祭神的供品。然后他们用皮带把自己拴在绳子上往下滑。"

分数位（གྲངས་གནས།）

藏族历算中，日历计时单位有日、刻、分、息等。而息以下单位不另立名称，就用小于息的分数来表示，其分母（进位率）不固定，根据需要选取，常用的分母有 707、67、13 等。

风干肉（ཤ་སྐམ།）

藏族牧民外出放牧、狩猎必备的常用食品，也是用来招待客人、馈赠亲友的礼品之一。风干肉一般多在冬季加工制作，挑选肥壮牛羊，宰后剔去骨头，把肉切割成长形薄条状，串挂在阴凉处，让其冰冻风干，既去水分，又保持了鲜味，到来年三月以后，仍保持牛羊肉固有的色、香、味，不加佐料即可食用，细嚼慢咽，味道鲜美。

风马旗（རླུང་རྟ།）

风马旗俗称经幡，在民间家庭的院坝中间，在高山垭口之处，在民宅顶上，在玛尼堆旁边都有它的存在。风马旗一般以白、绿、红、黄、蓝为一组，是按照占卜金、木、水、火、土五行颜色对应产生。风马旗其本意是根据信徒的祈福要务，印制在经旗上的祈祷经文，借自然风力的诵经方式，寓意信徒不管走到任何地方，都会得到佛菩萨的保佑。

风囊（སྦུད་པ།）

藏族的鼓风器具。藏族牧人长期所用的吹风助燃器之一。用羊皮做成，体积小，呈圆形，由铁质风管和皮风囊组成。鼓风时，用两手拉合或一手提压风囊，风便通过风管吹进炭火或牛粪火中助燃。其特点是结实耐用，携带方便。

风俗画（དམངས་སྲོལ་ལྡེབས་རིས།）

壁画中有许多画面，表现了藏族社会生活的各个方面，有丰富多彩的文化娱乐和体育竞技活动。大昭寺主殿西壁南侧一组庆贺图有歌舞、乐器演奏、竞技表演，场面非常热烈。布达拉宫壁画中有赛马、射箭、摔跤、抱石等各种民间体育活动场景画。

"佛"字镜（མེ་ལོང་།）

全称"西藏汉梵两体准提咒文'佛'字镜"，银灰色泽，光洁镜面有若干锈蚀斑痂，镜面直径9.4厘米，约重250克。"佛"字镜 外圆内方，象征方圆乾坤大千世界。此镜不仅是日常的照镜用具，又是驱邪纳福的吉祥物，主要在西藏地区流行。

佛本生故事的敲制浮雕残片（སྔོན་པའི་མཛད་པ་གསལ་བའི་འབུར་བཀོས་ཆག་རོ།）

该作品有三段残片，形成年代不详，但绝非近晚期。雕刻者在两度空间里驾轻就熟地运用形体的高度、轮廓、点、面、疏、密等因素，造成明晰而不单薄，繁密而不罗列的艺术氛围；人物造型与后藏12世纪壁画相近，同有犍陀罗味道；在人物与边饰之间，法器、净水、奇花异卉散缀其间，这又是受克什米尔与尼泊尔艺术的启悟，目的是以最简约的构成，最经济的笔法，收到丰满璀灿的艺术效果。与后藏壁画相较，这件浮雕的作品风格、手法上更加随意洒脱。

佛殿（འདུ་ཁང་།）

是寺院建筑的主体之一，又称之金堂或香室。外形呈正方形或长方形，主殿最高大，佛殿内富丽堂皇，有壁画、栏杆、藻井、堆秀、酥油花等物。殿顶（金顶）上盖金瓦，正中央装有宝瓶塔刹为装饰。

佛教前弘期（བསྟན་པ་སྔ་དར།）

西藏佛教史通常的分期法。佛教传入西藏的时间是较早的，一说是在松赞干布时期（公元7世纪），另一说在松赞干布前五代赞普拉妥妥日聂赞时就已开始传入。但作为佛教正式兴旺发展起来，也就是前弘期的开始，一般认为是在公元8世纪赤松德赞执政时期。这个时期，西藏第一座正规寺庙桑耶寺建成（763~775年）；出现了第一批出家僧人，共7人，称为"七觉士"，逐渐发展到300多人；开始了大规模翻译佛经工作，所译经论达27门，六七百种；佛教大师莲花生等被迎请入藏，西藏原始宗教苯教势力愈来愈小，等等，成为前弘期开始的标志。至热巴巾赤祖德赞继位（815~836年），共80多年，称前弘期。

佛教后弘期（བསྟན་པ་ཕྱི་དར།）

西藏佛教史通常的分期法。分为前弘期和后弘期。吐蕃赞普朗达玛（གླང་དར་མ།）执政时期（836或838~

842 年),毁佛灭法,禁止佛教。随之吐蕃政权崩溃,佛教前弘期结束,近百年里“藏卫无法”。公元 10 世纪末,阿里王派了许多人前往克什米尔等地学法,大量译经,又迎请高僧入藏,佛教开始复兴。同时,在康区的僧人后世门徒也逐渐聚集起来传戒授法。这就是所谓“上部律传”和“下路弘传”。一般来说,从这时起,开始进入后弘期。由于传承系统不同,各自师承不同,导致对典籍理解的差异。从 11 世纪中期到 13 世纪初,西藏佛教形成众多派别。主要有宁玛派、噶当派、萨迦派和噶举派。到 15 世纪初,宗喀巴进行宗教改革,创立了新的教派——格鲁派。格鲁派吸收各派所长,广建寺院严格戒律,扩大了社会影响,又得到清政府的支持,逐渐取代其他教派,其宗教领袖达赖喇嘛成了西藏的最高首领,集教权政权于一身,形成政教合一的统治。

佛经诗歌(གསུང་མགུར།)

现存的古藏文典籍中,有一部分为佛学典籍,其中又有不少是诗歌形式的具有文学性的作品。《丹珠尔》本生部中,就有翻译古印度的作品《佛所行赞》、《如意藤》等关于释迦牟尼佛一生事迹的长篇叙事诗,又有诸如《云使》这类的长篇抒情诗。这些作品虽属译作,但充分体现了译者的艺术技巧。另外,在《丹珠尔》的修身部里还收集了七部格言诗,为古印度作品的翻译。这类诗歌主要是介绍为人处事的道理、修养品行的方法以及认识论等,多直陈述,间用比喻、对比等手法。

佛塔(མཆོད་རྟེན།)

佛教中象征纪念佛陀事迹的一种建筑。塔体内安放有高僧大德的舍利、经文、法器等贵重物品。从字面上讲是信徒所朝拜与供奉的对象,而从宗教功能来讲是佛教的一种标志性纪念建筑。一般用石头建造,塔身镶嵌金、银、珠宝等各种饰物,塔底座多呈方形或八角形。塔内往往存放活佛的骨灰、舍利或有特殊声誉的喇嘛的遗体、经书和圣物。

伏藏(གཏེར་མ། གཏེར་ཆོས།)

从西藏地下发掘出来的佛教典籍的总称,但也有苯教的伏藏。藏语称之为“德乐玛”或“德尔却”,即“藏法”之意。据说为了保存佛教经籍,把写好的佛经埋藏于地下和名山岩洞里,上百年之后,被人发掘出来。著名的掘藏僧人有娘尼玛维色和古如却吉旺秋。前者掘出的称“上部伏藏”;后者掘出的称“下部伏藏”。15、16 世纪时,由僧人热特那林巴汇刻,称为“南部伏藏”。16 世纪时,僧人仁增郭吉登曲坚又发掘并汇集刻印了另一部分,称“北部伏藏”。“伏藏”书籍的内容多是宁玛派观点,“掘藏师”亦多为宁玛派僧人。伏藏可大致分为两类:一是吐蕃时期由赞普和法师所著;二是早期宗教斗争中较弱一方,为避免毁灭本派典籍而埋藏。主要书籍有《玛尼全集》、《柱间史》、《五部遗教》等。

妇女歇年(བུད་མེད་ངལ་གསོ།)

后藏新年习俗。在后藏地区,妇女一年到头忙忙碌碌,非常辛苦,而在新年这一天,她们要休息一天,家中里里外外事情,全由男人们去应付,有的丈夫还要向妻子赠送礼物或者宴请她们以表酬谢。

副相(བློན་གཞོན་པ།)

吐蕃政权大相的副职,九大尚论中的中贡论。其职责是协助大相总揽朝政。

G

呷乌(གའུ།)

意为"宝盒",藏族妇女的一种首饰。内装佛像或活佛所赐的小物品;宝盒盖面镶有各种珠宝翡翠,珍珠为链,一般挂于颈项。除作装饰外,还有宗教上的意义。相传佩带呷乌可逢凶化吉,神灵保佑。因此,又叫护身佛盒。

嘎尔羌母(གར་འཆམ།)

又称宗教法舞、宗教羌母、宗教跳神。藏语是"表演舞蹈"之意。流传于西藏各派藏传佛教的宗教乐舞。藏传佛教的各教派基本有两种不同的传统叫法,一是格鲁派称之为"桑威多吉嘎尔羌母",是"表演密宗金刚舞"的意思;另一种是除格鲁派之外的其他教派称之为"嘎尔羌母"。表演的内容基本是各种护法神镇压魔鬼的情景。

嘎洛鞋(ཀོ་ལྷམ།)

流行于西藏林芝、山南河谷地带的妇女所喜欢穿的一种鞋。嘎洛鞋以牛皮作底,鞋帮用三层氆氇粘制而成,鞋后跟和鞋尖缝上黑色牛皮,鞋面用染黑的牛皮拉条及金丝线镶边,使之结实美观。嘎洛鞋的特点是鞋尖朝上耸起,犹如木船的前端(也似狗鼻),穿上十分威武大方。

噶当六论(བཀའ་གདམས་པའི་གསུང་རབ་དྲུག)

藏传佛教噶当教派的主要经典。即《本生三十四论》、《法句经论》、《集学论》、《入行论》、《菩萨地论》、《庄严经论》。

噶当派(བཀའ་གདམས་པ།)

藏传佛教教派之一。"噶当"藏语意为"佛的教诲或教诫",即用佛语来教导人们听从佛教道理。该派渊源于印僧阿底峡,创立于其弟子仲敦·杰维炯乃时。北宋绍兴十五年(1045),仲敦从阿里迎请阿底峡并拜他为帅。阿底峡圆寂后,仲敦巴于北宋绍兴二十六年(1056)受达木(当雄一带)贵族的迎请,建热振寺,后以该寺为中心逐渐形成噶当派。该派以阿底峡《菩提道灯论》为基础,强调戒律,修行次第和调整显密关系。该派看重密教,认为显密相通,而密法更有特殊功能,密高于显。但又以为密法只宜传授给少数有根基的人,不宜广为传播。主张显密结合,先显后密。15世纪初,宗喀巴以该派教义为基础创立格鲁派,该派遂改宗为格鲁派。

噶东次松节(དགའ་གདོང་ཚེས་གསུམ་དུས་ཆེན།)

相传,是西藏拉萨西郊东嘎宗男

女神巫参拜噶东神汉的宗教节日。节日在每年藏历正月初三举行,这天一大早,东嘎所有谿卡、村庄的神巫都要在身着节日盛装的村民簇拥下,来到噶东神庙,向神巫噶东神汉顶礼膜拜,随后在噶东神汉带领下,全体神巫绕神庙边转边降神。降神完毕还要看噶东神庙的宗教舞蹈。噶东次松节最精彩的应是最后举行的村民集体歌舞娱乐活动。各村村民把自己地方上的神巫围在中间,边歌舞边饮酒,酒不断,歌不停,直到夜半更深,人巫俱醉时,方才罢休。这一天,实际上也是当地一年一度的降神大赛和歌舞大赛。

噶尔(གར།)

一种表演性歌舞,具有很强藏族特色的造型性乐舞。据说产生于17世纪“甘丹颇章”时期,拉达克国王献给五世达赖的一部伎乐,并由地方政府领导的一支专业演出队表演。演员全部由男性孩童担任,称之为“噶尔巴”。“噶尔”有应用范围非常广,在宗教仪典、官场集会以及达赖喇嘛出行的仪仗等活动中都要演出。这种歌舞多以宣扬逐邪迎神、政教昌隆和歌颂达赖喇嘛的仁政功德为主要内容,伎乐本身异常庄重、肃穆,宗教味很浓,是专为上层权贵表演的,也偶而奉命为群众表演,只表演一些世俗性歌舞节目。“噶尔”的舞姿、演员的装饰、以及伴奏乐器在很大程度上带有西域乐舞之风和内地戏曲舞蹈动作,加之与藏族舞蹈的某些动作旋律融合为一体。这是一种综合性很强的乐舞。

噶尔巴(གར་པ།)

对古老的西藏造型性乐舞的演员的称谓。据说17世纪“甘丹颇章”地方政权时期,当时的拉达克献给五世达赖一部叫“噶尔”的伎乐,“噶尔巴”也就随之产生。原地方政府还组织领导了一支“噶尔巴”专业队,专门为宗教仪典、官场集会以及达赖喇嘛出行的仪式表演,演员全部是男性孩童,这些表演者就是“噶尔巴”。他们在表演时,头戴白布圈帽,身穿彩衣,靴拴小铃,舞姿优美,具有很强的西域风味。

噶尔·东赞宇松 (མགར་སྟོང་བཙན་ཡུལ་ཟུང་།)

汉文史书中称作“禄东赞”。藏文史书中有时简称他为噶尔·东赞或噶尔·宇松。他是吐蕃赞普松赞干布手下的一位能臣,以机智聪明著称。在藏族民间流传着许多关于他的传说,其中最著名的就是关于他迎娶文成公主的传说。传说当时许多国家派出使臣到大唐,向文成公主求婚。唐太宗为公平起见,连出几道难题,要求各国使臣做好,谁胜了,就可以迎娶到文成公主。噶尔·东赞宇松通过用丝带穿过九曲明珠、辨认二百匹马和马驹的母子关系等智力比赛，最终获得了胜利，完成了松赞干布交给他的使命，把文成公主迎娶到吐蕃。

噶举派(བཀའ་བརྒྱུད་པ།)

藏传佛教教派之一。噶举，藏语意为教谕，师徒相承，口耳传授，注重密法，不重经典。相传该派远祖玛尔巴、米拉热巴等人修法时，穿白色僧衣，故又称“白教”。公元11世纪时玛尔巴创立。一传米拉热巴，再传达波拉杰。它的支派繁多复杂，从一开始就有两大传承系统：香巴噶举和达波噶举；达波噶举分出四大支系，即帕竹噶举、拔戎噶举、蔡巴噶举和噶玛噶举；帕竹噶举又分出八小支系，即直贡巴、达垄巴、竹巴、雅桑巴、卓浦巴、修色巴、耶巴和玛仓巴。其中，帕竹噶举、噶玛噶举曾受元、明两朝册封，相继执掌地方政权。

噶伦(བཀའ་བློན།)

旧西藏噶厦地方政府最高行政官员，由中央政府任命，通常共有4人，三俗一僧，官居三品，一起处理西藏政务。噶伦之间地位平等，不设主席，资历深者在威望和仪式上优先，藏语称为“噶伦赤巴”(བཀའ་བློན་ཁྲི་པ།)，即“首席噶伦”之意。其职责是：集体讨论各种行政事务及官员任免等，呈报达赖喇嘛和驻藏大臣批准后执行；办理达赖交办的事务，偕同驻藏大臣四处巡视，检阅各代本军队。

《噶伦传》(《བཀའ་བློན་རྟོགས་བརྗོད།》)

由朵喀夏仲·次仁旺杰继《勋努达美》、《颇罗鼐传》、《梵藏辞典》之后的又一部力作。该传记为编年体自传，成书于乾隆二十八年(1763)。作者以亲身经历，记述了1727年阿尔布巴等发动的卫藏战争，以及作者对颇罗鼐和达赖喇嘛矛盾的调解，达赖辞世后寻访灵童的过程。该书是研究18世纪藏族历史和藏、蒙、汉民族关系的珍贵资料。

噶伦制度(བཀའ་བློན་ལམ་ལུགས།)

康熙六十年(1721)，清朝中央在西藏废除第巴职位之后制定的一种政治制度，即由清朝中央任命4名噶伦(后增至5名)共同掌管西藏地方政务。这一制度只维持了几年，便因噶伦之间的矛盾而被郡王制度所取代。

噶玛·都松钦巴(ཀརྨ་དུས་གསུམ་མཁྱེན་པ།)(1110～1193)

藏传佛教噶玛噶举派的创始人。即第一世噶玛巴活佛，本名却吉扎巴，达波拉杰的弟子。出生于多康哲宜(今四川甘孜新龙县)地方。16岁时，在却果噶扎寺出家。20 岁时，到卫地学习佛教经典及显密教法。30 岁时拜达波拉杰为师，学习佛法三年，其后游历藏区修行传法。80 岁时，在堆龙地方修建楚布寺并任住持。

噶玛拔希（ཀརྨ་པཀྵི།）（1204～1283）

噶玛噶举派第二代祖师，法名却吉喇嘛。出生于多康地方。11 岁出家为僧。南宋宝佑三年（1255）他 52 岁时受元朝忽必烈之邀，到元朝宫廷住了 8 年，向忽必烈讲解佛经。返回西藏后，为楚布寺大殿塑造金铜大佛像。曾受元室蒙哥（元宪宗）赐给的金边黑僧帽，其传承称噶玛噶举黑帽系。

噶玛噶赤画派（ཀརྨ་སྒར་བྲིས།）

又称噶尔画派，其祖师朱古朗卡扎西是出身于亚堆地方的噶玛派活佛。此画派主要传播于西藏东部地区，善画花草树木、山石瀑布，神佛肖像也常以自然风景为背景，线条多用刚劲流畅的铁线描，设色雅淡，勾勒人物的衣纹细腻繁密，人物形象神态生动。

噶玛噶举派（ཀརྨ་བཀའ་བརྒྱུད།）

藏传佛教噶举派支派之一。北宋绍兴十七年（1147）达波拉杰的弟子噶玛·都松钦巴在昌都地区类乌齐附近建噶玛丹萨寺，噶玛派由此得名。拉萨西北堆龙德庆县境内的楚布寺，后为该派主寺。该派在藏传佛教中最早采用了活佛转世制度，有黑帽系和红帽系。两系均以元帝室分别赐给黑帽、红帽而得名。黑帽系第一世活佛为都松钦巴，第二世噶玛拔希，第三世让迥多吉，第四世瑞白多吉，第五世得银谢巴都先后到内地去谒见过元、明二朝的最高统治者。红帽系第一世活佛为扎巴僧格。第十世红帽系活佛却珠嘉措因勾结廓尔喀人入侵后藏，抢掠扎什伦布寺财物，被乾隆皇帝下令禁止转世，红帽系遂告断绝。永乐五年（1407）明成祖封黑帽系五世活佛却贝桑波为“万行具足十方最胜圆觉妙智慧善普应佑国演教如来大宝法王西天大善自在佛领天下释教”，并赐名“得银谢巴”（如来）。势力逐渐强大，曾建立过噶玛地方政权（1618～1642）。后被格鲁派的甘丹颇章政权取代。

噶厦（བཀའ་ཤག）

清朝至民主改革以前掌管西藏地方行政事务的机构。噶厦，藏语音译，意为“发布命令的机关”，是清朝在废除郡王制度之后正式建立起来的。它规定由驻藏大臣和达赖喇嘛共同来掌管西藏事务，设噶伦 4 名（3 俗 1 僧），由中央政府任命。

噶伦之间地位平等，秉承驻藏大臣和达赖喇嘛的指示，共同处理西藏政务。噶厦下属的办事机构主要有“孜康”（人事审计处）等。噶厦的直属机构还有：马基康（藏军司令部）、拉恰列空（旧译“商上”，即“大昭寺财库”）、德细列空（治安调查局）、索朗列空（农务局）、波细列空（地粮调查局）、甲擦列空（盐茶局）、朗子厦列空（拉萨监狱机构）、细康列空（公款稽查局）、帖布甲列空（大昭寺基金管理处）、达尔康（电报电信局）、扎康（邮政局等）。另外，达赖还有自己的内侍系统，负责传达他的命令、保管他的文稿和照顾他的日常生活。

噶厦之下设有若十个基巧级地方政府机构（相当于地专级），基巧之下是宗、谿级地方政权（相当于县级）。

噶厦嘎（བཀའ་ཤག་འགག）

藏语音译，意为“噶厦传达处”。旧时噶厦下属机构之一，设七品俗官 3 人。其职责是当俗官噶伦的警卫，为噶伦生活服务，保护噶伦。

噶厦官员品级（བཀའ་ཤག་གི་གོ་ཐོབ་རིམ་པ།）

旧西藏噶厦的官品是根据 1792 年引进的清朝体系确定的。然而，清朝的九品制中只有 5 种品位被使用，即从三品到七品。达赖喇嘛、班禅和司伦都位居官品之外和之上。噶伦、噶伦喇嘛、基巧堪布，为三品；札萨、台吉、札萨喇嘛、塔尔汗、塔尔根、大喇嘛堪钦，为大四品；译仓秘书长、大知宾、颇本、代本、孜本、喇章强佐、堪穷等为四品；大宗的宗本、藏军中的如本、拉萨朗子厦的主官“米本”、孜准、陪审机构的陪审官等为五品；宗本、孜康的会计师“孜巴”以及政府内一部分办事员“勒参巴”等，以及噶厦秘书长、噶厦知宾秘书为六品；其它低级官员为七品。

噶厦托珠（བཀའ་ཤག་ཐུགས་སྒྲོ།）

旧西藏地方政府举办的夏日林卡酒会。“托珠”意为“酒会、宴会”。酒会由噶厦的四位噶伦轮流作东。酒会办得是否体面，直接关系着一个家族的地位和声望。所以四位显贵，往往借此机会，大肆铺张、比拼财力，酒会的规模相当庞大。同时，酒会也是笼络同僚的一个好机会。

噶厦雪（བཀའ་ཤག་ཤོད།）

旧西藏噶厦下属的处理日常事务的秘书机构，也称“噶厦小秘书处”。设七品秘书 3 名。其职责是：转发因公外出人员所需的征派乌拉、驮马的证明；签发给各宗谿、寺院的每年冬至、夏至为达赖喇嘛祈福消灾而举行佛事活动的通知；登记各种庆典中的盘碟、器皿、供品、仪仗人员名单和布施物品等；草拟各宗豁官员任免文书，代表噶厦处理一些零碎事务。

噶仲（བཀའ་དྲུང།）

旧西藏噶厦的正式秘书，也称“噶厦大秘书”。有六品俗官2名，有时增加1名。其职责是为噶厦抄写、记录、草拟文件。

噶珠（དཀར་ཕྲུག）

藏语音译，系选用羊胸毛和少许羊肩毛织成的氆氇。宜作长袍、邦典，也可制作糌粑袋或衣边。主要产于西藏山南、日喀则一带。

噶准（བཀའ་མགྲོན།）

藏语音译，意为“噶厦接待官”。设六品俗官3人。其职责是将下级官员的报告和请示转呈给噶伦，并传达噶伦的答复和批示。

《甘丹格言》（《དགེ་ལྡན་ལེགས་བཤད།》）

全书125首诗，均以“智者与愚人”之辨为主要内容，作者是著名僧人索南扎巴（1478～1554）。诗中以“精通世法”为标准来辨别智者与愚人，极力推崇佛法，内容与形式很大程度上取材或借鉴于《萨迦格言》。

甘丹颇章银币 （དངུལ་ཏམ་ཚོ་གང་སྐར་ལྔ།）

噶厦发行的一种货币。因银币正面四周铸有“甘丹颇章战胜四方”的字样而得名。重4.8克至5.3克不等，直径28毫米；厚约1.3毫米；面值1钱5分。道光二十年（1840）～民国十三年（1925）间使用，发行量大，流通面广。

甘丹颇章政权（དགའ་ལྡན་ཕོ་བྲང་སྲིད་དབང་།）

甘丹颇章是哲蚌寺内的一座建筑，二至五世达赖喇嘛都曾以此为驻锡地。第巴地方政权建立后，人们便以达赖喇嘛的住所来称呼当时的政权，后来，甘丹颇章政权又成为原西藏地方政府的代称。参见“第巴地方政权”。

甘丹丝唐 （དགའ་ལྡན་སེའུ་ཐང་།）

每年藏历六月十五日藏传佛教格鲁派祖庭甘丹寺举办的展佛节。节日始于明朝永乐年间，当时永乐皇帝赐给了宗喀巴弟子大慈法王释迦也失23幅唐卡佛像，释迦也失回藏后，立即把这些佛像献给了恩师宗喀巴。宗喀巴为纪念这一盛举，规定每年藏历六月十五日开始，将这些唐卡佛像在拉吉康大殿、赤妥康和灵塔殿内各展出一周，供人们朝拜。这段时间，成千上万的人群涌到甘丹寺，朝佛转经、开展文体活动和物资交流，从而成了当地一个盛大的节日。

甘丹寺（དགའ་ལྡན་དགོན་པ།）

在拉萨东40公里的达孜县境

内，建在卓日吾齐山汪吉古日岭上，是格鲁派祖寺和六大寺之主寺。1409年由藏传佛教格鲁派创始人宗喀巴创建，后经多次扩建，形成规模宏大的建筑群。建筑由大殿、经院、经堂、扎仓、康参和米参等组成。大殿高三层，2000平方米，可容纳3000多名喇嘛诵经，供奉有弥勒佛像和宗喀巴像。寺内珍藏有大量珍贵的历史文物，其中以乾隆皇帝穿过的、于乾隆二十二年（1757）送到西藏的盔甲和绣有十六罗汉、四大天王像的绣唐最为著名。文化大革命中，寺院被毁。改革开放后，甘丹寺得以重新修复。

甘丹寺经堂大柱子的传说（དགའ་ལྡན་འདུ་ཁང་ཀ་ཆེན་གྱི་བཤད་རྒྱུད།）

在修建甘丹寺的时候，寺中大经堂建造得特别高大，宗喀巴大师命人找一根大树干作柱子，以支撑经堂。众人多方寻找，在波密地方的林中找到一棵大树，砍下时树干竟有血流出。众人虽然惊疑但为完成命令，只好砍倒大树运回寺庙。途中天黑住宿，大树竟然又回到原地长上，众人后来不敢再投宿休息，日夜兼程，轮流拖拉，终于把大树运回寺中。加工后，树干立于经堂之中，但柱子不肯出力支撑，下面总是离开地面一掌厚的距离。直至今日，到甘丹寺朝佛之人，都要伸手摸一摸柱底，祈祷吉祥如意。

甘丹寺摩崖雕像（དགའ་ལྡན་སྒྲུབ་ཕུག་གི་བརྐོས་རིས།）

位于西藏拉萨市达孜县境内的甘丹寺林廊内侧，共有33尊雕像，大者为等身像，大多数较小，雕像分为浅浮雕和线刻两种。该寺右侧的修行室崖面雕像6尊，宗喀巴端坐中央，高1.72米；左边是仲·敦巴，高0.43米；左上方为释迦佛像，高0.44米；左下为无量寿佛，高0.68米。位于中部第四组宗喀巴雕像，精小别致，仅高0.26米，被朝圣者抚摸得光滑如玉，细部已摸平。相传此像是克珠杰与宗喀巴用指甲互刻对方的肖像时，克珠杰的力作，后经雕刻而成。

甘家白石崖寺（ཀན་ཀྱ་བྲག་དཀར་དགོན།）

该寺位于甘肃省甘南藏族自治州夏河县甘加乡。因其地形奇异，有天然佛像，故而成为佛教圣地。17世纪时，僧人噶丹嘉措首次在此建禅院，由塔尔寺的热绛巴次丹嘉措任主持，后又扩建了法相学院，成为拉卜楞寺的属寺。此寺的活佛名贡日仓，女性，人称“空行母”。20世纪50年代末寺院被毁，现已修复开放。

《甘珠尔》（《བཀའ་འགྱུར།》）

意为“佛语部”。藏文佛经典籍。藏文《大藏经》两个组成部分之一。

是显宗和密宗经律部分的总和，相当于汉文版《大藏经》的经部。14世纪后半叶，蔡巴噶举的衮噶多吉编订。共收书1100余种。

赶鬼(གླུད་གཡུག)

西藏拉萨“措曲”法会期间的一种传统习俗。每年藏历二月二十八日在大昭寺南侧的“兴热”大院举行。仪式开始时，身披白羊皮，脸上涂成一半白一半黑的背鬼人先与活佛辨论，活佛称拉萨是神佛之地，背鬼人称拉萨是鬼怪之地，都声称要把对方赶走。争执不下，最后以掷骰子决定去留。背鬼人用的骰子每面都是一点，活佛用的每面都是六点，所以活佛永远是胜利者。失败了的“鬼”只好离开拉萨。挤在“兴热”大院内外以及八廓街上的僧俗群众，纷纷呼喊着把各种脏物砸在背鬼人身上，背鬼人只能默默承受，背着“鬼”匆匆离去。两名背鬼人，一个把鬼送到山南的桑耶寺，交给护法神则玛热处置，另一个把鬼背到澎波的乌金谿卡。

干奶酪(ཕྱུར་ར།)

藏族的奶食品之一。多以牛奶制成，形状有方块、长条、颗粒等。干奶酪分为二种，一种是用提炼过酥油的脱脂乳制成；另一种则是用未经提炼的纯牛奶制成。其制作方法各地不一，一般是将鲜奶或脱脂乳放入瓷罐或木桶内，置入热处，使其发酵，然后再倒入锅内加热，煮成稠糊脱水，倒入模子里，半干后切成各种不同的形状，再晒干即成。其味道鲜美，营养丰富。

岗仁波钦(གངས་ཏི་སེ། གངས་རིན་པོ་ཆེ།)

藏语意为“宝贝雪山”。佛教、苯教、耆那教、印度教等的圣地。岗底斯山脉的主峰，海拔6714米，位于西藏阿里地区普兰县境内。每年来此朝圣的人很多，佛教徒尤以马年为最盛。佛教徒以此山为修行的地方，山四周有许多修法洞遗址，据说可见一些高僧大师的手印和脚印。围绕此山建有不少寺庙，如蒋扎寺、直惹普、祖初普、达前寺、却古寺等。

告身(ཡིག་ཚངས།)

松赞干布时在“六六大计”中规定的区别身份与褒奖制度，即依据官民等级发给金、银、宝石等不同质地的告身。具体规定如下：大贡伦为大宝石文字告身；中贡伦和大囊伦为小宝石文字告身；小贡伦、中囊伦和大噶伦为大金文字告身；小囊伦和中噶伦为小金文字告身；小噶伦为玛瑙文字告身；寺院宗教师、护身咒师以及上下权论为大银文字告身；护身苯教师、寝官侍卫、羌塘守边者、宫殿守卫者等为小银文字告身；千户长、地区头人等为红铜文字告身；有战功者为铁文字告身；普通属民为松木文字告身。

歌音七品(དབྱངས་ཀྱི་རིས་པ་བདུན།)

藏族音乐中的“中令、仙曲、绕地、六合、五合、奋志和近闻”。每一个歌音都要求模仿动物的吼叫声,如“中令声似鸿雁的叫声、仙曲声似黄牛的吼叫声、绕地声似山羊的叫声、六合声似孔雀的啼鸣、五合声似杜鹃的啼鸣、奋志声似骏马的嘶鸣、近闻声似大象的嚎叫”等。

格丹·益西僧格(སྐལ་ལྡན་ཡེ་ཤེས་སེང་གེ)

生卒年不详,藏传佛教雅桑噶举派创始人。生于门噶(今西藏山南地区错那县以南)。师从帕木竹巴,法名却门兰。1206 年建雅桑寺,创立雅桑噶举派。65 岁圆寂。

格根(དགེ་རྒན།　རྒས་པོ།)

藏族杂艺歌舞热巴表演队中技艺高超者,专门负责训练和导演工作。在“热巴”表演开场时,由“格根”带领全体演员出场,作领舞者。藏语中也称老师为“格根”。

格贵(铁棒喇嘛)(དགེ་བསྐོས།)

藏语音译,意为“掌堂师”。藏传佛教寺院里的僧人职务。负责扎仓纪律和处理僧众的普通纠纷,属于司法者,在每年藏历正月传召大法会期间和一般僧众集合时,持握镂花空心铁棒维持秩序,故又称“铁棒喇嘛”。

格鲁派(དགེ་ལུགས་པ།)

藏传佛教教派之一。格鲁,藏语意为“善律”,以戒律严明和教义完备著称。15 世纪初由宗喀巴大师(1357~1419)创立。明永乐七年(1409)甘丹寺建立,标志着该派正式形成。15 世纪初,宗喀巴针对当时藏传佛教各派戒律松弛等弊病,开始宗教整顿。①对西藏佛教各派的教义教法兼收并蓄,创立了庞大的、井然有序的教义教法系统。要求僧人严守戒律,反对生活放荡、追求世俗权势的行为,禁止僧人娶妻和从事生产劳动,加强寺院的建设和管理。②与西藏各地方势力广泛建立“施主”关系,并积极争取和利用帕竹地方政权和明朝政府的支持,保障建立寺庙、供养僧侣的开支。③研究佛教各派理论,撰写经典,严格僧人的学经制度,注重修习次第。在上述整顿基础上,格鲁派建立了以甘丹寺、哲蚌寺、色拉寺和扎什伦布寺为核心的寺院。该派普遍采用活佛转世制度,以解决宗教的法统继承问题。哲蚌寺的僧众经过一个时期的寻觅,确认索南嘉措就是第二世达赖喇嘛根敦嘉措的转世灵童。并于嘉靖二十五年(1546),即索南嘉措虚岁 4 岁时把他迎入寺中供养。万历五年(1577),第三世达赖喇嘛索南嘉措应邀前往青海等地传法,与蒙古土默特部俺答汗会见,被赠以“圣识一切瓦齐尔达喇达赖喇嘛”的尊号。清朝初期,五世达赖阿旺罗桑嘉措和四世班禅罗桑却吉坚赞联合和硕特部固始汗,消灭了以藏巴汗丹迥旺布为首的、敌视格鲁派的各个地方势力和宗教势力组成的联合集团,结束了西藏一个时期以来四分五裂的局面。在清朝顺治帝的邀请下,顺治九年(1652)五世达赖亲赴北京,清政府册封其为“西天大善自在佛所领天下释教普通瓦赤喇怛喇达赖喇嘛”。康熙五十二年(1713)清政府又敕封五世班禅罗桑益希贝桑布“班禅额尔德尼”封号。达赖、班禅成为该派两大活佛转世系统。在清政府的支持下,该派执掌了西藏的政教大权。

格鲁派六大寺(དགེ་ལུགས་པའི་དགོན་སྡེ་ཆེ་ཁག་དྲུག)

藏传佛教格鲁派六座著名寺庙的通称。分别是西藏的甘丹寺、哲蚌寺、色拉寺、扎什伦布寺和青海的塔尔寺、甘肃的拉卜楞寺。六大寺均是格鲁派兴起后陆续建成的,分别建于1409 年、1416 年、1418 年、1447 年、1560 年和 1709 年。

格萨尔仲鲁(གེ་སར་རྒྱལ་པོའི་སྒྲུང་གླུ།)

即传唱《格萨尔王传》的歌。这一民间曲艺形式起源于吐蕃政权崩溃之后,流传于藏东藏北,在“仲鲁”的基础上发展而成。它的主要表演形式有单说、群唱和单说单唱,唱词七字或八字一句,唱为主,说为辅。说唱风格带有非常浓厚的藏东藏北气息。

《格萨尔王传》(《གེ་སར་རྒྱལ་པོའི་སྒྲུང་།》)

《格萨尔王传》是一部世界上最长的藏族英雄史诗。是藏族长期传唱、内容广博、结构恢宏的藏族英雄史诗。产生年代以 5 至 6 世纪说和 11 至 13 世纪说较为居多。《格萨尔王传》主要以民间艺人“仲肯”(སྒྲུང་མཁན།)的口头说唱形式在群众中流传,同时也有相当数量的手抄本和木刻本传世。据估算,整个史诗约一百多部,是世界上最长的英雄史诗。这是一部反映藏族古代部落割据,互相征战,最后走向军事联盟性统一的宏伟史诗,以抑强扶弱、除暴安民为主线,表达了人民反对分裂,希望统一的愿望。《格萨尔王传》具有极高的艺术成就,在藏族文学史上占有崇高的地位,对后代民间文学的发展、作家文学的繁荣都产生了深远的影响。《格萨尔王传》在国内外流传甚广,受到广大学者的关注。

格桑章噶(སྐལ་བཟང་ཏམ་ཀ།)

藏语音译,意为“幸运银币”,旧西藏噶厦于宣统元年(1909)发行的一种货币,币重 4.3 克,厚约 1 毫米,直径 26.1 毫米,面值白银 1 钱 5 分。正面铸有“甘丹颇章战胜四方”(དགའ་ལྡན་ཕོ་བྲང་ཕྱོགས་ལས་རྣམ་རྒྱལ།)的藏文字样和珠串等花纹,背面铸有团花和八吉祥图、珠串等。

格西(དགེ་བཤེས།)

藏语“格微西年”(དགེ་བའི་བཤེས་གཉེན།)的简称,意为“善知识”。可理解为博士或教授。藏传佛教僧人的最高学衔。这一名称早在吐蕃时期已有从僧人中选任格微西年的记载,只是格鲁派兴起后该名称才作为一种高级的学位头衔而流行至今。从五世达赖开始,格西在每年的传大召期间考取。到十三世达赖时,头等格西的考取先由拉萨三大寺推荐参加预考,而后才能参加每年藏历正月传召大法会的考试。考试要求必须修习完格鲁派的五部经论,即因明学、般若部、中观部、俱舍部和戒律。因考试成绩不同,分为四个等级:头等称“拉让巴格西”,二等称“措仁巴格西”,三等称“林塞格西”,四等称“朵让巴格西”。

根敦群培(དགེ་འདུན་ཆོས་འཕེལ།)(1903 ~ 1951)

出生在青海省黄南藏族自治州同仁县,著名的藏族史学家、文学家、翻译家、画家。幼年即出家,后从多位名师学法,并游学印度、尼泊尔、斯里兰卡等国十余年,通晓多种语言。1947 年西藏地方政府怀疑他参与了试图推翻政教合一制度的“西藏革命党”,将他逮捕入狱。1949 年出狱,次年逝世。根敦群培著作较多,内容广博,既有史学著作、游记散文,又有不少诗歌作品,《白史》是其重要的历史著作。

根敦群培的诗(དགེ་འདུན་ཆོས་འཕེལ་གྱི་སྙན་ངག)

根敦群培的诗歌多有散失,所存无几,大多内容是针对西藏现实,提出改革振兴主张,并对帝国主义势力染指西藏进行揭露。这些诗基本上采用现实主义手法,语言朴实易懂,很受人民喜爱。

耕地歌(ཐོང་གླུ།)

流传于西藏各地的农业劳动歌曲之一。其基本演唱形式是边耕边歌唱,它的内容大多是人们对土地及大自然的赞美。由于西藏各地风土、人情有着较大的差异,因而产生的劳动歌曲有着较多的风格。

梗舞(གདོན་ཁྲིའི་ཞབས་བྲོ།)

起源于莲花生入藏传法时期的一种舞蹈。“梗”是藏语音译,是神的仆从或使者,这种舞有特定的表演场所和表演时间(每年藏历十一月二十五日至二十九日,在拉孜境内的饶孜卡举行隆重的祈祷活动),每隔三年藏历十一月二十九日左右表演一次,这是为了迎接新任宗本而举行的跳神活动。“梗”舞的表演者都是寺庙的幼僧，面具分为男梗和女梗，共8人，服装有红、白、黄、绿四种颜色，并且两个表演者穿同一色服装。伴奏乐器有铜钦、鼓钹、唢呐等。“梗”舞的表演分为五段：第一段是“索窝”，先由四个“男梗”出场，后由四名“女梗”出场，意为迎接；第二段跳卓舞；第三段是“谐归唐布”，意为领歌；第四段是“谐归尼巴”，即第二次领歌；第五段是“谐嘎”，意思是对歌，也是收场舞。

工布男装（ཀོང་པོའི་ཕོ་ཆས།）

工布指现在的林芝地区。工布男装用黑色氆氇制成，为宽肩无袖的“谷秀”（མགོ་ཤུབས）藏袍，男装穿时将腰高高扎起，下摆在膝盖以上，与女装下摆至脚面则略有不同。

工布女装（ཀོང་པོའི་མོ་ཆས།）

藏族服饰。为宽肩无袖的“谷秀”式藏袍，穿着方式与男装有异，下摆垂至脚面，唯用料与男装相同。

工布新年（ཀོང་པོའི་ལོ་གསར།）

西藏工布地区最隆重的传统节日。工布新年同其他地区新年相比，有着自己鲜明的特色。工布新年不是在藏历正月初一，而是在藏历十月初一。关于提前过年的来历，有一段动人的传说。相传很久以前，外敌入侵，工布王要率军迎敌。当时已临近藏历年，将士们对节日盛宴恋恋不舍。看到这种情况，聪明的工布王宣布提前于十月一日过年。将士们在度过了一个愉快的新年后，毫无牵挂地踏上了征程，终于取得了战争胜利。此后，十月一日过年的习俗也就保持了下来。

过新年前家家户户要进行大扫除，更换新卡垫。九月三十傍晚，还要举行赶鬼仪式和请狗赴宴，预测来年吉凶。随后全家人聚在一起，吃团圆饭。工布新年正月初一很有特色，一大早，人们就要到自己最好的庄稼地里祭丰收女神。早餐喝的是藏语叫“卓加”的麦片粥。新的一年第一餐喝麦片粥，有不忘祖先的意思。从初二开始，人们就要互相拜年，探亲访友。

工布卓巴（ཀོང་པོ་བྲོ་པ།）

意思是“林芝地区的卓舞”。后经演变，成为人们常说的“阿卓”。

工巧明（བཟོ་རིག་པ།）

藏族传统学科分类中大五明之一，是学习工艺的学科。其内容总括起来共有64种技艺，属于工巧方面身语二技者30艺，乐器18艺，音乐7音，舞姿9种。

工厦（ཀོང་ཞྭ།）

藏语音译，林芝地区藏帽的一

种。用黑毡子制作,外沿用织锦缎镶边。老年妇女多戴圆形,中青年妇女戴双翅形,男性戴圆边、下沿折叠形。

公卡玛如和创造藏文的传说(སྐུ་མཁར་མ་རུར་བོད་ཡིག་གསར་དུ་གཏོད་པའི་གཏམ་རྒྱུད།)

松赞干布有一天来到即将峻工的红宫(即布达拉宫)顶上远眺,发现北面乐金刚神山上有一块方圆数十丈的大孤石,形似黑色巨龟,石上纹质极像龟背上的“八卦”纹。松赞干布非常高兴,就下令在巨石上另修了一座九层宫殿,供从天竺学习回来的吞米·桑布扎创造文字。吞米·桑布扎通过五年努力,终于创造出了吐蕃文字,松赞干布亦闭关三年专心学习。从此,这座红宫所在地即公卡玛如(སྐུ་མཁར་མ་རུ།),就成了历代名流荟萃之地。如今九层高的公卡玛如宫虽不复存,但那黑色巨石却依然如故。

公堂寺(གུང་ཐང་དགོན།)

藏传佛教噶举派蔡巴噶举支派的祖寺。1187 年由该派创始人向蔡巴所建。在拉萨东郊蔡公堂地方。该寺创始人向蔡巴弘传噶举派教法,后来发展成蔡巴万户长,统管地方政教。其子仁钦坚赞赴京朝贡,元朝赐诰命金印,遂成为前藏十三个万户长中势力最大者。14 世纪后,蔡巴万户长被帕竹万户长吞并,该寺随之成为卓浦寺的属寺。该寺曾失火焚毁,现在的建筑是 1549 年重建的。

公主桥(ཀོང་ཇོ་ཟམ་པ།)

此桥位于甘孜康定城南门外的折多河上,传说是文成公主当年进藏时在折多河上架起的一座石桥,以沟通东西道路,象征藏汉民族的长久往来。后来,当地人民为纪念这位促进藏汉民族友谊的使者,给这座桥命名为“公主桥”。据说折多河当时是汉地和藏区的分界线。

功德林(ཀུན་བདེ་གླིང་།)

达擦活佛的寺院。在拉萨西郊磨盘山关帝庙南面。由清政府派往西藏抗击廓尔喀入侵者的清军参赞海兰察巴图鲁等捐资修建。乾隆 59 年(1794)竣工,赐名永安寺。功德林达擦活佛转世系统中有两位出任过摄政。第一位是功德林活佛第八世土丹贡布,任职 28 年。时在乾隆五十六年至嘉庆二十四年(1791 ~ 1819)。期间与八世达赖喇嘛共同摄政 19 年。第二位是第十世达擦活佛曲吉坚赞,任职 11 年。时在光绪元年至十二年(1875 ~ 1886)。

宫殿(ཕོ་བྲང་།)

藏语称“颇章”。吐蕃政权历代赞普建有青瓦达孜宫、雍布拉岗宫等宫殿建筑。随着政教合一制度的形成，宫殿则为各教派的法王、宗教领袖们所拥有，如萨迦寺的平措颇章、卓玛颇章，是萨迦法王的宫殿；扎什伦布寺的拉章，是班禅的宫殿；哲蚌寺的甘丹颇章曾经是达赖喇嘛的宫殿。金碧辉煌的布达拉宫则是西藏宫殿建筑的代表，它占地 41 公顷，分宫堡、山下城堡（雪）、林卡（龙王潭）三大部分，整个建筑群气势磅礴，成为政教合一的具体体现，显示出政权、神权的无上权威。

贡论（དགུང་བློན།）

吐蕃政权官职中的一个系统。分大、中、小三级。大贡论即大相，如当家主事之丈夫，外部事务均由其决断。中贡论即副相。小贡论即都护，为管理边境地区被征服的其他民族的军政事务的官员。

贡确杰波（འཁོན་དཀོན་མཆོག་རྒྱལ་པོ།）（1034～1102）

藏传佛教萨迦派创始人。昆氏家族后裔。自幼随父学宁玛派教法，后拜卓米·释迦耶协为师，学习新译密咒法。1073 年在后藏萨迦地方建萨迦寺，收徒弘法，并以家族的形式传承寺主法位，形成政教合一的萨迦派。

贡唐·丹白准美（གུང་ཐང་བསྟན་པའི་སྒྲོན་མེ།）（1762～1823）

藏族著名诗人。幼年即出家为僧，后在哲蚌寺跟从名师学习佛教经典，二十五岁取得格西学位。学成回乡，成为拉卜楞寺嘉木样大活佛下的四大赛赤之一的贡唐仓第三世活佛。丹白准美学贯三藏，通五明、精中观，著述颇丰，辑有《贡唐·丹白准美全集》，其代表作为《水树格言》、《贡唐教诫集》。

《贡唐教诫集》（《གུང་ཐང་བསླབ་བྱ།》）

《贡唐教诫集》基本是对佛教教义的宣传，劝人看破红尘，及时求法修佛，可分为《无常修习法教诫》、《显密论理学习方法教诫》等六部分。其中也有些诗篇劝人做事要有始有终等，较有意义。每首诗一般四句，许多诗篇采用很受藏族学者喜爱的以藏文字母顺序起首的格律。

贡扎（སྒོང་ཀག）

“炸鸡蛋”，藏族民间传统菜肴。其做法是：先将整个鸡蛋煮熟、去皮，再破为两半，然后用薄牦牛肉片包起，放入酥油锅中炸熟，出锅后，撒些盐面即可食用。具有外脆里嫩、金黄酥软等特点。

《贡珠笔记》（《ཀོང་སྨྱུལ་ཟིན་ཏིག》）

由藏医学家噶玛阿旺云丹嘉措著成于 14 世纪中叶，是西藏医学中叙述病理、症状、治疗等内容以及制药去毒经验的一部医学书。

供食节(གཏོར་རྒྱག)

流传于甘南地区藏族民间的娱乐性节日,主要活动是观赏歌舞。供食节期间的舞蹈主要是“尕巴舞”。这种舞蹈的形式多种多样,有纯正的舞蹈,有的夹带说唱、道白,还有的混杂着闹剧、滑稽剧等,带有明显的原始艺术特征。

勾什尕(ཁོའུ་ཤི་ཀ)

意为“抽除、扣留”,即头人或领主在判案时,从被告缴纳或退赔的财物中抽出一部分留作己用。

古堡(རྫོང་མཁར།)

依据天然的地形,就地取材,用方石或片石筑成的宫殿,墙壁通常较为坚厚,一般耸立在山顶,有利于瞭望敌情、指挥作战,战时又成为极为坚固的堡垒。西藏建筑史上的第一座宫堡——雍布拉岗,即是典型代表。这种建筑形式,对以后西藏的各类建筑影响极大。

古代法律四条(ཁྲིམས་བཞི།)

松赞干布时期制定的四条法律。其内容是:(1)杀人要赔偿命价;(2)盗窃连赃追偿九倍;(3)犯奸淫者追偿淫费;(4)虚言妄语责令发誓。

古尔鲁(མགུར་གླུ།)

藏语中“古尔”(མགུར།)与“鲁”(གླུ།)是近义词,都含有唱和词两个意思,但“古尔”是“鲁”的敬语。“古尔鲁”是从仲鲁形式中派生出来的,是藏传佛教的说唱艺术形式。据史料记载,这一曲艺形式在吐蕃政权时期就曾在上层社会广为流传,自公元15世纪噶举派高僧藏年黑如嘎撰写的《米拉日巴古尔鲁》问世后,便出现了许许多多、各种各样的古尔鲁。其说唱的内容主要是宗教高僧传记,具有很强的民间说唱文学的特点,音乐旋律较丰富,结构简单,通俗易懂。

古格遗址(གུ་གེ་རྒྱལ་རབས་གནའ་ཤུལ།)

古格遗址,坐落在阿里札达县境内。当时,吐蕃政权崩溃,出现了许多地方割据政权,阿里地区的古格政权便是其中势力较大的一个。现存的古格政权遗址,依山叠砌,由下而上。遗址中出土的石器有:铲类、锄类、切割器类、投掷器类、尖状器类、斧类、砍砸器类、敲砸器类、刮削器类、碎磨器类、石钻类等,另外还有石镞、石矛。各种带花纹的陶器及骨锥、骨针也不少,还有环、珠、镯等装饰品。三百余孔洞窟及三座10余米高的佛塔。这座建筑群内还有五座引人注目的庙、殿,即红庙、白庙、轮回庙及宫殿、集会议事殿;各庙内还有很多生动的壁画,如释迦牟尼、吐蕃赞普及其子的画像等。庙堂上方,是木雕飞檐,内容以狮、象、马、龙、孔雀等动物形象为主，至今阿里群众还十分崇敬这些动物。

古格政权（གུ་གེ་རྒྱལ་རབས།）

吐蕃政权灭亡之后，在西藏进入四百年分裂的局面中，势力较为强大的地方势力是后期兴起的古格。古格政权始建于公元10世纪前后。那时，吐蕃政权已崩溃，吐蕃政权末代赞普达玛乌东赞的长孙吉德尼玛衮带着三名亲信及一百骑兵，向西逃到阿里的布让（今普兰），与当地地方官的女儿结合，慢慢发展成了雄踞一方的新兴地方封建势力。为了便于统治，吉德尼玛衮将地盘分给三个儿子。长子白德热巴衮管理艺字桑嘎（湖泊环绕的地方）；次子扎西德衮管理阿里达姆（冰雪环绕的地方）；三子德祖衮管理阿里象雄，即古格（岩石环绕的地方）。现在见到的古格遗址，是德祖衮遗留下来的。据《西藏王臣记》载，古格政权共传十六代。

古汝·确吉旺秋（གཏེར་སྟོན་གུ་རུ་ཆོས་ཀྱི་དབང་ཕྱུག）（1212～1273）

藏传佛教宁玛派掘藏大师。“古汝”是梵语“上师”之意，确吉旺秋是本名。他继娘·尼玛维色之后掘出了大量伏藏。他掘出的伏藏称“下部伏藏”。

古图（དགུ་ཐུག）

藏语音译，“古”是“九”之意，“图”为“面条”、“面疙瘩”之意，为藏族传统的一种年饭。藏历十二月二十九日晚上，家家户户都要吃“古图”。其做法是：先将面粉和好，然后捏成许多小面团，把辣椒、盐块、羊毛、木炭、石子等象征物品放入小面团中，包好煮熟，每人一碗在家围坐在一起吃“古图”。如吃到辣椒，即象征食者嘴巴厉害，话不饶人；吃到盐块，象征四体不勤，不爱劳动；吃到羊毛，象征性情温和，心地善良；吃到木炭，象征心肠很黑，作事不正；吃到石子，象征财迷心窍，十分吝啬。无论是谁吃到什么，都要即席吐出，引起全家人哄堂大笑。这是一次辞旧迎新的家庭团聚会，也是一次很有趣的吃饭游戏。

古装仪仗队（森穷哇）（གཟིམ་ཆུང་བ།）

西藏拉萨传召大法会期间的一种旧俗。法会前后要组织一支由五百名农奴组成的古装宫庭仪仗队。这些仪仗队员身着蒙古武士服装，腰挂大刀弓箭，手持旧式火枪，高唱古老的战歌，威风凛凛地在八廓街巡逻。他们还要参加驱鬼仪式等许多宗教活动和体育比赛，前后要辛辛苦苦地服役一个月。这些仪仗员都是由拉萨附近宗、豁的农奴充任，父子相承，世代相袭。仪仗队的统帅由拉萨几家大贵族轮流担任，低级官吏由农奴充任，为了便于指挥，西藏地方政府要临时授予他们一个低级贵族头衔。古装仪仗队产生于17世纪中叶，当时藏传佛教格鲁派为摆脱以日喀则为首府的藏巴汗政权控制，与和硕特蒙古首领固始汗联合，用武力推翻了藏巴汗政权。这位蒙古汗王为了表示对格鲁派的支持，每年都要派蒙古武士来为拉萨传召大法会保驾。时过境迁，蒙古人退走，但这种传统习俗却保留了下来，蒙古武士也只好由农奴来装扮。

谷秀（མགོ་ཤུབས།）

藏语音译，意为"宽肩无袖藏袍"，指西藏林芝地区男女均穿的宽肩无袖藏袍。穿着方式与其它藏袍有别，男装束腰较高，下摆搭在膝盖以上，女装下摆垂至脚面。

骨卜（སོག་དཔྱད།）

用鸟兽、牛羊骨作占卜的一种形式。方法是用火烧骨，视其开裂纹路的深浅、数目以定凶吉。一般以奇数为吉祥，爆裂为凶象。

鼓卜（རྔ་དཔྱད།）

用两面以上、并挨着的鼓占卜婚丧嫁娶、商业农耕情况等。鼓卜，起源于苯教巫师的卜卦术。方法是在一个鼓面上划若干均等的网格，放上一个或两个表示婚丧农商等事的物品，如首饰、麦粒、牛羊拐骨等，占卜师敲打另一面鼓，以此震动相邻鼓面网格中的卜卦物品，视其移动的方位、速度判断吉利与不祥。凡物品从鼓面掉下来，为凶，需谨慎或取消行事。

故事壁画（གཏམ་རྒྱུད་ལྡེབས་རིས།）

是西藏壁画的一种类型。这类壁画以猴子变人最为著名。布达拉宫白宫东大殿、罗布林卡达旦米久颇章小经堂的"猕猴变人"壁画和大昭寺内门楣上的木雕，都是有名的此类作品。

贵族（སྐུ་དྲག）

旧西藏三大领主之一。西藏历代被封为贵族的约有400家，其中，有的绝户，有的被没收财产，有的被革去封号而降为平民。到民主改革前，噶厦系统共有197户贵族，其中，大贵族25户，中等贵族26户，小贵族146户。西藏贵族有以下五种来源：（1）吐蕃王室和大臣的后裔及各地大酋长的后裔；（2）元、明、清历代中央政府册封的公爵、土司的后裔；（3）历代达赖喇嘛指定的贵族；（4）班禅额尔德尼的家属和班禅拉章的僧俗官员；（5）达赖喇嘛家族成员，地方政府正式官员。

衮丹热巴（ཀུན་ལྡན་རས་པ།）（1148～1217）

藏传佛教卓浦噶举派创始人之一。杰曹之弟，超浦译师之叔。帕木竹巴的弟子。曾为杰曹送粮至帕竹寺，恰巧遇上正在讲说米拉日巴传，于是立志仿效，拜帕竹为师。后与其兄共同为超浦译师讲授136种不同宗规和13种语旨。为卓浦噶举的建立打下了基础。

滚恰青波（དཀུན་ཇ་ཆེན་པོ།）

哲蚌寺获得格西学位的高僧为本寺僧众发放的一种布施。寺内经过多年刻苦学习的高僧，精通佛教五部经典并经过多次辩经后，在全体僧众面前已经证实了他的学识水平，被公认为可获得“格西”（དགེ་བཤེས།）称号。此时，家中有钱的由家中出钱，家中无钱的由别人资助，给全僧院的僧众布施茶粥。这一活动称为“滚恰青波”，即冬日大施茶，又叫“土巴明达”（ཐུག་པ་མིང་བཏགས།），即为获得格西称号而举行的粥宴。粥宴过后，就等于本寺院已经承认了他的格西身份，只等大昭寺“莫朗青波”（སྨོན་ལམ་ཆེན་མོ།）大祈愿法会上派定名次了。

《国王修身论》（《རྒྱལ་པོ་ལུགས་ཀྱི་བསྟན་བཅོས》）

作者米旁嘉措（或称米旁朗杰嘉措），著名学者，著述甚丰，辑有《米旁全集》。《国王修身论》成书于1895年，分为二十一章，主要内容可分为三个方面：一是治理国家应注意的事项；二是国王自身的修养；三是佛教教义宣传。全书主题宗旨是论述“为君之道”。全书大部分诗采用四句音节格律，多用直叙手法。

果郭（མགོ་སྐོར།）

藏语音译，意为“在头顶转圈”，统称打狗棒。藏族主要防身武器之一。由绳子和铁棒两部分组成，绳子有皮绳、牛毛绳等，在绳子的一端拴有三棱铁棒或四棱铁棒，长约5寸，厚半寸多，其上刻有各式花纹。当人骑在马上或步行遭狗围困时，只要挥动起“果郭”，狗则不敢靠近，其名因此而来。

果洛厦莫（མགོ་ལོག་ཞྭ་མོ།）

藏语音译，意为“果洛帽”。系用白牛绒做成，帽沿宽大，帽顶尖而高，帽穗从帽顶垂直到帽底部，帽沿用布料包边。整个形状像喇叭形，多在夏季戴。

果夏卡擦（མགོ་ཤ་ཁ་ཚ།）

藏语音译，意为“辣味羊头肉”，藏族民间传统菜肴。其制作方法是，最好选用绵羊头，去皮、洗净后放入锅中，加入水、盐，用小火慢慢炖煮，煮熟后，切成薄片，加入辣椒、姜黄、蒜汁、葱花等佐料，拌匀即成，其肉质细腻，味美醇香。

果谐（锅庄）（སྒོར་གཞས། སྒོར་བྲོ།）

藏语音译，意为“圆形舞蹈”。流传于藏族聚集区的一种歌舞形式。人们围着篝火，男女各一排，且歌且舞，从日落到天明，反映的内容是劳动场面；男女青年彼此之间倾吐爱情；热爱家乡、热爱大自然的感情。

“果卓”则是昌都及接近四川、云南的藏族聚集区对“果谐”的称谓，在汉语中往往写成“锅庄”。

过林卡（གླིང་ཀ་གཏོང་བ།）

西藏拉萨群众性的夏日游乐习俗。夏日来临，大多数拉萨人都要放下手中的工作，用各种车辆，驮运着帐篷、锅灶、食品、桌凳，浩浩荡荡地涌进拉萨四周的林卡（园林）里，欢度美好的夏日。游乐活动往往从初夏一直延续到深秋。

饮酒，是过林卡必不可少的内容。旧西藏达官贵人在豪华的大帐篷里举行盛宴，各个家族比阔气、讲排场，耗资无数；普通人家用花花绿绿的帷幕在林间一圈，围出一方小天地，家人亲朋相聚畅欢，别有风趣。旧西藏社会等级森严，逛林卡自然也互不混杂。达赖的夏宫是西郊的罗布林卡；俗宫野宴是在东郊的仲吉林卡；僧官是在城南的孜仲林卡；八廓街南侧的热乔林卡是妓女和乞丐的乐土；拉萨河河心岛上的扫帚林卡则是盗贼的天下，所以又叫古玛林卡（强盗林卡）。这一传统习俗，现在依然存在，只是藏族群众都平等的逛着林卡。夏日林卡里的娱乐活动很多，富有艺术天赋的藏族群众，唱歌、跳舞、演藏戏，样样精通。传统体育比赛也是必不可少的项目。此外，一些民间艺术团体和专业文艺团体也常常在林卡献艺。

H

函头标签(འགོ་ཏྲགས། འགོ་མཆན།)

藏文长条书左边书头上的标签。有绸布签和纸签两种:绸布签用彩绸制作,缝制精细,长9厘米,宽8厘米,一般有四层,第一层注明书名和函序号,第二、三层留空,第四层标明细目和内容;纸签长宽均为8厘米,上面标有书名和函序号。

汉风派(རྒྱ་ནག་གི་རི་མོ་འབྲི་ལུགས།)

西藏传统美术的代表性画法。系融汇内地汉族画风而成,与卫藏、西康的传统画法不同,构图十分简洁,讲求"计白当黑"、以虚显实的画法,除主体人物之外,背景往往空旷,使主体形象突出。绘画的空旷并非空白,而是涂满上好的石青、石绿,造成一种梦幻般的神圣效果。据史料载,1908年十三世达赖喇嘛进京觐见光绪皇帝,随身带去画师次仁纠,次仁纠在京受到清朝宫廷富艳细丽画风的极大影响,回藏时还带回了大批画谱图册。布达拉宫十三世达赖灵堂"格来东觉"的绘画便沿袭了光绪年间宫廷美术的内容形式,如"四季花卉"就是采用了地道的汉族绘画特色。

红花七味散(ཤ་སྐམ་བདུན་སེལ།)

藏医传统药方,主治心脏热等疾病的粉剂。由天竺黄、牛黄、旋复花(根)、番红花(花)、芦荟(根)、肉蔻(果)、翅萍婆(树皮)七味药配成。

红景天(སྲོ་ལོ་དམར་པོ།)

藏语称"苏罗玛布",是一种生长在高原海拔4000米以上高寒地区的野生植物。据古藏医名著《四部医典》记载:红景天性凉,味涩,善能补气、养肺,可用于治疗高山反应和身体虚弱等症。

《红史》(《དེབ་ཐེར་དམར་པོ།》)

蒙古语译为"乌兰史册",西藏著名史书。蔡巴·贡嘎多吉(ཚལ་པ་ཀུན་དགའ་རྡོ་རྗེ།)(1309~1365)著于元至正六年至二十三年(1346~1363)。内容有:讲述西藏各历史书中记载的吐蕃政权的统治摘要;简述汉地宋朝以前的历史;记述藏传佛教后弘期的情况,对萨迦派、噶当派、噶举派的传承均有论述,较详尽地记载了蔡巴噶举的历史。现有民族出版社出版的校勘注释汉译本。

红手水葬(ཆུ་གཏོར།)

丧葬习俗。见于四川甘孜地区。这一葬俗仅限于夭亡的儿童。孩子死后,人们要用涂料将小孩双手涂成红色,然后将裸尸投入河中水葬。相传阎王爷是用小孩尸身搓成冰雹降灾人间的。他如果见到小孩的手是红的,就会认为搓得太多,从而停止作恶。

《猴鸟的故事》(《བྱ་སྤྲེལ་གཏམ་རྒྱུད།》)

一篇寓言体短篇小说,作者及创作年代不详。故事大意是,猴子、鸟和百兽本来在一山上各有所居,相安无事,可几只猴子却侵入鸟类领地。百鸟派代表交涉,猴子态度玩劣,纠纷扩大。鸟类据理力争,并发出警告,最后与猴子达成领土协议。从此各守己地,相安无事。故事内容反映了藏族人民坚持真理,厌恶战争,反对侵略,热爱和平的美好品德。全书采用诗歌和散文相间的文体,语言生动活泼,故事情节曲折多变,形象塑造的鲜活可近,因而在广大藏区流传甚广,很受喜爱。

后加字(རྗེས་འཇུག་ཡི་གེ)

加在基字后面的表示辅音韵尾的字母。可做后加字的字母有 ག་ང་ད་ན་བ་མ་འ་ར་ལ་ས་ 十个字。

呼毕勒罕(འོས་སྤྲུལ།)

蒙语,被寻认的转世儿童的称谓。汉语称为“灵童”。在藏传佛教中,大活佛的转世灵童未被正式认定册封之前的称谓。

呼图克图(ཧོ་ཐོག་ཐུ།)

蒙语对活佛的称呼。仅次于达赖喇嘛和班禅喇嘛的大活佛称号。“呼图克”意为“寿”,“图”意为“有”,连在一起就是有寿之人、长生不老之人。清朝政府以此称号,册封蒙、藏、甘、青等地藏传佛教大活佛,并在理藩院注册,由中央政府直接管理。先后注册的共有243人。漠北蒙古(现在蒙古人民共和国)以哲布尊丹巴呼图克图为首;漠南蒙古(我国内蒙古地区)以章嘉呼图克图为首。其转世灵童须经清政府的代表主持金瓶掣签仪式选定,之后申报中央政府认可。

划牛皮船歌舞(ཀོ་གྲུ་གཏོང་གླུ།)

流传于雅鲁藏布江沿岸的水上运输劳动歌曲,歌曲的主要内容是歌唱江河人与江河的搏斗和祭祀内容;歌曲的旋律大多属罕见的多声部音乐,具有独特的民族艺术风格。唱法则是两条船连在一起,两个船夫一前一后边唱边划。还有一种是把牛皮船背上,前面两个人领舞,后面两个人背船跳舞。歌名则是根据船名得来的,牛皮船是用牛皮做材料制造出的船,这是西藏独有的水上运输工具。

欢喜佛(བདེ་མཆོག)

藏传佛教密宗本尊神。男女二

人相抱相合之形。类型较多，一般统称为双身佛。根据密宗典籍教义，欢喜佛代表“方便”、“智慧”的结合，具有感化、引导的作用，是调伏魔障，引向佛智的象征。代表藏密修法的最高境界，能达到此境界的僧人不多。一般认为五部金刚大法的本尊即大威德金刚、时轮金刚、胜乐金刚、集密金刚和喜金刚的双身造像为欢喜佛，严格说来并不准确，也有其他的代表“方便”与“智慧”结合的佛像。

《黄琉璃》(《བཻཌཱུརྻ་སེར་པོ།》)

全称《格鲁派教法史黄琉璃》，是一部记述格鲁派兴起的历史和宗喀巴生平事迹的专著。全书共分三十章，书中记录了西藏地方政府属下各派寺院在卫、藏、青、康等地的分布情况、僧尼人数、学经制度、寺院组织、寺院兴建沿革、大小寺院的领属关系以及著名高僧的事迹，尤其对甘丹、色拉、哲蚌、扎什伦布等大寺院的历史及其寺属庄园作了详细叙述，为研究清代格鲁派发展史提供了珍贵的史料。该书作者为桑结嘉措(1653～1705)，成书于康熙三十一年至三十七年(1692～1698)之间。有拉萨木刻本，1989年中国藏学出版社铅印出版。

黄龙寺庙会(ཧུང་རི་གསེར་མཚོའི་ཚེས་ཚོགས།)

四川阿坝藏族羌族自治州松潘县一带藏族的传统节日，每年农历六月初十至十五日举行。节日期间，当地藏、汉、回、羌等各族人民纷纷带着农副产品，身着节日盛装，携带帐篷赶到会场，有的饮酒欢歌，有的借这一难得的机会，交流物资，观赏风光。节日在十五日达到高潮，这一天各族群众往往要通宵狂欢。

会合(མཉམ་འཛོམས།)

藏族历算中五要素之一。27个主每日之事数，由“轮伴月宿”和“定日”相加之和。其数值即天明以前已过的数值。或说，西藏占卜星术中，有四大天王的7个男孩为七曜，28个女孩为二十八宿，他们在运行过程中相互会合的值日神。

婚礼对歌(གཉེན་སྟོན་གཞས་ཆེན།)

藏族婚礼上的传统习俗。西藏是歌舞之乡，在传统婚礼上自然少不了动听的赞歌。雅鲁藏布江中游扎朗地方，婚礼举行这天，女方家要派出领歌者和酒女在迎亲队伍来的路上，设立迎接酒站，站站敬美酒、献歌舞。到了新娘家门，迎亲队伍要面对紧闭的大门隔门对歌，赢了以后才能进去接新娘。送亲队伍的首领“香钦”同时也是领歌者，新郎家同样也要在路上设酒站迎接新人。遇到酒站，“香钦”要唱“于谐”(乡土歌)；遇到大门，要唱“果谐”(门赞)；遇到梯子，要唱“坚谐”（梯赞）；遇到房柱，要唱“噶谐”（柱赞）；新郎新娘入了洞房，迎亲、送亲的人们还要互相对歌，各不相让，直到新人睡下，众人方才退出。

婚礼训言（གཉེན་སྒྲིག་བསླབ་བྱ།）

结婚礼俗，流行于云南藏区。在当地新娘离家前和新娘到了夫家后，新娘、新郎要接受长辈的训迪。主要内容是教育年轻人要勤劳致富、孝顺长辈、和睦相处、结交朋友、重信守义等。这种教诲有时长有时短，长的可达几个小时，这实际上是青年夫妇开始新生活的一堂道德教育课。

婚姻禁忌（གཉེན་སྒྲིག་འཛེམ་བྱ།）

婚姻旧俗。过去，男女婚恋多为父母包办，并有许多禁忌。主要有：忌贵贱联婚，严守等级；忌属相相克，能否成亲需由专事历算的人计算；忌近亲结婚，父系亲绝对不能联姻，母系亲属四代以内不能联姻。

活佛（སྤྲུལ་སྐུ།）

藏传佛教名词。藏语称为“朱古”，意思是神佛的化身。藏传佛教认为，人死后可以转生为人、神、鬼、牲畜等。活佛就是通过高僧大德“转生”而产生的人，与一般的僧人根本不同。普遍用于西藏佛教大喇嘛的继承。活佛也分等级，达赖、班禅两大活佛等级、地位最高，其下还有呼图克图以及一些教派、寺庙、扎仓等大大小小、名目繁多的活佛。

火烧蕨麻猪（ཕག་བསྲེགས།）

藏族人民节日、喜庆、款待宾客时最讲究的一种食物。在甘南草原上土生土长的一种猪，因寻食蕨麻（即人参果），故名“蕨麻猪”。其肉质鲜嫩而脂少，是猪肉中难得的上品。火烧蕨麻猪，即“烧烤猪”的意思，所用燃料，既非煤炭，也非柴火，而是牛粪。其做法是：把猪用棍棒打死或宰杀后，除去内脏，洗净头、蹄，把花椒粉、食盐及其它调料，搓在猪肉内壁，然后用泥巴涂裹猪身，埋入已经去烟的牛粪火堆中烧烤，泥巴呈黄褐色时取出，猪毛随泥巴脱落，盛入大木盘内，配食盐等调料，席地而坐，用藏刀分割而食，皮脆、肉嫩、鲜香无比，风味独特。

火葬（ཞུགས་འབུལ།）

丧葬习俗。这种形式多见于僧人和贵族，举尸火焚后，多把骨灰捡起，撒到高山之巅或大江大河之中。高僧活佛也有不少收骨灰于舍利宝塔之中，供于殿内。而平民百姓使用火葬的，则多见于四川、云南等地藏区。

J

机制章噶纸币(ཤོག་དངུལ།)

1926 年至 1949 年,噶厦发行五种用机器印刷的套色纸币。①1926 年发行的 50 两章噶纸币;②1937 年印的 100 两纸币;③1940 年和 1941 年分别发行的 10 两纸币;④1941 年发行的 5 两纸币;⑤1949 年发行的 25 两纸币。

积年(འདས་ལོ།)

入历以来的年数。从历首开始至所求年之间已过的年数,藏历算一般按宫年(恒星年)计算。

积月(འདས་ཟླ།)

从历首起至所求月前止,按太阴月、太阳月或宫月积累计算所得的总月数。按太阴月计算时,习惯写成上下两位,上位是积月数,下位是零余尾数,其分母为 65,名为"闰余"。按宫月计算时,用积年乘以 12,加入年已过月数即得,不必计算闰月。

基础六制(བོད་ཀྱི་ཁོད་དྲུག)

松赞干布时期制定的法律,其内容为划西藏为五翼,将土地连同属民分作十八个区域赏赐给功臣和权贵,置六十一个豪奴千户,划分奴隶等级,使"三相一尚"管理内部会议事务,设置戍边三支军队等。

基巧(སྤྱི་ཁྱབ།)

旧西藏噶厦下面一级地方政权机构。这些机构有:绛基(藏北总管)、洛基(山南总管)、塔工基巧(塔布地区和工布地区总管)、阿里噶本、卓木基巧(亚东总管)、雪列空、日喀则"基宗"、都麦基巧(昌都总管)。

基巧堪布(སྤྱི་ཁྱབ་མཁན་པོ།)

达赖喇嘛的内侍总管,直接领导"孜森穹噶"(达赖喇嘛侍从室)和译仓,为最高僧职官员,可以应邀参加噶伦会议。

基字(མིང་གཞིའི་ཡི་གེ)

构成藏文每个音节的主体,即表示单辅音声母或复辅音声母中基本辅音的字母,又称语基或字根。藏文 30 个辅音字母均可做基字,元音字母加在基字的上面或下面。有些基字可带前加字、后加字、上加字、下加字和再后加字,有些基字则只能带前加字,或后加字,或上加字,或下加字等等。

吉达(ཇེ་དར།)

"抗灾歌",是流传于西藏后藏农区的农民抗灾歌舞,这种艺术形式是由于这些地区特殊的地理环境，经常遭受冰雹等自然灾害而产生的。它反映的内容是遭受冰雹灾害的情景；讽刺冰雹喇嘛的无能；赞美宗教寺院的壮观；以及极富地方特色的祭祀等。它的音乐唱腔比较丰富，表演时，常有七个不同角色和两个普通演员，两名鼓钹手伴奏，具有浓郁的地方特色。“吉达”只能在本地区遭受冰雹灾害时才出外演出，用演出收入弥补自然灾害所造成的损失。从外地演出回来时，为了吉利，人们把服装和道具全部烧掉，请喇嘛诵经，演员沐浴。

吉都(སྐྱིད་སྡུག)

藏语音译，意为“乐苦”，可译为“共同乐苦会”或“互济会”。西藏民间的一种社会组织。1919年前后最为盛行。一般由10个以上的家庭自愿组成。加入吉都的目的是寻找集体的欢乐，得到心灵的安慰，遇到困难得到集体的资助。“吉都”成员都是中下层平民百姓，他们社会地位和经济状况大致相当，均自觉地向组织定期或不定期交纳一定数量的钱物，作为“吉都”的集体财产。大部分“吉都”都有两个叫“基巴”的总管，“基巴”由德高望重的长者担任，也可以由公众推举。“吉都”的主要作用有：(1)互相帮助，共度难关；(2)调节关系，处理纠纷；(3)婚喜添丁，互相庆贺；(4)一家有难，全力解救；(5)相安无事，共庆欢乐。

吉韧(ཀི་རེམ།)

藏语音译，意思为“克朗球”，是一项趣味性强、动静结合的体育活动。需要有一个正方形球台，球台四角有4个小洞，黑白两种扁圆形球子各9粒，另有一粒红色球子放置球台中心，有一粒白色母球供双方弹击球子。比赛分2人单打或4人双打。比赛时，双方力争将自己的球子弹入洞中，并设法阻止对方球子弹入洞内。

吉祥福禄歌(བཀྲ་ཤིས་གཡང་གླུ།)

一般是在新年或结婚仪式上唱，以祝来年百畜兴旺或为婚礼祝福。这首歌主要流传于甘肃天祝藏族自治县为中心的藏区，其主要内容是：女方娘家人送新娘到男方家中，声言自己是鸟王大鹏和鹞鹰，并向主人讨食羊肉。男方端上后，提出种种疑难问题，此后男女双方家人互相问答，歌中所表述的故事引人入胜，情节婉转多变，直到最后，男方才把羊肉一一分给宾客食用。全诗共计八百九十多行，每行诗句七音节或八音节。该诗语句流畅，朴实无华，生活气息极为浓厚。

集密金刚(དཔལ་གསང་བ་འདུས་པ།)

藏传佛教密宗本尊神之一。藏

语称“桑堆”。属于无上瑜珈部的父续类,表现方便和大乐之义。由印度传入西藏后,分为宁玛派传规、阿底峡传规、玛尔巴传规等。格鲁派密宗重视该法,布达拉宫的红宫东面造有时轮金刚坛场。该金刚形象为双身坐像,三头,六只手臂,持金刚杵,拥抱明妃。

忌猎鹰雕(བྱ་རྒོད་སྲུང་བ།)

流行于藏族地区的传统习俗。藏族非常崇拜鹰雕,视之为神鸟。如果伤害了它们是非常不吉利的。

忌摸圣物(རྟེན་ལ་ལག་པ་མི་འཆང་བ།)

藏族地区普遍流行的习俗。藏族把佛像、经书、转经筒、护身符等都看作“圣物”,不允许生人随便乱摸,否则会神灵震怒。

忌男女混坐(ཕོ་མོ་བཞུགས་གྲལ་སོ་སོ།)

牧区生活旧俗。客人来访之时,要男子在左,女子在右,分开就坐。男女混坐一起是很不礼貌的。

忌杀生(སྲོག་གཅོད་སྤང་བ།)

藏族地区最大的禁忌。受佛教戒律影响,藏族群众普遍认为杀生是最大的罪过之一,所以许多人虽然吃牛羊肉,但不亲手宰杀。对于臭虫、老鼠等,即使再讨厌,也不杀死,而是赶跑或扔掉,任其自由逃生。对于野生动物,更不肯伤害的,也不愿借工具给别人去伤害或者煮食这些动物。

忌生人(བཞུད་ཁ་ཕོག)

藏族聚集区部分地方生活习俗。当家中有病人、产妇或亲人去世、牲畜产仔等特殊时期,家中忌讳生人或某种职业的人来访。当事人要在家门口张挂明显标志,如外人不慎闯入,还要请人念经做法事,禳灾祛邪。

忌食鸡或鸡蛋(བྱ་དང་སྒོང་ང་སྤོང་བ།)

部分藏族饮食习俗。这一习俗来源于宗教。佛教僧尼严禁食用鸡肉、鸡蛋,后来这一习俗逐渐为信教群众所接受,特别在康巴和安多部分地区尤为盛行。

忌食鱼虾(ཉ་རིགས་སྤོང་བ།)

流行于部分藏族聚集区的饮食旧俗。但沿江一带也有专门以捕鱼为生的小渔村。

祭龙(ཀླུ་གཏོར།)

西藏林芝留存的苯教习俗。苯波教祭祀经典记载:“龙所在的家乡是盛产宝贝的大海,祭祀水神或祭龙是祈祷福田。”所以,当地人认为,地下是龙的世界。龙,既可以给人带来福气,也能给人以伤害,所以必须好好地敬奉它。所以每家每户都要在院子里找一个祭龙的场所。祭龙的地方须由咒师或喇嘛占卜决定，一般要用围墙围起来，以便于保持清洁。祭龙主要是煨桑，然后将糌粑撒到龙隐身之处。这种仪式藏语称“曲着培”。祭龙活动冬天可以停止，人们认为冬天龙会冬眠，不需食物。其余时间，必须经常供奉，否则龙会发怒。

祭龙王(ཀླུ་གསོལ།)

云南中旬藏族传统节日。每年农历四月十五日举行，是继承古老苯波教的宗教习俗。祭祀地点多选在山脚草地上。这一天同时也是人们的郊游节日，村寨里的青年男女要带着青稞酒、酥油茶到草地上唱歌跳舞，有的还要举行传统体育比赛。

祭玛尼堆(祭拉卜孜)(ལྷ་གསོལ།)

是藏族古老苯波教的宗教祭礼习俗，随后成了藏族人民任何一派宗教的祭山祈祷的传统宗教仪式。平时，人们在转经、朝佛时有绕玛尼堆按顺时针方向转圈念经的习俗，同时还要向玛尼堆敬献糌粑、青稞等物品，以表对神灵的敬意。除此之外，一般在夏天，人们还要专门举行一次盛大的祭玛尼堆仪式。届时，几个村庄的村民集合在一起，杀牛宰羊，请喇嘛念经，人们共同绕玛尼堆行走念经。随后，人们还要举行传统体育比赛、跳舞唱歌、饮酒郊游。

祭山节(གཞི་བདག་གསོལ་བ།)

四川藏族聚集区流传较广的一个大型传统节日，时间各不相同。如四川庙顶藏族为农历三月初六，嘉绒藏族为二月十一日，金川藏族则为三、四月份。各地的仪式也各有特色。基本上有两个内容：一是杀牛宰羊，煨桑颂经，祈求山神保佑五谷丰登、人畜两旺。二是封山，在一定期限内严禁进山采樵狩猎，以免触怒山神。

祭山头节(ཡབ་ཙེ་གསོལ་མཆོད།)

藏族原始宗教——苯教遗留下来的古老的祭神祇节日。各地区举行节日的时间不尽相同，多在农历五、六、七月间举行。比较典型的安多藏区插箭节是在农历六月十五日。过去，各地藏族部落都有自己的地方神和圣山。节日的前一天，各部落的男人们都骑着马，身穿节日服装，携带节日食品汇集到自己的圣山脚下。节日这天，人们手持长长的木制箭杆，爬上圣山山顶，首先大家共同竖起一根最长的箭杆，然后各人把自己手里较小的箭杆插在长箭杆四周，用各种彩带和羊毛绳牢牢捆住，并拉上五彩经幡。插箭仪式结束后，还要举行丰富多彩的文体活动，人们往往要连续狂欢数天。

寄棺葬(རོ་སྒམ་གནས་སྐབས་ཟུར་འཇོག)

丧葬习俗。流行于甘肃舟曲县藏

族地区。夫妻双方,一方去世以后,不正式安葬,而是将棺木暂时存放在崖边、地头或路口。棺木一般放在较高处,上面压上石板,以防风雨侵蚀或野兽食尸。等另一方去世以后,才夫妻双双安葬,以求永世不离。

寂护(ཞི་བ་འཚོ།)(约700~760)

印度僧人,中观自续派大师。又称"菩提萨埵",即大堪布希瓦措的别号,意为菩萨。本名辛达热其多,汉译为寂护或静命。曾任印度那烂陀寺寺主。受赤松德赞邀请,两次入藏传播佛教,对佛教在西藏的传播起了重要作用。建立了西藏第一座正式寺庙桑耶寺,任该寺第一任堪布,首次剃度西藏第一批贵族青年(7人)出家为僧。著有《真性要集》、《中观庄严论》等书。在藏40多年,据传其头骨至今仍保存在桑耶寺内。

加嘎(སྐྲ་གཙ།)

藏语音译,意为"揽发辫的玛瑙饰物"。藏族妇女用珊瑚、玛瑙、珠玑等作饰物,将两边所有细辫揽于中间,揽发方法多从耳际后部串联在后脑勺发辫上。也有的在头顶盘绕一圈用红色料珠串缀起来,珠玑大小如豌豆,自上而下串数颗,约数十串,中间有琥珀、松耳石点缀。其下缘又附一串红珠,头顶饰以较大的珊瑚或其它珍贵宝石。

加拉马遗址(རྒྱ་རམ་ཤུལ་རྗེང།)

位于西藏林芝县加拉马乡西南侧的山坡上,距尼洋河2.5公里,海拔2800米。出土的主要是夹砂褐陶片,能辨认的有罐、器皿盖子和口沿及宽带耳,另有一件用石英岩打制而成的石叶,长5厘米,宽2.3厘米,两侧刃有使用痕迹。陶片上的花纹,除有林芝居古遗址和云星遗址中常见的饰纹外,还有陶罐的口部压印的锯齿形饰纹,这在西藏考古发掘中较为少见。

加林岩画(འབྲེར་སྒྲིང་བྲག་བཀོས།)

位于藏北那曲地区申扎县绒马区加林山中段的南坡,名俄冬沟。岩画都敲凿在整块石头上,石头约有数千公斤之重,散乱在荒野之中,亦称"石画",约有百余幅。岩画的题材大多为牦牛、马、犬、羚羊、鸟和人等。岩画的制作方法一般为在岩石上用尖硬石头敲凿而成,凿痕很浅。加林岩画的年代,可能为新石器时代,时间大约在距今4000~5000年前。加林岩画的内容,反映出当时人们过着以狩猎为主,兼家畜饲养和畜牧业的经济生活。

加鲁切(རྒྱ་ལུ་ཆས།)

藏语音译,意为"王子"服。旧西藏地方政府俗官在重要庆典中所着礼服之一。全套装束具有佛家所说的国政七宝之特点。披单表示白象宝,耳坠表示金轮宝,耳轮表示玉女宝,腰刀表示将军宝,荷包表示马宝,白裙帏表示主藏臣宝,珍宝总体表示神珠宝。每年藏历正月初二,上自噶厦的噶伦,下至普通俗官都穿着王子服参加藏历年的盛大庆典,以祝愿全年吉祥如意,万事祥和。

嘉庆宝藏(ཅ་ཆིང་པའོ་ཙང་།)

旧西藏噶厦于嘉庆元年至十五年(1796~1810)铸造的银币。有1钱、5分两种。除文字外,其图案与“乾隆宝藏钞”相同。有单色印刷币和套色印刷币各五种。

嘉绒藏戏(རྒྱལ་མོ་ཚ་བ་རོང་གི་ལྷ་མོ།)

流行于四川阿坝藏族自治州马尔康县、理县一带,是四川马尔康地方嘉绒藏族剧种。这个剧种始于18世纪上半叶的马尔康地方松岗第八代土司为纪念乾隆皇帝加封“宣慰司”而在理县杂谷脑寺修建“札西楞灵塔”,为建灵塔募集资金时组织杂古脑寺喇嘛学演西藏戏剧,在纪念三周年活动中特命部属支波柯巴布泽让组织家乡36人戏班,编创了名为“嘉绒陆嘎尔”藏戏,在松岗土司官府建筑了高四层、宽12米的戏台以供演出。后来又编演了《阿捏格尔冬》和《猎人贡布多吉》等剧目,并逐渐传到马尔康的梭磨堪脚等寺院。

甲本(བརྒྱ་དཔོན།)

藏语音译,意为“百人官”。旧时西藏的一种官名,负责管辖100名人丁或100户人家。后来“甲本”被藏军引用,成为军官名,管辖125名士兵(相当于连长),受如本领导,官阶为六品。待遇是:每年发给粮食72克(每克约为14公斤),藏银1506两,茶叶18块,酥油9克,还可用3名士兵来当佣人。如本出缺时,甲本可升补如本。甲本属下设有5名定本。

甲擦列空(ཇ་ཚྭ་ལས་ཁུངས།)

藏语音译,意为“盐茶局”,噶厦下属机构之一。设扎萨1名,四品僧官1名,五品俗官各1名。其主要职责是:征收盐茶商业税。

甲规(བརྒྱ་གོས།)

藏语音译,意为“百岁服”,一种白氆氇作成的吉祥藏装。旧西藏地方政府将此服与哈达和藏茶赠送给百岁老人,表示祝福。

甲卡(ཇ་ཁ།)

藏语音译,藏族民间传统饮食,流行于青海的果洛和玉树等地区。其制作方法:在碗内放少许糌粑、酥油、奶渣,然后再倒入茶水,使酥油溶化,先喝茶水,后用指头把碗底的糌粑和奶渣搅拌均匀,食之。这种饮食一般在早晨喝,其茶味浓香,营养丰富。

甲纳拉康(རྒྱ་ནག་ལྷ་ཁང་།)

扎什伦布寺内一个专门说明班禅与清朝皇帝的臣属关系的佛堂。佛堂内陈列着历代皇帝赏赐各世班禅的诸多礼品。甲纳拉康楼上,有乾隆皇帝的巨幅画像,系故宫原作。画像前面,有“道光皇帝万岁万岁万万岁”的牌位。这个佛堂是七世班禅丹白尼玛时建的,供奉皇帝牌位的事实,说明后藏当时对清朝的隶属关系。

甲纳拉康内有偏殿、会晤室、陈列厅等,偏殿是清朝驻藏大臣与班禅会见的客厅,陈列厅内用玻璃橱陈列了历代班禅到内地拜见皇帝时,皇帝赠送的礼品,包括永古瓷、元明织品、玉石如意、金银酒杯、茶碗碟盘、佛像佛珠等等,扎什伦布寺内的甲纳拉康,还有大量稀有文物,大多是隋唐时代的产品,大的只有二十公分高,小的才十公分,是寺中珍品。

杰扎仓大殿(བྱེས་གྲྭ་ཚང་།)

色拉寺主建筑之一,由贡钦·洛桑僧格于1435年(明宣德十年,藏历第七饶迥的木兔年)兴建。建筑面积980平方米,殿堂分五层,共有七个拉康(殿),下层大经堂由80多根大木柱组成。殿内供有热振活佛及甘丹赤巴等灵塔11座。七个拉康是:土其拉康(观音殿);宗喀拉康(宗喀巴师徒三尊殿);旦增拉康(护法神殿),殿内挂着各式盔甲和兵器,相传是第九世藏王的传家宝;加央拉康(文殊殿);堆松拉康;列马和岗叔拉康(殿内珍藏着明朝宣德年造的一付铜钹)。

奸污罚锾律(བྱི་བྱས་བྱི་རིན་གྱི་ཞལ་ལྕེ།)

藏族古代法律之一,即对与他人配偶私通者科以罚金。本法规定,下等人与上等人之妻女通奸,赔黄金2–3两;同等级间奸淫要赔谋害费等2–3两黄金,以及服装等5件或7件财物;若女人主动勾引男人所致,只赔黄金1两,另加绸缎等3件财物即可,不立谋害罪名;僧尼奸淫,按寺规处理。若是女人勾引邻居的有妇之夫,则视情节判处女人以中型砖茶为主的7件或以茶碗为主的5件财物。

坚阿瓦楚呈巴(སྤྱན་སྔ་བ།)(1038~1103)

藏传佛教噶当派著名僧人。仲敦巴之徒弟。生于西藏林周澎波年之纳拉岗地方。北宋嘉佑七年(1062)在热振寺拜仲敦巴为师。北宋绍圣二年(1095)修建洛寺。为噶当派教授支派创始人。

减差四大条例(ཁྲལ་ཆག་ཡང་གི་སྲོལ་ཡིག་དོན་ཚན་ཆེན་པོ་བཞི།)

旧西藏噶厦准予减轻差役的四条规定。其内容是:(1)破落发誓减,即差户破落,除年旧债,发誓无力支付的,可以减轻;(2)汉营入武减,即在第二汉式兵营中有一人当兵的，可以减轻；(3)僧官任职减，即僧官在政府中实际供职的，可以减轻；(4)达赖喇嘛批准减，即十三世达赖喇嘛于辛卯年(1891)丈量土地等获得批准的，可以减轻。

简略书名命名法(དཔེ་མིང་བསྡུ་སྡངས་སྐོར།)

藏文典籍的书名一般都较长，为了便于记忆，人们常常采用将书名加以简略的命名方法，其法主要有：①作者姓氏命名法，即取作者姓氏头一两个字加上书的内容来命名，如《第吾史记》；②地名命名法，即取作者出生地或长期居住地加上书的内容来命名，如《洛扎教法史》；③职位职务命名法，即取作者职位、职务的名称加上书的内容命名，如《司徒文法大疏》；④誊抄者姓氏命名法，即取誊抄者姓氏加上书的内容来命名，如《青吾仁青达瓦所抄佛经》；⑤活佛名号命名法，即取活佛名号加上书的内容来命名，如《章嘉宗派源流》；⑥意义命名法，即取书的内容为书名，如《国王修身论》；⑦偈数命名法，即以全书诗总量作书名，如《三十颂》；⑧辞藻命名法，即以华丽的辞藻、美丽的物品、植物名称等为书名，如《黄琉璃》。以上八种方法中，后三种命名法可以是作者生前使用的，前五种一般是后人为前人之作题写书名时使用的。

见者祝福(བཀྲ་ཤིས་སྨོན་འདུན།)

雅鲁藏布江中游地区送亲习俗。新郎家的迎亲队伍和新娘家的送亲队伍簇拥着新娘登程后，沿途路过的人家和路上行人会纷纷以不同形式向新人祝福。锄草者献给新娘的是青苗，收获者献给新人的是果实，挤奶者捧给新娘鲜奶，行路人为新娘祈祷祝福。沿途居民则把象征吉祥如意的茶、干牛粪、旧衣服送给新人，以便让新娘把沿途的好运气带给夫家。

建筑画(བཟོ་རིས།)

这类壁画中有许多巍峨壮观的建筑形象，如大昭寺、布达拉宫、桑耶寺、甘丹寺、扎什伦布寺、萨迦寺、山西五台山等等。布达拉宫兴建图是一组上百幅画面的组画，生动地再现了公元 17 世纪修建布达拉宫的情景：石匠们在忙碌地开山凿石；拉萨河上牛皮船运送着石料；成千上万的劳动者攀行在布达拉山坡上；数不清的石匠、木工在砌筑墙体、搭置梁架……。这组壁画是一份难得的关于藏族建筑营建的形象资料，具有重要的研究价值。

建筑群(བཟོ་སྐྲུན་བཀོད་པ།)

寺庙大多在山脚或山坡上修建，佛堂殿宇顺山势起建，层层升高，上下衔接，高低相配，组成浑然一体的完美建筑群，规模宏大，势态庄严。

例如:拉萨的哲蚌寺、色拉寺,日喀则的扎什伦布寺,萨迦县的萨迦寺,甘肃夏河县的拉卜楞寺,青海湟中县的塔尔寺,四川德格的更庆寺,居高临下,蔚为壮观。

箭卜(ཡབ་སྲུས་ཀྱི་མངོན་ཤེས་བརྡ་རྟགས་སམ་མདའ་མོ།)

是一组十三支木签组成的卜卦形式,根据占卜对象数目,竖起相同数的箭,将箭涂上各种颜色,一一与占卜对象对应,然后巫师开始打卦念咒击鼓,视箭的直、斜、倒来决定凶吉。直为吉,斜或倒为凶兆。还有类似汉族抽签问卦的箭卜,是把写有符号的多支箭放进瓶里,然后念咒摇瓶,待一支箭掉落后,根据这支箭上的符号决定吉凶,多以卦书里的解释为准。

箭歌(མདའ་བསྟོད།)

流传于西藏工布(今林芝地区)的民俗歌曲。由于原始森林覆盖的特殊地理环境,狩猎已成为人们日常生活所必需的和喜爱的活动,射箭比武也成了常见的文体活动。比赛形式具有独特的地方特色,比赛时,射手们首先要抓一把叫“切玛”的青稞或糌粑撒向空中,以示敬神,请求神灵保佑自己在比赛中获胜。然后左手拿弓,右手持箭演唱一首优美动听的歌,就是“箭歌”。例如:在全国流行的《在北京的金山上》的曲调就是一首“箭歌”的曲调旋律,节奏明快、曲调柔美。

江厦(རྒྱང་ཞྭ།)

藏语音译,意为“远行帽”。旧西藏大贵族阶层远行时所戴的帽子。帽子用竹子框架做成,上贴真丝绸,在帽子上面缀有红丝线穗子,帽子顶上装有赤金或银子做成的顶子。

江孜达玛节(རྒྱལ་རྩེ་མདའ་དམག)

西藏日喀则江孜一带民间传统节日,每年藏历五月举行,节期5－7天,距今已有500多年的历史。每到节日期间,一群群男女青年,身着色彩绚丽的节日盛装,腰挎箭袋,背负硬弓,骑着用洁白的哈达、羽花及铜铃打扮的骏马,前来参加跑马射箭活动。第一天要举行宗教仪式,然后有专人验马并打印记。打过印记的马不允许更换。第二天跑马比赛,第三天比赛骑马射箭,谁命中率最高,便得第一名。然后进行摔跤、负重等表演,优胜者有奖励。节日期间还进行农牧产品交换及购买日常生活用品等物资交流活动。夜晚青年男女围成圆圈,通宵达旦地歌唱、跳舞。

江孜尼姑庵(རྒྱལ་རྩེ་དབེན་བདག་དགོན།)

该尼姑庵位于江孜白居寺北面的格如拉山口,海拔4136米,已有近600年历史。在文革期间曾遭破坏,1985年和1989年曾两次维修新建。

尼姑庵的主要建筑有一间念经堂，主要供佛有恰东坚东（千手千眼观音）、文殊菩萨、强玛多吉等佛像；三座舍利塔即：莲花生舍利塔（16 米高）、朗加舍利塔（4 米高）、英都舍利塔（8 米高）；四周壁画有唐东杰布、米拉日巴等著名藏传佛教人物。

江隆（སྤྱང་སྐོང་།）

藏语音译，就是“奖赏猎狼”的意思。羊卓雍湖附近牧区一种对猎杀恶狼者的奖励活动。这一地区狼害严重，直接影响着当地牧民的牧业生产。所以群众对狼深恶痛绝，对打死狼的人自然视为英雄。当人们打死狼以后，要把狼尸进行精心打扮，狼头上扣着贵族才能戴的帽子，狼脚上带上珍贵的镯子，耳朵上缀上宝石耳坠，脖子上挂上雪白的哈达，由四人抬着走乡串寨，只是狼嘴要用木棍叉住，意思是打发狼风风光光地去极乐世界，但在佛祖面前不要胡说八道。人们抬着狼尸到周围村寨表演打狼歌舞，每到一地，都会受到群众的热烈欢迎，群众纷纷拿出青稞酒、酥油茶及相当数量的礼品，款待客人，馈赠猎狼英雄。

江丕（奉献嫩苗）（ལྗང་ཕུད།）

藏族农区一种古老的农事习俗。在藏区，过去锄草多由妇女承担，为了活跃气氛，减轻劳作时的疲劳，聪明的藏族妇女总要想方设法搞点恶作剧。每当有过往行人路过田边时，几位青年妇女会突然跳出来，手捧青稞苗和青稞酒，拦住客人，边歌边舞。这时，行人必须下马止步，收下嫩绿的青稞苗、喝下青稞酒，回赠一些礼物或者银两，有的客人甚至留下来同姑娘们一起饮酒歌舞，尽兴方去。这一习俗有的地方又叫 “江丕”，意为奉献嫩苗。

狡诳洗心律（བརྫོན་ཁྲམ་མནའ་དག་གི་ཞལ་ལྕེ།）

藏族古代法律之一，即责令狡赖欺诈的诉讼双方在神灵面前发誓、捞石子、掷骰子等，以辨别是非。

接缰绳（མཐུར་མག་མཐུད་པ།）

藏族传统婚俗。当新娘骑马来到新郎家门时，其马缰绳仍握在前来送亲的新娘家人手里。这时，男方家要派出两位盛装妇女，手捧哈达及青酥酒，向握缰人敬酒、献哈达，同时还要对赞词，如果对不上来，或不懂规矩，新娘是不会下马的。

杰曹·达玛仁钦（རྒྱལ་ཚབ་དར་མ་རིན་ཆེན།）（1364～1432）

宗喀巴两大首席弟子之一（另一为克珠杰），原为藏传佛教萨迦派名僧仁达瓦的弟子。1398 年师从宗喀巴，协助宗喀巴创立格鲁派。宗喀巴圆寂之前，将法衣及头冠交给他,意在传位给他。于是他被推举为格鲁派祖寺甘丹寺第二任座主,是宗喀巴事业的第一个继承人。著有《能显解脱道论》等,是格鲁派学制的主要内容。

杰麻塞(ཕྱེ་མར་ཟས།)

藏语音译,意为“糌粑油团”,藏族民间食品。其制作方法较为简单,即先把酥油放入锅中融化,加入糌粑和白糖,或者加入茶水和青稞酒,揉好之后,制成上尖下粗的圆团即成。食用方便,香甜可口,男女老少均爱吃。

结贡楚臣僧格(དགྱེར་སྒོམ་ཚུལ་ཁྲིམས་སེང་གེ)(1144~1204)

藏传佛教修色噶举派创始人,帕木竹巴的弟子。西藏乃东县昌珠地方人。南宋淳熙八年(1181)在曲水的协荣地方修建修色寺,创立修色噶举。

结婚税(བག་ཁྲལ།)

旧时藏族结婚习俗。青年男女结婚时,身份较低的平民百姓,照例要给自己的领主和头人送一笔财物,以求其承认。同时,男女双方还要送给媒人数量可观的财物,这部分财物领主和头人也要抽取一半。这些费用称为“帕日差”,可译为“结婚税”。给媒人的费用叫“媒人费”。

结塘格冬节(རྒྱལ་ཐང་དགུ་གཏོང་དུས་ཆེན།)

云南迪庆藏族群众的传统节日,每年农历冬月二十九日举行。节日这天,当地藏族群众要聚在一起,用九样传统食品烩煮成一种特有的美食,聚餐饮酒,共度佳节。该节日即是藏族群众的聚餐会,也是寺院里隆重的面具舞会和物资交流大会。旧时,这一天也是贫苦藏族百姓偿还寺院债务的最后期限,如果这一天还不清,债务将以本息翻番计算。

金城公主的传说(ཀྱིམ་ཤིང་ཀོང་ཇོའི་གཏམ་རྒྱུད།)

文成公主之后又一“唐蕃联姻”的代表,为藏汉团结做出了贡献。传说金城公主嫁给赞普赤德祖赞后,生下一子,即历史上的名王赤松德赞。但孩子出生后便被大妃子纳囊氏抢去。后来几经证明为金城公主所生,但迫于纳囊氏家族的势力,众臣莫敢明言。在王子周岁庆宴时,王子看都不看纳囊氏亲族拿出的儿童玩物,投入汉族舅舅怀中,并且说:“我赤松德赞是汉族的好外甥。”这则传说反映了藏族人民对金城公主的敬爱和对藏汉民族友好团结的良好愿望。

金刚要义浮雕(རྡོ་རྗེ་སྙིང་པོའི་སྐུ་བརྐོས།)

木雕艺术的杰作。三块核桃木板上创造出近百个不足2厘米高的人物浮雕,各具情态。它的造型得益于印度石雕艺术充满生命活力的启发，和谐而紧凑，满板洋溢着勃勃向上的情绪。

金刚杵(རྡོ་རྗེ།)

梵语称“伐折罗”。佛教密宗修法时的法器，藏密中普遍使用。原是古印度的一种兵器，密宗用来代表坚硬、锋利之智，能断绝烦恼，铲除恶魔。用金属或硬木制作，十厘米至三十厘米不等，形状类似哑铃，两头镂空，有独股、三股、五股、九股等多种。

金刚橛(རྡོ་རྗེ་ཕུར་པ།)

藏传佛教密宗修法时所用的法器。最早是兵器，后被密宗吸收。用铜、银、木等材料制成，一般尺寸在二、三十厘米。用来竖在坛城四角，表示修法时身心坚定，道场内各种妖魔不敢进入。

金刚铃(རྡོ་རྗེ་དྲིལ་བུ།)

藏传佛教修法时用的法器。形状类同一般的手铃。铜质，手柄顶端铸有佛头或观音像。常与金刚杵并用，以金刚铃表示阴性，以金刚杵表示阳性，含有阴阳交合之意。主要为密宗使用。

金刚手(ཕྱག་ན་རྡོ་རྗེ།)

藏语称“恰那多杰”。梵语称“伐折罗陀罗”。藏传佛教密宗本尊神之一，从印度传入。密宗认为他是释迦牟尼讲说密法时所显现的化身。该佛叫法不一，形象繁多。佛经说胎藏界金刚手有三十三尊金刚，都手持金刚杵，如金刚萨埵、大轮金刚手等。一般的形象是，身蓝色，左手持金刚杵，右手持金刚铃。有一头四臂，立身，脚踩象鼻天神的；有拥抱明妃的。常把该神作为战神，形象凶悍威猛，表示金刚部神佛摧毁魔障时的智慧和法力。

金花帽(ཚེ་རིང་སྐྱིན་ཁེབས།)

藏族帽子的一种，该帽用金丝缎、金丝带和银丝带做装饰，用氆氇和皮毛作料，在阳光照耀下，闪闪发光，非常美观，具有浓郁的民族特色。一般作为盛装戴用。

金瓶掣签(གསེར་བུམ་དཀྲུག་འདོན།)

藏传佛教挑选大活佛转世灵童的方式。始于清代乾隆年间。为防止挑选灵童时的舞弊现象，乾隆五十七年(1792)皇帝颁发了两个金瓶，分别设在拉萨大昭寺和北京雍和宫。根据章程和规定：历代达赖和班禅圆寂后，要由西藏地方政府和拉萨三大寺共同选出3名灵童，按照一定的程序和仪式，把3名灵童的名字写在象牙签上，放入金瓶密封，僧人诵经七天旋转摇晃后，在僧俗首领在场的情况下，由驻藏大臣取出一签，签上所写的幼童即为达赖或班禅的转世灵童，上奏皇帝批准后成为继承人。雍和宫的金瓶是为蒙古、甘肃、青海等地和在北京的大活佛转世用的。掣签仪式有专门的仪制图，规定了程序、参加人员等事项。这一历史定制一直实行至今。

进门歌(སྒོ་འཛུལ་གླུ།)

主要流传于云南藏族地区，是婚礼中的习俗，亦称“拦门歌”，即当新娘走近新郎家门口时，新郎家人将门堵住，经双方对歌后方才进门，这时所唱的歌称为进门歌。此歌旋律轻松愉快，很有地方特色。

《晶珠本草》(《ཤེལ་གོང་ཤེལ་ཕྲེང་།》)

藏族医学名著之一，藏名《协贡协称》，由藏族医学家帝马·丹增彭措于嘉庆九年(1804)著成，有“藏医本草学大成”之称。全书收集了2100多种药物，对每种药物的形状、性能、产地、用法等都作了详细论述，是研究藏医药物学的重要著作。

敬语(ཞེ་ས།)

交往礼节用语。藏族称呼别人或与人交谈，要根据双方身份使用普通语、敬语、最敬语，以表示对别人的尊敬程度。地位相等或年龄相同的人之间用普通语，但是为了表示尊敬对方也可用敬语；与地位、年龄高的人交谈，用敬语；与地位、年龄特高的人交谈，用最敬语。最常用的敬语是在人的名字后加一个“啦”字，以示尊重，如“罗布”可称“罗布啦”、“丹增”可称“丹增啦”。

镜卜(མེ་ལོང་པྲ་ཕབ།)

以镜子、河湖反映出来的图影、景象乃至幻象判断吉凶的占卜方式。寻访活佛灵童时常借用此种方法。《格萨尔王》描写格萨尔去救被魔王抢去的妃子时，魔王就用镜子占卜来推算格萨尔所在的方位。

纠本(བཅུ་དཔོན།)

藏语音译，旧西藏藏军中最低级的军官名，管辖12名士兵(相当于班长)，无官阶，年轻力壮者即可担任，受定本直接领导。其待遇是：每年发给粮食24克，藏银520两，茶叶6块，酥油3克。才能出众者在定本出缺时可升补，但平民出身者只能升至定本。

九世班禅确吉尼玛(པཎ་ཆེན་སྐུ་ཕྲེང་དགུ་པ་ཆོས་ཀྱི་ཉི་མ།)(1883～1937)

生于前藏塔布地区噶夏村，父名丹真，母名当琼措姆。光绪十四年正月十五日(1888.2.26)经金瓶掣签仪式确定为九世班禅。拜十三世达赖土登嘉措为师，取法名确吉尼玛。光绪十八年(1892)坐床，清政府拨银一万两，以示祝贺。光绪三十年(1904)英军入侵拉萨,十三世达赖出走,清政府令九世班禅前往拉萨,掌管全藏政教事务。班禅为了维护西藏地方内部的团结,没有接受。同年,英国皇太子乔治强迫班禅去印度,班禅屡次拒绝,后报请清政府,前往印度讲经,次年3月返藏。英帝国主义企图拉拢班禅的阴谋未能得逞后,转为拉拢达赖系统,挑拨达赖、班禅之间的关系。达赖从印返藏后,对班禅所属辖区加重税收,强行支派乌拉,并罚银四万两,干涉扎寺内部事务,于是矛盾激化,迫使班禅于1923年11月15日夜率众逃往内地。1924到达兰州,北洋政府大总统曹锟赏给他“致忠阐化”的封号。1925年抵达北京,受到热列欢迎。同年8月1日,临时执政的段琪瑞颁给九世班禅金册金印,赏其“宣诚济世”的封号。1928年,成立南京国民政府,班禅派人前往庆贺,翌年在南京设立办事处。1931年,班禅参加国民议会。国民政府授给他“护国宣化广慧大师”名号,1932年又授予他“西陲宣化使”的职位。1934年2月24日,他出任了国民政府委员的就职典礼。1937年准备返藏,被西藏地方政府百般阻拦,在青海省玉树寺的甲拉颇章设立行辕。同年12月在玉树结古寺圆寂。国民政府追赠“护国宣化广慧圆觉大师”封号。1941年正月初八日,九世班禅灵柩迎入扎什伦布寺建塔供奉。九世班禅大师为维护祖国统一,加强民族团结,反对英帝国主义、日本军国主义侵略中国做出了巨大贡献,是中国近代史上一位杰出的爱国宗教界人物。

九世达赖喇嘛隆多嘉措(ཏཱ་ལའི་བླ་མ་སྐུ་ཕྲེང་དགུ་པ་ལུང་རྟོགས་རྒྱ་མཚོ།)(1805~1815)

生于西康春科(今四川邓柯境内)一土司家族,后其家族并入大贵族索康家。嘉庆十二年(1807)被认定为八世达赖强白嘉措的转世“灵童”,次年奉旨坐床,嘉庆皇帝派庆惠、隆福等进藏照料,颁给普陀宗瞻礼纪事碑文等。拜七世班禅丹白尼玛为师,剃度授戒。嘉庆二十年(1815)在布达拉宫病逝,年仅11岁。并未亲政,奉特旨定为呼毕勒罕,未经金瓶掣签。

九松西阿(བཅུ་གསུམ་ཞེ་ལྔ།)

藏语音译,意为“13和45”。旧西藏噶厦地方政府于乾隆五十六年(1791)铸造的一种银币。币重约5克,厚1.1毫米,直径26毫米,面值白银1钱5分。正面铸有8个圆花纹,四周是珠串,中央方框中有“13和45”藏文字样,表示于藏历13饶迥45年铸造发行;背面铸有由宝伞盖、金鱼、宝花瓶、莲花、白螺、吉祥结、法幢和法轮组成的八吉祥图和团花图案。

九松西堆(བཅུ་གསུམ་ཞེ་བདུན།)

藏语音译,意为“13和47”,旧西藏噶厦地方政府于乾隆五十八年

(1793)铸造发行的一种银币。除了表示藏历13饶迥47年铸造发行的藏文数字“13和47”外,其重量、厚薄、大小面值、图案等,均与“九松西阿”一样。

九松西著(བཅུ་གསུམ་ཞེ་དྲུག)

藏语音译,意为“13和46”。旧西藏噶厦地方政府于乾隆五十七年(1792)铸造发行的一种银币。除了表示藏历13饶迥46年铸造发行的藏文数字“13和46”外,其重量、厚薄、大小、面值、图案等,均与“九松西阿”一样。此币曾大量发行,流通广泛,但掺铜比例过高,道光二十年(1840年)和道光三十年(1850年)曾先后两次改版。

九种医德(སྨན་པའི་ཀུན་སྤྱོད་དགུ།)

相传是老宇妥·云丹贡布向藏族医生提出的9种行医德行要求。即:(1)治病不分贫富贵贱,一视同仁;(2)要有为全人类获得光明的坚强信念;(3)要有判断疾病的能力;(4)对病人要有同情、仁慈之心;(5)医术要精益求精;(6)反对向病人索取报酬;(7)要相互尊重,相互协作,相互关心;(8)珍惜爱护药物;(9)不准视病人的排泄物为脏物而不理。

酒歌(ཆང་གཞས།)

藏语叫“羌谐”。流传于西藏各地的一种民俗歌曲。传统酒歌的基本结构形式:首先是敬酒人有一段慢板旋律中对被敬人的道德、胆量、性格及才智等多方面的赞扬;然后按传统的饮酒习俗程序,对饮酒人唱四段不同内容的歌曲。敬酒歌的基础程序分四部分:唱第一段时敬献酒杯;唱第二段时用无名指粘酒向空中弹三次以示敬神;唱第三段时被敬酒人连喝三口;唱第四段时边唱边舞请客人干杯。酒歌因各地的风俗习惯不同,所产生的酒歌风格也不尽相同,但它们的基本方法还是相同的。

旧石器考古(རྡོ་ཆས་རྙིང་པ་ཞིབ་དཔྱད།)

西藏的旧石器考古工作,仅限于一些地面采集,真正的考古发掘还没有开始。西藏已发现可能属于旧石器采集点的有五个:藏南定日县的苏热、藏北申扎县珠洛勒、阿里地区日土县扎布、藏北多格则以及多个地点。这些地点分布在唐古拉山山脉以南至喜马拉雅山山脉以北的西藏中西北部广阔区域中。海拔高度为4400-4830米。这一区域内海拔高、气候干冷,很多地方终年没有无霜期。这五处地点共采集到石片、石核以及各种打制石器258件。

居家禁忌(འཚོ་བའི་ཁྲོད་ཀྱི་འཛེམ་བྱ།)

藏族生活习俗。夜晚忌倒垃圾;白色东西忌拿出家外,认为这样可使财气外流；忌在人背后吐唾沫、拍巴掌；忌妇女在人前抖裙子，认为这样会把灾难带给对方；忌从妇女衣服、特别是下身衣服下穿过；忌从水壶上跨越；忌在人前放屁出响声；忌从人手中接扫帚扫地，如果自已要扫，先让别人把扫帚扔到地上，自己再捡起来扫，等等。

居住建筑(སྡོད་ཁང་།)

在西藏昌都地区的卡若遗址中发现，在距今约 3000 多年前的新石器时代，当时藏族的居住建筑大致有两种：半地穴式居住房屋和地上居住房屋。半地穴式房屋又分圆底、平底和石墙房屋等三种形式，其中石墙房屋为砾石墙建筑，有方形和长方形之别，穴内有八至十个粗大柱洞，石墙外也有一周柱洞，由此说明可能是楼层建筑，在漫长的社会历史发展过程中，藏民族还逐渐形成了数层方形平顶碉楼式建筑。

鞠躬(གུས་འདུད་ཞུ་བ།)

藏族见面礼仪。鞠躬时一般要脱帽，低头，弯腰，以示对对方的尊敬。旧西藏时如果遇到头人、贵客，则以弯腰程度加深、手中帽子低放来表示尊敬程度的加深。

举皮袋(རྒྱལ་པ་འདེགས་པ། ས་ཕད་འདེགས་པ།)

藏族传统体育项目。即举沙袋，将沙子装在皮袋中，然后上举。《王统世系明鉴》载：都松芒布杰时期，有武艺高强的大臣七人，其中桂雅穷能将满盛沙子的鹿皮袋举起，并绕头旋舞。举皮袋现今仍较盛行，是甘南民族运动会的项目之一。

巨米旁·朗杰嘉措(འཇུ་མི་ཕམ་རྣམ་རྒྱལ་རྒྱ་མཚོ།)(1846～1912)

藏族著名大学者。幼年即出家学习宁玛派经典，后跟从名师学习，显密兼通，五明皆悉，门徒甚多，著述甚丰。辑有《米旁全集》，代表作是《国王修身论》。

巨石遗址(རྡོ་ཆེན་གནའ་ཤུལ།)

西藏一种带有巨石石柱的遗迹，主要是墓葬，分布很广。这些遗迹的地面上摆着巨大的石块，或一堆，或几堆，有的摆成圆形，有的则为方形或排列成直线。一堆石块中往往有一块或三块较高矗立着的石柱，这些石柱未经雕琢，如果有三块竖起的石柱，中间一块必然高于旁边的两块。据认为，这可能是史前时期一种用石头划分的保护圣地，或者是一个墓地；而圆圈中央成堆矗立的石头可能是一种标记，它们为周期性举行的葬礼仪式标明墓穴的位置。

决(གཅོད།)

葬礼音乐，流传于西藏各地，是

藏族送葬时的一种音乐。人死之后，首先把死者的整个躯体做供品，敬献给众神，在举行这种宗教活动时，诵经者手持达如鼓和法铃或胫骨号，边奏乐边唱诵经曲调，有时还配有较优美的舞蹈动作。通过此活动来解除死者灵魂遇到的障碍，把灵魂引入极乐世界。这种音乐旋律庄严肃穆，音乐曲调丰富，具有极强的佛教色彩。

觉阿尼西(བཅོ་ལྔ་ཉེར་བཞི།)

藏语音译，意为“15 和 24”。噶厦地方政府铸造发行的银币。有两种：(1)光绪十六年(1890)铸造，重 5 克，厚 1.5 毫米，直径 27 毫米；(2)光绪十七年(1891)铸造，重 4.5 克，厚约 1.3 毫米，直径约 26 毫米。这两种银币，除了表示藏历 15 饶迥 24 年铸造发行的藏文数字“15 和 24”外，其面值、图案均与“九松西阿”一样。

觉囊派(ཇོ་ནང་པ།)

藏传佛教派别之一。创始人为域摩弥觉多吉(ཡུ་མོ་མི་བསྐྱོད་རྡོ་རྗེ།)及其五世弟子衮邦吐吉尊追(ཀུན་སྤངས་ཐུགས་རྗེ་བརྩོན་འགྲུས།)。吐吉尊追在日喀则西建觉囊寺，大开宗规，弘传“他空见”教法，形成该派。15 世纪末 16 世纪初，出了一位名僧多罗那他。他著述宏富，振兴了趋于消沉的“他空见”之说，修建达登平措林寺，广刊该派各种著作，又到蒙古地方传教达 20 年之久，被称为“哲布尊丹巴”。后五世达赖将达登平措林寺易名为甘丹平措林寺，令其改宗格鲁派。

觉沃米觉多吉像(ཇོ་བོ་མི་བསྐྱོད་རྡོ་རྗེ།)

释迦牟尼佛 8 岁等身像。尼泊尔尺尊公主携带入藏。现供奉于拉萨小昭寺内。唐金成公主入藏后，在大昭寺内找到文成公主带入吐蕃的释迦牟尼 12 岁等身像，便将该像供奉于大昭寺，将不动金刚佛像(觉沃米觉多吉像)移入小昭寺供奉。

觉沃释迦牟尼像(ཇོ་བོ་ཤཱཀྱམུནེ།)

释迦牟尼佛像藏语称“觉沃”，唐文成公主携带入藏，现供奉在拉萨大昭寺内。镏金铜质，为释迦佛 12 岁等身像。据说，古天竺一位王制作，唐朝时期迎请到中原。此像原供小昭寺，因谣传唐朝兵入藏索像，吐蕃人将之藏于大昭寺。后金城公主入藏，遂迎出此佛像，供于大昭寺内。尼泊尔公主携带入藏的释迦佛像则调换至小昭寺内供养。

觉宇派(གཅོད་ཡུལ་པ།)

藏传佛教派别之一。觉宇的意思有二：以空性见，能断绝轮回；可以行菩萨所行持的方便智慧之道。由印度僧人当巴桑结传入西藏。他第三次入藏时，将此派教法传给觉丹索南喇嘛和亚隆玛若色布。由此分成两支：玛若色布下传一支称为男觉派（颇觉）；索南喇嘛传玛基拉珍，从她下传一支称为女觉派（摩觉）。

蕨麻米饭 （གྲོ་མ་འབྲས་སིལ།）

藏族食俗。蕨麻又称“人参果”。“蕨麻米饭”是用大米、酥油、白糖、蕨麻合蒸的一种高营养的藏族传统食品。

K

卡垫 (ཁ་གདན།)

藏族家庭必备的小块床毯,在坐卧处用来铺垫。每块卡垫一般宽约 0.8 米,长约 1.7 米,用绵羊毛手工编织而成,其结构紧密,色彩艳丽,编有各种动物、花草图案,具有浓郁的民族风格。

卡羌母(གར་འཆམ།)

一种舞蹈,表演时以鼓钹为主要乐器。卡,指一般舞蹈;羌母,指宗教舞蹈。

《卡切帕鲁训戒》(《ཁ་ཆེ་ཕ་ལུའི་བསླབ་བྱ།》)

该书全名为《卡切帕鲁世俗业果计算法的训戒》,作者自称卡切帕鲁(回族帕鲁)的人,书中也有“胡达”等伊斯兰教语;也有人认为作者是七世班禅丹白尼玛。无论作者是谁,该书以藏文写成,宣扬的又是佛教观点,并广泛流传于藏区,已成为西藏文学的重要典籍之一。全书 12 章,612 句,内容基本上是用宗教的因果报应观点来教诲众生。

卡若遗址(ཁ་རུབ་གནའ་ཤུལ།)

西藏首次发掘出的规模较大的一处新石器时代遗址,位于昌都县城以西约 12 公里的昌都水泥厂附近,东靠澜沧江,南临卡若水,海拔 3200 米。共清理出房屋遗址 29 座,石墙 3 段,圆石台 2 座,石围圈 3 座,灰坑 4 处,石器 7978 件,骨器 368 件,陶片 20000 多块,装饰品 50 件。卡若遗址的房屋建筑大体可分为两类:①木结构的草泥墙建筑;②半地穴式的卵石墙建筑。原始村落布局除房屋外,还发现有石铺路、石墙建筑、窖穴等,说明当时的居住者在努力改善居住条件。卡若遗址还出土了大量的粟粒和谷灰,说明早在 4000 多年前,西藏就有了原始的种植业。遗址中出土的石器有:铲类、锄类、切割器类、投掷器类、尖状器类、斧类、砍砸器类、敲砸器类、刮削器类、碎磨器类、石钻类等,另外还有石镞、石矛。各种带花纹的陶器及骨锥、骨针也不少,还有环、珠、镯等装饰品。卡若遗址的发掘,以雄辩的事实证明,早在四、五千年以前,中华民族的先民就曾在这块土地上劳动生息。

卡赛(ཁ་ཟས།)

藏语音译。藏族传统的油炸食品,在青海、西藏等地较普及。每逢节日,手巧的主妇皆要精心制作一套卡赛。其制作方法:先在白面里加入酥油、糖和水,揉合并捏成各种形状,如耳朵形、长条形、麻花形、勺子形等,放入油锅炸熟即成。置于盘中,招待客人。寺庙里又常用此作为供品。

卡卓(གར་བྲོ།)

藏族传统歌舞“卡卓”中,“卡”指又唱又跳的舞蹈,“卓”指一般舞蹈。舞者面带白色慈祥的面具,手持彩色长弓,身穿藏式古装,腰挂圆鼓带领人们载歌载舞。

开镰仪式(སྟོན་བསྔུའི་མཛོད་སྒོ།)

藏族农区的一种农事习俗。每当庄稼成熟,开镰收割的那一天,村里的长者首先要祭祀农田守护神——白石。祭毕,老农还要高声吟唱:“……石头妈妈,我们今天要开镰了,请告诉青稞地里的神灵,有头的藏起头,有脚的缩起脚,不藏头不缩脚,弄出个牦牛大的伤口我就不管了。”跟白石交待完后,还要向土地唱祈祷歌。最后老农取下镰刀,从三个方向割下三把青稞,捋下部分颗粒,撒向天空、大地、江河,祭奠一切神灵,随后收割正式开始。

堪布(མཁན་པོ།)

藏语音译。藏传佛教大寺院中扎仓的主持人和小寺院的主持人。每个扎仓都有自己的法台,称为“堪布”(教师、指导者)。旧西藏,格鲁派大寺院中的堪布,由译仓推荐通过达赖喇嘛批准委派各寺有条件的人担任。堪布的任期为6、7年,可以连任。

堪苏(མཁན་ཟུར།)

藏语音译。藏传佛教寺院僧职名,即卸任堪布。不直接掌握实权,但仍很有地位。

康(ཁམས།)

旧时将藏区分为卫藏(西藏中西部)、朵(安多地区)、康三部。康是其中一部,也叫康区。大致相当于今西藏自治区的昌都市、青海省玉树藏族自治州、四川省甘孜藏族自治州和云南省迪庆藏族自治州的广大地区。

康巴女装(ཁམས་ཀྱི་མོ་གོས།)

康巴地区妇女服装,为长袖衫,外罩坎肩,腰束彩色绸带,并系彩条邦典。艳丽大方,十分好看。

康村(ཁམས་ཚན།)

藏语音译。藏传佛教格鲁派寺院中供僧人食宿起居的地方,是扎仓下面的一级组织,带有地域性的基层组织,凡一个扎仓内来自同一地区或相关的若干地区的僧人,均归入一个康村。大扎仓之下,可以有数十个康村。康村设一个执事委员会,由若干执事僧组成,负责管理行政、财产等事务。

康方言(ཁམས་སྐད།)

藏语三大方言之一。主要分布在西藏自治区的昌都、那曲两个地区和四川省甘孜藏族自治州、云南省迪庆藏族自治州以及青海省玉树藏族自治州。词汇中，汉语借词较多，敬语较少。语法方面，用不同的声调表示动词本身的自动和使动；在形容词之后加不同的附加成分表示形容词的普通、较高和最高三个级别；表示疑问主要是在动词前加疑问副词。

康谐(ཁམས་གཞས།)

藏语“康谐”是“康区歌舞”的意思，也就是流传于康巴地区的歌舞。其中“弦子”这一艺术品种是在弦子——“哔旺琴”的伴奏下表演的。这一艺术形式的主要内容是赞美家乡、谈情说爱及颂扬宗教信仰。这种乐曲大多优美动听，非常抒情，具有强烈的民族特色。

科巴(ཁོལ་པོ།)

藏语音译，意为“住在头人房子里的人”。科巴有一份为数不多的土地。头人科巴不上缴粮，但每年所服的无偿劳役达 6 - 10 个月。头人土地上的田间劳动和家里的家务劳动，全由科巴承担。科巴必须把头人的活干完后，才能干自己的活。

科加寺(འཁོར་ཆགས་དགོན།)

位于阿里地区普兰县科加乡科加村孔雀河畔，因地名而得寺名。据《西藏王统记》记载，该寺建于古格政权时期，寺里供奉的文殊菩萨曾得到高僧仁钦桑波加持，现属萨迦派。科加寺毗邻尼泊尔，地处喜马拉雅山南坡，是从尼泊尔进入普兰的必经之路。

磕头(ཕྱག་འཚལ་བ།)

藏族常见的礼节。一般是朝觐佛像、佛塔和活佛时磕头，有时对尊贵的长者也行此礼。可分磕短头、磕长头、磕响头三种。磕短头最为简单，双膝双手着地，把头往地上一磕即可。磕长头则最为复杂。磕时，双手合掌高过头顶，自顶、到额、至胸(有的自额、到胸、至腹)，拱揖三次，表示身、语、意之虔诚，然后双膝下跪，五体投地，双手在前方划一个弧形，然后，站起来再如前所做。有些虔诚的佛教徒，从四川、青海各地磕长头到拉萨朝佛，行程数千里，三步一磕，历时数年，有的死在途中也觉得尽诚尽意、毫无怨言。据统计，千里磕长头，大约要磕 555555 个等身长头才能到达目的地，费时约 9259 小时，以每天 10 小时计，得花 926 天左右。磕响头一般在寺庙里进行，即先合掌连拱三辑，然后弯腰拱到佛像脚下，用头轻轻一顶，表示诚心忏悔之意。

克(ཁལ།)

藏语音译，即“藏斗”，藏族的一种传统量器，用来计算粮食、食盐等物的数量单位。形状为四方台状,上大下小的木斗,其大小各地不一,一般以容 14 公斤的青稞为标准度量。“克”同时又是一种土地计算单位,撒播 1 克(14 公斤)种子面积的土地称作 1 克地(约合 1 亩)。克,又是重量单位,例如,一克酥油,约七、八斤。

客哇(ཁེ་པ།)

藏语音译,意为“赊购商人”,在甘肃、青海藏族牧区较普遍。客哇多为内地商人,他们从内地采购大量糖、布、粮、盐等日用品,运进藏族牧区,先将这些日用品赊给牧民们,到秋季再收回与实物等价的皮毛。

缂丝释迦也失真容唐卡(ཐུགས་ཆེན་ཆོས་རྗེ་ཤཱཀྱ་ཡེ་ཤེས་ཀྱི་བཀྲལ་བཏགས་སྐུ་ཐང་།)

在宣德九年(1434)释迦也失第二次进京时,明宣宗加封他为“万行妙明真如上胜清净般若弘照普慧辅国显教至善大慈法王”(藏语“强钦曲吉”)时赠送给释迦也失的一幅缂丝织成的唐卡,织像的右上角织有汉、藏两种文字的封诰全文,全文计 38 字。

缂丝唐卡(བཀྲལ་བཏགས་ཐང་ག)

用缂丝工艺织成的卷轴画。这种工艺源于内地,而后在西藏的一定范围内流传。它的结构与其它唐卡基本相同,主要由画芯、锦缎花边、去锦装饰、天头、地头、天杆、地杆、遮幔、缀带、绳带组成。用色泽华丽的锦缎做内衬缝制锦缎镶边,有些缂丝唐卡外廓和画芯全部用缂丝,地边还加补正方形的云锦装饰图案。图案多是“凤凰牡丹”、“二龙戏珠”、“福”、“寿”等内容。遮幔大多为黄绸,大小与唐卡相同。据调查,现今发现的最大的缂丝唐卡长 7.8 米,宽 3.8 米。缂丝唐卡,是藏汉合璧的艺术珍品。

空行母(མཁའ་འགྲོ་མ།)

藏语称“康卓玛”。藏传佛教女神名,腾空飞行,多与修密宗者为伴,点化修行者或直接传授密法,其形象通常可分为人形与兽面空行母两大类。在藏传佛教的密宗中,空行母是代表智慧与慈悲的女神。

叩扎寺(ཁའུ་བྲག་དགོན་པ།)

西藏后藏日喀则地区年木乡的一座宁玛派寺院。始建于公元 8 世纪中叶,寺庙最早建在寺后的查经山顶。公元 17 世纪,拉弄巴多担任该寺主持活佛时,才从山顶搬到现在地方。历史上叩扎寺以出产藏药闻名,能生产三十多种名贵藏药。叩扎寺的建筑最能体现西藏的“政教合一”制度。寺不大,有一间经堂、两间殿堂、五座佛塔,寺庙下部是一座庄园主的旧房子,过去属于寺庙活佛所有，庄园是一座具有天井式的藏式建筑，四边环绕一周房间，留有一道阴暗的通道，进入天井。

苦修者之墓（རྣལ་འབྱོར་པའི་དུར་ས།）

座落在离冈底斯山不远的卓玛山口附近，是一座石头环绕的墓葬，呈椭圆型。它被视为神圣的地方，朝圣者到此总要撕下一块衣物以示虔诚和崇敬。

库敦·尊追雍中（ཁུ་སྟོན་བརྩོན་འགྲུས་གཡུང་དྲུང་།）（1011～1075）

藏传佛教著名僧人，早年出家学经，后得到阿底峡传授的《噶当经函》密法。此法的传承系统称为“噶当要门派”。库敦曾扩建噶当派古庙唐布齐寺（在西藏山南地区琼结县境内）并任该寺主持，迎请阿底峡来此寺讲经。他也讲授大般若经，宏传戒律。

库伦版《大藏经》（ཁུ་རེའི་《བཀའ་བསྟན་》པར་མ།）

藏文《大藏经》版本的一种，以永乐版《甘珠尔》为底本，并参照德格版《甘珠尔》刊刻而成，共计105帙。由第八世哲布尊丹巴却吉尼玛和额尔德尼切仓雄努顿拉莫两人在甘丹雪林寺（位于今蒙古人民共和国的乌兰巴托）主持刊刻于光绪三十四年（1908）。

昆·贡却杰波（འཁོན་དཀོན་མཆོག་རྒྱལ་པོ།）（1034～1102）

藏传佛教萨迦派创始人。昆氏家族后裔。自幼随父学宁玛派教法，后拜卓米·释迦益西为师，学习新译密法。北宋熙宁六年（1073）在后藏萨迦地方建萨迦寺，收徒弘法，并以家族的形式传承寺主法位，形成萨迦派教法与传承。

廓西列空（གོར་ཞིབ་ལས་ཁུངས།）

藏语音译，意为“尼泊尔事务调查局”，旧西藏噶厦下属机构之一。其职责是：查处尼泊尔在藏商人、侨民与藏民发生的纠纷、诉讼，管理尼泊尔侨民在拉萨的房屋；与尼泊尔官员一起处理双方接壤地带的民事纠纷。

L

拉卜楞寺(བླ་བྲང་བཀྲ་ཤིས་འཁྱིལ།)

全称是“噶丹夏珠达尔吉扎西益苏奇贝林”,意为“噶丹讲修兴盛右旋吉祥林”。藏传佛教格鲁派在甘、青、川的主要寺院。位于甘肃省夏河县。1709 年嘉木样一世活佛阿旺尊者兴建。寺内主要供奉弥勒佛大铜像。大经堂后供奉历世嘉木样协巴佛舍利灵塔。该寺下设五个扎仓,以戒律严格著称,僧侣最多时约 2500 人。

拉卜楞寺庙会(བླ་བྲང་བཀྲ་ཤིས་འཁྱིལ་གྱི་སྨོན་ལམ་ཆེན་མོ།)

拉卜楞寺位于甘肃省夏河县,是藏传佛教格鲁派六大寺院之一。该寺庙会实际是一系列宗教节日。主要有正月的莫朗(祈祷)法会,历时十三天半,主要活动有诵经、辨经、展佛、神舞、灯会等;二月的祭祀法会和亮宝会,主要是纪念寺主第一世嘉木样活佛圆寂,历时五天。

拉卜楞寺印经院(བླ་བྲང་བཀྲ་ཤིས་འཁྱིལ་དགོན་གྱི་པར་ཁང་།)

著名印经院之一。位于今甘肃省夏河县拉卜楞寺内。该印经院由拉卜楞寺第二世嘉木样谢巴晋美旺布创建于 1786 年,并把从西藏带回的许多珍贵佛经重新刊刻印刷,历经扩建,规模逐渐宏大。但许多经卷和印版都毁于“文化大革命”。拉卜楞寺印经院目前已恢复刊刻工作,并采用现代化的印刷技术。

拉都(ལག་རྡོ།)

藏语音译,意为“驮夫”,贩运商队中专为商人卸驮子的雇员。拉都在为商人效力的同时,也兼做些小买卖。

拉嘉寺版《大藏经》(ར་རྒྱ་དགོན་པའི་《བཀའ་བསྟན་》པར་མ།)

又称“茶包甘珠尔”,是藏文《大藏经》的一种版本。该版本以德格版《甘珠尔》为底本,由第七世班禅丹白尼玛主持编纂目录,拉嘉寺第一世住持香萨呼图克图罗桑达杰在青海玛沁的拉嘉寺刊刻于清嘉庆十九年(1814)。因当时可用一驮茶叶换一部拉嘉版的《大藏经》,故而得名“茶包甘珠尔”。

拉康(ལྷ་ཁང་།)

藏语音译。藏传佛教格鲁派寺院中的神殿,是供奉佛像、存放经书和僧众举行佛事的场所,即佛、法、僧三宝之地。较小的寺庙也被称为“拉康”,如拉萨小昭寺旁的“次巴拉康”,聂唐地方著名的“卓玛拉康”(度母殿）等。

拉木细列空（ལམ་ཞིབ་ལས་ཁུངས།）

藏语音译，意为“运输差役核查处”，噶厦下属机构之一。1931 年建立。设仲译钦波 1 名，孜本 1 名。其职责是：检查征发的各类运输差役是否确有噶厦等机关签发的证明，是否按规定付给运费，核查各宗谿呈报的运输差役情况是否属实，如果发现有借噶厦名义征发差役运送私人物资、加重百姓乌拉差役负担的，给予惩处。

拉恰列空（བླ་ཕྱག་ལས་ཁུངས།）

藏语译音，意为“达赖喇嘛宫邸财库”，噶厦下属机构之一，设在大昭寺内。其职责是：接收、登记和保管祈愿大法会上的各地施主敬献的财物；按规定的数量向各宗谿征收粮食、肉、酥油、羊毛皮张、金银、药材、木材等；向噶厦管辖的大昭寺、小昭寺、布达拉宫、罗布林卡、上下密院、嘎东、木如、喜德、策墨林、功德林、丹吉林等寺庙、扎仓（僧院）的僧人供应生活用品；管理达赖喇嘛在大昭寺的寝宫；负责法会期间向大昭寺、小昭寺的供品陈列和斋僧茶饭等。

拉萨版《大藏经》（ལྷ་སའི་《བཀའ་བསྟན་》པར་མ།）

《大藏经》藏文版中字体较大的一种。刻版《大藏经》以纳塘版《大藏经》为底本，并参照德格等版本，由十三世达赖喇嘛亲自写序言，喜绕嘉措大师校勘于罗布林卡，从 1916 年至 1931 年，历经 15 年之久，可谓藏文版《大藏经》中最佳版本之一。

拉萨男装（ལྷ་སའི་པོ་ཆས།）

拉萨地区男子之服装。其样式与缝制法与其它藏区基本一致。讲究系好腰带后，长袍的下摆齐垂于双膝，前后基本平齐，庄重而大方。

拉萨涅仓（ལྷ་ས་གཉེར་ཚང་།）

藏语音译，意为“拉萨市政管理处”，噶厦下属机构之一。设五品僧官 1 名，五品俗官 2 名。其职责是：负责拉萨街道排水道的维修；防止修建私房而影响街道小巷的通行；管理拉萨的回民事务；负责大昭寺内的防火、防盗、清扫工作。

拉萨女装（ལྷ་སའི་མོ་ཆས།）

拉萨地区妇女之服装。一般是内穿色彩艳丽的右衽衬衫，衬衫以各种花色的绸缎和布料做成，女式翻领，袖略长。外罩无袖藏袍，“邦典”与腰带连在一起，线条清晰，潇洒素雅。

拉萨三大寺（ལྷ་སའི་དགོན་སྡེ་ཆེ་ཁག་གསུམ།）

藏传佛教格鲁派在拉萨的三座著名寺院，即甘丹寺、哲蚌寺、色拉寺，分别建于 1409 年，1416 年和 1419 年。

拉萨四大林（ལྷ་སའི་གླིང་བཞི།）

即丹吉林（བསྟན་རྒྱས་གླིང་།）、策墨林（ཚེ་སྨོན་གླིང་།）、功德林（ཀུན་བདེ་གླིང་།）、锡德林（བཞི་སྡེ་གླིང་།）。18 世纪中叶，清朝政府在西藏建立活佛摄政制度。四大林，是清朝政府任命的四个系统摄政大活佛的府邸或私庙。地点均在拉萨市。

拉谐（ལ་གཞས།）

意为“山歌”。“拉”（ལ།）是“山坡”的意思；“谐”（གཞས）是“歌”之意，为安多一带的方言译音。主要流传甘肃、青海、西藏等藏族地区的徒歌（即没有乐器的舞蹈伴奏配合的歌）。歌唱内容都是爱情方面的，唱时要避开长者和尊者，深受广大青年人的欢迎。

拉孜石窟寺（ལྷ་རྩེའི་དགོན་པ་ཕུག།）

位于西藏日喀则拉孜县境内的原拉孜宗山北坡断崖上。洞窟面积约 5 平方米，洞窟后壁上有 5 尊神浮雕造像，大者高 1.53 米，小者高 0.53 米。它和乃甲切木石窟寺都是西藏艺术的体现，是国家较为重要的文物和艺术研究素材。

喇吉（བླ་སྤྱི།）

藏语音译。藏传佛教格鲁派寺院里负责全寺性活动的组织。其中成员由各扎仓堪布组成，掌管全寺事务。由一名年资最高的堪布充任堪布赤巴（总管）。其下有吉索 2 至 4 人，管理该组织所属的财产、属民等行政及财务事项。协敖 2 人，负责全寺纪律司法。翁则钦摩 1 人，是全寺诵经时的总领队。

喇嘛（བླ་མ།）

藏语音译，“上师”之意。藏传佛教对高级僧侣的称呼，是指学识渊博，可以为人师表，指导人们修行的有资历有地位的高僧。藏语称普通僧人为“扎巴”。

喇嘛嘛呢（བླ་མ་མ་ཎི།）

西藏民间曲种之一。由于表演者是喇嘛，并在说唱过程中，故事的前后中间加唱嘛呢歌，因此得名。据传，这一曲种起源于公元 1385 年之后，噶举派高僧唐东杰布为使人们更好的理解藏戏的内容，把故事的情节和人物画成唐卡挂在墙上或拿在手上，由僧人俗装者说唱，其中仅有少数曲词具有较强的音乐旋律，大部分则是以说唱相结合的曲调形式。

喇嘛塔（མཆོད་རྟེན་དཀར་པོ།）

佛塔的一种，亦称“白塔”，即复钵式塔。此种塔起源于印度，分布在西藏、青海等藏传佛教盛行的地区和北京承德等内地城市，式样多种多样，有正方形、圆形、八角形等须弥座式多层台基，上宽下窄的复钵式塔身，以及莲花座、相轮等组成的细长塔脖，塔身多刷成白色。元、明、清时期随着藏传佛教的发展各地建成大量这类塔。

喇让强佐（བླ་བྲང་ཕྱག་མཛོད།）

藏语音译，意为“拉章司库”。藏传佛教寺院里的职称，由堪布委任，带领强佐若干人，负责管理扎仓的行政、财产、属民和对外关系，权力很大。

喇章（བླ་བྲང་།）

藏语音译。藏传佛教中有地位的僧人的府邸。建府邸传统源自萨迦派，后为格鲁派等教派吸收。元朝时，萨迦派僧人地位不断提高，于是流行建府邸私宅，称其为“喇章”。喇章的法座由僧人弟子传承。后来上层僧侣习惯建喇章，是他本人和侍从僧侣的住处。

辣子尕勺（སྔོག་བཙུད།）

四川、青海藏族聚集地吃糌粑的一种方式。将糌粑用酥油拌好以后，用手捏成勺子形，像酒杯一样大小，舀上预先制好的羊肉馅子或辣椒、蒜做成的糊状汤，然后放入嘴里嚼食。此种吃法只需要少量的酥油，但味美可口，增加食欲。

《蓝琉璃》（《བཻ་ཌཱུརྻ་སྔོན་པོ།》）

藏族医学名著，又称《四部医典蓝琉璃》，由藏族医学家第司·桑杰嘉措主持编写于17世纪。当时在桑杰嘉措的带领下，对藏医学著作进行了一次整理，并自己撰写了此论著。

蓝面具藏戏（འབག་སྔོན།）

西藏传统藏戏的一种。它的大多数音乐唱腔、曲调是在公元14世纪后藏地区的“卓舞”音乐、“古尔鲁”音乐、“谐钦”音乐的基础上逐步发展而成。曲调种类很多，唱腔比较丰富，以人定曲，专曲专用。但蓝面具藏戏音乐虽受白面具藏戏影响，但在音乐风格、曲式结构、调式调性和伴唱形式等多方面与白面具藏戏音乐有着很大差异。蓝面具藏戏的音乐唱腔具有高亢、悠扬、优美、刚健的乡土特色。该剧种的“牌名”命名是根据唱腔旋律长短、音乐风格、调式转换、不同剧情、不同人物身份等多方面因素决定的。

蓝莫（ལྷམ།）

藏语音译，意为“藏靴”，是一种男女老少通常穿用的纯皮革制作的高筒靴子。有的全为牛皮制成，靴底用数层牛皮缝合，靴帮用较为厚实的牛皮制作,靴鼻上卷,靴筒用较薄的牛皮制作;有的用布料双夹层制作;有的用毛线制成,其面料颜色根据各自爱好搭配。由于高原气候寒冷,基本上春夏秋冬都穿它。藏靴工艺精细,耐用美观。

《朗萨姑娘》(《སྣང་ས་འོད་འབུམ།》)

八大传统藏戏剧目之一。根据真实故事改编而成,出现较晚。剧情大意是:美丽善良的农家姑娘朗萨在一次庙会上被当地山官(头人)扎钦看中并欲娶其为儿媳;朗萨父母慑于山官淫威,劝女顺从,朗萨在山官家终日辛勤劳动,小姑却恶言中伤,山官父子拳脚相加。一次朗萨被打得肋骨折断,抱恨而死。死后还魂,遁入空门为尼,后来山官父子带人来攻打朗萨修行的寺庙,被高僧和朗萨的法力征服,皈依正道。这一剧目集中刻画了一位勤劳、善良、温顺的藏族劳动妇女形象,控拆了农奴主的残暴,对普通劳动妇女寄予了深厚的同情。因其接近生活,反映现实,极易引起观众共鸣,因而成为最为流行的剧目之一。

朗生(ནང་ཟན།)

藏语译音,意为“家里养的”。旧西藏等级最低的人。没有任何生产资料,没有丝毫的人身权利,被农奴主看成是“会说话的牲畜”。他们受农奴主的绝对支配,终身为主人磨糌粑、喂马、放羊、背水、纺纱织氇氇、干杂活,主人可以把他们当作礼品赠送给亲友,或者当作陪嫁随同主人的子女入赘或出嫁,或者当作商品标价出卖。其婚配由主人指定,只能朗生嫁朗生,如果差巴嫁朗生就得降为朗生。其主要来源是:抵债者、被收留的孤儿、流浪者、朗生的后代,以及破落的差巴、堆穷。民主改革时,朗生占西藏总人口的5%左右,约6万余人。

朗子厦列空(སྣང་རྩེ་ཤག་ལས་ཁུངས།)

藏语音译,意为“朗子府邸”(贵族朗子的房子)。该机构的职责为“拉萨政法机关”,噶厦下属机构之一。设五品俗官2名,文书1名,管理人员2名,房管员1名,警察连长1名,巡逻人员20多名,乞丐头人1名。其职责是:管理拉萨市区的社会治安,派人巡逻,派警察在人口集中地段昼夜巡查,除杀人、盗窃等重大案件需呈报噶厦外,一般案件可自行处理,设有监狱和审判庭,可对犯人用刑和监禁,还负责征收拉萨市区90家青稞酒店铺的营业税。

劳务布施(མི་ལག)

西藏农区较为普遍的一种布施传统习俗。在农区,寺院往往拥有大片土地。远方香客来寺院朝佛,往往给寺院布施钱、粮、油。而寺院附近的居民，则到寺院农田里进行无偿劳作作为布施。寺院农田耕地、播种、锄草、收获都是以这种形式完成的。

理塘版《大藏经》（ལི་ཐང་གི་《བཀའ་བསྟན་》པར་མ།）

又名“丽江版《大藏经》”，《大藏经》藏文版的一种。由云南丽江府土司木增（藏名索南热丹）邀请第六世噶玛巴红帽系活佛曲吉旺秋共同主持编纂，从 1608 年开始至 1623 年共用 15 年时间才完成，完成后存放于理塘寺内。该版本以蔡巴《甘珠尔》的手抄本为底本，共计 108 帙。据说丽江府土司曾敬赠给大昭寺一套理塘版朱印本《甘珠尔》，印本包装极为精致，每帙均有绸缎包裹，上下夹板都是檀香木雕刻而成，箱子也都用檀香木制成。

历史壁画（ལོ་རྒྱུས་ལྡེབས་རིས།）

这类壁画以史实为依据，着重表现历史上重大的政治事件和活动。其中以讴歌藏汉民族血肉相连友谊的作品，尤有特色，引人注目。“文成公主进藏”故事，在布达拉宫、大昭寺、罗布林卡壁画中都绘在醒目的位置。画面通过“使唐求婚”、“五难婚史”、“公主进藏”等形象，生动描绘了贞观十五年唐蕃联姻的历史事件。这些壁画生动地歌颂了藏汉民族间团结友好的历史。

历算学（སྐར་རྩིས།）

小五明之一。以推算星宿运动和天气季节变化、规范度量衡的标准为内容的一门学科。直到现在藏族仍逐年编制藏历历书。它对农牧业生产活动起着重要的指导作用，深受广大农牧民及各界的欢迎。

莲花生（པད་མ་འབྱུང་གནས།）

也称为“乌金大师”。8 世纪印乌仗那（现巴基斯坦司瓦特河谷）僧人。佛教密宗传人，应吐蕃赞普赤松德赞之请，来藏传播佛法。曾与西藏原始宗教苯教斗法，并吸收、改造了苯教的一些神灵、仪轨，对藏传佛教代替苯教起了重要作用。后世尊其为西藏佛教祖师。

《莲苑歌舞》（《གཏམ་པདྨའི་ཚལ་གྱི་ཟློས་གར།》）

作者是甘丹寺第九十任法台白珠乌坚吉美却吉旺布（1808 ~ ?）。故事大意是莲花园里风景优美，有金蜂、玉蜂夫妇居住，金蜂、玉蜂曾向隐士求法，隐士劝其勤修法事，以求解脱。一日玉蜂在莲花中饮浆，适逢雷雨将至，花宿裹蜂。金蜂为退乌云，遍求众动物，不果。冰雹猛起，玉蜂面临死亡和离别，终悔没有及时修法。金蜂见玉蜂死于花蕊之中，万念俱灰，便跟从青年婆罗门“爱莲”出家修行去了。小说借自然力量之强大，宣扬世事无常，言人之渺小，劝诫众生及时修行,早得解脱。语言简练,描写景色、刻画心理细致传神。

亮宝会(ཚོགས་མཆོད་སེར་སྦྲེང་ཆེན་མོ།)

拉萨传统宗教节日。每年藏历二月三十日,传小召法会结束时,拉萨三大寺的僧人手捧各种珍宝、法器,列队从大昭寺出发,招摇过市,绕拉萨一周,再返回大昭寺。意思是以宝物的灵气,来招引吉祥福瑞。亮宝会又叫“赛宝会”、“供宝会”、“丝章节”等。

列谐(ལས་གཞས།)

劳动歌舞的统称。这种歌舞的特点就是边唱边劳动,旋律配合手脚的劳动节奏。例如除草歌、打墙歌、放牧歌等。

林卡节(གླིང་ཁ་གཏོང་བའི་དུས་ཆེན།)

拉萨、日喀则、昌都等地传统的娱乐节日。于藏历每年六月一日开始,节期不定,有的地方长达10多天。届时,藏族群众倾家出动,带上各式食品、青稞酒、酥油茶、卡垫、帐篷以及各种娱乐用品,来到林卡草地上欢聚野宴。一般是在草地上搭起帐篷,铺上卡垫,边娱乐边喝青稞酒或酥油茶。娱乐方式有打扑克、打台球、下棋、唱歌跳舞等。有的人是当晚回家住宿,有的则露宿野外,甚至通宵娱乐。同时常常进行一些宗教仪式或举办各种大型的文体活动。

林热·白玛多吉(གླིང་རས་པད་མ་རྡོ་རྗེ།)(1128~1188)

藏传佛教竹巴噶举派创始人之一。生于娘堆(年楚河上游,江孜一带)。17岁受戒出家,38岁师从帕木竹巴,后四处传法。他在热隆寺时,收22岁的藏巴嘉热为徒,指示其修建主寺。聚有弟子约五万人,形成竹巴噶举派。

铃(དྲིལ་བུ།)

藏族民间伴奏乐器之一,也是宗教活动中的法器之一。有杆铃(金刚铃)、碗铃和碰铃二种,碗铃是热巴艺人伴舞的乐器,它是热巴舞的伴奏道具。

溜索(འགྲིང་ཐག་ཟམ་པ།)

藏区一种传统桥梁。制作方法是:将一股或几股竹蔑拧成直径约4厘米的大索,固定在河岸两端的石崖上,一端高一端低。溜渡时,将一块用木板制成的溜板吊在溜索上,将一丈多长的麻布溜带从溜板中穿过,向臀部、腰部各绕一圈,再系在脖子上,固定好之后,双手紧扶溜板,同时用力蹬溜柱,顺势下溜,霎时即可抵达对岸。溜索通常是两根并列,一来一往。

琉璃桥(གཡུ་ཐོག་ཟམ་པ།)

又称“宇妥桥”。是西藏古桥中唯一一座连接古城拉萨内外的重要通道,而并非建于江河上的桥梁。据专家考证,此桥建于公元18世纪之前。它位于拉萨大昭寺以西约300米处,建筑形式为平梁式,桥跨度为28.3米、宽6.8米。桥上两边砌有石墙,为汉式风格的歇山顶桥廊,东西两侧的墙分别砌出5个门洞,门洞外侧分别有木栏杆,石墙间横放9根方木梁,每根木梁上竖着瓜柱,上面放8根脊檩。在四面墙的梁间伸出了36根挑方木,东西两侧分别为13根,南北两端分别为5根,在出挑方木的外端,压有一斗三升,用一斗三升结构承托方檐檩,之后再用木板覆绿色琉璃瓦顶,又用琉璃筒瓦顶盖住缝隙,檐口用琉璃舌形滴水。四角为龙首飞檐,屋脊中间饰有1米高的琉璃宝瓶,两端有琉璃供果脊饰,组成一座绚丽耀眼的汉地古建筑山顶式桥廊。现为拉萨古迹之一。

六大政要(སྲིད་དོན་འགངས་ཆེན་དྲུག)

吐蕃时期制定的法律。内容为孝养主人,偿清利息;抑制豪强,扶助臣仆;驯奴不充豪奴,王命不及女人;守卫边界,不践民禾;制服敌人,抚育臣民;奉行十善,戒十不善。

六法(ཁྲིམས་དྲུག)

松赞干布制定的六条基本制度和法律,即六六大计、量衡标准、伦常道德、双方地位不等则敬强护弱、双方有罪则俱施处罚、双方有理则指令修好。

六类赏赐(ཡིག་ཚངས་དྲུག)

吐蕃时期的奖惩制度。赐予英雄虎皮和豹皮;赐予懦夫狐皮;赐予行为高尚者佛法;赐予屠夫等低贱者绳子和苯教经典等;赐予良智者告身;赐予恶人小偷名。

六六大计(ཁོད་སུམ་ཅུ་སོ་དྲུག)

吐蕃时期法律。六法之第一法,共六条,每条又分为六小条,故名。内容包括:基础六制、六大政要、六状、六种标帜、六类赏赐、英雄六征。

六世班禅罗桑贝丹益西(པཎ་ཆེན་སྐུ་ཕྲེང་དྲུག་པ་དཔལ་ལྡན་ཡེ་ཤེས།)(1738~1780)

生于后藏南木林宗扎西孜地方,父名唐拉,母名宁达旺姆。乾隆六年(1741)被认定为前世班禅转世灵童,迎至扎什伦布寺坐床。乾隆十四年(1749)拜七世达赖格桑嘉措为师,从其学经。七世达赖圆寂后,捐黄金为其修造金塔,并主持八世达赖寻认、受戒诸事。乾隆三十一年(1766),乾隆皇帝派钦差大臣到后藏,册封他为“班禅额尔德尼”,并赐金册十三页,重二百三十两,金印重二百零八两。

乾隆四十二年(1777),清政府令六世班禅进京朝见,特地为其在承德避暑山庄附近修须弥福寿寺给他居住,式样仿扎什伦布寺。乾隆四十四年(1779)进京,翌年抵承德。乾隆四十五年(1780)因病在北京圆寂。乾隆皇帝下令为其在京建衣冠塔,名“清净化城塔”,后来称之为“西黄寺”。

六世达赖喇嘛仓央嘉措(ཏཱ་ལའི་བླ་མ་སྐུ་ཕྲེང་དྲུག་པ་ཚངས་དབྱངས་རྒྱ་མཚོ།)(1683~1707)

生于西藏南部门隅宇松地方。被第巴桑杰嘉措选为五世达赖喇嘛阿旺罗桑嘉措的转世“灵童”。康熙三十六年(1697)在浪卡子从五世班禅罗桑益西剃度受戒,同年被迎至布达拉宫的司喜平措大殿坐床。在这期间,五世达赖死后,第巴桑杰嘉措秘不发丧,假借达赖之命行事,与固始汗后代达赖汗争夺西藏地方权力。后被清政府得知,桑杰嘉措才迎仓央嘉措坐床。康熙四十二年(1703)达赖汗之子拉藏汗继位,与桑杰嘉措矛盾日益激化。康熙四十四年(1705)桑杰嘉措欲毒杀拉藏汗,事情败露,被诛。康熙四十六年(1707),清政府嘉奖拉藏汗,废黜仓央嘉措,下令将他押解送京,这年他24岁。关于他的死,一说卒于押解途中的青海湖畔,一说卒于内蒙古阿拉善旗一带,还有说他被解送到内地后,被软禁在五台山,后来死在那里。他创作了许多情歌,追求自由爱情,形式纯朴,具有民歌风味,在藏族群众中流传很广。后人所辑的《仓央嘉措情歌》有藏、汉、英等多种版本。

六四转山节(དྲུག་པ་ཚེས་བཞི།)

藏传佛教纪念释迦牟尼初转四谛法轮说法布道的节日。每年藏历六月四日,藏传佛教信教群众,都要到各寺庙朝佛斋僧,转神山、拜神湖。拉萨群众在大昭寺、药王山、布达拉宫等宗教圣地作佛事活动,有的还要去市郊的山上绕山顶转经,以求领悟“四谛”的深义。后来,这一节日逐渐演变成了群众习惯性的转山节日。

六种标识(མཚོན་རྟགས་སྣ་དྲུག)

旧时藏族的六种标识。命令的标识是小匣,军队的标识是旗帜,地界的标识是宫殿,宗教的标识是寺院,英雄的标识是虎皮,良智的标识是告身。

六状(ཕྱག་རྒྱ་དྲུག)

依据官民等级,发给质地不同的告身,以示区别和褒奖。

六字真言(མ་ཎི་ཡིག་དྲུག)

藏传佛教名词。汉字读音是“唵、嘛、呢、叭、咪、吽”。密宗认为这是秘密莲花部的根本真言,即六字陀罗尼(陀罗尼为神咒、真言之意)。据《观音经摩尼伽频婆》的解说:唵字代表天界之白色,念唵字时,其功德能使人迅速升往天界;嘛字代表阿修罗道之青色,念嘛字时,能免除沦于饿鬼之道;呢字代表光明的黄色,念呢字时,能解脱再受人间之苦;叭字代表牲畜界之绿色,念叭字时,能免除沦于牲畜之道;咪字代表饿鬼道之红色,念咪字时,能避免沦于饿鬼之道;吽字代表地狱之黑色,念吽字时,能使人免入地狱。佛经中又认为,唵表示佛部心法,念此字时,自己的身体要应于佛身,口要应当佛口,意要应于佛意,身、口、意与佛成为一体,才能获得成就;嘛呢二字意为如意宝,表示宝心部,此宝出自龙五脑中,若得此宝,入海能无宝不聚,上山能无珍不得,故又名聚宝,念此二字时能随愿获得成就;叭咪,梵文意为莲花,表示莲花部心,以此比喻法性如莲花一样纯洁无瑕;吽字表示金刚部心,祈愿成就之意,意谓必须依赖佛的力量,才能得到正觉,普渡众生,最后达到成佛的目的。《六字章句陀罗尼》中又认为,人若是常念六字真言,便能脱离生死轮回之苦,达到涅槃之境。藏传佛教信徒极重视六字真言,几乎念念不忘,心口不离。在藏区随处可见把六字真言写或刻画在器物和山石等处。

龙珍列空(རླུང་འཕྲིན་ལས་ཁུངས།)

藏语音译,意为“广播局”。噶厦下属机构之一,1947 年成立。其职责是负责广播事务。在阿里、昌都、那曲等地设有广播站。

隆多·阿旺罗桑(ཀློང་རྡོལ་ངག་དབང་བློ་བཟང་།)(1719~1794)

藏传佛教格鲁派著名僧人。生于西藏昌都地区。雍正三年(1725)在昌都强巴林寺出家为僧,广泛研习佛教显密教法及因明学。师从过七世达赖喇嘛格桑嘉措和六世班禅贝丹益西。毕生从事讲经、著述。其论著辑为《隆多喇嘛全书》,共 31 帙,为藏传佛教注释类书,主要是对显密宗、大小五明中的名词的注释。

《隆钦七藏》(《ཀློང་ཆེན་མཛོད་བདུན།》)

由宁玛派佛学家隆钦然绛巴(ཀློང་ཆེན་རབ་འབྱམས་པ།)于 14 世纪中期所著七论的统称,即:《妙乘藏》、《如意藏》、《宗轮藏》、《窍诀藏》、《本性藏》、《词义藏》和《法界藏》。

隆钦然绛巴(ཀློང་ཆེན་རབ་འབྱམས་པ།)(1308~1363)

藏传佛教宁玛派著名僧人。本名智美畏赛。隆钦是地名,然绛巴是博通经教人的一种称号,后来成为学位名。元延祐六年(1319)出家为僧,先修习宁玛派及其他教派密法,后习显宗经论,成为当时显密兼通的高僧,是宁玛派中学识修证都很高并得到公认的人物。他修订和解释过宁玛派的密法经典,到过不丹、尼泊尔,并在不丹修建了塔尔巴林寺,对当地佛教有一定影响。著有《隆钦七藏》等,是宁玛派重要典籍。

陋室(ཁང་ཞིབ།)

一般平民居住的一层建筑。结构简单,土石砌为墙,架木(或树枝)于上,覆以泥土,房顶用一种当风化了的"阿嘎"土打实抹平,内室居人,外院围圈牲口。

鲁盘桑杰益西(ཀླུ་འཕན་སངས་རྒྱས་ཡེ་ཤེས།)

古代藏族天文学者,生卒年不详,上象雄人。他反复研究日影,发明了准确把握夏至冬至、春分秋分的"土赤普"仪器,对西藏天文学的发展做出了重要贡献。

鲁布驱邪(ཀླུ་སྒུག་གཏོར་རྒྱག)

传召大法会期间的一种宗教习俗。鲁布,是旧西藏大昭寺西南一块空地。每年藏历正月二十四日,都要在这里举行盛大的驱邪仪式,仪式由甘丹寺法台和山南敏珠林寺长老主持。仪式开始,首先由哲蚌寺密宗僧院即"阿巴"(སྔགས་པ།)僧院和达赖的布达拉宫朗杰僧院的僧侣把象征邪恶的"朵玛"(གཏོར་མ།)供品抬到鲁布广场,用三角架架好,周围堆上柴草,然后神汉降神,喇嘛念经,古装仪仗队员鸣枪驱邪。最后将柴草点燃,糌粑做的"多玛"被火焚烧,象征着邪魔已被消灭。

鲁固安营(鲁固嘎志)(ཀླུ་སྒུག་སྒར་སྒྲིག)

拉萨传召大法会期间的旧俗。藏历一月二十二日,准备参加第三天驱鬼仪式的古装武士仪仗队要在拉萨鲁固广场举行隆重的安营扎寨仪式和宗教活动。这一活动藏语叫"鲁固嘎志"(ཀླུ་སྒུག་སྒར་སྒྲིག),即"鲁固安营"。

伦钦(司伦)(བློན་ཆེན། སྲིད་བློན།)

旧西藏的一种官职。十三世达赖喇嘛土登嘉措于1912年结束在印度的逃亡生涯返回西藏后,在未报中央政府批准的情况下,擅自设置的一种重要官职,名义上高于噶伦。先称为伦钦,后来改称司伦。其职能是沟通达赖喇嘛与噶厦之间的联系,将噶厦对各种问题的处理意见和自己的看法呈给达赖喇嘛,请达赖喇嘛定夺。

轮作(རེས་འཁོར་སོན་འདེབས།)

流行于四川藏族聚集区的耕作方式,即根据不同的农作物对土壤养份的不同需求而轮流耕种。有的地方轮种青稞、小麦、燕麦;有的地方轮种青稞、小麦、豌豆。每年种一季,三年一个轮作周期,还有些地方是农作物与牧草轮种。

罗布林卡(ནོར་བུ་གླིང་ཀ)

汉语意为“宝贝园林”,始建于18世纪,是七世达赖喇嘛的消夏之地,后由驻藏大臣为达赖喇嘛修建了乌尧颇章(即凉亭宫),七世达赖喇嘛晚年又在此地修了一座以其名命名的“格桑颇章”(སྐལ་བཟང་ཕོ་བྲང་།),从此定名为“罗布林卡”。以后,历代达赖喇嘛便以此为夏宫,在藏历的三月十八日从布达拉宫迁入罗布林卡,到藏历的八、九月份重返布达拉宫。八世达赖时期又建造了观戏楼、辩经台、湖心宫、龙王宫、圆经室;十三世达赖时又增建了坚赛林卡、坚赛颇章、措吉颇章。坚赛颇章和格桑颇章都是三层建筑,底层是大经堂,上面两层分别是达赖的卧室和小经堂。中央为十四世达赖修建的达旦米久颇章内,有一幅大型西藏通史壁画。据说,八世达赖曾移植百种花草树木种于园内,因此,罗布林卡又被誉为“高原植物园”。

骡帮歌(དྲེལ་པའི་གླུ།)

流传于全西藏的陆路运输业劳动歌曲,是西藏用骡、马、驴和牦牛等牲畜运输物资时所唱歌曲的总称。音乐旋律优美动听,常以口哨进行演奏。歌曲内容丰富多彩,形式多样,具有浓厚的感情色彩,有上货歌、卸货歌、嘱咐歌、赞扬歌等,是根据不同时间唱不同内容的歌。

洛过(སློག་ཀོག)

藏语音译,意为“无面羊皮坎肩”。一种前面以花条氆氇呢镶饰,背面为无面羊皮的坎肩。主要套于夏装藏袍之上,前凉而背热,利于身体健康,美观、实用、大方。

洛基(ལྷོ་སྤྱི།)

藏语音译,意为“山南总管”,旧西藏基巧级地方政权机构之一。前九任总管只有1人为俗官,其余皆为四品僧官;第十任总管是僧官、俗官各1人,僧官四品,俗官五品。基巧府驻泽当,下辖乃东、琼结、贡嘎、夺宗、僧各、桑耶、桑日、沃卡、门达旺等宗豁。

洛曲(ལོ་མཆོད།)

藏族传统习俗。庆贺死者在“中有”阶段的转世周祭仪式。死者去世一周年,已经完成了转世投胎的过程,获得了新生。为了庆祝这一历程的完成,这一天家人要举行盛大的庆祝活动。他们邀请所有的邻里亲友,饮酒狂欢,歌舞一天。这一活动,藏语称“洛曲”。

洛扎摩崖石刻(ལྷོ་བྲག་གི་བྲག་བརྐོས།)

洛扎摩崖石刻有两处,一在洛扎县城西北五公里的多穷村右侧石崖上,一在洛扎县城东洛扎其曲河与门当河汇流之处的石壁上。两处石刻的内容完全相同。上刻古藏文一百五十多个字,大都清晰可读,内容大意是说德门得乌穷在吐蕃赞普驾前忠贞不二,建有殊勋。为此,赞普颁诏勒石,保护德门得乌穷的既得利益。

绿度母(སྒྲོལ་ལྗང་།)

也称“救度母”、“多罗母”,传说是观音化身的救苦救难的菩萨,共为二十一尊,以颜色称呼的有如白度母、绿度母等。据说,供奉绿度母能摆脱八种恐惧与危难,所以又俗称“八救度母。”

M

马基康（དམག་སྤྱི་ཁང་）

藏语音译，意为“总司令部”，在布达拉宫山角下，旧西藏噶厦设立的藏军最高指挥机关。1915 年成立。设僧俗马基（司令）各 1 人，品级不固定，如是扎萨兼任则为大四品，如是噶伦兼任则为三品。下设 1 名四品执事官处理日常工作，另有马仲（军事秘书）2 名、列加（执事僧官）2 名及文书、通讯员等。其主要职责是：行使对各代本的指挥、调遣权，组织指挥部队训练，听取各代本的请示汇报，发放各部队征派乌拉的马牌、路条、文书等，组织征兵及士兵的退伍、补充等，安排各部队的后勤供应。

马球（རྟ་ཐོག་སྤོ་ལོ།）

藏族传统体育项目。据史料记载，马球最早起源于吐蕃，后来逐步东传汉地，西传中亚至欧洲。马球是一种集体性很强的体育比赛活动。球场要求平坦、宽广，适合催马奔驰，往来回旋。马球的形状有拳头大小，用木头雕成拳头般的圆形，外用皮革裹好，染色成朱红色。球杆有数尺长，击球一端呈弯曲形。球门木制，加网为囊。比赛双方都是骑马击球，击球入对方球门多者取胜。

马头金刚（རྟ་མགྲིན།）

又称“马头明王”、“马头观音”。藏语称“丹真”，蒙语称“达木林”。藏传佛教密宗的本尊神和护法神，由印度传入。其形象多种，都是忿怒形。马头人身，有的六头六身，有的八头八身，有的身长翅膀，等等。该神是观世音菩萨的变化身或无量寿佛的忿怒身。色拉寺中供奉的该神非常知名。

玛仓·西饶僧格（སྨར་ཚང་ཤེས་རབ་སེང་གེ།）

生卒年不祥。藏传佛教帕竹噶举派的玛仓噶举支派创始人。帕木竹巴弟子，曾建玛仓寺聚徒，形成该派。

玛仓噶举（སྨར་ཚང་བཀའ་བརྒྱུད།）

藏传佛教帕竹噶举派支系之一。创始人为玛仓·西饶僧格。帕木竹巴的弟子。后来该派和康区白玉地方的宁玛派合并。

玛尔巴·确吉洛追（མར་པ་ལོ་ཙྪ་བ་ཆོས་ཀྱི་བློ་གྲོས།）（1012～1097）

藏传佛教噶举派创始人。西藏历史上著名译师，生于西藏洛扎县普曲地方。15 岁时从师学习梵语及声明学，后往尼泊尔、印度学习密宗，回西藏时带回许多密宗经籍，译成藏文。米拉日巴为其著名弟子。

《玛尼全集》(《མ་ཎི་བཀའ་འབུམ།》)

由释迦桑布和大成就师欧竺分别从大昭寺夜叉殿和马鸣菩萨脚下发掘出来的“伏藏”。此书均以松赞干布的口气讲述，因而也有人称之为《松赞干布全集》。全书分上、下两卷：上卷共八部，也可分两部，一部分三部，二部分五部；下卷主要是松赞干布对亲属、大臣的种种教诫，另包括《誓愿阐微》、《对臣民的遗训》几本小书。书中内容繁杂，较大部分以宗教为主，其中松赞干布传记及遗训部分文学价值较高，常被后代作家引用，影响较大。传说系松赞干布所著。经著名藏学家恰白·次旦平措考证，该书系公元 11、12 世纪的作品。

玛旁雍措(མ་ཕམ་གཡུ་མཚོ།)

在西藏阿里地区普兰县境内与“神山”岗仁波钦遥相呼应。水平面海拔高度4557 米，面积400 余平方公里。世界最高的淡水湖之一。佛法教徒认为该湖是胜乐大尊赐予的甘露，湖水既能洗净身体污垢，又可以涤除人们心里的障碍，饮用则能消灾祛病。朝圣的人们往往绕湖一周，沐浴，畅饮。湖的四周建有 8 座寺院，供僧侣修行。

玛旁雍措新石器(མ་ཕམ་གཡུ་མཚོའི་རྡོ་ཆས་གསར་མ།)

该地点在西藏自治区普兰县马旁雍湖东北岸的高地上，海拔 4630 米。采集细石器标本 39 件，石叶四件，是典型的细石器标本；小石片 12 件，厚度 0.3 - 1 厘米，形状不规则，加工方法是直接捶击剥离，有的仞部锋利，有使用痕迹；细石器 23 件，器形有刮削器、尖状器和雕刻器 3 种；玛旁雍措新石器中还包括大型打制石器标本 19 件，原料有燧石、火成岩等，多数加工粗糙，个别加工细致。

嘛呢堆(མ་ཎི་རྡོ་འབུམ།)

藏语称“嘛呢多本”，蒙语称“敖包”或“鄂博”。藏传佛教信徒在过往路口上，把刻有六字真言的石块垒放成堆，不断添加，高达数米至十数米，形成圆锥形的石堆，故名。也有将牦牛角、石刻佛像等供奉在嘛呢堆里的。在蒙古地区的草原上，有用干树枝堆积敖包的。过往行人路过嘛呢堆时，要按顺时针转绕数圈，以此祈祷和积功德。

嘛呢轮(མ་ཎི་ཆོས་འཁོར།)

藏传佛教徒用以祈祷的法物。有数种，粗分可分为嘛呢筒和手摇嘛呢轮两类。前者固定在寺庙的屋檐、廊下等处，成串排列，状如桶，木制或铜制，中心有轴，以手推之转动；后者较小，有手柄连接中心轴，执手中转动，木、铜、银制多种，桶内装有纸印的经文。嘛呢二字是六字真言的简称。嘛呢轮四周刻有六字真言。藏传佛教认为，转动嘛呢轮与口念六字真言具有相同作用，两者同时进行则功德更大。

嘛呢旗（དར་ལྕོག）

藏语称“塔觉”。藏传佛教祈祷用法物。用各色布制成长条状小旗，将六字真言或其他经文印写在旗上，捆扎成串，拿木竿挑起来，竖立于屋顶、山头和嘛呢堆上，或悬挂于树枝、桥栏等处。用来祈祷吉祥。

嘛呢石刻（མ་ཎི་རྡོ་བརྐོས།）

随着玛呢堆的扩展与普及而产生的一种石刻艺术。开始多是摹刻佛教箴言与经咒，后来可能是由于民间刻工们受到经书插图的启发，又因为便于对绝大多数是文盲的信徒以教化，遂出现了图文结合，仅限于佛像的嘛呢石刻；再往后逐渐出现了图多于文以至完全是图的嘛呢石刻。后者是线面结合的浅浮雕，图也越出了佛像的范围。纵观浩如烟海的嘛呢石刻，以其宗教意义大致可划分为四类：一是佛、菩萨与高僧的造像；二是本尊护法神像；三是忏悔与祈祷文；四是符咒与警句。以艺术风格论又可划分四类：一是昌都地区的线刻；二是前后藏地区的线、面、书结合的浅浮雕；三是阿里地区的卵石雕刻；四是藏北地区的石书。

麦扎仓（སེ་ར་སྨད་གྲྭ་ཚང་།）

色拉寺中最早的建筑，由释迦也失主持兴建于永乐十七年（1419）。最初的殿堂建筑已毁于雷击，现有的麦扎仓由贡钦·强曲班巴重建于1761年（乾隆26年，藏历第十三饶迴的铁猴年）。该扎仓总建筑面积900平方米，由75根大柱建成，殿堂分为四层，共有五个拉康，分别是竹康（三世佛殿）、乃登拉康（罗汉堂）、宗喀拉康（宗喀殿）及托巴拉康。整座建筑位于色拉寺的西南部。

曼巴（སྨན་པ།）

藏语意思是“医生”。

曼巴扎仓（སྨན་པ་གྲྭ་ཚང་།）

藏语意为“医明院”。藏传佛教的许多寺院中都有医明院，即学习藏医诊断、治疗、制药技术的医学院。在这种经院学习的僧人，除进行一般的宗教活动外，还要学习《药王月诊》、《晶珠本草》、《四部医典》等医学理论，同时也学习采药、制药等内容，学完后根据成绩授于相当的学位。

曼拉节（སྨན་བླའི་དུས་ཆེན།）

甘肃卓尼地方藏族的娱乐性节

日，每年农历正月初八至十五举行，为期七、八天。节日期间主要活动是歌舞表演。节前，各村各寨都要组织歌舞队，排练富有本村特色的歌舞节目。节日里歌舞队到附近各村寨去表演，村里的人则忙着接待别村前来表演的歌舞队。各村各寨均沉浸在欢歌笑语之中。这是传统节日，每年农历六月中旬举行。每到节日来临，当地藏族群众都要带着帐篷、炊具和节日食品到草地、山坡上野餐、游乐，举行传统体育比赛。青年男女则唱歌、跳舞、演藏戏。

曼罗布扎仓（སྨན་སློབ་གྲྭ་ཚང།）

藏语译音，是西藏较早的一所藏医院。由第司·桑杰嘉措创建于康熙三十年（1691），学僧由各寺院选派，学习内容是被称为藏医医圣老宇妥·云丹贡布所著的《医学四续》和第司·桑杰嘉措所著的《蓝琉璃》，同时要练习药师、坛城和医学样图的绘制及其他有关医学理论知识，来此学习的僧额规定是 64 名，在此学成后，成绩优秀者可选派为达赖喇嘛的私人医生；中等的可到哲蚌寺、色拉寺、甘丹寺任医生；其余的返回原寺院或到其他寺院任医生。曼罗布扎仓曾为西藏的藏医事业培养过大批人才，为藏医药的发展做出了贡献。因该扎仓原建在药王山加布日（ལྕགས་པོ་རི།）山上，俗称“加布日曼罗布扎仓”（ལྕགས་པོ་རི་སྨན་སློབ་གྲྭ་ཚང།）。“加不日”本意“铁围山”，是西藏四大名山之一。后因在其上建了藏医院，故而称“药王山”。

曼然巴（སྨན་རམས་པ།）

藏语音译，是藏传佛教寺院中曼巴扎仓（医学院）的学生在学业结束时对成绩优异者的称号。学医僧学习的内容有藏医知识、藏医治疗、藏药制药技术，所用教材主要有《四部医典》、《晶珠本草》、《药王月诊》、《蓝琉璃》、《总则续经》、《后续经》、《论续》、《药王经》、《马王白莲经》、《大秘传记》和《菩提道次第广论》等，并要求学医僧人外出采药，认识和观察药物的生长状态，识别其药物性质。七月下旬，扎仓内全体僧人开始制药，在八月间，根据仪轨诵经 7 天，祈愿所制药品灵验。学习时间不限，只要是成绩优异者便授予“曼然巴”（སྨན་རམས་པ།）的称号。

曼荼罗（དཀྱིལ་འཁོར།）

梵语音译，藏语称“金廓”，意思是“坛城”、“坛”。藏密重视用图像、模型等揭示佛理，于是修造坛城，配以各种图画、图形，或在纸帛上画印佛像，故名。曼荼罗有四种形式：大曼荼罗，描绘神佛形象，表示他们前来聚会；三昧耶曼荼罗，描绘佛的法器，以此组成各种图形；法曼荼罗，只写出神佛们梵文名称的头一个字母，修行者见字母如见佛；羯磨曼荼罗，描绘神佛的动作，以及他们的造像。这四类全称为“四种曼荼罗”，在西藏佛教寺院里常见。

毛帐（སྦྲ།）

藏族牧民传统居所。毛帐都是用牛毛线织成粗毛布，一块块缝缀在一起，最后作顶。一般毛帐呈四角形或六角形，一边留门，门口矮小，出入都得弯腰低头，毛帐内由八根木杆从中间和四角撑起，外部再钉八根木桩，用毛绳拉紧，毛帐边缘用木桩钉住，四周挖沟叠土，以避风排水。

《牦牛、绵羊、山羊和猪的故事》（《གཡག་ལུག་ར་ཕག་གི་གཏམ་རྒྱུད།》）

作者贡却加措（1791～1858），曾任拉卜楞寺第四十一任法台。故事内容主要是，尼玛贡家养有许多马、牛、羊、猪，他虔诚信教，杀猪宰羊供奉僧人。一隐士名叫丹白坚赞，听了牲畜的求情，便与接受供奉的咒师展开辩论，以因果循环的道理使咒师终于觉悟，尼玛贡亦永不再杀生。故事主要目的在于劝诫佛教徒要遵守佛法，不可妄为。书中对动物进行人格化描写，细腻生动。

门当派（སྨན་ཐང་ལུགས།）

西藏的一个画派。它的画风端庄谨严，色彩富丽，喜用点金和其他中和色统一画面，线条均匀，刚柔相济。布达拉宫和大昭寺的一些壁画大都出于门当派之手。从画面上不难看出，该派的画布局上主次呼应，疏密参差，构图丰满，以实带虚。

门孜康（སྨན་རྩིས་ཁང་།）

1915 年，十三世达赖喇嘛土登嘉措时，在拉萨建立了医药历算院，即门孜康。其中历法分支专司天文历算之职，并编制每年的藏历历书并出版发行。

弥易尼玛·统瓦顿登（མི་ཡི་ཉི་མ་མཐོང་བ་དོན་ལྡན།）

生于 14 世纪中叶，是吐蕃政权的后裔，曾经从印度学者纳吉仁钦、西藏译师索南嘉措和绛巴·囊杰扎桑及昌迪·巴登措杰学习佛教三藏四续之书。但他特别精通藏医学，曾著有《脉经注释·耳传金刚词句》和《医学四续注释·四相庄严》等医学著作，为发展西藏的绛巴·囊杰扎桑派医学做出了贡献。

米拉日巴（མི་ལ་རས་པ།）（1040～1123）

本名推巴噶，藏传佛教噶举派高僧玛尔巴的著名弟子，出生于西藏阿里的贡塘地方。他父亲去世早，他和母亲受伯父迫害。因此去学“咒术”，用咒术杀伯父全家及亲友 35 人。后来后悔，改学佛法，拜玛尔巴为师。苦心静修，得到真传用歌唱形式传教。其弟子一代代传承并整理了《米拉日巴道歌》。著名弟子有达波拉杰和热穷巴等。

《米拉日巴传》(《མི་ལ་རས་པའི་རྣམ་ཐར།》)

作者是萨迦派著名僧人桑吉坚赞。书中叙述了米拉日巴悲惨的少年生活和跟从名师，遁世修行终得“正果”的经历，劝导众生以米拉日巴为楷模，敬仰佛法、出家修行，以求脱离人生苦海。全书脉络突出，情节曲折，人物性格鲜明，语言朴实无华，是传记文学中的上乘之作。《米拉日巴传》不仅在藏区各地广为流传，也深受国内外读者喜爱，已有汉、蒙、英、法、日等文字的译本。

《米拉日巴道歌》(《མི་ལ་རས་པའི་མགུར་འབུམ།》)

汉文习惯译为《米拉日巴道歌集》，简称《米拉道歌》，是由桑吉坚赞搜集整理而成的，部分内容为米拉日巴弟子所录。《道歌》全集包括三部分：一是降伏来犯鬼神，使其受佛法约束；二是引导弟子走入成佛之道；三是其他各种弃恶扬善的教诲，共约四百余首诗歌。歌中诗歌与散文相间，所收亦不完全是米拉日巴的诗歌。整个诗歌以出世主义思想为主，客观上起到了对剥削阶级的批判和揭露的作用。《道歌》中的诗歌格律，充分吸收了多段体回环对应的民歌形式和民歌素材，是作家写作道歌的第一部作品，对后世影响很大，成为作家诗的一个流派。

米拉则山瞭望台遗址(མི་ལ་རྩེ་རིའི་རྒྱང་མཐོང་མཐོ་སྒྲིགས་ཤུལ་རྙིང་།)

位于西藏山南乃东县昌珠区热炯寺所在的米拉则山头上，距今约600多年。此遗址东西长7.4米，南北长11.3米，高出地面2.5米，正南面留有宽2米的八级石级通道，外围有壕沟环绕的石砌边椭圆形土台。瞭望台上有望楼遗迹，原望楼直径有3米，是石砌圆形碉楼，现仅存2.5米高的残墙。据史料载，此遗址为第十任帕竹万户长绛曲坚赞击败直贡派，又战胜雅桑万户、蔡巴万户，摧毁萨迦政权的统治，建立了帕竹政权时的战争遗迹。

密集金刚(དཔལ་གསང་བ་འདུས་པ།)

藏传佛教密宗本尊神之一。藏语称“桑堆”。属于无上瑜珈部的父续类，表现方便和大乐之义。由印度传入西藏后，分为宁玛派传规、阿底峡传规、玛尔巴传规等。格鲁派密宗重视该法，布达拉宫的红宫东面造有时轮金刚坛场。该金刚形象为双身坐像，三头，六只手臂，持金刚杵，拥抱明妃。

密芒(མིག་མངས།)

藏语音译,意为“多眼棋”。西藏传统娱乐活动。棋盘上有纵横 17 道线路,两人比赛,一方执黑子,一方执白子。先在棋盘上各摆 6 个子,然后由执白子者先走,其下法与围棋相似。比赛无时间限制,一般为一局定胜负。主要是比技艺比智慧,是一项有益于智力的活动。

密院(སྔགས་པ་གྲྭ་ཚང་།)

藏传佛教格鲁派寺院所设的修习密宗的扎仓(学院)。分为上密院(在拉萨小昭寺)和下密院(在拉萨麦如扎仓)两个平行独立的扎仓,是先显后密的修习规仪的必要程序。但必须是考上格西学位的僧人才可进入密院修习。主要修习内容是集密、胜乐、大威德三金刚及一些次要的金刚护法的密法。这些密法名目繁多,其经咒、灌顶、坛城、仪轨等等既严格又神秘莫测,不修密宗之人很难理解。

《密宗道次第广论》《སྔགས་རིམ་ཆེན་མོ》

全名《胜编至大金刚持道次第开显一切密要论》。藏传佛教格鲁派的典籍,宗喀巴著。1406 年撰于西藏昌都的强巴林寺,系统阐述了佛教密宗要旨,对诵咒、供养、设坛等种种修行仪式都进行了一定的规范。与《菩提道次第广论》合起来,概括了宗喀巴的全部宗教思想体系,奠定了格鲁派的思想基础。汉文译本由法尊法师翻译。

勉唐派(སྨན་ཐང་ལུགས།)

又称勉拉顿珠嘉措画派,因其祖师顿珠嘉措出身于西藏山南洛扎门塘地区而得名。其画风格雍容华贵、富丽堂皇、造型严谨,善于沥粉堆金,用笔多侧锋兰叶描或蚯蚓描,技法丰富全面。

冕宁藏族火把节(སྨན་ཉིན་མེ་ཏོག་དུས་ཆེན།)

是古老苯波教趋吉避祸的传统祭祀活动。藏彝走廊带各民族都信仰这个古老的传统习俗。四川冕宁地区藏族农民的一个传统节日,每年六月中旬举行。关于这一节日的起源有两种说法:其一是有一条恶龙要把农田变成大海,为了保住自己赖以生存的土地,广大农民合力驱赶恶龙,天黑以后继续打起火把追赶,终于把恶龙赶到了灌县,牢牢地镇在二龙庙下。此后每年的这一天,人们就要举行火把节,以防恶龙再现。其二是过去农民为防止害虫危害庄稼,就点起火把,到农田里去烧死害虫。后来这种除虫方法逐渐演变成了一年一度、祈求丰收的火把节。节日这天,村村寨寨,人们都要着新装、点火把、杀牛羊、祭火神,青年男女则围着篝火唱歌跳舞,通宵狂欢。

妙音仙女像（ལྷ་མོ་དབྱངས་ཅན་མའི་སྐུ་བརྙན།）

位于甘肃省永登县连城附近大通河东岸的妙音寺中。妙音仙女怀抱凤头琵琶。据说此琵琶由缘宝石制作，常着绿色。左手握琴柄，并指按弦；右手轻置于右膝内侧，拇指和食指相对弹弦，头部左倾、口稍张、眼微闭，似乎陶醉于自己弹出的妙音之中。头戴宝冠，耳环垂于双肩，身披绫带，袒胸露臂赤脚，下着裤子，小腿在脚脖处交叉，左里右外，双脚置座，双膝离座稍高，坐姿不同于其他佛像坐势。其背景是大小两个空白圆圈。

民歌（དམངས་གླུ།）

藏族民歌有着悠久的历史，内容极为丰富，涉及社会生沽的各个方面，数量如烟海。早在公元 2 世纪后期，吐蕃歌舞已较为兴盛，到约 9 世纪前后的吐蕃时期，已有了诗歌的书面记录。传统民歌中既有关于世界形成，人类诞生的歌，又有关于生产劳动、婚姻爱情、社会道德等方面的歌；新民歌则多是对旧制度的控诉和对新社会的赞美。藏族民歌民族色彩浓厚，表现手法丰富多样，语言朴实、优美。从格律上看，可分为“谐体”民歌、“鲁体”民歌和“自由体”民歌三大类。

敏珠林寺（སྨིན་གྲོལ་གླིང་།）

藏传佛教宁玛派寺院，建于康熙十年（1676），在西藏扎囊县境内。该寺弘传“南藏”，以研究西藏历史、文化、历算、医药而闻名，形成卫藏地区宁玛派两大支派之一。1718 年遭准噶尔部毁坏，后由颇罗鼐重建。

明封八王（མིང་རྒྱལ་རབས་དུས་ཀྱི་ཞང་བརྒྱད།）

明朝中央政府沿袭元朝在西藏利用和扶植佛教的政策，但与元朝只推崇萨迦派的作法不同，而是采取“多封众建”的政策，对有实力的各教派领袖都加赐封号。明朝在西藏共赐封过三大法王和五个王，史称“明封八王”。三大法王是：大宝法王（属噶举派）、大乘法王（属萨迦派）、大慈法王（属格鲁派），法王奉明廷敕命，具有崇高的宗教地位。五个王是：赞善王、护教王、辅教王、阐教王、阐化王。王的地位比法王低，比大国师、国师高。五个王各有封地，分别管辖一定的地区。五王当中，除赞善王外，其余四个王的封地都在西藏。法王和王没有任命下级僧官的权力，各下级僧官均由朝廷任免。

命价（སྟོང་ཐང་།）

吐蕃政权早期的法律规定“杀人者偿命”。后来由于宗教和经济方面的原因，杀人者不再偿命，而改为支付一定数量的偿命金，这种偿命金就是命价。不同等级的人，命价大不相同。

摩顶(ཕྱག་དབང་ཞུ་བ།)

藏族群众礼仪之一。每逢大活佛莅临之际,藏族群众均前往膜拜,并请求大活佛用手摩其头顶,以求赐福。摩顶时,群众一般会奉献哈达和金银财宝等布施,大活佛给群众摩顶后,一般均回赠一条加持过的红丝线绳。藏族群众认为,此红绳乃吉祥之物,系于颈部,可保安康。

磨金技法(གསེར་ཚག།)

即在平涂的金上用宝石做成的笔磨出有丰富层次和立体感的图案。运用这一技法不但进一步提高纯金在画面上的明亮度使其更灿烂,而且使金在画面上保持得更加长久。

蘑菇炖羊肉(ཤེར་ཤ་ལུག་བཙོས་མ།)

甘南牧区藏族招待客人的一种珍馐。每年夏秋之际,草茂羊肥,蘑菇丛生,这时候,如果到牧民家作客,牧民会挑选一、二岁的羯羊,宰杀后,用藏刀切成小块,再加入新鲜蘑菇和佐料,一起烹调,肉中有菇,菇中有肉,风味浓郁,鲜香爽口,令人回味无穷。

磨饲料歌(ལས་གཞས།)

流传在西藏农村的一种劳动歌曲。产生于四千五百年至五千年之前石磨产生之后。歌曲内容主要反映男女间的爱情生活以及曲折的生活经历,旋律流畅,节奏自由,歌声瞭亮,具有浓厚的生活气息。

墨脱誓言(མེ་ཏོག་ཡུལ་གྱི་མནའ་ཤག)

西藏墨脱藏族、门巴族、珞巴族群众的一种生活习俗。发誓分口誓、手誓两种。墨脱藏族的口誓一般有凭三宝起誓、凭释迦牟尼起誓、请布达拉作证、请护法女神作证等,也有凭父母和儿女起誓的。当地藏族的手誓,有把佛经、佛像顶在头上,或在佛像、活佛面前起誓的;也有咬破手指,将血滴在酒碗里,喝血酒起誓等。誓言在墨脱人眼里是非常严肃的东西。两结拜、部落结盟、调解纠纷、信守诺言等等都离不开誓言。

母女共夫制(བཟའ་གསུམ་མ།)

旧西藏婚俗之一。这种形式多见于寡母再嫁,女儿尚未成人,随母改嫁。待女儿长大后同后父同居,形成事实婚姻。

木板画(ཤིང་བཀོས་རི་མོ།)

藏族绘画艺术之一。在不同形状的木板上绘制图像,图像多以佛像、佛教故事为主,有少数属历史题材。有的木板画为了便于执举和插挂,在木板画上安有把柄。

木柴垒墙(牛角垒墙)(ཤིང་གྱང་།)

生活习俗。在西藏许多地方,人们把自家的木柴及柴草,全都整整齐齐地码到墙头上,这些木柴有的要放许多年,目的是为了显示自己的富有,并兼具防盗作用。在一些牧区,人们还有用牛犄角垒墙的习俗,目的是一样的。

木铲(ཤིང་ཁེམ།)

藏族传统农具。由铲面和木柄两部分组成,主要用来堆粮。

木雕艺术(ཤིང་བརྐོས་ལག་རྩལ།)

是西藏雕刻艺术的重要组成部分,包括建筑装饰木雕与书版模具木雕两个方面,其中经书封板木雕,已达到了西藏木雕艺术的高峰。木雕作品的内容丰富,题材广泛,既有宗教题材,也有人物、花鸟、虫鱼、花纹、图案等等,“红莲怒放”、“龙凤呈祥”、“白鹤寒松”、“菩提翠竹”、“莲花金座”、“吉祥图案”等,都是民间木雕艺人表现的传统主题。由于西藏木材资源得天独厚,藏族木雕艺人的才智集中在建筑艺术和日用藏桌、藏柜以及佛龛上,经过他们的手,一组组图案清秀俊逸、栩栩如生。总之,西藏民间木雕以它浓厚的生活气息和独特的构思,反应出高原人质朴的感情和对生活的热爱。

木饭盒(སྐོར་ཕོར།)

藏族使用的一种木制餐具。圆形,高约13厘米,直径约11厘米,底、盖均可盛食物。外出劳动、狩猎、旅行,一般都带木饭盒。盒子里放一个小碗,吃饭时,用小碗喝茶,在木盒里捏糌粑,用盖子装菜。

木刮(རྒྱག་འབྲད།)

藏族传统生产工具。由一根长约65厘米的小木棒穿在一块长约40厘米、宽约13厘米的梯形木板制成。其用途是刮青稞、刮粪、刮泥,也可当一般工具使用。

木桥(ཤིང་ཟམ།)

西藏古代桥梁的一种。现发现的21座中,位于雅砻河上的雅砻木桥保存较好,此桥建于帕木竹巴地方政权统治时期,是当时乃东地方帕竹政权首府通往河西努、琼结等地的必经之路。此木桥属五墩四孔平梁式,全长45米,宽3.8米;高4.5米;桥面由纵向排列的9根大木组成,两边又护以粗大木料构成栏杆;9根大木下是一层横放的方木,方木下是纵排的9根圆木,再下面是桥墩。桥墩的结构颇具特色:用石块垒砌桥墩的同时又辅以木桩护栏,形成十分坚实稳固的结构;桥墩桥孔中,外边两个桥孔较小,各宽7.2米,靠河心的两个桥孔各宽8.38米;桥墩的建造既考虑了桥梁木料的跨度,又考虑了分洪缓流的诸多方面。位于中部的桥墩平面则设计成船形,迎水面砌成分水尖,起到良好的分流作用。整个桥的设计精巧,稳固实用,构造合理。

木碗(ཤིང་ཕོར།)

藏族传统生活用具。其特点是做工精细,携带方便,不易破碎。一般用桐树、桑树、桦树的干、节、疙瘩等制成,表面上漆,并刻或绘有各种花色的图案。

木雅藏戏(མི་ཉག་གི་ལྷ་མོ།)

流行于四川木雅地方的藏族剧种。该剧种产生于本世纪初,康定木雅居里寺的一世活佛格桑云登根据巴塘降呷让传入的藏戏唱腔方法,用特殊的木雅语和木雅山歌音调,创造出20多个唱腔,以此种唱腔编演传统藏戏故事剧目,另外还编演《国王冉玛拉》、《和气四瑞》、《六长寿》等小剧目,创造出该地区独特的表演形式。

沐浴节(སྐར་མ་དོད་པ།)

藏族民间传统节日。每年藏历七月下旬弃山星出现时开始,历时一周。不论是牧区、农区、城镇、乡村,节日期间,人们都要扶老携幼,来到河溪之中尽情嬉戏,洗刷一年的污垢。人们不仅洗澡、洗头,还要把家中的藏装、藏被、卡垫洗涤干净。同时,人们还要尽情歌舞、饮酒品茶。

牧羊节(ལུགས་རྫིའི་དུས་ཆེན།)

藏北那曲宗孔马部落的一个牧民节日,每年藏历七月举行。此时正是夏日,藏北草原上水草丰美,是放牧的黄金季节。节日这天,部落的牧民往往赶上牛羊,集中在一个草山上,牛羊自由自在地吃草,牧民则聚在一起,自由自在地饮酒聊天,高歌舞蹈。节日的另一项内容就是祈祷牲畜平安。

N

《纳杰才罗遗言》(《གནའ་རྒྱུའི་ཚེ་སོ》)

全诗一千四百多句,主要流传于甘肃、青海的藏族地区。歌词大意是,一位临死的老人,以自己所经历的人生苦难,揭露黑暗、鞭挞时弊,给后代和亲友留以种种忠告。该诗通过老人之口,讲述一户殷富之家由于寺庙的抢取豪夺而变为贫困,因而也饱尝了人间冷暖的曲折经历,对后人的忠告多有教益,比如:劝人要孝敬父母、交友交善、为人要诚等等,其中也有部分内容属丁宗教内容。

纳龙(རྣ་ལུང་།)

藏语音译,意为“耳环或耳坠”,藏族妇女的首饰。一般为插丝、镶嵌而成的金银制品,有的只戴一小耳环,大多数则戴镶红、绿宝珠的大耳环,耳环上再配以带链耳坠。

纳木措(གནམ་མཚོ།)

藏语为“天湖”或“天池”之意,是西藏自治区拉萨市和那曲地区境内的一个圣湖,海拔4700多米,也是世界上海拔最高的咸水湖。每年藏历五、六月,就有许多佛门弟子前来转经朝佛。据历史记载,曾有许多高僧在此修身养性,弘扬佛法。

纳塘版《大藏经》(སྣར་ཐང་《བཀའ་བསྟན》པར་མ།)

藏文《大藏经》版本之一,是所有藏文版《大藏经》中雕刻时间最长,雕刻质量高、字型非常美观的版本。此是遵照第六世达赖仓央嘉措的旨令,由第司·桑杰嘉措主持雕刻的,因资金短缺以及技术不够熟练,故而用了七年多时间才刻完28帙甘珠尔版,又因第六世达赖仓央嘉措被罢黜而停止雕刻。至18世纪初,由颇罗鼐·索南多杰主持刻完全部藏文《大藏经》,共计327帙。由第六世班禅班丹益西加持,存放纳塘寺,但毁于十年动乱中。

纳塘手抄本《大藏经》(སྣར་ཐང་《བཀའ་བསྟན》ལག་བྲིས་མ།)

藏文《大藏经》最早的手抄本,存放十纳塘寺内,是皇庆一年(1312)仁宗皇帝邀请的纳塘寺的格西恰喀巴拔希一行到蒙古传教,并为上师迥丹热直提供笔墨纸张,由迥丹热直与译师索南沃赛、罗赛绛秋益西等人一起收集了前藏、后藏和阿里等地的藏文《甘珠尔》和《丹珠尔》的手抄本,并以此为底本分类编排,由迥丹热直编写《甘珠尔、丹珠尔目录详指》;由罗赛绛秋益西编写《甘珠尔、丹珠尔简目》。后来就根据这两部目录的次序,抄写成了一整套藏文《大藏经》。

纳塘寺(སྣར་ཐང་དགོན་པ།)

藏传佛教噶当派的寺院之一。北宋皇祐五年(1153)仲敦·罗珠扎巴兴建。在西藏日喀则市西南约20公里处。该寺的印经院最为著名,有“西藏文库”之称。寺庙落成后,以宏传戒律和传播噶当教派的教法为主。

纳塘印经院(སྣར་ཐང་པར་ཁང་།)

西藏著名印经院之一,在纳唐寺内。13世纪时纳唐寺僧人迥丹热直搜集所有藏译三藏法典,编订出《甘珠尔》和《丹珠尔》的大藏目录,并刻版印行。雍正八年(1730)西藏地方政府郡王颇罗鼐,主持修建了这个印经院,费时20年。之后他调集了全藏书法家和刻工、画师,集中了大批青年学习刻版技术,先后印出了《甘珠尔》108部、《丹珠尔》215部。经版上除经文外,还有套色画版,有名的版本是《释迦百行传》等。其他许多佛经典籍也都出自这个印经院,印经质量和经书发行范围在西藏均称第一,所印出的经书称“纳唐版”。纳塘印经院、四川德格印经院和拉萨雪印经院并称“三大印经院”,其中以纳唐印经院规模最大,也最著名。

乃甲钦木石窟寺(གནས་བརྒྱ་ཆེན་མོའི་སྒྲུབ་ཕུག)

位于西藏日喀则地区的岗巴县境内。石窟寺的建筑年代不祥,位于岗巴县昌隆乡若曲藏布河北岸的泥沙岩山的断崖上,共有5座洞窟,其中1座为供佛洞,4座是僧舍、修行洞。佛洞平面呈方形,面积15平方米,高3米,四壁布满浮雕造像。该石窟寺总面积约80平方米。

乃甲钦木石窟寺浮雕(གནས་བརྒྱ་ཆེན་མོའི་སྒྲུབ་ཕུག་གི་འབུར་བཀོས།)

石窟寺的5座洞窟的四壁布有33尊神祇浮雕像,浮雕像高0.5米到1.2米不等。浮雕中还有象、马、狮子、孔雀、莲花等瑞兽花草浮雕,是我国石窟艺术的一部分。

乃囊寺(གནས་ནང་དགོན།)

在西藏堆龙德庆县境内,拉萨市西北。1333年扎巴僧格(第三世黑帽系噶玛巴让迥多吉的弟子第一世红帽系活佛)所建。藏传佛教噶玛噶举派红帽系活佛坐床处。红帽为元朝王室所赐。五世达赖喇嘛时,该寺改宗格鲁派。

乃穷寺(གནས་ཆུང་དགོན།)

位于拉萨西郊,哲蚌寺东南方约1000米处。藏语名称“乃穷扎央林”,简称“乃穷贡巴,”即“乃穷寺”,民间称之为“乃穷角”。“乃穷”藏语意思是“小圣地”。该寺建筑格局与西藏其他寺院大同小异,寺院前部回廊院约占整个面积的三分之一多,主殿占三分之二。寺院前方和东侧有僧舍,东门两侧各有一小石狮,入门便是回廊院,大约 50 平方米,院内青石板铺地,中央立一座汉式碑顶的无字碑。西门门廊顶棚上铺满了铁制的箭簇,据说是为了阻挡邪气恶力入寺院。主殿正门前有两尊汉地造型的石狮,拾级而上是双排八根柱子,分别绘有白哈尔和多吉扎丹护法神像。主殿正厅被三排大柱自然分割成几条通道,中间通道靠柱铺有卡垫和藏桌供僧人诵经。沿主殿四周各有配殿数个,其中最有名的是位于主殿西北角的白哈尔殿。据说白哈尔变作白鸽栖落的古树就在北间殿内,但如今只有用哈达包裹的一截树干。乃穷寺整个寺院精致、小巧、肃穆庄严,红色的墙体掩映在蓝天绿树和灰褐色的岩石中显得格外神奇,是藏传佛教最大的世间护法神乃穷护法神白哈尔的代言神巫居住的寺院。

乃穷寺壁画(གནས་ཆུང་ལྡེབས་རིས།)

乃穷寺大殿及廊院四壁的墙上壁画都非常有特色。大约绘于 17 世纪中叶,这一时期正是西藏艺术史上的黄金时代。乃穷寺的壁画则是这一时期艺术风格的集中体现。乃穷寺壁画与西藏传统壁画如布达拉宫、大昭寺的壁画在描绘题材、画面构图、用色及人物造型等方面都有很大差别。由于寺院的特殊性质,乃穷寺壁画所反映的主要是白哈尔和他的化身及其伴神,并重点描绘了众生因前世所做恶事而在地狱受到恶报的场景,并没有西藏其它壁画中常见的情节壁画。壁画相对独立,画中人物所占比例较大,背景和装饰较少,显得构图饱满。色彩方面,背景多用冷色和金色或黑紫色装填,色相浑厚,绘画手法采用单线平涂和晕染法。造型风格受中原汉地、印度、尼泊尔、克什米尔和中亚蒙古草原游牧艺术的影响,因而乃穷寺壁画完美体现了西藏壁画艺术中表现诸神的艺术特点。

男归父女随母(ཕ་རྗེས་བུ་དང་མ་རྗེས་བུ་མོ།)

旧西藏藏族离婚时子女归属习俗。男女双方感情不合离异后,所生子女习惯上男孩由父亲抚养,女孩随母亲生活。另外,当分属不同农奴主的农奴私自结合,而未经农奴主同意时,夫妻要被活活拆散,所生子女也按上述原则处理。

囊论(ནང་བློན།)

藏语音译,意为“内大臣”。吐蕃政权官职中的一个系统。其职责是:呈奏章程,宣诏命,管理内务,负责王室的生活供应。

囊玛(ནང་མ།)

藏语音译,意为“内部歌舞”。最初只限于达赖喇嘛和贵族府邸内部演唱。相传这种歌舞是 17 世纪中叶,西藏地方政府的第司·桑杰嘉措(1653~1705)在世时,自作歌词,由歌伎演唱,供其娱乐产生的。有时也被召至布达拉宫为五世达赖喇嘛演唱。在当时只是一种无伴奏歌,后来,曾任地方政府噶伦的贵族多仁·丹增班觉从内地带来洋琴,加上西藏原有的笛子、琵琶一起配乐囊玛伴之舞蹈,形成了真正的歌舞。它的表演过程分为前奏、歌唱(配以少量舞蹈动作)、舞曲三部分,舞曲旋律明快,舞姿激扬,达到演唱高峰。

囊玛吉都(ནང་མ་སྐྱིད་སྡུག།)

藏语音译,意为“同甘共苦的内部歌舞组织”,是演奏拉萨古城内出现的民间音乐“囊玛”的组织。据有关史料记载,这种组织大致出现于乾隆六十年(1795)左右的多仁·丹增班觉创立的西藏民间民族器乐合奏的艺术形式。这一组织是古城拉萨的器乐爱好者自发组织起来的。

内明(ནང་རིག་པ།)

大五明之一。学习佛学理论知识的学科。内容主要讲三藏,即论藏、律藏和经藏。论藏讲的是佛教心理学方面的知识,去除以我为核心、私字当头的思想;律藏讲的是僧人的纪律;经藏讲的是业因果和菩提萨埵。

尼泊尔银币(གོར་ཏམ།)

16世纪后期开始,尼泊尔土邦用自铸的尼币与西藏的银两进行交换。18世纪中叶,廓尔喀人统一尼泊尔,继续为西藏铸造章噶,并换取白银。乾隆五十三年(1788),廓尔喀人入侵西藏,被清军击退。乾隆五十六年(1791),西藏遵照乾隆皇帝的指令开始造币,在西藏流通了200多年的尼泊尔银币逐渐停止使用。

年夜背水(ཆུ་ཕུད་ལེན་པ།)

节日习俗。大年初一凌晨,人们就摸黑来到河边背水。相传,地狱之王辛吉曲杰,当天夜里要在雪山之巅喝雪山狮奶,有一部分狮奶会流入江河之中。所以凌晨舀到的第一桶水里,混有狮奶,人喝了会无病无灾、健康长寿。对于工布地区年夜背水人来说,还要注意背水回家的路上不能回头,也不能与别人说话,如果回头和说话,自己桶里的福气会跑到别人桶里去。

年月日时(ལོ་ཟླ་ཞག་དུས།)

藏族历算中,年、月、日、时的天干地支共八个字。根据年的天干,按五行生化,年上起月、月上起每一个太阴日,日上起时,则推定月、日、时的干支。如:年是丁火,丙丁生火戊己土,正月的地支固定为土虎,因而推出这一年正月的干支为土虎,正月初一的天明时的干支为水兔，日出为甲辰，隅中（日照）为火蛇，日中为土马，以此类推。

娘·尼玛维色（ཉང་ཉི་མ་འོད་ཟེར།）

公元 10 世纪时人。藏传佛教宁玛派掘藏大师。他掘出的伏藏称“上部伏藏”。16 世纪时，他与另一掘藏师古汝确吉旺秋掘出的伏藏，由热特那林巴汇刻，总称为“南藏”。

娘乃节（སྨྱུང་གནས།）

甘肃拉卜楞寺及周边地区的一个宗教节日，每年农历四月十四日、十五日举行，时间为两天。四月十五日是释迦牟尼诞生、涅槃、成佛的日子，为了纪念这一日子，每年这一天，僧俗群众都要煨桑、转经，终日不吃不喝。而在这前一天人们除了煨桑念经外，则穿上新装尽情地吃喝，尽情地歌舞，还要举行丰富多彩的民族传统体育比赛。所以节日的高潮实际上是十四日。

鸟卜（བྱ་མོ།）

以鸟类的叫声、腹中的食物判断吉凶、丰歉的占卜方式。以听见或梦见孔雀、鹦鹉、布谷鸟的叫声为吉祥，听见乌鸦、猫头鹰的叫声为不吉利。占卜来年丰歉的方式是：占卜师抛撒麦粒招引鸟类，捕捉一只将其剖腹，看它胃里是有麦粒还是有冰雪，前者表示丰收，后者意味着冰雪之灾。

鸟日（བྱ་ཞག）

藏历指冬至后的 24 个回归日过后 40 天内为鸟日。

聂赤赞普的传说（གཉའ་ཁྲི་བཙན་པོའི་གཏམ་རྒྱུད།）

聂赤赞普是西藏的第一代赞普。传说聂赤赞普本是天神的儿子，后降临人间，为十二牧人发现。问之何来，以手指天，众牧人以为天神下降，遂以肩为舆，抬之而归，推为六牦牛部首领。因他以牧人颈部为座，故称“聂赤赞普”，即“颈座王”。此说最早见于敦煌藏文史料中，形象地反映了原始社会后期阶级的出现。另有一则传说是，波域（今波密）一妇女生一男孩，貌美而有手蹼，家人以为不祥，把他放到铜锅中扔到河里，飘至雅隆河谷地带后，被人捞起并尊为王。如今研究者认为，聂赤赞普就是来自于波密地方的能人。

聂唐大佛（སྙེ་ཐང་ལྷ་ཆེན་པོ།）

位于拉萨市西南 20 公里处的聂塘山北麓，拉萨河西岸、拉萨至曲水的公路边上。该佛像是西藏最大的一尊摩崖雕像，此为佛祖释迦牟尼在菩提树下降魔成道时的坐身像，通高 9.83 米，宽 7.9 米，座高 1.33 米，手长 1.4 米，手宽 1 米，脚长 1.9 米，趾厚0.8米。雕像为浮雕，深0.2米－0.6米。该佛像头饰高宝髻，桃心顶髻，额上有毫毛，双耳垂肩，秀眉凤眼，棱鼻方正，朱唇微启，颈戴二道蚕节纹，袒右肩，身披红袈裟，左手持钵，右手施降魔印，结跏趺坐于仰莲座上，神态自如，雍容大度，一丝永恒的微笑停在嘴边。其造形气势雄伟，比例适度，可谓西藏石刻之最。

聂唐度母殿（སྙེ་ཐང་སྒྲོལ་མ་ལྷ་ཁང་།）

藏传佛教噶当派的大道场。在西藏拉萨西南40公里处的聂唐区。11世纪时，阿底峡曾在此讲学，居住9年，直至圆寂。弟子们为纪念他，在此修建了装有他骨灰的灵塔。翌年又在塔旁建殿，供养阿底峡生前随身供奉的本尊度母像，因此名为聂唐度母殿。现在的度母殿是本世纪30年代热振活佛主持重修的。

聂唐哲朴摩崖石刻（སྙེ་ཐང་གི་བྲག་བརྐོས་སྐུ་བརྙན།）

位于拉萨南20公里处的聂唐哲朴山麓下。此处共有7尊石刻像，分别在南北两崖，著名的聂唐大佛在山的北麓。位于山的南麓的有无量寿佛、药师佛造像。无量寿佛体高2.68米，裸体，戴花冠，饰有耳环、手镯、臂钏，双手托宝瓶，结跏趺坐；药师佛像，头饰高宝髻，袒右肩，披袈裟，一手持钵，另一手垂捏草药，坐姿同上。

宁玛九乘（རྙིང་མའི་ཐེག་པ་རིམ་པ་དགུ）

藏传佛教宁玛派教法理论。8世纪入藏的印度高僧莲花生所传。其特点是将全部佛法分为三部九乘：声闻、缘觉、菩萨三乘归为第一部，包括了显宗各派内容，无论显宗、密宗都要修习；事、方便、瑜珈乘为第二部，属于密宗，称为外密乘或外三乘；大瑜珈、无比瑜珈、圆满瑜珈为第三部，称为无上内三乘，也属于密宗，认为是宁玛派独有密法。

宁玛派（རྙིང་མ་པ།）

藏传佛教四大派别之一。“宁玛”藏文意为“古旧”，亦可理解为 “旧译派”，有别于后来其他祖师创立的“新译派”。公元8世纪，由吐蕃赤松德赞赞普迎请到西藏的莲花生大师所传。奉莲花生大师为祖师，依其入藏所传密咒和所遗“伏藏”修习为传承，是西藏佛教前弘期的密教。传教方法是通过师徒或父子秘密单传。11、12世纪时，素尔波且·释迦迥乃、素尔穷喜饶扎巴、卓浦巴释迦僧格（合称“三素尔”）等人扩建寺院，整理典籍，使该教派形成较大规模。其根本密典是“十八部怛特罗”，主要的是八部：文殊身、莲花语、真实意、甘露功德、金刚橛事业。以上称“五部出世法”。差遣非人、猛咒咒诅、世间供赞，称为“世间三部”。教义以“大圆满法”为正传，主张“体性本净，自性顿成，大悲周遍。”该派的活佛不是转世制，而是推选经典学得好的教僧。著名寺庙有西藏的多吉扎寺、敏竹林寺，四川德格的佐钦寺，甘孜的噶陀寺等。

牛帮（གཡག་ག་ཤར།）

藏族牧民传统交通运输方式，即用数十甚至上百头牦牛结帮驮运毛皮等畜产品，长途跋涉几天、几十天，到农区去交换粮食、盐巴、茶叶等农产品。一般在到达目的地、交换所需的农产品后，即将大部分牦牛宰杀，肉、皮就地出售，只留下几头作为返程的脚力。

牛踩场（ཕྱུགས་འཆག་སྐོར་བ།）

藏族青稞脱粒的方法之一。将晒干的青稞平铺在场上，然后赶来牛群在场中来回踩踏，经过五六次的翻动，大部分青稞粒即可脱出。踩场时，人群围在场地四周，大声呼叫，让牛群不停地走动，同时阻止牛群向场外逃窜。未脱出的少量青稞粒，人们再用连枷打脱。

牛犊节（小年）（བེའུའི་དུས་ཆེན།）

黑河地区传统藏族牧民节日。每年藏历十二月一日举行。这一天人们不挤牛奶，全部留给小牛吃，意为祝愿牲畜成长，祈求六畜兴旺。过节的仪式类似于藏历年，只是规模较小，所以又称“小年”。

牛角墙（རྭ་ཅོའི་གྱང་།）

这种墙多见于藏北牧区，即用牛角垒成的墙，属西藏建筑的一大特色。当地牧民把宰杀后的牛犄角保存下来，待积多后便垒成院墙，并在墙的四角压上野牛头用于镇邪，同时，人们还以此墙显示自己的富有。

牛角琴（རྭ་ཅོའི་པི་ཝང་།）

流传于甘肃省甘南藏族自治州的一种用野牛角制作而成的藏族拉弦乐器。制作方法是用野牛角粗端绷皮做成琴筒，再钻小孔，在小孔内插入长约 2 尺许的琴杆，弓以弯曲木条和马尾制成，双股弓长放于弦间。演奏时，把琴放在双膝之上，琴杆贴在左肩，音色婉约柔美。

牛皮船（ཀོ་གྲུ།）

藏族的水上交通工具。用整张牛皮制成外壳，内以木杆支撑，盒状、长方形，一般长约 2.5 米，宽约 1.5 米，可在江河上顺流航行或横渡，船体较轻，出水后一人即可扛负。常用于捕鱼、运输、渡人。

牛油茶（ཇ་བསྲུབས་མ།）

藏族民间传统饮品。其制作方法是，先将牛油切碎，放在锅里熬化，然后放入糌粑翻炒几下，再加上茯茶和水煮开，放点食盐即可饮用。这种牛油茶能御寒充饥，为冬季最佳饮品。

牛指折合（ཕྱུགས་རིགས་བརྗེ་ཚད།）

旧时藏族进行家畜交换的标准。具体折算方法是：一匹马折合三头牛、五只绵羊、十只山羊。

农民新年（སོ་ནམ་ལོ་གསར།）

藏族农区节日。每年藏历十二月一日举行。藏历正月，春气萌动，已经进入了备耕备播的大忙季节，广大农民已没有心思去过藏历年了。为了即不误农时，又能过好节，农民就把新年提前一个月过。这一节日藏语称为“索朗洛萨”，即农民新年。

农奴（ཞིང་བྲན།）

旧西藏受农奴主统治、压迫、剥削的阶级，占当时总人口90%以上。没有土地所有权，没有完全的人身自由，祖祖辈辈属于三大领主，依附在领主庄园的土地上，被迫为农奴主进行繁重的劳动，负担着沉重的差役租税。可分为差巴、堆穷、朗生等几个阶层。

农奴主（ཞིང་བྲན་བདག་པོ།）

旧西藏的统治阶级，即三大领主。三大领主指官家（西藏地方政府）、贵族、寺院及其上层僧侣。农奴主的代理人主要是：强佐、涅巴、谿堆、佐札（各宗负责管理庄园差税的小头人）、大差巴（差巴中转租三大领主庄园或土地从事剥削的人）、在农牧区拥有特权的世袭头人等。这个农奴主阶级，只占旧西藏总人口的5%左右，却占有旧西藏的全部土地、草场和绝大部分牲畜。

农田官（ཞིང་དཔོན།）

吐蕃政权时期开始设置的一种官职。其职责是：负责部落内部农田的分配、登记、组织生产、保护庄稼等。

诺布敦汤（七宝汤）（ནོར་བུ་བདུན་ཐང་།）

藏医传统药方，即由茄子、藏红花、苦参、诃子、白草根、橄榄、旋复花等七味药组成。服用时需将七味药放在一起加入一定数量的水熬到原量的2/3，主治高血压、发热、寒症及流感。

诺门罕（ནོ་མོན་ཧན།）

蒙语，对精通佛教经典、教规的僧侣的尊称。有法师、法王之意。清朝政府常用此授封藏传佛教中对朝廷有功的大活佛。如第六世帕巴拉活佛于乾隆四十八年（1783）受封为“阐讲黄教额尔德尼诺门罕”；乾隆五十六年（1791）第八世功德林摄政活佛益西洛桑丹白贡布受封为“毕利图诺门罕”；1875年第二次任摄政的第十世功德林达擦·阿旺班丹曲吉坚赞受封为“通善呼图克图”。

《诺桑法王》(《ཆོས་རྒྱལ་ནོར་བཟང་།》)

八大传统藏戏之一,是一出人神恋爱的神话剧。主要剧情是:北国额登巴国王子诺桑英明俊秀,其辖下有一英武猎人邦列曾巴得机捆住仙女引超拉姆并献给了王子。诺桑王子与仙女引超拉姆十分相爱,诸妃生妒,串通宫庭巫师设计让国王逼王子远征,进而加害仙女。仙女忍无可忍飞回天宫,王子回师后不见仙女,悲愤异常,乃排除万难,追到天宫与仙女相会并迎接仙女重返人间,过上幸福美满的生活。这个剧目反映了旧婚姻制度的不合理,歌颂了忠贞的爱情,表现了人民群众对美好生活的向往。《诺桑法王》具有强烈的浪漫主义色彩,是取材于民间故事的代表剧目。

女垣(女墙)(མདའ་གཡབ་པམ་སྤེན་པད།)

寺庙建筑中女垣是在寺院殿堂墙头,把柽柳茎朝外捆成一头粗、一头细的圆锥形,根部朝外,涂上赭色颜料,垒砌成墙,既美观又坚固。这是西藏宗教建筑的一大特色。

P

帕巴拉(འཕགས་པ་ལྷ།)

西藏昌都地区格鲁派一活佛的名称,“圣天”之意。明英宗正统二年(1437)宗喀巴的弟子喜饶桑布在昌都建强巴林寺,共传承了十三代。之后,从第三世帕巴拉活佛通娃顿丹开始,世代传承主持该寺。现在的帕巴拉·格列朗杰活佛是第十一世。

帕巴拉活佛管辖区(འཕགས་པ་ལྷའི་གཞིས་ཁོངས།)

康熙五十八年(1719),帕巴拉活佛协助清军入藏,被康熙帝封为呼图克图(活佛),并颁给玉印、诰书,把昌都封为香火地,共辖有昌堆、昌麦、百日、穹波、米加达5个小宗,18个甲本区和昌都地区,同时,还管辖昌都寺的属寺50多座,4500多名僧人,有属民7000多户,从而形成了昌都帕巴拉活佛管辖区。辖区受驻藏大臣和达赖喇嘛的领导。

帕当巴桑结(ཕ་དམ་པ་སངས་རྒྱས།)

12世纪初,印度佛学家帕当巴桑结入藏,创立藏传佛教“希结派(ཞི་བྱེད་པ།)”。他少时精通声明等,后出家为僧,在65年间遍游各地修行,先后五次入藏传法,广收弟子,形成希结派。在第五次入藏时又到内地,到五台山朝拜。据传,他为龙树的弟子。

帕邦喀碉楼(ཕ་བོང་ཁའི་ཕོ་བྲང་།)

藏传佛教圣地。在西藏拉萨北郊,色拉寺西北约两公里处的山坳里。帕邦喀意为“岩石之上的碉楼”,历史悠久,在大、小昭寺建造之前,吐蕃赞普松赞干布曾在此修行,吞弥·桑布扎在此创造了现在通用的藏文。最早的藏文六字真言石刻在该寺,至今犹存。该寺主持均由地方政府任命,地位很高。萨班大师曾在此讲经,八思巴在此受戒,宗喀巴在此修法。

帕邦唐廓节(ཕ་བོང་ཐང་གི་དུས་ཆེན།)

藏传佛教噶当派首寺——热振寺的一个宗教节日,藏历羊年七月十五日举行。“帕邦唐”,意为“巨石广场”,在热振寺西侧。相传每逢羊年,要有十万天女下凡,而女神聚会的地点就是这神圣的草场。所以每到节日将临,虔诚的信徒都要扶老携幼,带着帐篷、食品,早早地赶到草场,安营扎寨。他们诵经念佛,娱神施舍,祈祷风调雨顺,人畜两旺。节日期间最有特点的是群众性的赛马和热振寺喇嘛表演的宗教舞蹈。赛马时,参赛选手中必须有一位穿白衣、骑白马,比赛获胜者也必须是这位选手,以表达人们的一种美好愿望。热振寺的娱神舞蹈，经过历任主持及僧众的不断改进，并大量学习外寺经验，逐渐形成了有十二个大项、内容丰富的宗教舞蹈体系，有着独特的艺术魅力。

帕拉(ལུག་ཤ་བསྲེག་མ།)

火烧整羊，为藏族储藏羊肉的一种方法。其制作方法是：先剪去羊毛，开膛取出内脏，然后填入糌粑，架在火上烧烤，整个羊腔内的油、血经烧、烤融化后，被糌粑所吸收。这种吸收了油和血的糌粑，味道极佳，是孩子们最喜欢的食品。经过烧烤的整羊放在阴凉处，可储藏六七个月，这种羊肉主要留在夏季食用。

帕拉庄园(ཕ་ལྷ་གཞིས་ཀ།)

是西藏江孜帕拉家族的庄园。帕拉庄园建成于 20 世纪 30 年代，主要有主楼、作坊及朗生住处组成。主楼的二、三层为卧室、会客厅、书房、小经堂、浴室；楼下是大经堂、仓库、监狱；主楼外侧有一幢二层土楼房，是庄园的作坊；院墙外还有一小院落，是家奴的居所。帕拉庄园建筑属中等规模，所有建筑外形都是典型的藏式建筑，而主楼内许多房屋的内部装饰却受汉地建筑风格的影响，有几间完全是汉式无梁木式，墙上没有任何图案，只涂一层素雅的青色颜料；三楼会客厅内的藏柜、藏桌上所绘画面皆取于内地，如杜十娘怒沉百宝箱、俞伯牙摔琴、孔夫子尽礼等，打破了传统的建筑风格，这在藏区其他地方是很少见的。如今，帕拉庄园是西藏众多的庄园中保存最完整的一座。

帕列撒波(བག་ལེབ་སྲབ་པོ།)

藏语音译，意为“薄面饼”。其做法是，先用普通面粉掺入适量酥油，然后用水揉合成面团，擀压后，撒上花椒粉、盐巴及葱花，卷叠按扁后，刷上油，烙烤而成。食之酥脆可口。

帕木竹巴(ཕག་མོ་གྲུ་པ།)(1110～1170)

藏传佛教帕竹噶举派的创始人，丹萨替寺第一任寺主。本名多吉杰布，达波拉杰的著名弟子，生于西康南部止隆乃雪，9 岁时在甲奇拉康出家，19 岁时入藏，拜达波拉杰为师，49 岁时在帕竹地方建丹萨替寺，创立帕竹噶举派。他弟子众多，其中有 8 位弟子各建寺庙，形成八个分支：直贡巴·仁钦贝建直贡寺，分出直贡噶举；达垄·扎西贝建达垄寺，分出达垄噶举；林热·白玛多吉建竹寺，分出竹巴噶举；格丹·益西僧格建雅桑寺，分出雅桑噶举；卓浦·杰操建卓浦寺，分出卓浦噶举；修色·结贡楚臣僧格建修色寺，分出修色噶举；耶巴·耶协孜巴建耶巴寺，分出耶巴噶举；玛仓·西饶僧格建玛仓寺，分出玛仓噶举。

帕扎莫古(པག་ཚམ་ཁུ)

藏语音译,藏族的一种风味小吃。其制作方法是,先将面粉用水和好,捏成小疙瘩,放在沸水锅内煮熟,捞出待用。再把酥油放在锅里烧化,把煮熟的面疙瘩倒入锅内,加上适量红糖和碎奶渣,搅拌均匀即成。颜色微红,味道酸甜,口感甚佳,为藏族节假日的必备食品。

帕竹地方政权(ཕག་མོ་གྲུ་པའི་སྲིད་དབང་།)

继萨迦地方政权之后在西藏实行政教合一统治方式的地方政权,以乃东为中心,统治西藏达 200 年之久。1354 年,以绛曲坚赞(བྱང་ཆུབ་རྒྱལ་མཚན།)为首的帕竹噶举派推翻了萨迦政权,取代了萨迦的统治地位。元朝中央政府承认了这一事实,封绛曲坚赞为大司徒。绛曲坚赞于是改组原萨迦政权统治时期的十三万户,分地为宗,委派自己的人到各宗去掌管地方事务,建立起了帕竹地方政权。到明朝,帕竹地方政权继续得到中央政府的承认,它的掌权者都先后被封为灌顶国师和阐化王。后被属下仁蚌巴以武力击败,逐步失去了政治上的权势,帕竹噶举派也随着帕竹地方政权的衰亡而没落。

帕竹噶举派(ཕག་གྲུ་བཀའ་བརྒྱུད།)

藏传佛教噶举派支派之一。创始人为帕木竹巴·多吉杰布。他是达波拉杰的弟子,继承了达波拉杰的教法。1158 年他到西藏帕竹地方建立丹萨替寺(在今山南地区桑日县境内),聚徒讲道,弘传噶举派大手印法,形成单独门风,因地为名,遂称为帕竹噶举派。该派与帕竹地方势力朗氏家族相结合,形成了较强的政教合一组织。元朝封该派首领为万户长,为十三万户之一。这是西藏地方政教合一的又一种形式。元至正九年(1349),该派首领降曲坚赞受封为大司徒,取代萨迦派掌握西藏地方政权,形成帕竹地方政权。这个政权推行农奴主庄园制,规定以宗为行政单位,汇编历代法律,辑成一部农奴制法典,被称为“十六法”。明永乐六年(1406),帕竹地方政权首领扎巴坚赞被明成祖封为“阐化王”。该派政权统治西藏200 多年,其教派之下又分出直贡巴、达垄巴、竹巴、雅桑巴、卓浦巴、修色巴、耶巴和玛仓巴等八个支系。

派兵制(དམག་བསྐུལ།)

旧西藏噶厦最早的一种兵役制。《卫藏通志》记载:藏兵“向来分派各寨农民,有事则调集为武,既无统率,又少操练,虽有数万之名,仅为虚数。藏兵原设有五千一百六十五名之数,其实兵民不分,系按各寨番民,定以派兵数目。”

旁色(པང་གསོལ།)

藏族生育习俗。旁色,就是“清除污浊”的意思。藏族认为,小孩出生后,会带来许多污浊和晦气,只有通过“旁色”仪式,才能使小孩健康成长。“旁色”仪式一般在小孩出生三、四天的时候举行。举行仪式这天,亲朋好友都要携带青稞酒、酥油茶、小孩衣帽等礼物前来贺喜,他们向小孩献哈达,向孩子的父母敬酒、敬茶,说吉祥话为孩子祝福。这天早晨,人们要在生了小孩家的门口堆起一堆小石子,生的是男孩要堆白石子,生的是女孩堆什么石子都行,石堆旁燃烧柏树枝,前来贺喜的人要先在石堆上撒糌粑才能进门。

抛竿(དབྱུག་འཕངས་བཤས་གཏོང་།)

西藏牧区生活习俗。人们认为,由人来决定羊的命运,想杀哪只就杀那只是不公平的,同时杀羊虽为生活所迫,不得不为,但总是一种罪过。为了既能满足人的生活所需,又尽量减少自己的罪孽,牧民杀羊前就取一竹杆,上涂红土,抛入羊群,沾上红土者即入屠宰场,生死各由天命而定。

跑马节(རྟ་རྒྱུགས་དུས་ཆེན།)

藏族的传统节日,每年夏季举行,主要活动是赛马。节日这天,藏族青年男女要穿上节日服装,佩戴精美的金银首饰和腰刀,骑马来到节日场地参加比赛。比赛结束后,人们纷纷捧出青稞酒、酥油茶向获胜者祝贺。不能参加比赛的老年人则聚在一起,开怀畅饮,对比赛评头品足。跑马节也是青年男女尽情歌舞、谈情说爱的好日子。

炮轰白鹰粪山(ཐུ་སྐྱུག་དཀར་པོར་མེ་སྒྲོགས་འཕེན་པ།)

藏历二月二十九日,拉萨传小召期间的旧俗。这一天,参加传小召的“松穷哇”要用八门古老的土炮轰击拉萨河南岸的白鹰粪山(藏语叫“恰甲噶波”)上临时搭起的帐篷,炮弹是大铅弹,测距的是木匠师傅,所以命中率极低。关于这一习俗的来历说法不一,有人说周围的山都是头朝拉萨,唯有白鹰粪山屁股冲向拉萨,大为不敬,所以炮轰白鹰粪山以示惩罚。也有说山后有座宁玛派古寺,炮轰是为了显示格鲁派的势力。鉴于执行炮轰任务的蒙古装仪仗队(松穷哇)的来历,这种说法比较可靠,这一习俗反映的是藏传佛教历史上风风雨雨的教派之争。

碰头(དཔུ་གདུག)

藏族牧民和高僧活佛的见面礼。两人相见,用前额轻轻相触以为礼。

碰嘴婚(ཁ་ཐུག)

旧西藏婚俗之一。旧时,贫苦人家的孩子男女相恋后,家庭无力举办婚礼,男女双方即不履行任何手续和仪式,私自离家同居。或者两个成年人相恋,无力举行婚礼,也可以两家合一家,共同组成一个大家庭。这种婚姻形式称“碰嘴婚”,主要流行于日喀则江孜一带。虽叫“碰嘴婚”,但不必真正举行“碰嘴”活动。

平地板(ཞལ་བཞལ་བ།)

藏区传统农具。它是一块长约330 厘米、宽约 30 厘米的厚木板,两端各凿一孔,用皮条索系于二牛抬杠上,在已翻耕的土地上来回拖拉,即可将硬土块打碎。

颇罗鼐(ཕོ་ལྷ་བ་བསོད་ནམས་སྟོབས་རྒྱལ།)(1689~1747)

本名索南多杰,清代西藏贵族,江孜人。青年时期曾任拉藏汗的近身侍卫、卓尼(传事官)、孜本等。雍正元年(1723),升任噶伦,管理后藏事务。雍正五年(1727),阿尔布巴等人谋杀首席噶伦康济鼐,颇罗鼐率领后藏阿里藏兵前往讨伐。次年,攻进拉萨,将阿尔布巴等人擒获,并交给清廷处罚。清政府遂命其总理西藏政务。雍正七年(1729),封其为“贝子”;雍正九年(1731),又封为“贝勒”;乾隆四年(1739),再封为“郡王”。雍正六年(1728)至乾隆十二年(1747),颇罗鼐总理西藏政务期间,采取了一系列利国利民的措施,如减免、调整差税,废除债务,减轻农奴负担等,赢得了清朝政府的大力支持和信赖,促进了西藏地区政治、经济、文化的发展。

《颇罗鼐传》《མི་དབང་རྟོགས་བརྗོད།》

藏文传记,作者朵喀夏仲·次仁旺杰,曾任噶伦三十余年,著述甚丰。《颇罗鼐传》记述了颇罗鼐一生主要事迹,详细记载了他外抗侵扰、内平叛乱的辉煌业绩,是 18 世纪前后西藏政治现实的较为真实的反映。这部作品塑造了颇罗鼐这样一个典型的英雄形象,人物性格鲜活,情节不枝不蔓、井然有序,表现出作者高超的写作艺术水平。全书采用散文与诗歌相结合的传统表现手法,叙述中交织了不少议论、抒情,读来有张有驰、疾徐有致,很受后人推崇。

铺垫费(རམ་འདེགས་རིན།)

旧西藏在处理命案时,凶手一方在支付掉头费之后,赔偿命价之前向死者家属支付的一笔费用。铺垫费比掉头费少,一般是一匹马、一支枪,或几十两银子。

菩萨迎请日(ལྷ་སྐུ་སྤྱན་འདྲེན།)

民间宗教节日。流行于四川阿

坝大金县部分藏族地区。当地藏族认为,每年农历正月初五,各大寺的菩萨都要“出嫁”。为了向菩萨祝贺,各寺院喇嘛都要抬着菩萨塑像,绕村寨四周转圈,祈祷菩萨保佑五谷丰登,人畜兴旺。在这一节日前前后后,村民们则连续数日玩狮灯、跳猴戏,热热闹闹地向菩萨贺喜。

《菩提道次第广论》(《བྱང་ཆུབ་ལམ་རིམ་ཆེན་མོ།》)

佛书名,藏传佛教格鲁派的根本典籍,宗喀巴著,共 24 卷。明建文四年(1402)成书于热振寺东南小山下的羊贡寺。该书是格鲁派的中心教法,以一个人从凡夫到成佛的过程为主线,阐述修习的阶段和内容。立“三道士”说,认为修行之人分为下士、中士、上士三类。融汇戒、定、慧三学,要求守戒律、进入禅定境界,从而成佛。指出修习要先显后密,以实修为主,严格修习次序。尔后,修密宗时要经传法师传授,必须口诵真言(语密),手结契印(身密),心作观想(意密),三密结合,依法而行,才可成佛。有汉文译本。

《菩提道灯论》(《བྱང་ཆུབ་ལམ་གྱི་སྒྲོན་མེ།》)

佛书名,阿底峡著。成书于 11 世纪。对西藏佛教影响很大,是噶当派、格鲁派经典。阐述佛教修行次第,要求僧人修行要循序渐进,严守戒律,先显后密。它把学佛的人分成三等:一为“下士”,只求解脱个人今世之苦;二为“中士”,追求佛教“小乘”为目的;三为“上士”,志在普渡众生。仲敦巴等人弘传其教义教法,创建了藏传佛教噶当派。该派以此书为基础,系统地安排了宗教教学内容。后来,格鲁派创始人宗喀巴又以此书为宗,演绎为《菩提道次第广论》,规范格鲁派修习次序。所以,格鲁派又称之为新噶当派。

菩提塔(བྱང་ཆུབ་མཆོད་རྟེན།)

佛塔的一种。此类塔一般塔基为方形,塔底有台阶,塔肚上悬挂有七个或十三个“伞状物”,塔顶有一镀金的金属铃,上面支有一圆形或月牙形物,分别代表月亮和太阳。

普布觉寺(ཕུར་བུ་ལྕོག)

藏传佛教格鲁派寺庙。在拉萨色拉寺后山东北。乾隆九年(1744)郡王颇罗鼐资助、普布阿旺降巴修建。阿旺降巴为该寺第一任活佛。他之后有几位活佛均曾任过达赖喇嘛的经师。因此,该寺虽然很小,但名声颇大。

普光寺(马蹄寺)(འོད་ཟེར་ལྷ་ཁང་། རྟ་རྨིག་དགོན།)

位于甘肃省南部裕固族自治县马蹄区。建寺年代不详,原为内地佛教寺院，后皈依藏传佛教格鲁派，是青海东科尔寺属寺，由原藏族部落马蹄十四族供养。其建筑包括南北蹄寺、金塔寺、千佛洞、上中下观音洞等，是甘肃省境内规模和影响较大的石窟群之一。在20世纪五、六十年代曾两次遭严重破坏，后经修复部分石窟佛殿和石窟经堂，1986年重新开放。

普穷哇(ཕུ་ཆུང་བ།)(1031～1106)

藏传佛教噶当派名僧，本名迅努坚赞，仲敦巴三大著名弟子之一。他创建普穷寺，得到仲敦巴秘密传授《变化经卷》等，独自修习，一生不留徒众，开创噶当派支系要门派。

氆氇(སྣམ་བུ།)

藏族用手工织成的一种毛呢，是做服装、鞋帽的主要材料。氆氇是羊毛织品，结实耐用，保暖性强，是一种高档民族特殊用品。织好的氆氇呈白色，可做男式服装，一般都要染成黑色，或红、绿等花色。黑色用于做衣服鞋帽，彩色氆氇一般用作装饰。西藏氆氇以浪卡子、江孜等地所产的最为著名，相传已有两千年的历史。

Q

七大法律（ཁྲིམས་ཆེན་བདུན།）

松赞干布制定的法律当中的一部分，包括七大内容：（1）不杀生；（2）不偷盗；（3）不妄语；（4）不邪淫；（5）不饮酒；（6）奴不反主；（7）不盗掘坟墓。

七个计时单位（དབུགས་བགྲང་བ།）

藏传佛教中所说的七个计时单位是：呼吸顷、六呼吸顷为一时刻（相当于现在的 24 秒），60 时刻为 1 时，60 时为一日，30 日为 1 月，12 个月为 1 年，年后为劫，时日很长。

七觉士（七试士）（སད་མི་བདུན།）

后人对西藏第一批出家信佛的僧人的尊称。赤松德赞时期（约 779 年），西藏第一座寺庙桑耶寺建成，并举行了隆重的开光典礼，赤松德赞亲率文武百官和皇室成员参加了这一盛典。后来从贵族子弟中挑选出七人出家为僧。他们是：巴色朗、白如杂那、款·鲁益旺布、马·仁青却、藏列珠、甲娃曲央、拔赤协。桑耶寺于是成为西藏佛法僧三宝齐全的第一座寺院。后来这 7 人都守戒学成，精通典籍，后人统称其为“七觉士”或“七试人”。

七世班禅丹白尼玛（པཎ་ཆེན་སྐུ་ཕྲེང་བདུན་པ་བསྟན་པའི་ཉི་མ།）（1782～1853）

生于后藏白朗宗吉雄豁卡的一户农家，父名班丹顿珠，母名其美甲姆。乾隆四十七年（1782）被认定为前世班禅转世灵童。乾隆四十九年（1784）在扎什伦布寺坐床。后拜八世达赖为师，依其授戒、学经。乾隆五十六年（1791），噶玛噶举红帽系十世活佛确珠嘉措勾结廓尔喀人入侵后藏，抢劫扎什伦布寺财物，清政府派兵平息，确珠嘉措自杀，乾隆帝下令永远不许其转世。1802 年，七世班禅在拉萨为九世达赖授戒，嘉庆七年（1822）又为十世达赖授戒。道光二十一年（1841）主持十一世达赖的寻认、授戒诸事。道光二十六年（1846）道光皇帝加封七世班禅为“宣化绥疆班禅额尔德尼”。72 岁时在扎什伦布寺圆寂。

七世达赖喇嘛格桑嘉措（ཏཱ་ལའི་བླ་མ་སྐུ་ཕྲེང་བདུན་པ་སྐལ་བཟང་རྒྱ་མཚོ།）（1708～1757）

生于康区理塘洽马地方。其家后来被清朝政府封为公爵，成了西藏一大贵族，是民主改革前的桑珠颇章家。康熙五十五年（1716），康熙皇帝降旨说：“汝为前辈达赖喇嘛之真正转生。”先在理塘出家，后被迎至青海塔尔寺供养。康熙五十九年（1720），清廷派延信护送他到拉萨，在布达拉宫坐床，拜五世班禅罗桑益西为师，入哲蚌寺学经。这之前,拉藏汗废六世达赖而立益西嘉措为六世达赖,此时,康熙帝下令废除拉藏汗所立之益西嘉措。雍正元年(1723),清廷仍封格桑嘉措为“西天大善自在佛所领天下释教普通瓦赤喇怛喇达赖喇嘛”,赏赐金印金册等。由于学经有成,被人尊称为“五明班智达”。为避准噶尔之乱,前往康区传法,乾隆元年(1735)返回拉萨。乾隆十六年(1751)亲政,同时清政府废除了郡王制,设噶厦。作为六世班禅的老师,他曾教授六世班禅佛经及教法。乾隆二十二年(1757)七世达赖圆寂。

七则行医准则(སྨན་བཅོས་སྐབས་ཀྱི་སྤྱོད་བྱ་བདུན།)

吐蕃时期对医生提出的7条道德行为准则,即:(1)必须出身贵族;(2)若没有了解透医药知识的医生,就不能去诊断;(3)如果缺少实践经验,就像无头苍蝇乱撞;(4)如果一个医生不知道如何诊断,如何测脉,不知道如何检查疾病,就不是一个真正的医生;(5)必须学会与病人互通情感;(6)做为医生,必须很好准备将可能用的东西;(7)要求医生必须具备高尚的医德。

七政宝(རིན་ཆེན་སྣ་བདུན།)

七种供品,它们是:轮宝,即法轮;主藏宝,海螺形,表示佛法如宝藏;妃宝,女性菩萨形,表示驱除烦恼,获得净乐;大臣宝,文官形象,象征智慧、理性;象宝,白象驮宝珠形,表示佛法远扬;胜马宝,白马形象,表示避邪消灾,一帆风顺;将军宝,武士持兵刃形象,表示护持佛法。

歧乌岗画派(ཁྱི་ཨུ་སྒང་པའི་ལུགས།)

藏族画派之一。又称乌派,因其祖师朱古歧乌绰号“小鸟活佛”而得名。此画派的流行中心在江孜和日喀则。这一画派用色强调对比,注意色彩的浓淡变化,习用晕染技法,笔法细腻。在画面组织上自由起伏,主题突出而层次鲜明。

骑马赶驴(རྟ་བཞོན་བོང་འདེད།)

青藏高原缺氧,人们行走往返十分费力,走不数里,便气喘如牛。所以,人们出门,多骑马借力;如负重物,则寄托在毛驴身上,人赶驴走,较为轻松。

启耕节(རྨོན་འདེབས་འགོ་འཛུགས།)

藏族农区的一个传统节日。又称“春播节”、“试种节”。每年藏历一月,农民都要根据藏历选择一个黄道吉日,举行当年的首耕仪式。仪式上首先由村里的长老和当年属相的妇女,在待耕的土地里祭祀土地神。然后村中长者扶犁,当年属相的妇女撒种,播下当年的第一把种子。随后全村各家各户打扮的花枝招展的耕牛,一对对紧跟其后翻耕。启耕祭神仪式前后,村民们要在田间地头喝茶饮酒,还要举行赛跑、角力等传统体育比赛。此后,人们还要欢宴五、六天,方才全身心地投入到春耕生产上。

启如南加(བྱུ་རུའི་གདོན་རྒྱན།)

意为“珊瑚装饰”,云南藏族妇女头饰之一,系用獐子皮和珊瑚、银花制成。先将獐皮剪成宽约 2 厘米的皮条,再编织成上下密、中间稀的长约 30 厘米、宽约 20 厘米的皮带状,上边部分钉珊瑚石(树),下部分钉银圆花扣,或者镶嵌玛瑙、松耳石等。戴在头上,从后脑勺垂下来,把发辫压在下面,十分美丽。

起脊房(གཏོར་གཟུགས་ཁང་པ།)

多见于西藏多雨的林芝地区,房屋采用坡顶设计,便于排水。最底层供圈养牲畜和堆放杂物。此种房屋一般采用木构架承屋结构系统,墙体用片石、碎石、卵石、木板、竹篱、柳条等材料,屋顶铺木瓦,用石块压之加固。房屋有居室、牲畜房、外廊和厕所,起脊的空间是储藏室。居室平面多以方形柱网组合成长方形或方形。

起尸(རོ་ལངས།)

大部分藏族地区流行的一种传统观念。人们认为,有些邪恶和饥饿的人死去以后,其尸体还会爬起来再去害人,这种起尸不会说话、不会弯腰、不会拐弯,碰上人就用手去摸顶,使活人也变成起尸。人们认为起尸有五种形式:一是肉起、二是肤起、三是血起、四是骨起、五是痣起。肉起、肤起、血起只须用刀枪刺伤其皮肉,使血液外流即可制服,骨起必须伤其骨头才能对付,最难对付的是痣起,要想制服它,必须击中导致起尸的某一颗痣,这几乎是不可能的,所以对其只能诱歼。

弃夫恨(ཁྱོ་པོ་དོར་བའི་འཁོན།)

藏族悲剧性婚姻习俗,多发生于牧区父母包办的婚事中。婚前,男女双方无法见面,结婚三天内,新娘如果回娘家就再也不回夫家,这种情况叫弃夫恨。弃夫恨往往会酿成大的纠纷,甚至血仇大恨。对这种纠纷处理较好的是女方赔偿男方经济损失,即数倍于男方财礼的钱物、马匹,男方收下财物而在女方再嫁时不制造事端。

弃夫虎行赔偿法(ཕོ་སྐྱུར་སྟག་གི་བྱ་རུ་ཅན་གྱི་སྟོད་འཇལ་ཁྲིམས།)

亲属离异律中有关妻子抛弃丈夫时对男方进行赔偿的规定。一般来说妻子抛弃丈夫,要给男方赔偿 18 钱黄金,还要给男方羊只、衣物、食物等。对身份高的人还要赔偿谋害费,对身份低的人只赔羊只、衣物和食物。如果有子女，儿子判给男方，并由女方支付一定数量的抚养费。

弃妇豹点赔偿法（ཚོ་སྐྱུར་གཟིག་གི་ཐྲ་ཏྲ་ཅན་གྱི་སྟོད་འཇལ་ཁྲིམས།）

亲属离异律中有关丈夫抛弃妻子时对女方进行赔偿的规定。一般来说，丈夫抛弃妻子，要给女方赔偿12 钱黄金。另外，还要付给女方一定数量的劳务费，即白天的劳务费是3 藏升粮食或3 厘黄金，夜间的劳务费是3 藏升粮食。女方可带走成亲时娘家所给的全部嫁妆。子女中的女孩判给女方，但男方要给抚养费。

弃山星（澄水星）（སྐར་མ་རི་ཁྱི།）

藏历书中认为此星半年夜出，半年昼出，又叫澄水星。传说中经过此星照射过的水是药水，能除灾治百病，故而在前藏地区的藏历七月底至八月初的七天时间之内，人们可以用肉眼看到此星，同时，此星光照射的水能治百病，此时便是前藏地区的“沐浴节”。

恰当（ཇ་དྭངས།）

藏语音译，意为“清茶水”，藏族日常生活中的一种茶水。其制法简单，一般将砖茶、盐和水放入锅内，煮成很浓的茶水，滤去茶叶后即成。倒入茶壶内，置于火钵之上，边干活，边喝茶。茶叶不仅具有溶解脂肪、消食化腻的功能，而且还有促进肌体新陈代谢、增强心脏和血管等器官的功能，故对长期生活在缺乏新鲜蔬菜和水果的高原藏族人民十分重要。

恰哈达（ཇ་ཁ་བཏགས།）

云南藏族订亲礼俗。男女双方同意亲事后，主动提亲的一方要给对方送一订亲礼——恰哈达。结婚前，男方也要给女方送恰哈达。恰哈达实际上是一组礼物，包括两瓶青稞酒、两筒米、一筒茶叶、两坨红糖、两瓶酥油和一条哈达。结婚前送恰哈达时，女方家庭主妇要把青稞酒瓶倒出来，从水缸里舀上两瓶清水交给男方，男方把这两瓶水带回家中，倒入自己的水缸，以示家中多了一名成员。

恰珍（ཇ་འདྲུར།）

“油茶羹”，藏族民间传统食品。其制作方法是，先把砖茶煮成茶汁，滤去茶叶，再加入糌粑、酥油及适量的盐，煮成一种糊状的食品。味美适口，营养丰富。

千户长（སྟོང་དཔོན།）

（1）吐蕃时期的一种官名。负责掌管茹下辖的千户所。一般由赞普封授某一贵族世家世袭任职。每个千户所早期只设1名千户长,后来增至3名。(2)元朝时西藏的一种官名。负责掌管万户府下辖的千户府。千户长须有朝廷或帝师给的印章、封文才算合法。

前加字(སྔོན་འཇུག)

藏文中加在基字前面的字母,表示复辅音声母中的前置辅音。可做前加字的字母有ག་ད་བ་མ་འ 5个。

前宇妥·云丹贡布(གཡུ་ཐོག་རྙིང་མ་ཡོན་ཏན་མགོན་པོ།)(708~833)

吐蕃时期杰出的医学家,曾担任过赞普的御医,是藏医理论体系的奠基人。他广泛搜集和研究民间医方,总结民间医药经验,多次赴内地五台山,还到印度、尼泊尔等地,拜师中外名医并邀请印度名医新提嘎瓦、尼泊尔名医学家达玛锡拉、克什米尔医学家库雅巴、中医学家东松冈巴(即韩文海)等来藏研讨学术。并结合中外名医学专著,经过长期积累,编著了30多部医学论著,从而形成了藏医的整套医学体系。

乾隆宝藏(ཆན་ལུང་པའོ་ཙང་དངུལ་ཏམ།)

噶厦于乾隆五十八年(1793)至六十年(1795)铸造的银币。银币正面铸有汉文"乾隆宝藏"、"五十八年",背面铸有藏文"ཆན་ལུང་པའུ་གཙང་།(乾隆宝藏)"、"五十八年"。这种银币有多种:①1钱5分币,重5.6克,厚1.2毫米,直径31.5毫米;②1钱币,重4克,厚1毫米,直径26毫米;③5分币,重2克,厚0.8毫米,直径22毫米。

乾隆通宝(ཆན་ལུང་ཐུང་པའོ།)

噶厦铸造的银币。有两种:①1钱5分币,重5.3克,厚1.3毫米,直径27毫米,有两种版面,其正面都铸有藏文"乾隆通宝"和"57" (57表示乾隆五十七年),背面有所不同,一种版面是八吉祥图和藏文"宝藏"两字,另一种版面是"西藏珍宝"的字样;②1钱币,重3.6克,厚1.1毫米,直径24毫米,图案与1钱5分币相同。这种银币只是送给中央政府审批的样币,未发行流通。

强巴佛(རྒྱལ་བ་བྱམས་པ།)

弥勒佛,三世佛中的未来佛,藏传佛教寺庙里多有供奉,认为主管来世,5亿7千年以后,强巴佛将接替释迦牟尼而成为佛教至尊。大昭寺每年传召的最后一天,要举行隆重的迎请强巴佛的活动。扎什伦布寺内的镀金强巴佛铜坐像,高26.5米,举世罕见,驰名中外。

强巴林集市(བྱམས་པ་གླིང་ཚོང་འདུས།)

过去雅鲁藏布江中游最著名的集贸市场。集市地点在扎囊县强巴林寺周围,每年藏历六月初一至初七开市。集市开市前,附近各寺院的僧众先要集中到强巴林寺举行盛大的法会。藏历五月二十七日、二十八日,各寺喇嘛争相表演宗教舞蹈,举行赶鬼仪式;三十日则举行声势浩大的晒大佛仪式。藏历六月初一,法会收场,集市开始,数万名游人商贾云集强巴林寺所在的强巴林山上。整个山坡到处都是货摊、货栈、饭馆等。强巴林集市的影响不仅覆盖整个西藏,还远远波及到尼泊尔、不丹等周边国家,交易额相当庞大。强巴林集市同时也是当地一个盛大的娱乐节日。节日期间,青年男女载歌载舞、喝茶饮酒、谈情说爱,其乐无穷。旧西藏时,集市的管理权在开市期间临时交给一个叫"村堆协俄"(ཚོང་འདུས་ཞལ་ངོ།)的官员,这一官员照例由富裕农奴充任,群众戏称他们为"达即仲戈"(ཟླ་གཅིག་དྲུང་འཁོར།),意为一月贵族。

强巴林寺(བྱམས་པ་གླིང་དགོན།)

西藏昌都地区格鲁派寺院。建于明正统二年(1437),由宗喀巴的弟子喜绕桑布修建,寺内主佛为强巴(弥勒)佛,故对该寺起名为强巴林寺。该寺在昌都地区格鲁派寺院里是最大的,它下分五个扎仓,有一百三十个分寺,多集中于昌都、察雅、八宿、硕板多、桑昂曲及波密地区,主要供奉强巴佛。三世达赖喇嘛索南嘉措及许多高僧任该寺主持,是历世帕巴拉活佛的根本道场。

强盗歌(ཇག་པའི་གླུ།)

流传于藏北牧区的一种特殊的民歌,即过去藏北牧区强盗团伙或个体强盗打劫时所谓的歌。其内容主要表现强盗们的思想感情或夸耀强盗们的特殊本领。其音乐旋律起伏较大,歌词十分幽默,曲调的基本风格与一般的牧歌相似,是牧区的小伙子爱唱的歌曲之一。

强基(བྱང་སྤྱི།)

藏语音译,意为"藏北总管",基巧级地方政权机构之一。设僧、俗总管各1人,均为四品。基巧府驻那曲镇,下辖那曲、朗如、羊井玉巴(羊八井)、纳仓过巴、达木蒙古八旗、麻江过巴、达木萨迦等宗豁。

强钦曲吉(བྱམས་ཆེན་ཆོས་རྗེ།)(1354~1435)

大慈法王,藏传佛教格鲁派创始人宗喀巴的八大高徒之一。色拉寺的兴建者。原名释迦益西(明史作释迦也失)。1414年他代宗喀巴进京,永乐十三年(1415)明永乐皇帝封其为"妙觉圆通慧慈普应辅国显教灌顶弘善西天佛子大国师"。永乐十四年(1416)返藏,带回丰厚的财物,用以修造色拉寺。宣德九年(1434)皇帝封他为"万行妙明真如上胜清净般若弘照普应辅国显教至善大慈法王西天正觉如来自在大圆通佛，“大慈法王”的称呼即由此而来。他曾两次前往内地朝见皇帝、传播格鲁派教法，为加强西藏与中央的联系、增进宗教文化交流做出了重大贡献。

抢帽（ཞྭ་འཕྲོག）

恋爱习俗，流行于云南中甸藏族聚集区。茶会是青年男女寻找意中人的圣地，茶会上青年人一边载歌载舞，一边寻找意中人，一旦确定目标，歌舞休息时，男青年会突然抢走姑娘的帽子、头巾等物。姑娘若有意，就会随后追去，两人来到无人处各表情意，下次茶会时，小伙子再把帽子等送还姑娘。要是姑娘不喜欢抢帽子的小伙子，就不会追赶，而是说：“帽子给你吧，我有好几顶呢！”遇到这种情况，小伙子就会请朋友把帽子送还给姑娘，并随赠哈达致歉。

桥梁建筑（ཟམ་པའི་འཛུགས་སྐྲུན།）

分为铁索桥和木桥两种。西藏的桥梁建筑有着悠久的历史和独特的修桥技术。早在止贡赞普时期，人们便烧木为炭，熬皮制胶，开采金银铁矿，冶炼制作用具，并于河面架桥通行。至14、15世纪，西藏社会出现了相对稳定，手工业和冶炼技术有了较大发展，桥梁建筑水平有了明显提高，在宽阔的雅鲁藏布江架起鳜型的铁索桥。据史料记载，那时在贡布地区开采铁矿，调集设计和冶炼铁匠，连年施工，架起了五十多座长达七、八十米的铁索桥和六十座木桥。桥梁建筑反映了西藏社会生产的发展和科学技术的进步，是藏族人民智慧的结晶。

切（གྲོ་ཐུག）

藏族传统食品，小麦粥流行于四川甘孜一带。将新收的麦子或青稞掺少许水在臼中用杵捣碎，去掉麸皮，配上牛肉和骨头在锅里熬熟，然后盛在碗里喝，其味清香甘美。

怯懦惩治法（སྡར་མར་ཞེད་འགེལ་གྱི་ཁྲིམས།）

对战场上表现怯懦者实行惩罚的军事法律。本法规定：战时畏缩不前、临阵逃脱的，要受到惩罚，惩罚方式有挂狐皮、更女人名、游村、罚吃等。狐狸在藏民族心目中是怯懦和下贱的象征，因而对怯懦者挂狐皮，以示羞辱；对怯懦者改称女人名，也是因为女人是怯懦的象征；游村是让怯懦者着妇女装，众人拥簇，敲锣打鼓，在村内游街；罚吃则是罚一只羊或一头牛，在受罚人所在的村庄众人宰吃，以示羞辱。

钦定藏内善后章程（ཆིང་གོང་མས་བོད་དོན་ཞིབ་བཤེར་གྱི་གཏན་འབེབས།）

乾隆五十八年（1793）由清政府制

定颁布，时值藏历水牛年，故称“水牛年文书”。它是清代中央王朝对西藏施政体制和办事制度的重要原则及法制的依据。《章程》是清廷在吸收元、明，特别是清朝 100 多年治藏经验的基础上，结合西藏的特点制定的，它以更明确的条文规定了中央管理西藏的体制，加强了清朝对西藏的管理，这也是清朝中央政府对西藏行使主权的一个重要历史文献。有各项条款二十九条，主要内容如下：（一）关于驻藏大臣的地位和职权：驻藏大臣督办藏内事务，地位与达赖、班禅平等。噶伦以下均系属员，事务不论大小，均应禀命驻藏大臣办理。西藏地方官吏，无论职位大小，均应统归驻藏大臣会同达赖喇嘛遴选，分别奏请补任。对噶伦以下官吏的升迁和赏罚，由驻藏大臣会同达赖喇嘛处理。（二）关于达赖喇嘛、班禅及其他活佛转世：设立“金瓶掣签”制度，在遇到寻认的转世灵童时，将灵童的名字及出生年月，用满、藏、汉三种文字写在签牌上，放入瓶内，由驻藏大臣监督，当众拈定。（三）关于边界防务：在吉隆、聂拉木等国防要地设立界石，驻藏大臣每年定期巡边；在西藏成立定额为 3000 名的地方常备军，分驻拉萨、日喀则各 1000 名，江孜、定日各 500 名。（四）关于外交：外事集中于中央，一切对外交涉事宜，统归驻藏大臣负责处理。（五）关于财政金融：西藏地方政府财政开支均须呈报驻藏大臣审核。班禅的财物收支，也要由驻藏大臣审核。设置专门机构，另铸银币，整顿过去币制混乱的现象。（六）关于寺院的管理：给活佛及喇嘛的俸银应按规定的时间发放；各寺活佛及喇嘛，一律详造名册，驻藏大臣和达赖喇嘛各存一份，以便核查；喇嘛外出，需领取执照。

钦莫列参巴（ཆེན་མོ་ལས་ཚན་པ།）

藏语音译，旧西藏时噶厦认可的手工业者的技术职称。获得该职称者可享有五品或七品官职。其职责是：传达噶厦的公文指令，收派差税，处理案件，调解纠纷等。获得这一职称的条件是：识藏文草书、行书、楷书、梵文，有一定的计算能力，精通全套手工技术。

钦绕诺布（མཁྱེན་རབ་ནོར་བུ།）（1883～1963）

著名藏医，生于西藏山南地区隆子县，出家于泽当的安曲寺。后到拉萨药王山医算局学习医算，在十三世达赖创建西藏医学院后，在该院任总教师，终生致力于藏族医学及科学的研究和发展，著有《算经时轮心要》和《本续枝干医学海藏》等医学书籍。1959 年后任藏医院院长，为西藏培养了大批藏医、天文历算人才。

亲属称谓（གཉེན་ཉེའི་འབོད་སྟངས།）

在藏族地区，亲属的称谓较为简

单。汉族地区，祖父、祖母、外祖父、外祖母有着严格区分，而在藏区则无严格区别，祖父、外祖父统称“波拉”，祖母、外祖母统称“莫拉”。对父辈、同辈称呼同样区分不甚严格，如父亲的兄长和弟弟，统称“阿库”，没有伯、叔之分。父亲的姐妹统称“阿妮”。

亲属离异律(ཉེ་འབྲེལ་འབྲལ་འདུམས་ཀྱི་ཞལ་ལྕེ།)

藏族古代法律之一，即夫妻等亲属由于产生矛盾相互离异时，责令理亏的一方向理直的一方赔偿。例如，在离婚案中，妇弃夫要“虎行赔偿”，夫弃妇要“豹点赔偿”。参见“弃夫虎行赔偿法”、“弃妇豹点赔偿法”

青海藏族民歌(མཚོ་སྔོན་བོད་རིགས་ཀྱི་གླུ་གཞས།)

它种类繁多，富有浓厚的乡土气息，具有完整的民歌体系。它的演唱形式比较自由，具有幽默、夸张等特点；表达内容几乎是生活中的一切生动、欢乐、悲哀、讽刺、嘲笑、祝福等都可唱。按歌的表达内容可分为：祝福歌、颂歌、讥讽歌、悲歌、贬损歌、浪漫歌、劳动歌、情歌等多种。而唱得最多的情歌包括相谈歌、相配歌、相合歌，多以对歌的形式演唱。

青稞酒(ནས་ཆང་།)

藏族地区用青稞酿制而成的一种度数较低的酒。藏族男女老少都喜欢喝，也是喜庆节日必备的饮料。青稞酒制作简单，家家可以酿制。先将青稞洗净煮熟，待温度稍降，便加上酒曲，用陶罐或木桶装好封闭，让其发酵。两三天后，再加上清水盖好盖子，放上一两天，即成青稞酒。到藏族家做客，首先请客人喝青稞酒。先是倒一满杯，让客人先喝一口，添满，再喝一口，再添满，一直要喝三口，最后满杯喝干，俗称“三口一杯”，之后，能喝的可自由喝。

青稞酒歌(ཆང་གླུ།)

主要流传于甘肃天祝藏族自治县为中心的藏族地区。全诗共三百四十七句，从还没有青稞等六谷的远古时代唱起，讲述了寻找青稞种子所经历的艰辛，和找到耕种之地的经过，反映了远古时期藏族先民从单纯的畜牧业生产逐渐走向农业文明的整个历程，具有朴素的唯物主义思想。该歌的每行诗句都为七言或八言体，歌词上下有问有答，属于问答歌的一种。全诗少比兴、多直陈，想象丰富，语言质朴，生活情趣浓烈。

青稞招魂(གཡང་འགུག)

藏族农区的一种农事仪式。在藏族群众眼里，万物有灵，青稞也不例外。这种灵气，藏语叫“央”(གཡང་།)。如果得到一件东西而未得到“央”，那这件东西肯定会得而复失。招回“央”，自然就成了青稞收获时的重要仪轨。收割结束时，田里的最后一把青稞，要由村里的年长者来割，老人一手握镰、一手抓住这把青稞，高声领唱“招魂歌”，老人唱一句，众人和一句，唱完最后一句，老人挥镰将青稞割下，象征着“央”归家。

青浦天葬台（མཆིམས་ཕུ་དུར་ཁྲོད།）

世界著名三大天葬台之一，位于西藏桑耶寺附近。

《青史》（《དེབ་ཐེར་སྔོན་པོ།》）

藏族历史名著，作者是藏族著名译师桂洛·迅努白（འགོས་ལོ་གཞོན་ནུ་དཔལ།）（1392～1481）。作者是山南琼结人，又名也桑则瓦。该书采用编年史体例，成书于 1476～1478 年之间。比较清楚地勾划出吐蕃政权传承历史和西藏佛教的创建发展历程，纲目分明、取材丰富，一向被推崇为研究藏史的信实史籍，受到国内外藏学研究者的普遍重视。书中尤其对噶举派的叙述最为详尽。

青孜派（མཁྱེན་ལུགས།）

西藏传统画派之一。它的风格活泼奔放，勾线有粗有细，或粗狂有力，或圆润流畅，富于顿挫变化，以实带虚，疏密参差，布局主次呼应，达到了动人的艺术效果。贡嘎曲德寺、夏鲁寺、白居寺中的作品便是该派的艺术作品。

琼波南交（མཁས་གྲུབ་ཁྱུང་པོ་རྣལ་འབྱོར་ཚུལ་ཁྲིམས་མགོན་པོ།）（978～1128）

藏传佛教香巴噶举派创始人。琼波南交的意思是“琼波族的瑜伽行者”。生于西藏尼木热芒地方。幼学苯教，后从宁玛派学大圆满法，又往印度等地学习密法。返藏后在后藏香地区（今西藏南木林县）修建香寺，收徒传法，形成香巴噶举派。后来他的弟子又建甲寺和桑顶寺，分出两个支系。宗喀巴及其弟子克主杰·格勒白桑曾先后从香巴噶举学法。

求巴坚珞（ཕྱུ་པ་རྒྱན་སློག）

藏语音译，意为“花领藏袍”。“求巴”系用白氆氇做成，“坚珞”领子是用十字花纹图案氆氇做成。“坚珞”花纹制作方法是，首先衬以底色，然后用色条将其分成单元，以各种彩色装饰起来，就形成了美丽的图案。这是西藏男人们喜爱穿的服装之一。

驱鬼节（དགུ་གཏོར།）

传统宗教节日。藏语称“古多”，每年藏历十二月二十九日举行。每到这一天，布达拉宫和各地寺院都要举办盛大的跳神活动。入夜，每家每户都要点起火把，燃起香火，呼喊着鬼怪的名字，将它们驱走。除了驱鬼，这一天家家户户还要大扫除，干干净净迎新年。

祛瑞(ཕྱུར་རུལ།)

藏语音译,藏族民间传统菜肴。其制作方法是,将腐臭的干奶酪捣碎成小圆块,在锅内倒适量凉水,再加入肉块、面粉、干辣椒、盐巴及待用的干酪块,用文火烹煮。另用一锅,放入压碎的麦片或青稞片,用大火将其煮熟,即把煮熟的麦片或青稞片倒入主锅内,搅混均匀,然后用文火再烹煮一会儿即成。“祛瑞”营养丰富,味道鲜美香甜。

曲拉(ཆུར་བ།)

藏语音译,意为“奶渣”,藏族的奶食品之一。制作方法是,用牛奶提炼酥油后剩下的残汁,经熬煮将水和奶渣分离后形成,然后取出凉干即成。形状有块状、细条卷曲状和碎米状等数种,颜色有白、黄、绿三种,一般以绿奶渣为上品。味略酸,奶渣可单吃,亦可掺入糌粑中,再加上酥油和白糖,其味道酸甜,是藏族人民最喜欢吃的食品之一。

曲贡村石棺墓(ཆུ་སྒོང་རྡོ་ཡི་དུར་སྒམ།)

位于西藏拉萨北郊曲贡村的新石器时代文化遗址。棺室均用卵石块叠砌而成,长 1.5 米、宽 1.05 米,是一座石头环绕的墓葬,呈椭圆型。它被视为神圣的地方,朝圣者到此总要撕下一块衣物以示虔诚和崇敬。

曲贡遗址(ཆུ་སྒོང་གནའ་ཤུལ།)

继卡若遗址之后,西藏第二个经科学考察和挖掘的新石器时代遗址。位于拉萨北郊,南距市区约 5 公里,主要分布在曲贡村和西藏军区总医院北面的山坡下端,遗址东西长约 150 米,南北长约 30 米,总面积近 5000 平方米。试掘时发现灰坑 2 处,窖穴 1 个,晚期石棺墓葬 1 座。出土的文物有:磨制玉锛、骨器、打制石器和大量的陶片;骨器共有 15 件,有针、锥、匕、镞、刮削器等;打制石器有石铲、长刮器、双边刮器、弧刀刮器等。陶片为手制,以灰褐色居多,其次是表面磨光的黑、褐和红褐色;泥质磨光黑陶器物是陶器中的精品,陶器纹饰以刻划纹为主,刻划有重菱纹、三角纹、直线波折纹、直线几何纹等;器型以罐为主,器物组合还包括钵、碗、壶等。这一遗址的发现说明,早在4000 年前,拉萨就已是高原先民繁衍生息的重要地区之一。

缺日和重日(ཚེས་གྲངས་ཆད་ལྷག)

藏历计算七曜值日的方法。某曜当值的期间若跨到前后两天,就省去其当值较长一天的日数,名为初几日缺。前后两天值日曜如果不相连,则重复日曜或火曜之中当值较短的一天的日数为月曜当值日数,名为初几日重。

R

燃灯节（དགའ་ལྡན་ལྔ་མཆོད།）

藏语“噶登阿曲”，是纪念格鲁派创始人宗喀巴圆寂的日子，每年藏历十月二十五日举行。这一天，西藏各地僧俗群众，除转经朝佛外，还要在寺院民房的房顶和门窗上燃起大量的酥油灯，以此来表示对宗喀巴大师的悼念。

热巴（རལ་པ།）

铃鼓舞。“热巴”一语有两层含意：一是表演这种歌舞的艺人；一是指这种艺术本身。这种歌舞是流传于西藏昌都、工布、那曲地区以及云南、四川藏区的一种包括铃鼓舞、杂曲、民间歌舞三个主要部分的综合表演艺术。“热巴”中有戏曲表演，表演者多是有人身依附的流浪艺人。有人叫它“康戏”，即来自康区的戏曲。表演时，男女人数各半，男执响铃，女击手鼓，旋律由慢到快，场面十分热烈。待舞蹈进入高潮时，男子就像雄鹰一般单腿跨转，腾跃飞旋，女子一手执扁圆形鼓，一手拿槌，高举过头，转翻身子欢舞，表演动作技巧性很强。

热结巴（རགས་རྒྱབ་པ།）

旧西藏拉萨一种特殊身份的乞丐。这些乞丐有自己的组织，其首领是“热结奔波”（长官）。要由当地政府任命。热结巴要为地方政府服繁重的劳役，他们旱季要修筑河堤，雨季要防洪护坝。拉萨时常有人横死街头，他们要负责收尸。藏历年前大旗杆上的经旗也由他们更换。此外，他们还有跳神舞的任务。如此繁重的劳役，他们却得不到一分钱的报酬，只换得一种乞讨的特权。拉萨居民，包括达官贵人有什么喜庆活动、丧葬仪式，他们就会成群结队赶去，主人须给他们酒肉和钱物，不满足要求他们绝不罢休。他们在人们眼中毫无社会地位可言，但对外地进城的农牧民、贫苦市民却霸气十足。

热隆寺（ར་ལུང་དགོན།）

藏传佛教竹巴噶举派的祖寺。在西藏日喀则市江孜县东部。公元12世纪由藏巴嘉热·益西多吉修建，并自任第一任主持。他在此寺收徒传法，创竹巴（中竹巴）派。他的弟子又各建寺庙宏传该派教法，另立上竹巴和下竹巴。

热乔林卡（牛角林卡）（ར་ཅོ་གླིང་ག།）

西藏拉萨八廓街南侧的一处公共园林，林卡四周围墙均用牛角垒成，故得名。该林卡在旧西藏曾是乞丐和妓女的消夏园林，现已不存在。

热穷巴(རས་ཆུང་པ།)(1084～1161)

藏传佛教噶举派著名僧人。本名多吉扎。米拉日巴的两大弟子之一。12岁随米拉日巴学法,修习"拙火定"方法。后往印度等地修"胜乐"等密法。返藏后在雅隆河谷的热穷浦弘传米拉日巴教法,渐为竹巴噶举派所继承。

热协(རས་གཞས།)

藏语音译,一种只表演各种形态而没有歌唱的哑舞,它的基本舞姿是模仿挤奶、打酥油茶、背水等动作神态,表现出了藏族人民热爱劳动的优秀品质和情趣。表演者模仿能力强,塑造的形象十分逼真。

热擦寺碑(ར་ཚག་དགོན་རྡོ་རིང་།)

位于西藏拉萨西郊堆龙德庆县热擦寺内,同热擦寺同时修建,是11世纪以后,西藏佛教后弘期的产物。碑高310厘米,宽35厘米,厚24厘米。

热振活佛(ར་སྒྲེང་སྤྲུལ་སྐུ།)

清朝所封藏传佛教呼图克图之一。呼图克图是蒙古地区对大活佛的称呼,是"有寿"意思,地位仅次于达赖和班禅。第一世热振活佛赤钦·阿旺乔丹,曾任第七世达赖喇嘛的经师。第三世热振阿旺益西楚臣坚赞,曾两度担任摄政(1847～1855;1855～1862),列为四大摄政活佛之一。第五世热振土登江白益西丹白坚赞,在十三世达赖喇嘛于1933年圆寂后,1934年当选为摄政,代行达赖职务,同西藏亲帝势力进行斗争,受到上层反动分子的仇视、排挤,1941年引退,6年后遭亲帝势力杀害。

热振寺(ར་སྒྲེང་དགོན།)

藏传佛教噶当派祖寺。阿底峡弟子仲敦巴·杰卫炯乃于北宋嘉祐二年(1056)兴建。位于拉萨市林周县东北。宗喀巴继承噶当派教法并发扬光大,创格鲁派,也称新噶当派,该寺遂改宗格鲁派。曾遭大火和战争毁坏,后又修复。该寺在清代政治地位很高。

人参果酥油米饭(གྲོ་མ་འབྲས་བསིལ།)

藏族喜爱的米制食品。一般在喜庆的节日里食用,又是招待客人的上品。吃时每个客人一小碗,不再添第二碗,习惯上是在吃手抓羊肉、糌粑之后吃。其制作方法是:将米淘洗干净,拌入酥油、蕨麻、红白糖,放在碗中上笼蒸熟,蕨麻质软,米色黄白相间,食时油香四溢,是较为典型的富有藏民族特色的一种吃法。

人参果酥油汁(གྲོ་མ་མར་ཁུ།)

藏族的传统食品。其制作方法是,先将人参果煮熟,把酥油放入锅中加热融化,然后将煮熟的人参果和白糖加入酥油锅中,搅拌均匀而成,是一种庆典及节日之佳食。

人类起源神话(འགྲོ་བ་མིའི་བྱུང་རབས།)

是藏族对人类形成的传说。关于人类起源神话,主要有三种说法:①猕猴繁衍人类,可见于《玛尼全集》、《西藏王统记》、《贤者喜宴》、《西藏王臣记》等书。大意是在远古时期,西藏雅隆河谷一只猕猴与一罗刹女结为夫妻,历经繁衍,终于演变为人类。②姐弟血缘内婚,这种说法主要流传于四川阿坝藏族地区。传说古代洪水泛滥,万物皆毁,仅有一对姐弟钻进牛皮筒中幸免,不得已结为夫妇,繁衍了现在的人类。③蛋生英雄。大意是太极之初,一个由五种宝贝形成的蛋破裂了,从中生出一个英雄来,狮头、象鼻、虎爪,极可能是图腾崇拜的体现。

仁布玉器(རིན་སྤུངས་ཀྱི་གཡང་ཏི།)

西藏日喀则地区的仁布县,位于拉萨和日喀则之间,这里蕴藏着丰富的玉石原料,且色泽多样,有绿色、绿白色和黄色等多种,是传统的玉器产地。主要产品有碗、杯、盘、镯、戒指、鼻烟壶、酒壶、糌粑盒等十多种产品,以玉石碗最为有名。仁布的玉石碗经过粗打、细磨和雕刻等工序,可以制成各种透明、美观、耐用、风格独特的玉碗,既实用,又有观赏价值,是一种贵重的物品。

仁达哇·熏奴罗追(རེད་མདའ་བ་གཞོན་ནུ་བློ་གྲོས།) (1349~1412)

藏传佛教萨迦派著名僧人。生于西藏仁达(今日喀则市拉孜县锡钦乡)地方。他承传了月称的《入中论》和《中论明句论》 等西藏佛教所重视的典籍经义,使之得以弘扬发展。后辈信徒称他是布顿大师和宗喀巴之间的重要人物。宗喀巴及其弟子甲曹杰和克珠杰都先后投其门下学经。

仁钦桑波(ལོ་ཚ་བ་རིན་ཆེན་བཟང་པོ།) (958~1055)

西藏佛经大译师(洛钦)。出生于阿里古格地方,13 岁出家,三次去克什米尔修习佛法深造,译出 108 部密宗经典,是"后宏期"中重新翻译密咒的第一人,开创了被西藏后世佛教徒称为"新密咒"时代,影响很大。他在阿里地区建立了不少寺院。

日楚(རི་ཁྲོད།)

藏语音译,"山中寺庙"之意。位于山间的小寺庙和修行地。除佛、法、僧三宝之地外,还有少量僧房。小的日楚只能住数名僧人,一般建在山崖上,供僧人静修。

日交日(ཉིན་མོ་ཉིས་བརྩེགས།)

藏族历算中计算太阳运转时，在运行轨道上交会的二十七星或二十八宿中的某一星，由于太阳距大地极近，因此每六、七日转移另一星。

日喀则基宗(གཞིས་རྩེ་སྤྱི་རྫོང་།)

旧西藏基巧级地方政权机构之一。1923 年，十三世达赖喇嘛将班禅辖区置于噶厦管辖之下，在日喀则设“基宗”，负责管理后藏地区噶厦所属宗豁。

日喀则扎什伦布画派(གཙང་བཀྲ་ཤིས་ལྷུན་པོའི་ཐང་ག་འབྲི་ལུགས།)

西藏绘制唐卡的一个流派，以西藏日喀则和扎什伦布为中心发展起来。此派风格强烈融汇了印度和尼泊尔的画风及艺术传统。

日土岩画(རུ་ཐོག་གི་བྲག་བརྐོས།)

位于西藏阿里地区日土县境内。共发现三处地点：任姆栋地点、鲁日郎卡地点和恰克桑地点。岩画多在垂直的岩面上，亦有少数在较为倾斜的岩面上。每幅画面有一至数十个单个图象。画的题材以反映动物为多，有马、羊、牦牛、驴、犬、骆驼、鹿、羚羊、鹰、舵、鸟、鱼等，还有羽毛、盾牌、陶罐、长杆、房屋以及日、月、山、宗教符号等。另外还有人、男性生殖器等。岩画的内容情节有：宗教、祭祀、狩猎、放牧、骑乘等场面。岩画的制作方法有敲凿、磨制、刻划、涂绘等四种。

日乌曲林(རི་བོ་ཆོས་གླིང་།)

藏传佛教格鲁派在西藏山南地区修建的 13 林(宗教道场)之一。在山南琼结县察如村东面的石嘴山上。宗喀巴的弟子确吉顿珠于 15 世纪兴建。占地约 5 万平方米，中心建筑为措钦大殿(大经堂)，主要供奉宗喀巴像、强巴佛、五世达赖喇嘛像等。

绒布寺(རོང་ཕུ་དགོན།)

宁玛派寺院之一。全称“拉雅查绒布冬阿曲林寺”，位于日喀则地区定日县境内，距世界最高峰珠穆朗玛峰 40 公里，海拔 5100 多米，是世界上海拔最高的寺庙。始建于光绪二十五年，即藏历铁牛年(1899)，由宁玛派喇嘛阿旺旦增罗布创建，该寺除主寺外，还有八个小寺。

如本(རུ་དཔོན།)

(1)吐蕃政权时期的一种官名。即负责掌管一个如的官员。每个如的将军、护军(副将)都可称作如本。(2)近代藏军的一种官阶，约管辖士兵 250 名，相当于现在军队中的营长。

如拉(རུ་ལག།)

吐蕃政权行政区划名称。东至

强木尼扎，南至泥婆罗朗那，西至拉金牙迷，北至介玛拉恩，大致相当于现在的日喀则地区雅鲁藏布江以南的地区。分上、下部，共辖 10 个千户所。

入教十六净法（མི་ཆོས་གཙང་མ་བཅུ་དྲུག）

道德规范十六条，相传为松赞干布时代所制定，是旧时对吐蕃民众一种广泛的道德要求。这也是流传到今天藏族人信奉的道德准则之部分。其内容是：（1）敬信三宝（佛、法、僧）；（2）求修正法；（3）报父母恩；（4）敬重有德；（5）敬贵尊老；（6）利济乡邻；（7）直言小心；（8）义深亲友；（9）追踪上流，远虑高瞻；（10）饮食有节，货财安分；（11）有恩当报；（12）及时还债，斗秤无欺；（13）心平无嫉；（14）不听邪说，自持主见；（15）和言善语；（16）担当重任，度量宽宏。

若吞（རོགས་འཐེན།）

藏语音译，是对以婚姻爱情为主题的叙事诗的总称。这类诗歌中，有的反映了贪财父母强迫儿女婚嫁的买卖婚姻，歌颂真挚纯洁的爱情，如《不幸的擦瓦绒》等；有的描述了热恋中的情人被迫分离后的无限怀恋，如《拉萨怨》等；有的则是表现一方负心而使另一方陷入痛苦为主题，对忘恩负义的行为进行鞭挞，如《负心的喇嘛》等。这类诗歌大都语言鲜活，感情浓烈，爱憎分明，充满了对美好生活和真挚爱情的向往。在叙事方法上，多采用反复咏叹和重迭的格式，以增强感染力。

《瑞贝旺秋》（《རོལ་པའི་དབང་ཕྱུག》）

八大传统藏戏之外较著名的藏戏剧目之一。剧情大意是：一得道猕猴在为刚出世的释迦牟尼敬献香果时不幸坠崖身亡，但因敬佛转生到一个小邦国王家里，生为王子，取名“瑞贝旺秋”。王子瑞贝旺秋很受百姓拥戴。国王的宠臣其那日金阴谋夺取王位，害王子。王子转生到邻国，投托为王子并继承了王位。其那日金率兵来犯，王子率众杀死奸臣。王子身世被百姓知晓后，大家一致推举他担当两国国王，两国合并，众生安乐。

瑞兽葡萄镜（གཅན་གཟན་རྒུན་འབྲུམ་མེ་ལོང་།）

1987 年重建白朗县长美坚寺时出土，出土时被损一孔，但原样尚存。该镜系青铜铸造，圆形呈黑色，直径 16.8 厘米。图案构思巧妙，疏密得当，铸造精美，反映了当时匠心独具的工艺成就，是唐代早中期的典型器物。此镜是唐蕃时一件罕见的实物见证，也是研究唐蕃史难得的实物资料。

闰月（བཤོལ་ཟླ།）

藏族历算中，每月时辰有余数二，

积 33 个太阴月共计多出一个月,把它当作闰月。而闰月的推算则是根据现行藏历中的中气在晦,闰本月;中气在朔,闰后月。意思是每一个太阴年的天数比宫年的天数多 11 天,但为季节不错乱,就得把多余的天数积起来成为一个闰月。

S

洒水歌（ཆུ་གཏོར་གྱི་གླུ།）

云南德庆藏族举行婚礼时唱的一种歌。在娶亲过程中，新郎家大门口要选两个少女背着水站在大门口最前面，后面依次是端香炉的新郎母亲和亲属中的老妇，最后为新郎和伴郎。等新娘及送亲队伍来到大门口时，双方司仪把哈达献在水缸上，迎亲的人用柏枝向送亲队洒水，送亲司仪必须唱《洒水歌》，歌的内容是请对方不要洒水，洒水会把新娘的绸缎新衣弄脏。歌词一般是一首十二句。

撒播（སོན་འདེབས།）

藏族传统播种方式。根据藏历选择吉日，在地犁好之后，将发过酵的牲畜肥料撒在地里，然后撒上青稞或小麦的种子，再掩土。

撒糌粑（ཡས་སྙོན།）

藏族民间礼俗。主要流行于后藏地区。每当客人离开主人家时，主人即将一把吉祥之物——糌粑撒在客人身上，祝客人全家幸福，吉祥如意。在藏历新年或重大节日期间，人们也要相互往身上撒糌粑，以示祝贺。

萨班·贡噶坚赞（ས་སྐྱ་པཎ་ཆེན་ཀུན་དགའ་རྒྱལ་མཚན།）（1182～1251）

西藏历史上的大学者。原名班丹敦珠，法名贡噶坚赞。“萨班”是“萨迦（教派名）班智达”的简称。精通大、小五明（过去西藏称全部学问为“大小五明”），获得“班智达”（大学者）称号。萨迦巴钦畏布的长子。自幼从父兄学习显密教典。蒙古马乃贞后三年（1244）他63岁时应召到凉州，觐见阔端皇太子，归顺了元朝。当时他曾致书西藏各地僧俗首领劝说归顺元朝庭。一生著述甚丰，后人辑之为《萨班全集》，内容涉及宗教（内明）、逻辑（因明）、语言（声明）、医学（医方明）、修辞、音韵、乐理等方面。其中《三律仪论》、《正理藏论》、《萨迦格言》等广为流传。

萨嘎达瓦（ས་ག་ཟླ་བ།）

氐宿月，藏族传统宗教节日。藏历四月十五日是释迦牟尼诞辰、成道和圆寂的纪念日，每到这天，藏族群众都要身穿节日盛装，转经念佛、献供神佛、布施行善。拉萨的藏族群众，按照传统习俗，还要成群结队到布达拉宫后边的龙王潭划船、唱歌、饮酒狂欢。相传藏历四月是“佛月”，藏语称“萨嘎达瓦”，所以在这一整月期间都要转经念佛，禁止屠宰牲畜，积功德并祈祷丰收。

萨迦本钦(ས་སྐྱ་དཔོན་ཆེན།)

元朝萨迦地方政权的首席官员。至元二年(1265),八思巴返藏建立西藏政体时设立。"本钦",意为"大官",额设1名。从萨迦派贵族子弟中选任,由帝师举荐,元朝皇帝任命,并颁给印章、诏书。本钦直接听命于帝师或萨迦座主。其职责是:掌管乌思藏十三万户的划分、民户的分配、户口的清查以及差税的征收;审理各万户之间的纠纷;调集士兵镇压反叛;负责萨迦派佛殿、塔像的修建等。

萨迦达钦(ས་སྐྱ་བདག་ཆེན།)

清代以来,萨迦教派和萨迦地区小政权的首领。达钦的产生先由萨迦佐巴召集萨迦僧俗官员大会讨论决定,并呈报达赖喇嘛批准。新达钦就任前,要先到拉萨拜见达赖喇嘛,返回后还要举行一次正式的坐床仪式。

萨迦达钦管辖区(ས་སྐྱ་བདག་ཆེན་གྱི་མངའ་ཁོངས།)

清代以来,萨迦达钦一直在萨迦寺及其附近保留有一小片管辖区,辖有20多个谿卡。另外,阿里、前后藏、康区的一些萨迦派寺院,也受萨迦达钦管辖。其政权机构以萨迦达钦为首领,分僧俗两个系统,宗教系统(僧系统)称为"孜",行政系统(俗系统)称为"雪"。其职责是:摊派差税、审理案件、任免官员、与噶厦联系等。

萨迦地方政权(ས་སྐྱའི་སྲིད་དབང་།)

首次在西藏实行政教合一统治方式的地方政权。13世纪中叶,西藏成为元朝的一个行政区域。萨迦地方政权就是在元朝的扶持下建立起来的。

蒙古太祖元年(1206),蒙古军队首次进入藏北地区,成吉思汗的孙子阔端派遣大将多达纳布率骑兵深入西藏。阔端通过多达纳布了解到了宗教势力在西藏政治经济生活中的重要地位,认识到要想统一西藏,必须利用其宗教势力。当时,在后藏崛起的萨迦派势力日益强大,萨迦派的第四代法王贡噶坚赞(萨迦班智达)在西藏各教派中影响最大。于是,阔端便邀请贡噶坚赞前往凉州(今甘肃武威)会面。

蒙古定宗元年(1246),贡噶坚赞来到凉州,觐见了阔端,双方议定了西藏归顺蒙古的条件。中统元年(1260),元世祖忽必烈封萨迦派第五代法王八思巴为国师。至元元年(1264),元朝设总制院(后改为宣政院),八思巴以国师身份领总制院,负责管理全国佛教事务和藏区行政事务。次年,八思巴奉元世祖之命返藏,划卫藏十三万户,并推荐释迦桑布出任西藏首席行政官员"本钦"(དཔོན་ཆེན།),经元世祖批准。

从此，正式确立了政教合一的萨迦地方政权在西藏的统治地位。

萨迦地方政权在西藏维持了一百年左右的统治。这期间，元朝中央政府采取了一系列重大的改革措施，给西藏人民带来了休养生息的安定生活，土地、水草、牲畜、农具等生产资料和生产工具得到了保护，封建经济有了显著的发展，为进一步恢复和发展西藏的社会生产力创造了有利的条件。

《萨迦格言》(《ས་སྐྱ་ལེགས་བཤད།》)

贡噶坚赞所著的重要作品之一，其中部分内容是其从印度同类著作中所辑而成。《萨迦格言》共分九章，包含格言诗四百五十七首，主要内容是阐述自己的政治见解，教人处事待人的方法，倡导佛教思想。他所强调的佛教世界观在意识形态领域的统治地位和对政治的指导作用，对后世的政教合一政权的建立产生了很大影响。全诗采用四句七音节的结构形式，节奏鲜明，富有音乐感，既汲取民间文学的营养，又借鉴印度同类作品的表现手法，人物描写鲜明生动，语言简练活泼，多用比喻、对比，形成了藏族作家诗的一个重要流派。

《萨迦格言注解》(《ས་སྐྱ་ལེགས་བཤད་ཀྱི་འགྲེལ་པ།》)

辑录者是噶举派中直贡噶举派的创始人直贡巴·仁钦贝(1147～1217)。全书中除少数段落属于注解性的内容外，其它部分均为各类小故事，共收录了54则。因而，就该书内容来讲已不是以注解为主，而是一部故事集子。书中故事有宣扬佛教的，有劝诫为人处事要诚实善良的，也还有一些其它内容，但基本上都贯穿了一定的佛教思想。这些故事大都来源于印度，故事简短而情节曲折、通俗易懂而又寓意深刻。在文人辑录整理或民间传唱过程中，形式与内容渐已藏族化，因而很受藏族人民喜爱并广泛流传。

萨迦囊钦(ས་སྐྱ་ནང་ཆེན།)

元代萨迦地方政权的官职之一，主管萨迦派内部的行政事务。每任1人，由帝师举荐，皇帝任命，并颁给印章、诏书。

萨迦派(ས་སྐྱ་པ།)

藏传佛教派别之一。公元11世纪西藏昆氏家族的后代昆·贡觉杰布创建，以萨迦寺为主寺。因该寺建立在后藏萨迦(ས་སྐྱ།)地方，故名。该派寺院围墙涂有象征文殊、观音、金刚手菩萨的红、白、黑三色花条。教主由昆氏家族世代相承。政教两权都集中于一个家族之手。四祖萨班·贡噶坚赞和五祖八思巴曾应元太子阔端邀请前往凉州。萨班与阔端议妥西藏归顺元朝的条件，八思巴被元世祖忽必烈封为国师，掌管西藏政教大权。元末，该派势力衰微，不久为噶举派的帕木竹巴势力所取代。萨迦派仅保有萨迦地方的政教权力。

《萨迦世系宝藏》(《ས་སྐྱའི་གདུང་རབས་ངོ་མཚར་རིན་ཆེན་བང་མཛོད།》)

系统记录萨迦昆氏家族历史的名著，简称《萨迦世系史》。全书分五章，书中考证了昆氏家族的起源和传承，歌颂了昆氏家族在藏族历史上的丰功伟绩，同时收录了不少诏文、书函，是一部研究昆氏家族及地方势力兴衰过程的重要著作。作者是达钦阿麦阿旺贡噶索南，成书于崇祯二年(1629)。现有德格印经院木刻版、萨迦王室家藏写本和纳塘寺木刻本共三种。1986年民族出版社根据德格印经院木刻本整理出版了铅印本，后来又出了汉译本。

萨迦寺(ས་སྐྱ་དགོན་པ།)

在西藏日喀则地区萨迦县境内。藏传佛教萨迦派祖寺。萨迦(ས་སྐྱ།)，藏文意义为“灰白土”。这是因为萨迦城北山上有一片灰色的岩石，风化如土状。北宋熙宁六年(1073)萨迦派创始人昆·贡觉杰布兴建，规模宏大。分南北二寺。南寺早建，位于萨迦河南岸的平坝上。北寺建于1268年，位于萨迦河北岸“灰白土”山岩下面，现已残破。南寺比较完好，主体建筑是大经堂。正殿的前面和左右建有厢房。周围是僧人居住的楼房。环寺一周建有红色高大的院墙，墙上有小城堡。大经堂高约10米，内竖40根顶梁柱，其中4根硕大。该寺融汇了藏、蒙、汉建筑风格。寺墙绘有红、白、黑三道颜色，为该寺的独特标志。元代时，曾是西藏地方政权所在地。寺内保存有大量珍贵的历史文物、档案和佛经典籍，藏书浩繁，被誉为我国第二个敦煌。

萨迦五祖(ས་སྐྱ་གོང་མ་རྣམ་ལྔ།)

藏传佛教萨迦派在创建时期的五位首领的统称。他们在该派创始人贡觉杰布之后继承法座。五祖是：第一祖贡噶宁布，是贡觉杰布的儿子，他得到了“道果法”的教授和要诀，被尊称为“萨钦”(萨迦大师)；第二祖和第三祖是贡噶宁布的次子索南孜摩和三子扎巴坚赞。这三人娶妻，称为“三白”。第四祖是贡噶宁布之孙萨班·贡噶坚赞；第五祖是八思巴，他是萨迦班智达的弟弟索南坚赞的长子。这二祖出家为僧，称“二红”。

萨鲁(ས་གླིང་།)

藏语音译，意为“土陶埙”，是藏族民间普遍使用的一种乐器。用泥土捏成鸟形，有一个吹孔和四个按孔，捏好后用火烧制而成。现在这种乐器已很少见到。

萨钦·贡噶宁布(ས་ཆེན་ཀུན་དགའ་སྙིང་པོ།)(1092~1158)

藏传佛教萨迦派五祖中的第一祖。该派创始人贡觉杰布的儿子。他投拜了许多名师学习显密教法,得到了“道果法”的教授和要诀,使之成为该派显宗的主要教法。他在48年间收受了许多门徒,大弘教法,使该派名声大震,被后人尊称为“萨钦”(萨迦大师)。

赛骆驼(རྔ་མོང་རྒྱུགས་འགྲན།)

藏族古代体育项目之一。椐《巴协》记载,桑耶寺庆典上就有赛骆驼,“只见从刀帕地方驰来七个骑骆驼的人,他们边跑边交换骑驼,有的在奔驰的骆驼上挥舞刀剑,有的二人举着一幅横幡等”。这项运动现已绝迹。

赛马(རྟ་རྒྱུགས།)

藏族传统体育项目。主要有跑马赛和走马赛两种。跑马赛即比赛马跑的速度和骑手的骑术,是赛马运动中最广泛、最普遍的一种。按藏族传统,在喜庆的节日、集会上,一般都要举行跑马赛,以助雅兴。清朝时期,噶厦地方政府在正月节日期间均举行赛马活动。《西藏志》云:“二十三日,郡王及噶隆、牒巴,并有名大喇嘛,各出八、九名以至十四、五岁幼童数名,快马数匹,跑马自色拉寺东山脚起,由布达后至工布堂,约三里,一气跑到,先到者赏缎绸、哈达、银钱等物,其次到、后到者,各分赏有差”。另外还有一种纯粹的赛马,即在没人骑乘的情况下,让马进行赛跑。“赛马主要特点是没有骑马的人。马匹从哲蚌寺附近出发,沿着去拉萨的道路前进,穿过市区,一直跑到铁崩岗附近的一个公园处路上,全程共五六英里。”为了显示高超的技艺,在跑马赛时,骑手们往往在飞驰的马背上作出倒立、侧转、拾银、拾哈达、拔旗、挥刀斩旗杆、镫里藏身、单挂等高难动作。骏马的飞驰,骑手机智灵活,勇敢顽强,着实是扣人心弦。走马赛即比赛马的竞走速度。参加走马赛的马必须经过专门的训练。走马赛虽然没有跑马赛那么扣人心弦,但节奏感很强,昂首阔步,步步紧跟,给人行云流水之感,也使骑手无颠簸之累,十分稳妥舒适。

赛马会(རྟ་རྒྱུགས་འགྲན་ཚོགས།)

藏族民间传统节日。每年农历七月份择日组织举行,节期不定。届时,藏族群众身穿节日服装,相约坐车骑马而行,带着帐篷、乐器、食品等物,云集到一片广阔的草原上。马队进场后,一声令下,几百匹马冲进跑道，争相奔驰。骑手们既比赛速度，又比赛马技，如飞马拾哈达，跑马射箭，做马上惊险动作等。观众为此而欢呼、雀跃。比赛结束时，要为优胜者颁发奖品。

赛牦牛（གཡག་རྒྱུགས།）

藏族传统娱乐体育活动。一般在节庆日举行。比赛跑道300米左右，三四头牛为一组，比赛以先到达终点线为优胜。裁判员一声令下，骑手们催牛向前奔跑。调训有素的会听从主人的指挥奋力疾驰，而那些性情急躁的牦牛，往往会东跑西窜、原地踏圈，有时把骑手撅翻在地，闹出不少笑话，逗得观众哈哈大笑。赛后，要为得胜的骑手和牦牛披红拾彩，颁发砖茶和其它奖品等。

赛跑（བང་རྩལ་འགྲན་བསྡུར།）

藏族的赛跑运动之一 。清朝时期，西藏地方政府传大召后举行的娱乐活动就有赛跑。《西藏志》载："又选善走之人数十名，自布达拉宫西跑至拉萨东止，约十余公里，亦一气跑到，别其先后分赏；赏毕，绕召跑三匝而散。"甘南地区藏族在六月插箭节时要举行各种体育活动，其中就有赛跑。一般分少年和老年两个组，少年组为7至12岁之间的男孩，老年组为60至80岁的男性老人。两个组分别赛跑，皆赤脚参赛，优胜者受到村民们的奖励。参赛者无任何限制，跑在前面的几名，给予赛马同样的奖品。

三大藏文印经院（བོད་ཀྱི་པར་ཁང་ཆེན་མོ་གསུམ།）

即布达拉宫印经院、德格印经院和纳塘印经院，合称为"三大藏文印经院"。

三等九级（མིའི་དབྱེ་བ་རིམ་དགུ།）

藏族古代法律之一，即将人分为上、中、下三等，每等又分为上、中、下三级。其具体为：（1）武将为上上；（2）有300名奴隶以上的领主和大寺院堪布为上中；（3）有100名奴隶以上的领主和小寺院堪布为上下；（4）普通官吏和寺院执事为中上；（5）中级武官和普通僧侣为中中；（6）出家的施主为中下；（7）无主的自由民、官家差役为下上；（8）定居铁匠、屠夫和乞丐为下中；（9）流亡的铁匠、屠夫为下下。

三歌（མགུར་གླུ་གསུམ།）

藏密乘无上瑜珈部灌顶时，用来供奉歌颂坛场本尊的3种歌：①空性歌，包括自性空性歌；②法性歌，即法性清净殊胜，从始初解脱；③手印歌，"手印"，指金刚菩萨身、语意之金刚自性身。

三个奴隶制邦国(བྲན་གཡོག་ལམ་ལུགས་ཀྱི་རྒྱལ་ཕྲན་གསུམ།)

随着原始公社制度的瓦解,十二个部落联盟通过征战、兼并,先后建立起了蕃、象雄、苏毗等三个奴隶制邦国,其中,蕃势力最强。后来,蕃征服了象雄和苏毗,建立了西藏历史上第一个统一的政权——吐蕃政权。

三口一杯(གསུམ་འདྲེན་ཞབས་ཐག)

敬酒礼仪。每当客人临门,主人会以青稞酒招待。客人先喝三口,每喝过一口都把杯子再加满,最后将一杯一饮而尽。这一习俗一般都会遵守,如果实在不能喝酒,客人也会用手蘸酒对天连弹三下,以示对主人的尊重。

三日同现(ཉིན་གསུམ་མཉམ་སྣང་།)

藏族历算专用术语。用于推算重日、缺日,若一个整太阳日的长度相当于某一个较短的整太阳日及其前后两个月的一部分,共 3 个日头,则将这一整太阳日的日头作为缺日。若太阳日较长,与它相应的太阳日有一个整日及其前后两日的各一部分时,则将此一整太阳日的日头作为重日。

《三十颂》(《སུམ་ཅུ་པ།》)

藏文文法专著,全名《授记根本三十颂》,又名《虚字论》。作者是吞弥桑布扎。该书用七言偈颂体写成,共 33 偈,前言 3 偈,正文 30 偈,故名《三十颂》。其内容主要是藏文拼写结构和以静词为中心的格助词及各类虚词的用法。书中采用两套平行系统对文法现象进行分析和处理,一套从形式到意义,另一套从意义到形式。按前一套系统将虚词分为两大类:有变体的“不自由虚词”和无变体的“自由虚词”;按后一套系统将格助词分为 8 格:主格(原形格)、业格(受动格)、具格(施动格)、为格(目的格)、从格(来源格)、属格(领属格)、于格(处所格)、呼格(呼语格)。

三世班禅罗桑顿珠(པཎ་ཆེན་སྐུ་ཕྲེང་གསུམ་པ་དབེན་ས་བློ་བཟང་དོན་གྲུབ།)(1505 ~ 1565)

生于后藏答魁恩萨地方,父名索朗多吉,母名白宗吉,与二世班禅是一个家族出生。幼时学经,在拉仁孜寺出家为僧,拜扎巴顿珠为师,取法名罗桑顿珠。先学习显宗经典,后到扎什伦布寺修习密宗,精通显密。明弘治十一年至正德十三年(1498 ~ 1518),信奉噶玛噶举派的西藏地方势力仁蚌巴家族,限制格鲁派传教发展。罗桑顿珠坚持在后藏弘传格鲁派,争取了广大教众,因此受到后世赞誉。62 岁时在安宫寺圆寂。后被追认为三世班禅。

三世达赖喇嘛索南嘉措(ཏཱ་ལའི་བླ་མ་སྐུ་ཕྲེང་གསུམ་པ་བསོད་ནམས་རྒྱ་མཚོ།)(1543 ~ 1588)

生于西藏堆龙德庆县玛氏贵族

家中。1546年被哲蚌寺僧众迎入该寺供养，认为他是二世达赖喇嘛根敦嘉措的转世活佛，次年坐床，格鲁派活佛转世制度自此开始。明嘉靖二十八年(1549)举行出家仪式，嘉靖三十二年(1553)任哲蚌寺第十二任赤巴，次年主持一年一度的拉萨传召法会，嘉靖三十七年(1558)兼任色拉寺赤巴。万历五年(1577)到青、康等地传教，次年被蒙古吐默特部首领俺答汗迎至青海湖畔的仰华寺，赠他以“圣识一切瓦齐尔达赖喇嘛”的尊号，“达赖喇嘛”的称号由此开始。同年随俺答汗前往蒙古传播格鲁派，在归化(今呼和浩特市)修建锡热图召寺，此后格鲁派在蒙古地区传播开来。万历八年(1580)到康区建理塘寺，之后返回拉萨。万历十一年(1583)又到内蒙古，主持俺答汗丧葬仪式后，又在各处传法。万历十六年(1588)应明朝政府邀请，准备赴京传法，未果，圆寂于内蒙古。

三素尔(ཟུར་ཆེན་ཟུར་ཆུང་གསུམ།)

三个出于素尔家族的宁玛派著名僧人，即：素尔波且·释迦迥乃(1002~1062)、素尔穷·喜饶扎巴(1014~1074)、素尔穷·卓浦巴(1074~1134)。素尔波且整理了当时流传的密法，把藏传佛教宁玛派典籍组织成系统，创建了宁玛派第一座寺院—邬巴龙寺。他把所学密法传授给喜饶扎巴。喜饶扎巴是素尔波且的养子，继任邬巴龙寺的主持。他弟子众多，有“四柱八梁”之称。他将密法传给儿子卓浦巴。卓浦巴对宁玛派的发展起了很大作用，兴建卓浦寺，收弟子千余人。他与父亲均有大医师的称号。

三种日(ཞག་གསུམ།)

藏历所说的宫日、太阴日、太阳日。藏历中年是指宫年，月指太阴月(塑望月)，日指太阳日(恒星年)。三种日的比例是：65宫日等于67太阴日；147,056宫日等于149,209太阳日；11,312太阴日等于11,135太阳日。运行的比例同上。

散(གཟན།)

藏语音译，意为“披单”，藏族僧服。出家人常披用于身，紫红色的布料缝制。其长度一般为3.3米左右，宽度为1米左右。其披法为，先将“散”的一头搭在左肩，另一头从左肩平缠于右肩或斜缠于右肋下后，此头折叠两层握于左手或再搭在左肩上。有时欢迎贵宾时，将“散”的一端放下，以示欢迎、致敬之意。

桑顶·多吉帕姆(བསམ་སྡིངས་རྡོ་རྗེ་ཕག་མོ།)

西藏著名女活佛。相传是藏传佛教博东派创始人博东巧勒南杰修密法的明妃，金刚瑜伽女的化身，由她转世为活佛住持桑丁寺。多吉帕姆为“金刚亥母”之意,列为十小呼图克图之中。现在的女活佛德吉曲珍为十二世多吉帕姆。

桑顶寺(བསམ་སྡིངས་དགོན།)

藏传佛教香巴噶举派的主要寺庙之一。在西藏浪卡子县,羊卓雍湖西南。主持该寺的是西藏唯一的女活佛,名叫多吉帕姆,意译为“金刚亥母”。据说,女活佛原系博东巧勒南杰修密法的明妃,金刚瑜伽女的化身,由她世代转世,住持该寺。该寺清朝时改宗为格鲁派。

桑冈郭姆(སྲང་གང་སྒོར་མོ།)

藏语音译,意为“一两银元”,噶厦于宣统元年(1909)铸造发行的银币。币重 19 克,厚 2.25 毫米,直径 35 毫米,面值白银 1 两。有两种版面:一种是正面铸有八吉祥图、火焰宝图和“宣统元年”、“一两”的字样,背面铸有法轮图和“甘丹颇章战胜四方”的字样;另一种是正面铸有雄狮图和“甘丹颇章战胜四方”的字样,背面铸有八吉祥图、火焰宝图、铸造年代(藏历 15 饶迥 43 年)和“一两”的字样。

桑冈雪阿(སྲང་གང་ཞོ་ལྔ།)

藏语音译,意为“1 两 5 钱”,噶厦于 1935 年至 1946 年发行的银币。币重 5.9 克,厚 1.6 毫米,直径 24.2 毫米,面值白银 1 两 5 钱(等于 10 枚章噶)。正面铸有雪山、狮子、佛幢等四吉图案和“甘丹颇章战胜四方”的字样;背面铸有华盖等四祥,面值、团花图案以及铸造年代(16 饶迥 11 年)。

桑杰坚赞(གཙང་སྨྱོན་ཧེ་རུ་ཀ་སངས་རྒྱས་རྒྱལ་མཚན།)(1452~1507)

藏族诗人,《米拉日巴道歌》的作者。后藏人,幼年即出家为僧,对噶举派第二代祖师米拉日巴推崇备至,他以米拉日巴为楷模,遁身山林,潜心修习佛法,后遍游西藏各地,广收门徒,深得当时众佛教信徒敬仰,他生活清贫,行为异乎常人,有“后藏疯子”之称。桑杰坚赞在西藏各地广泛收集、整理有关米拉日巴的故事和米拉日巴为宣传佛法而创作的诗歌,撰写了《米拉日巴传》等传记作品,编辑、整理出《米拉日巴诗歌集》(《米拉日巴道歌》)。这两部作品流传较广,对后世影响很大。

桑松郭姆(སྲང་གསུམ་སྒོར་མོ།)

藏语音译,意为“三两银元”,噶厦于宣统二十二年(1933)铸造发行的银币。币重 11.6 克,厚 1.8 毫米,直径 31 毫米,面值 3 两白银。正面铸有雄狮,四个吉祥结和“甘丹颇章战胜四方”的字样,背面铸有三个吉祥结和“三两“、“16 饶迥 7 年”的字样。银币即将发行时，十三世达赖喇嘛圆寂，噶厦遂决定用这种银币发放布施，并下令改版铸造。1936年，发行新版“桑松郭姆”。新版的重量、规格、面值均与旧版相同，只是图案和字样有所区别：新版的正面是雪山、狮子、太阳、金鱼等图案和“甘丹颇章战胜四方”的字样，背面是宝花瓶等图案和“16饶迥10年”、“三两”的字样。

桑耶寺（བསམ་ཡས་གཙུག་ལག་ཁང་།）

藏传佛教寺院之一。藏文意义为“无边寺”、“存想寺”。其名称曾使用过如下汉文：“桑耶”、“桑鸢”、“桑岩”、“桑木鸢”、“桑木耶”、“桑莫叶”、“桑姆伊”。据说，桑耶寺又有叫“三样寺”的。它位于今山南扎囊县境雅鲁藏布江北岸，始建于公元8世纪中叶赤松德赞时期，为西藏第一座佛寺。

桑耶寺的主要建筑为乌孜大殿及四塔。大殿正门南侧墙边有石碑一方，据传为赤松德赞所立。在大殿正门的门楣上，挂有清代皇帝所题“格鲁伽兰”的汉字匾额。匾前门廊的额枋上，悬有一口吐蕃时期挂钟，钟上铸有古藏文。

大殿坐西向东，四周有围墙，每边长约七十米。殿高三层，各层建筑风格不一：底层为藏式，二层为汉式，顶层为印度式。乌孜大殿四角处，各有一塔。绿塔呈四方多角形，基层甚高，需沿数级台阶才能上到第一层，塔身为绿色琉璃砖砌成，显得坚实而精美。黑塔在大殿西北角，身如覆锅，三叠，塔身为条砖砌成，全为黑色。白塔在东南角，塔身全为白色。西南角为红塔，塔身用砖、石砌成，形方而实圆，状如覆钟，塔身为土红色。四塔形制特殊，风格古朴。

该寺落成后，寂护在此剃度了7名贵族子弟出家为僧，号称“七觉士”。寺内有许多壁画和文物。达玛乌东赞灭佛时，该寺遭到破坏，后经修复，为11世纪后藏传佛教宁玛派的重要道场之一。清朝时期改宗格鲁派。

桑耶兴佛盟誓碑（བསམ་ཡས་རྡོ་རིང་།）

立在桑耶寺大殿正门外南侧，碑高360厘米，宽87厘米，厚42厘米。桑耶寺是公元8世纪后半期修建的西藏第一座正规寺庙，为了巩固由吐蕃政权扶植起来的佛教势力的地位，确保佛教徒在一定程度上的经济利益，桑耶寺建成后不久便树立了这座兴佛盟誓碑。碑文大意是：在拉萨和扎玛地方建立神殿，奉行正法，无论何时都不得离弃佛法，对神殿的一切供养均不得减少，不得匮乏，子孙后代，不得更改。

色拉普结节（སེ་ར་ཕུར་མཇལ།）

色拉寺的一个宗教节日。每年

藏历十二月二十七日举行，节日期间的主要活动是朝拜该寺马头明王神像前木匣内的一个金刚橛。关于这个金刚橛的来历还有一段故事：相传萨迦班智达与外道楚杰嘎沃辩论法义，楚杰嘎沃不敌败逃飞上天，萨迦班智达的教友用金刚橛钉住楚杰嘎沃的影子，楚杰嘎沃从天上掉下来死去。这个金刚橛后来传到色拉寺，成为该寺的镇寺之宝。

色拉寺（སེ་ར་དགོན།）

藏传佛教格鲁派著名的六大寺院之一。由格鲁派始祖宗喀巴的八大弟子之一的释迦也失主持兴建于 1419 年。该寺位于拉萨市北郊娘热乡色拉乌孜山南麓。“色拉”有两种说法，一种说法是藏语意为“冰雹”，说该寺在兴建奠基时下了一场较大的冰雹，因而寺建成后取名为“色拉寺”（意为冰雹寺）；另一种说法，该寺所建之处原曾是一片野蔷薇花盛开之地，故而寺名意为“蔷薇寺”。色拉寺的建筑群中有措钦（僧众聚集的大会堂）大殿和三个扎仓（意为僧院，由某些地区来的僧侣们共同学经、生活的独立组织，与内地的会馆比较相似。最初有五个扎仓，后合并为三个，即结巴、麦巴、阿巴等扎仓），还有 32 个康村（是寺庙的基层单位，即僧侣们的籍贯地区组成的更小范围的僧团组织）。整个寺庙建筑宏伟，殿宇毗连，重楼叠阁，各殿堂绘有色彩缤纷的壁画，种类各不相同的佛、菩萨、诸天护法等神像，塑造精美、协调，栩栩如生。

色拉寺麦扎仓（སེ་ར་སྨད་གྲྭ་ཚང་།）

色拉寺中最早的建筑，由释迦也失主持兴建于 1418 年。最初的殿堂建筑已毁于雷击，现有的麦扎仓由贡钦·强曲班巴重建于 1761 年（乾隆 26 年，藏历第十三饶迥的铁猴年）。该扎仓总建筑面积 900 平方米，由 75 根大柱建成，殿堂分为四层，共有四个拉康，分别是竹康（三世佛殿）、乃登拉康（罗汉堂）、宗喀拉康（宗喀巴殿）及托巴拉康。整座建筑位于色拉寺的西南部。

色拉寺且扎仓（སེ་ར་བྱེས་གྲྭ་ཚང་།）

色拉寺重要僧院和主建筑之一，由贡钦·洛追仁钦僧格于 1435 年（明宣德十年，藏历第七饶迥的木兔年）兴建。建筑面积 980 平方米，殿堂分五层，共有七个拉康（殿），下层大经堂由 80 多根大木柱组成。殿内供有热振活佛及甘丹赤巴等灵塔 11 座。七个拉康是：土其拉康（观音殿）；宗喀拉康（宗喀巴师徒三尊殿）；旦增拉康（护法神殿），殿内挂着各式盔甲和兵器，相传是第九世藏王的传家宝；加央拉康（文殊殿）；堆松拉康；列马和岗叔拉康（殿内珍藏着明朝宣德年造的铜钹）。

色夏塞玛(སེར་ཤུ་སྲེག་མ།)

藏语音译,意为“烤蘑菇”,藏族民间传统菜肴,流行于西藏部分地区。其制作方法是,将新采的鲜蘑菇洗干净,抹上酥油,放在小火上烘烤,当酥油慢慢渗入鲜蘑菇后,在蘑菇上面再撒一点糌粑及盐面,即可食用。味香色美,十分诱人。

森本堪布(གཟིམ་དཔོན་མཁན་པོ།)

藏语音译,意为“司寝堪布官”。藏族各大活佛侍从中的高级僧官之一。达赖喇嘛的森本堪布为四品僧官,其职责是:管理达赖喇嘛的森康(寝宫)、经堂以及器具、服饰等。班禅大师的森本堪布为四品僧官,其职责是管辖那萨岗(服装管理机构),保管班禅大师平时穿用的服装,布置典礼服饰及新制服装等。

僧服(ཆོས་གོས།)

藏语为“喇嘛却贵”。佛服与其他普通僧众着衣的明显不同在于,佛服所用“朵嘎”以藏织哔叽或氆氇做成,在无袖坎肩边缘饰有质量上好的织锦缎,佛服所用“散”的选料亦优于一般僧众。另外,一些大活佛多用黄色也是一重要区别。

僧官学校(རྩེ་སློབ་གྲྭ།)

藏语称“孜拉扎”, 是旧西藏地方政府培养僧官的学校。最初是乾隆十六年(1751)办起来,直属达赖喇嘛的秘书局译仓,学员来自西藏各寺庙,也有少数平民子弟。学习课程主要是藏文书法、诗歌基本理论、词藻及各种应用公文,还学一些经典、算术、梵文等。毕业后均可充任西藏地方政府僧官。

沙陀寺(བཀྲ་ཤིས་ཆོས་འཁོར་གླིང་།)

藏传佛教宁玛派的主要寺庙之一,在青海省海北藏族自治州刚察县境内,属四川德格县内的竹庆寺的附寺,建于顺治十二年(1655)。供奉五世达赖喇嘛赠送的四臂观音像。后经增建,寺院扩大,成为环青海湖地区最大的宗教道场,来自甘、青、藏等地的僧人和信徒来此修习和朝拜。寺内珍藏有佛教典籍《甘珠尔》和《丹珠尔》以及众多的法器、唐卡等。噶丹活佛的银制遗骨灵塔,高约2米;包尔仓活佛的银制遗骨灵塔,高约1米,为寺中珍品。

煞尾费(སྲིལ་ཐང་།)

旧时青海藏族地区的习惯法之一。在处理命案时,凶手一方支付给死者家属的最后一笔费用,表示此命案已处理完毕。煞尾费一般给一匹马或一头牛,另外还给一笔超度死者亡灵的费用。

山南拉加里族长管辖区(ཨེ་ལྷ་རྒྱ་རིའི་མངའ་ཁོངས།)

萨迦地方政权和帕竹地方政权

时期,拉加里地方一直保持着相对的独立性。格鲁派政权在西藏取得统治地位后,拉加里地方上的寺庙也改宗格鲁派。由于拉加里族长自称是吐蕃赞普的后裔,五世达赖喇嘛曾访问过他,访问之后,五世达赖喇嘛批准了拉加里族长在这块地方的世袭权。拉加里族长给格鲁派政权承担义务,支一部分差役,但噶厦不向拉加里派宗本,而是由拉加里族长直接派人管理他的辖区。其辖区包括拉加里、桑日、加查和隆子四个宗,方圆三、四百华里,共有 19 个庄园,9 个牧场,638 顿土地,7000 多头(只)牛羊,2000 多户农奴,八、九千属民。拉加里族室是该地区的政府,可以制定法律、制造刑具、设立监狱、审判案件。

山宅(རི་ལྗིབས་ཁང་པ།)

多见于西藏山南地区,这种住房一般分两层,顶层为居室,并有一最好的房间设立佛堂。低层较顶层空间高些,作为圈养牛羊等家畜或堆放杂物处。建筑结构大多是石料为基础的土木结构,土坯墙很厚,一般有 40 – 50 厘米,比较保暖,房顶均是土面平顶。

商品暗记(ཚོང་རྟགས་རྒྱག་པ།)

拉萨八廓街商人经营习俗。过去八廓街许多商贩文化水平很低,无法记住自己商品的基价,他们就给商品打上各种各样只有行内人才能清楚的暗记,这样才不至于把品种、价格搞错。

赏花节(མེ་ཏོག་མཆོད་པ།)

四川阿坝藏族自治州马尔康地区藏族的传统节日。此节日来源由古老苯波教祭祀神祇,每年农历六月举行,节日一般延续三到五天。节日期间,当地藏族男女,身着节日盛装,带着美食佳酿,来到绿草如茵的草原上,搭起帐篷,品茶饮酒,以情歌舞,尽情地欣赏着大草原上盛开的百花。此外,节日期间还要举行赛马、射箭、摔跤等体育比赛。

上加字(མགོ་ཅན།)

加在基字上面的字母,表示复辅音声母的前置辅音。可做上加字的字母有 ར་ལ་ས 等三个。

上九节(དགུ་གཏོར།)

四川阿坝藏族羌族自治州的夹金山地区藏族的一个丰收性传统节日,每年农历正月初九举行。其意义是许愿还愿的原始宗教节日。节日期间,夹金山周围村寨的老老少少,齐集夹金山下的演出场地,载歌载舞,共度佳节。人们除了跳传统的锅庄舞以外,还要举办花灯会、表演舞狮、舞龙和各种杂技节目。

上头(དང་ཐོག་སྐྲ་བསྐུས་པ།)

部分藏族妇女的成年礼。旧西

藏藏族女孩，小时候梳两条辫子，稍大，梳三条、五条。十七岁时就举行"上头"仪式。届时，女孩身着新藏装，请有经验的成年妇女将其头发梳成几十条。从此，女孩进入了成年人行列。"上头"是女孩一生中的大事，亲戚朋友都要携礼物前来祝贺。

尚论（ཞང་བློན།）

吐蕃政权贵族官员的泛称。尚（ཞང་།），原意为"舅氏"（亲族部落首领）；论（བློན།），原意为"臣僚"（臣属部落首领）。吐蕃时期有"九大尚论"之称，即指大、中、小贡论，大、中、小囊论，大、中、小喻寒波。九大尚论构成了吐蕃政权官员的核心，其权位高低依次为：(1)大贡论（大相）；(2)中贡论、大囊论；(3)小贡论、中囊论、大喻寒波；(4)小囊论、中喻寒波；(5)小喻寒波。

摄政（སྲིད་སྐྱོང་།）

由皇帝委任的西藏地方政府的一种高级官职，从上世达赖喇嘛圆寂到转世达赖喇嘛成年亲政前由一名高僧担任（除1862年至1864年由俗官夏扎汪曲杰布出任摄政外）。其职责是代行达赖喇嘛职权，掌管西藏地方政务。噶厦为摄政专门设立了"雪噶"，负责传达摄政的指令和转呈各级官员给摄政的呈文。曾担任过摄政的有第穆活佛、功德林寺活佛、策门林寺活佛、卸任噶伦夏扎·汪曲杰布、热振活佛、达扎活佛等。

神仙下凡节（དགུ་པ་ལྷ་འབབ།）

藏语叫"古巴拉波"，每年藏历九月二十九日举行。传说这一天释迦牟尼要率眷众重返人间，巡视民情，了解信徒的信仰情况。因此，每到这一天，藏族僧俗群众都要举行各种祈祷活动，迎接神佛的降临。

神话传说（ལྷ་སྒྲུང་།）

藏族的生产神话产生较晚，从中可以窥见由神话向传说转化之迹象。生产神话的产生，是藏族先民在与大自然的斗争中对社会环境、自然环境认识的逐步深化。如《马和野马》讲述了野马变成家畜的过程，反映出人类进入了饲养家畜的时代，折射了藏族先民从单纯的狩猎阶段走向畜牧业的重大进程；《青稞的来历》、《青稞歌》等以藏族传统食物青稞为对象，反映了由畜牧业向农耕时代的进化过程；《七兄弟星》则反映了人类与大自然的艰苦斗争，洋溢着对劳动能手的热情歌颂，也展示着建筑业的开始。

生育禁忌（བུ་བཙའི་འཛེམ་བྱ།）

旧时藏族传统生育习俗，多见于牧区。人们认为，妇女生子是"污秽"活动，所以生孩子必须离开帐篷，以免冲撞神灵和带来不幸。妇女生产时，不管气候多么恶劣，都要到羊圈、牛棚里去生产。

声明(སྒྲ་རིག་པ།)

大五明之一，即语言学。它是纠正语言中出现毛病以使语言规范化以及阐述梵文本质、结构、组合变化规律及文法规律的学科。主要论著有4部，即：古印度六面童子所著的《嘎拉巴》(积分论)；月八戒居士所著的《赞扎巴》(月八戒论)；妙音天女所著的《央金玛》(妙音论)；婆罗门巴尼所著的《巴尼巴》(巴尼论)。

胜乐金刚(བདེ་མཆོག)

藏传佛教密宗本尊神之一。“本尊”是修习密法所依归的主神。胜乐金刚由印度传入，属于无上瑜珈部之母续类，表现性空或胜慧之义。其形象为四头，每头三眼，身体蓝灰色。立像，有十三条手臂，持金刚杵和金刚铃，拥抱佛母。该金刚的修法，有宁玛派、萨迦派及噶举派传规。藏密扎仓很看重此修法。

《尸语故事》(《མི་རོ་རྩེ་སྒྲུང་།》)

源于印度的《僵尸故事二十五则》，以尸体对背尸人讲故事为主线，大故事贯串若干小故事而成。据史料记载，《尸语故事》早在2世纪前后就已流行，至今仍受广大藏族人民的喜爱。《尸语故事》主要内容有揭露统治者残暴的，如《如意宝碗》等；有关于爱情故事的，如《朗昂姑娘》等；有提倡互敬互爱、赞美善良品质的，如《金翅鸟》等。题材广泛，内容丰富，故事情节富于变化，想象力强，有一定神话色彩，语言质朴，行文畅达，通俗易懂。

《诗镜》(《སྙན་ངག་མེ་ལོང་།》)

一部专门论述文学理论及修辞技巧的著作，作者是印度的檀丁(或译檀智，也叫优巴坚)。元至元十四年(1277)，雄敦·多吉坚赞将全书译成藏文，后屡经历代名家阐释、补改，又有一些新的发展。《诗镜》共分三章，均以诗体写成，第一章叙述文章的体裁；第二章介绍“意义修饰”；第三章介绍“文词修饰”；亦有部分内容介绍文艺理论知识。藏族历代学者对丰富《诗镜》的内容做出了很大贡献，使之成为藏族最著名的文学修辞著作之一，并对后世的文学创作，尤其是诗歌创作产生了很大影响。《诗镜》，又有人译作《诗镜论》。

《诗镜释难·妙音欢歌》(《དབྱངས་ཅན་དགྱེས་གླུ།》)

五世达赖喇嘛阿旺罗桑嘉措为《诗镜》所做的注释。初稿写成于顺治四年(1647)，全书于顺治十三年(1656)完成。书中总结了13世纪以来诗学发展的状况，指出了诗学研究存在的一些问题，批评了一些学者鄙视世俗学问、治学不严等不良倾向，强调学习小五明的必要，并明确指出学习小五明必须要先学诗学的主张。他总结了前人的治学经验，指出要用对比分析的方法进行诗学的学习和研究。该著作除了逐首注释《诗镜》原文外，还为每一种诗的修辞分类写了自己的诗例，共计 420 余首，内容非常广泛，为后人的写作实践提供了范例。

诗学（སྙན་ངག）

小五明之一。研究古代藏文格律诗为主的文学创作及其修辞方法的一门学科。藏族诗学的研究始于 13 世纪初。当时，萨班·贡噶坚赞（1182～1251）在其《智者入门》中翻译了《诗镜》的部分内容，并加以阐述，开创了藏族诗学研究的先河。13 世纪后期，雄敦·多吉坚赞将《诗镜》全文翻译成藏文。为增强藏民族的文学创作意识提供写作范例，多吉坚赞还翻译了印度的著名佛经文学作品《如意藤》、《龙喜记》、《百赞》等，并撰写了《诗镜》的注释作品《妙音颈饰》。其门徒邦译师洛卓丹巴（1276～1342）撰写了《诗镜广注正文明示》，史称《邦注》，广教弟子，促进了藏族诗学的研究。在以后的 6 个多世纪里，以《诗镜》为中心内容的诗学研究从未中断，出现了数量众多的注释作品、诗例和各种体裁的文学作品。著名的注释作品有仁蚌巴·阿旺吉扎的《诗学广泛无畏狮子之吼声》、五世达赖喇嘛阿旺罗桑嘉措的《诗镜释难·妙音欢歌》等。著名的诗例作品有达尔巴·彭措伦珠的《诗镜三章之诗例》、米旁·格列朗杰的《诗镜正文示范诗例音海津渡》等。《萨迦格言》、《水树格言》、《勋努达美》、《颇罗鼎传》、《西藏王臣记》等一大批文学作品，都是在《诗镜》的影响或指导下创作出来的。

狮子舞（སེང་གེའི་ཞམ་པར་རྩེ་བ།）

藏族传统舞蹈之一。扮演的狮子有两种：绿色毛狮是平原狮，白色毛狮为雪山狮。狮子表演的节目一般有站立、爬滚、蹦跳、夺球、挠痒和熟睡。驯狮和逗狮者共 3 人。头戴假面具，手持绣球与狮子逗玩者是主演；头戴红帽，身佩短剑，清朝公差装束和古代武士装束的人为陪演。

施茶粥（མང་ཇ།）

僧尼在自己的重要节日里对本院全体僧尼发放布施的习俗。如铁棒喇嘛接任、僧尼剃度出家等。施茶粥，实际上是为全院僧尼供养食物，这种布施对当事人的前途均有重大影响。以仓姑寺尼姑剃度为例，为全寺尼姑供养一天，可以得到“顷则”的名份，供养两天可得到“齐泽古雪”的名份。这两种身份的尼姑可以不参加集体念经，免除一切劳役，同时，对今后的晋升也十分有利。

十八年相交信物（ལོ་བཅོ་བརྒྱད་ཀྱི་དཔང་རྟགས།）

藏族恋爱习俗，流行于云南德庆等地区。当地男女青年相识、相恋之后，要互相赠送鞋带、手帕等信物，以示互相帮助、同甘共苦、永结同心，这种信物被称之为“十八年相交信物”，意思是仅次于夫妻感情的重要信物。

十大道德标准（ཀུན་སྤྱོད་ཐུགས་རྗེའི་ལམ་བཅུ།）

藏族关于如何为人处世的十大传统道德规范。具体内容为：（1）公正（2）孝敬（3）和蔼（4）温顺（5）怜悯（6）不怒（7）报恩（8）知耻（9）谨慎（10）勤奋。

十二法典（ཞལ་ལྕེ་བཅུ་གཉིས།）

清嘉庆四年（1679），五世达赖删去古代法律 15 条中的“英雄猛虎律”、“懦夫狐狸律”和“地方官吏律”三条，并作新的解释，形成 12 条法典。

十二个部落联盟（རྒྱལ་ཕྲན་སིལ་མ་བཅུ་གཉིས།）

新石器晚期，西藏逐步形成了清域、象雄、娘若、努布、尼洋、葛日、昂雄、邬普、扎卡纳、贡域、尼洋域和达域等十二个部落联盟。

十二世达赖喇嘛成烈嘉措（ཏཱ་ལའི་བླ་མ་སྐུ་ཕྲེང་བཅུ་གཉིས་པ་འཕྲིན་ལས་རྒྱ་མཚོ།）（1856～1875）

生于西藏山南桑日县沃卡增期寺附近巴卓娘仓家，后来其祖业合并入拉鲁的祖业。其父叫彭措才旺，母叫次仁玉珍。十一世达赖圆寂后，选出三个“灵童”，按规定，于咸丰八年（1858）由驻藏大臣满庆主持举行金瓶掣签，确定成烈嘉措为前世达赖转世“灵童”。次年在布达拉宫坐床。由摄政热振呼图克图为其剃度。后依例前往甘丹、色拉、哲蚌等寺院发放布施，讲经说法。同治十二年（1873），遵清同治皇帝之令亲政。光绪元年三月（1875 年 4 月），在布达拉宫“暴亡”。

十二相祭礼舞（ལོ་རྟགས་བཅུ་གཉིས་ཀྱི་མཆོད་འབུལ་བྲོ།）

面具舞之一。主要流传于四川南坪白马藏族聚居区，舞者必须头戴龙、虎、豹、狮、牛、羊、豕、凤、雕、大鬼、小鬼、“丑莫（地母）”等十二种面具，当地藏语称之为“咒乌”，每逢正月初七祭奠山神时跳，是当地藏族最隆重的一种祭祀舞蹈。“十二相舞”的面具有 12 种，但所跳的舞蹈动作只有 4 种，即猴舞、凤舞、小鬼舞、播种舞，分别表现出猴子的调皮和活泼、吉祥、献祭的舞蹈动作、农人播撒种子的场面。

十六法典(ཞལ་ལྕེ་བཅུ་དྲུག)

17 世纪初,藏巴汗噶玛丹迥旺布命白色哇编集一部法典。白色哇在古代法律十五条的基础上增加了“异族地区律”一条,形成十六条法典。

十三法典(ཞལ་ལྕེ་བཅུ་གསུམ)

1613 年,噶玛丹迥旺布删去古代法律十五条中的“英雄猛虎律”和“懦夫狐狸律”两条,形成十三条法典。

十三世达赖喇嘛土登嘉措(ཏཱ་ལའི་བླ་མ་སྐུ་ཕྲེང་བཅུ་གསུམ་པ་ཐུབ་བསྟན་རྒྱ་མཚོ།) (1876 ~ 1933)

生于西藏达布朗顿地区。他被认定为前世达赖转世“灵童”后,其家成为西藏一大贵族,即朗顿家。光绪二年(1876),八世班禅和噶厦政府全体僧俗官员公禀,请求免于金瓶掣签,经光绪皇帝批准,认定土登嘉措为前世达赖转世“灵童”。光绪四年(1878)由八世班禅为其剃度取名,主持在布达拉宫的坐床仪式。在拉萨大昭寺释迦牟尼像前受沙弥戒。从罗桑楚臣强白嘉措活佛学经,与三大寺喇嘛辩经,获拉然巴格西学位。光绪二十一年(1895)亲政。光绪三十年(1904),英军入侵拉萨,十三世达赖出走库伦(今蒙古首都乌兰巴托)。光绪三十二年(1906)在青海塔尔寺住了两年。光绪三十四年(1908)赴五台山朝佛,同年进京朝觐慈禧太后和光绪皇帝,被册封为“诚顺赞化西天大善自在佛”。宣统元年(1909 年 12 月)返回拉萨。清政府实施“经略川边,整顿西陲”计划,在康区进行“改土归流”,组织川军入藏,引起清政府与达赖和一些贵族之间的矛盾。宣统二年(1910)川军到达拉萨之前,达赖避往印度,清政府将其名号革除。

1912 年返藏,中华民国大总统袁世凯下令恢复其名号。英国侵略势力利用西藏亲英势力,妄图推翻达赖,被达赖平息。1930 年他派僧俗官员参加了国民党政府在南京召开的“蒙藏委员会”,并正式成立了“西藏驻南京办事处”。1933 年圆寂后,国民党政府派黄慕松入藏吊唁,追封他为“护国弘化普慈圆觉大师”。

十三种金色(གསེར་མདོག་བཅུ་གསུམ)

藏医传统药方。由十三味药配成,即:藏红花、蓝色百合、荜菝、橄榄、接骨草、闭鞘姜、盐、蔓藤类植物、肉珊瑚、矮种杜鹃花、铁屑、樟脑、蛇肉制成。主治高血压、肿瘤、消化不良、胃病及发烧等。

十善法(དགེ་བ་བཅུ།)

相传为松赞干布时期制定的法典。主要内容是:(1)不许杀生造罪;(2)不偷盗;(3)不能邪淫;(4)不许说谎;(5)不许挑拨人和;(6)不可恶言咒语;(7)不许散布流言;(8)禁贪欲;(9)禁害人之心;(10)不做违背因果之事。

十世班禅确吉坚赞(པཎ་ཆེན་སྐུ་ཕྲེང་བཅུ་པ་ཆོས་ཀྱི་རྒྱལ་མཚན།)(1938~1989)

生于青海省循化县文都乡。父名古公才旦,母名索朗卓玛。1941年按照宗教仪式迎请至青海塔尔寺供养。1949年经国民政府下令,“免于金瓶掣签”,在塔尔寺举行坐床典礼,国民政府委派“蒙藏委员会”委员长关吉玉为专使,青海省主席马步芳为副专使,主持坐床典礼。拉卜楞寺的拉科仓·晋美赤烈嘉措为他剃度,取法名为洛桑赤烈伦珠确吉坚赞,并受沙弥戒。1949年10年1日,班禅致电毛主席和朱总司令,祝贺中华人民共和国成立,拥护中央人民政府,希望早日解放西藏。1950年元月,班禅派扎萨计晋美等人作为他的代表,到西安会见彭德怀副总司令,提出解放西藏的建议。1951年4月25日,班禅应中央的邀请到达北京,受到中央人民政府的隆重欢迎。同年5月23日,经过中央人民政府代表和西藏地方政府代表的共同努力,班禅方面的积极配合,达成了《关于和平解放西藏办法的协议》,次日,毛主席接见了班禅一行。

1952年4月返藏,6月回到扎什伦布寺。班禅历任全国人民代表大会常务委员会委员,全国人大副委员长,西藏自治区筹委会常务委员、第一副主任委员、代理主任委员,政协全国委员会副主席,中国佛教协会名誉会长等。1989年1月28日因病在日喀则德庆颇章宫圆寂,享年51岁。

十世达赖喇嘛楚臣嘉措(ཏཱ་ལའི་བླ་མ་སྐུ་ཕྲེང་བཅུ་པ་ཚུལ་ཁྲིམས་རྒྱ་མཚོ།)(1816~1837)

生于理塘朵那补村(今四川理塘境内)。其家族照例由清朝廷封以公爵名号,即宇妥家族。九世达赖圆寂后,曾找出了三个“灵童”,道光二年(1822)按规定举行金瓶掣签仪式,结果楚臣嘉措被确定为九世达赖转世“灵童”,同年在布达拉宫坐床。道光皇帝派大臣文干、苏崇阿、章嘉呼图克图赴藏料理。道光十四年(1834)七世班禅为其剃度,入哲蚌寺学经。道光十七年(1837)在布达拉宫圆寂。

十一世班禅确吉杰布(པཎ་ཆེན་སྐུ་ཕྲེང་བཅུ་གཅིག་པ་ཆོས་ཀྱི་རྒྱལ་པོ་)(1990~)

十一世班禅额尔德尼确吉杰布,俗名坚赞诺布,1990年2月13日出生于西藏嘉黎县一个普通的藏族家庭。其父索南扎巴和母亲桑吉卓玛均读过小学。

1989年1月30日,即十世班禅大师圆寂后第三天,国务院就作出了《关于第十世班禅大师治丧和转世问题的决定》。决定中说:“根据扎什伦布寺民主管理委员会和僧众的请求,并参照历史惯例,国务院特就治丧和转世问题决定如下:(1)在日喀则市扎什伦布寺修建第十世班禅额尔德尼·确吉坚赞法体灵塔和祀殿,供后人瞻仰朝拜,缅怀他爱国爱教的业绩。修建灵塔和祀殿事宜,责成西藏自治区人民政府和扎什伦布寺民主管理委员会共同办理。经费由国家拨专款。(2)由扎什伦布寺民主管理委员会按照藏传佛教的仪轨,举行宗教悼念活动,办理遗体保存等事宜,经费由国家拨专款。(3)由扎什伦布寺民主管理委员会负责,并视必要请中国佛教协会、佛协西藏分会协助,办理第十世班禅额尔德尼·确吉坚赞转世灵童的寻访、认定等事宜,报国务院批准。”1989 年 8 月 19 日,国务院正式批复了西藏扎什伦布寺通过自治区人民政府转呈的《关于寻访认定第十世班禅额尔德尼·确吉坚赞转世灵童的请示》,批准成立了由第十世班禅的经师嘉雅活佛、扎什伦布寺民主管理委员会部分成员和主要活佛、堪布、高僧以及其他藏区知名大活佛参加的转世灵童寻访工作领导班子,由他们具体领导灵童的寻访工作。同时还组成了以中国佛教协会会长赵朴初和副会长、佛教协会西藏分会名誉会长帕巴拉·格列朗杰为总顾问的顾问班子进行咨询。中央对寻访工作始终十分关注,1991 年 4 月和 1993 年 7 月,先后两次在北京召开寻访工作会议,调整充实了寻访班子,明确了寻访工作的原则,强调在整个工作中必须尊重宗教仪轨和历史定制,必须坚持爱国主义,接受中央政府的领导。

按照宗教仪轨秘密寻访十世班禅转世灵童的人员根据十世班禅大师的逝相以及观湖、占卜所得,确定了转世灵童诞生的大致方位。经过寻访、反复验证、卜算等一系列程序,坚赞诺布被选定为数名候选男童之一,并经数轮筛选后成为参加金瓶掣签的三名灵童之一。

1995 年 11 月 29 日,藏历木猪年十月八日,在拉萨大昭寺释迦牟尼像前,按照藏传佛教仪轨隆重举行认定第十世班禅大师转世灵童的金瓶掣签仪式。国务院代表、国务委员罗干,国务院特派专员、国务院宗教事务局局长叶小文专程赴藏主持金瓶掣签仪式。参加仪式的还有西藏自治区的领导以及 44 名区内外高僧大德。早晨 5 点钟,国务院代表、国务委员罗干庄重宣读国务院对西藏自治区人民政府《关于确定 3 名男童为第十世班禅转世灵童金瓶掣签候选对象的请示》的批准书:“国务院同意 3 名男童作为第十世班禅转世灵童候选对象,按历史定制,适时在拉萨大昭寺释迦牟尼像前,由国务院派员主持金瓶掣签，认定转世灵童真身一名，再报国务院批准，继任为第十一世班禅额尔德尼，以昭大信。此复。中华人民共和国国务院一九九五年十一月二十五日。”之后，西藏自治区人民政府主席江村罗布分别用藏语和汉语郑重宣布：“第十世班禅额尔德尼转世灵童金瓶掣签仪式现在开始！”

在场的国务院代表、特派专员、自治区领导和区内外佛教界的高僧大德以及3名候选灵童的父亲，验核了写有3名候选灵童姓名的签牌。确认签牌准确无误后，国务院特派专员叶小文再次认真验核每一只签牌，逐一装进黄绸袋并加以密封，同时宣布：“名签书写正确，密封完毕。”金瓶掣签严格按照藏传佛教仪轨进行，掣签人波米·强巴洛珠是位德高望重、年过七旬、在藏传佛教界佛学造诣高深的代理甘丹池巴（甘丹寺法台），走到放置金瓶的案桌前，向佛像叩首，默祷片刻，略等诵经段落内容相合后，揭下瓶盖，用手拨转名签，随后从金瓶中抽出一签，交与主持仪式的江村罗布。

江村罗布接过名签，取下绸袋，大声宣布：“嘉黎县的坚赞诺布中签！”他高举着名签向公众展示。江村罗布将名签交给自治区副主席拉巴平措，并由他逐一呈罗干、叶小文、自治区领导人、高僧活佛以及中签男童的父亲查看，查看完毕后，将名签插在金瓶旁的青稞供器上。并对另外两只余签进行验核后江村罗布宣布：“余签验核完毕。”接着他庄严宣布：“嘉黎县，父索朗扎巴、母桑吉卓玛于公元1990年2月13日（藏历第十七绕迥土蛇年十二月十九日）所生男孩坚赞诺布中签，待报请国务院批准，继任第十一世班禅额尔德尼。”（在掣签仪式中，主持人宣读的内容自始至终全部用藏汉两种语言表达）。

此刻，全场近千名各族代表、信教群众齐声欢呼“拉加罗！拉加罗！”（神断胜利了），并向空中抛撒象征吉祥圆满的青稞粒和吉祥花瓣，以表示庆贺。护瓶喇嘛将金瓶和中签名牌一并供奉在释迦牟尼佛像前。金瓶掣签仪式圆满结束。接着，举行了第十世班禅转世灵童剃度仪式。扎什伦布寺民主管理委员会主任喇嘛次仁、经师波米·强巴洛珠面对释迦牟尼佛像，为中签的灵童剪去头上的三股发丝，并为之取法名为吉尊·洛桑强巴伦珠确吉杰布·白桑布。6时整，第十世班禅额尔德尼转世灵童金瓶掣签和剃度仪式圆满完成。

当日下午，在拉萨的班禅行宫——雪林·多吉颇章，又隆重举行了册立第十一世班禅额尔德尼典礼。典礼由国务院特派专员、自治区人民政府主席江村罗布主持。国务院代表、国务委员罗干在庄严的国徽下郑重宣读了《国务院关于特准经金瓶掣签认定的坚赞诺布继任为第十一世班禅额尔德尼的批复》。批复全文如下："西藏自治区人民政府：你区1995年11月29日关于《请国务院批准经金瓶掣签认定的坚赞诺布继任为第十一世班禅额尔德尼的请示》悉。国务院特准经金瓶掣签认定的1990年2月13日（藏历第十七绕迥土蛇年十二月十九日）出生的西藏自治区嘉黎县坚赞诺布为第十世班禅额尔德尼转世灵童，继任为第十一世班禅额尔德尼。中华人民共和国国务院一九九五年十一月二十九日"

1995年12月8日，十一世班禅坐床典礼在日喀则扎什伦布寺举行。时任国务院代表、国务委员李铁映代表国务院宣读批准十一世班禅坐床书，并代表中央政府将金册、金印颁授给十一世班禅。历时6载，严格按照宗教仪轨和历史定制寻访并经金瓶掣签认定的第十世班禅转世灵童真身，合理、合法地被国务院批准为第十一世班禅额尔德尼。

十一世班禅坐床后于1996年6月，在扎什伦布寺受沙弥戒。1998年十一世班禅在北京西黄寺首次接受密宗灌顶"长寿灌顶"，之后又先后接受了吉祥金刚大威德独雄本尊大灌顶和吉祥密集续部、胜乐大灌顶等。二十多年来，十一世班禅的历任经师严格按照藏传佛教的学经修习仪轨，结合时代的发展要求，对他进行了宗教仪轨等多方面的培养。经过刻苦修习，十一世班禅佛学造诣和文化素质不断提高，同时广泛学习现代科学文化知识，成绩显著，成长很快。十一世班禅对中华各民族和藏民族古老丰富的传统文化有着浓厚的兴趣，喜欢诗歌、书法，对科学知识、汉语、英语学习也投入了相当的精力。

十一世班禅天资聪慧，学习努力，已多次主持一些重大的佛事活动，熟练地掌握多项佛事活动的仪轨，并为成千上万信徒摸顶赐福，受到信教群众的广泛尊敬。

2010年2月十一世班禅当选为中国佛教协会副会长，这是他担任的首个社会职务，同月被增补为全国政协委员，成为中国首个"90后"委员；2013年3月11日当选政协第十二届全国委员会常务委员；2015年11月28日，十一世班禅当选援助西藏发展基金会第四届理事会理事长。

十一世达赖喇嘛克珠嘉措（ཏཱ་ལའི་བླ་མ་སྐུ་ཕྲེང་བཅུ་གཅིག་པ་མཁས་གྲུབ་རྒྱ་མཚོ།）（1838～1855）

生于打箭炉泰宁寺附近。他被选定为十一世达赖后，其家照例由清政府封为贵族，即彭康家族。十世达赖圆寂后，共找到三个"灵童"，按规定道光二十一年（1841）在布达拉宫举行金瓶掣签仪式，克珠嘉措被确定为十世达赖喇嘛转世灵童，次年在布达拉宫坐床。道光帝派章嘉呼图克图赴藏，并送金册。道光二十八年(1848)封其父策旺顿珠为公爵，赐宝石顶戴双眼花翎。拜七世班禅为师，受戒。1852 年前往色拉、哲蚌、甘丹等寺院熬茶布施、讲经，由驻藏大臣陪同照料。咸丰五年(1855)清咸丰皇帝下令克珠嘉措亲政。同年 12 月(1856 年 2 月)在布达拉宫圆寂。

十四世达赖喇嘛丹增嘉措(ཏཱ་ལའི་བླ་མ་སྐུ་ཕྲེང་བཅུ་བཞི་པ་བསྟན་འཛིན་རྒྱ་མཚོ།)(1935 ~)

1935 年生于青海省湟中县祁家川一户藏族农民家中。1940 年，由国民政府派蒙藏委员会委员长吴忠信入藏主持其坐床。十三世达赖圆寂后，国民政府批准热振活佛摄政。1941 年热振遭亲英势力排挤，摄政一职由亲英分子达札担任。1951 年达札下台，十四世达赖喇嘛亲政。达赖委派全权代表与中央人民政府的全权代表谈判，签订了《中央人民政府和西藏地方政府关于和平解放西藏办法的协议》，西藏获得了和平解放。1959 年 3 月，西藏上层反动集团发动的妄徒分裂祖国的武装叛乱失败，十四世达赖逃出国外。在国外进行了一系列分裂祖国、破坏民族团结的活动。

十五王法(རྒྱལ་ཁྲིམས་བཅོ་ལྔ།)

松赞干布主持制定的法律，因包括十五个方面的内容而得名。十五王法可分为三做三不做、三褒三贬和三不虐待等共 5 类。三做：(1)克敌制胜，安定国家；(2)治理内政，保护百姓；(3)崇信佛法，以求来世。三不做：(1)高尚者崇信的佛法不传非法器之奴隶；(2)保守成佛的深奥密教而不应将它作为商品倒卖给他人；(3)推崇恶人将毁了双方，故不能让奴隶当首领。三褒：(1)英雄要以虎皮褒扬，否则无人当英雄；(2)良智者要以告身褒奖，否则良愚难辨；(3)好人要以赏赐奖励，否则无人为善。三贬：(1)懦夫要以狐皮贬之，否则勇懦难分；(2)恶人要惩罚贬抑，否则永远不会汲取教训；(3)罪犯要刑罚处治，否则恶迹不断。三不虐待：(1)不能虐待生身父母，否则今生来世痛苦无尽；(2)不能虐待亲生子女，否则敌人也会嘲笑；(3)不能虐待亲友，否则内外事务及庄稼难以成功。

十五条法典(ཞལ་ལྕེ་བཅོ་ལྔ།)

14 世纪中叶，帕竹地方政权第一代首领大司徒强秋坚赞综合历代统治者所制定的法律纂集而成的一部法典。因法典内容共有 15 条而得名。这 15 条内容是：(1)英雄猛虎律；(2)懦夫狐狸律；(3)地方官吏律；

(4)听讼是非律;(5)逮解法庭律;(6)重罚肉刑律;(7)警告罚锾律;(8)使者薪给律;(9)杀人命价律;(10)伤人抵罪律;(11)狡诳洗心律;(12)盗窃追赔律;(13)亲属离异律;(14)奸污罚锾律;(15)半夜前后律。

十种金色(གསེར་མདོག་བཅུ་པ།)

藏医传统药方。由甘草、沥青、诃子、石榴、小豆蔻、麻辣子、荜茇、姜、印度食盐和某些草药研制而成。主治白喉、高血压。

石卜(ཧེའུ་སྤྲ་བཧག)

藏族传统中,用黑白石子七枚或十三枚,诵念咒语,抛进画有网格的地上或羊毛毡上,看黑白石子分布的情况以决凶吉。一般以白石为吉,黑石为凶。如决定出行方向的占卜,即抛出两种石子,此方向上白石头为吉,反之为凶。

石雕艺术(རྡོ་བརྐོས་སྒྱུ་རྩལ།)

西藏石雕艺术是藏族古代文化艺术的瑰宝,是我国雕塑艺术的重要组成部分,具有独特的风格和特点。它包括石窟、摩崖造像及玛尼石刻等,从造像技法上又可分为:圆雕作品、浮雕作品和线刻作品三大类。石雕艺术题材广泛,多以佛像为主,也有部分原始苯教的神灵,一般可分为佛、佛母、菩萨、护法神、弟子与供养人、历史人物及传承祖师活佛等七类。西藏石雕艺术的分布具有一定的规律,一般分布在神山、修行洞、宫殿周围的崖面、寺庙林廓、崖壁内外、交通要道及通往圣地的路边或山坡上。西藏的石雕艺术在保持、借鉴了中原汉地和印度、尼泊尔雕刻技艺的基础上,经过民间艺术家的数代努力和心血,逐渐形成了高原独特的风韵,别具一格。

石棺葬(རྡོའི་དུར་སྣམ།)

西藏远古葬俗。据考古发现,古代石棺葬多用石板叠成墓室。底部不铺石板,地面不留标记,墓内有石器、陶器等陪葬物品。截止到 1994 年,人们发现的石棺墓葬多集中在雅鲁藏布江流域的高原南部和东部地区。其中最古老的已距今 2500 – 3000 年。

石楼(རྡོ་ཁང་།)

分布于西藏、青海、甘肃南部、川西一带的藏族民居。石楼一般建成三层,最上面一层为装修精致的经堂(选最佳位置),旁边为晒晾谷物的晒台和晒廊,厕所放在墙外;二层是居室、客房和厨房,还有小间储藏室;最底层供圈养牲畜和堆放杂物。

时轮金刚(དུས་འཁོར།)

藏传佛教密宗本尊神之一。藏

语称“堆阔”,蒙语称“洞阔尔”。男女双身像,属于无上瑜珈部的无二续类,表现乐空(双修法)双融。时轮即时间的车轮,含转动之义。时轮金刚密法由印度传入,认为众生都在过去、现在、未来的迷界之中,主张内外相应。其理论根据有《时轮摄略续经》、《时轮根本续经》、《时轮续经》等。传规、修法有异,派别较多。该金刚形象为四头,每头三只眼,手臂众多,向外伸展形成圆形,拥抱明妃。

食肉禁忌(ཤ་རིགས་འཛེམ་བྱ།)

生活习俗。藏族人民喜吃肉类。但很多藏区的人不吃鱼肉、鸡肉、鸡蛋;不吃整蹄牲畜肉,如马肉、驴肉;不吃有利爪动物的肉,如狗肉、猫肉等。对可以食用的牛肉、羊肉等,也不食用当天宰杀的鲜肉。他们认为,没过夜的鲜肉仍有生命,吃了对自己不利。

世界起源神话(སྲིད་པ་ཆགས་ལུགས།)

一般产生于原始氏族部落时期,是藏族先民对世界形成过程的猜测和朦胧的认识。藏族原始宗教——苯教的古老传说中讲,天地原本合为一体,后来天开地降。藏族古老民歌《世界形成歌》与《斯巴宰牛歌》也对天、地、山、川的形成作出了解释:一种是由大鹏把天撑起,巨龟分开了阴阳界;第一是斯巴(སྲིད་པ། 藏语音译,意为“宇宙”、“世界”)在宰杀小牛时,砍下牛头放在高处形成高耸的山峰,割下牛尾栽到山阴长成茂密的森林,剥下牛皮铺在平处造成平坦的大地,这里的“斯巴”已具有造物主的意义。此外,还有一些大海变为陆地的神话,与西藏高原原为一片汪洋大海的事实非常相合。

世界上最大的袈裟(འཛམ་གླིང་གི་ཆོས་གོས་ཆེ་ཤོས།)

即披在世界上最大铜佛——扎什伦布寺强巴佛身上的袈裟。据史书记载,强巴佛曾被更换过两次袈裟,第一次在光绪三十年(1904),第二次是1957年。1985年十世班禅大师主持了为强巴佛第三次更新袈裟的隆重仪式。新作的袈裟用了各种丝缎3100多米,丝线近30斤,由六位著名裁缝不分昼夜地整整工作了一个半月才完成,做工精细,色泽完美,精妙无比。

室内葬(ཁང་ནང་ཞུགས་འབུལ།)

丧葬习俗。流行于四川的部分藏族聚居区。这种丧葬习俗仅限于德高望重、年龄80岁以上的亡者。人死后,先擦洗,捆扎起来,五官中塞满酥油、珠宝,然后将尸身置于木柜或大罐中,周围塞上青稞壳、河沙或者盐巴,用泥密封,请喇嘛念经、做法事超度后,置于室内一角。待若干年后搬到野外火化，骨灰撒入江河或埋入地下。

誓言价（མནའ་བོར་གོང་སྒྲིག）

八廓街商人的经营规矩。在藏族中间，誓言常用来证明自己的诚意。八廓商人则常常用誓言来表明自己商品的最后价格。当买卖双方经过一番激烈的讨价还价之后，一方向神灵发誓报出最后价格，这个价格就是不可变更的“誓言价”，再也没有讨价还价的余地。

手工章噶纸币（བོད་ཀྱི་ཏམ་ཀ་ཤོག་དངུལ།）

噶厦发行的一种货币。1913 年发行木刻版手工印刷的单色纸币五种：①5 章噶纸币，面值藏银 7 钱 5 分；②10 章噶纸币，面值藏银 1 两 5 钱；③15 章噶纸币，面值藏银 2 两 2 钱 5 分；④25 章噶纸币，面值藏银 3 两 7 钱 5 分；⑤50 章噶纸币，面值 7 两 5 钱。

手抓羊肉（ལུག་ཤ་བཙོས་མ།）

青藏高原上藏族人民独特的羊肉吃法，是牧区藏族群众款待宾客的佳肴，也是日常生活不可缺少的主食之一。煮熟后的羊肉上还插着几把锋利的藏刀，吃羊肉时，一手抓肉，一手拿刀，割、挖、剔、片，把羊骨头上的羊肉吃得精光，故名“手抓”。草原上的手抓羊肉代表了藏族牧民粗犷、豪放、热情、好客的性格。

首岁（ལོ་འགོ།）

一年中的开始。藏族历算有几种不同的计算方法：(1)藏历正月初一：金光明经、医学四续派、汉蒙王室及部分藏族星算家通用，现在使用最广；(2)藏历十二月初一（仲冬鬼宿月）：四座经和胜乐金刚空行经使用；(3)藏历三月初一（角宿月白分朔日）：时轮派历算家用得较多；(4)藏历十一月初一（冬至）：五行算者用；(5)藏历九月十六日：日藏经和藏区学者也有用此算法的；(6)藏历十一月十六日：俱舍和律经论派用之；(7)藏历八月十六日：因缘经释，藏族学者亦有用之。

树葬（ཤིང་དུར།）

丧葬习俗。流行于青藏高原东南部分林区。这一葬俗仅限于夭亡的儿童。孩子死后，家人编一竹篓或钉一木箱，将孩童尸身置于其中送到林内某一特定区域，或挂在树枝上，或放在树杈上。据说，这样做可以防止下一个孩子夭折。

数层方形平顶碉楼式建筑（རྡོ་བརྩིགས་ཀྱི་རྫོང་མཁར།）

据《柱间史》、《五部遗教》等藏文史书记载，藏族早期山南雅隆部落的第一代赞布聂赤赞布时修建了第一座宫殿——雍布拉康，此宫依山势而建，为数层方形平顶碉楼式建筑风格。石砌宫墙，向上有明显收分，门窗口小，外型稳固，是藏族古代的典型建筑形式，适应于部落纷争时期，居高临下，后来建成的布达拉宫也是典型的藏族古代居住建筑。

双数去单数回(ཆ་ཐོན་ཡ་ལོག)

送殡习俗。藏族群众在送死者去天葬台或墓地时，送殡的人一定要是单数，连同死者在内，去的时候算是双数，回来时死人已不在又变成了单数，否则，将是不吉利的。

《水树格言》(《ཆུ་ཤིང་བསྟན་བཅོས།》)

作者贡唐·丹白准美是拉卜楞寺著名活佛，学贯三藏，著述甚丰。其《水树格言》以水和树做比喻，大力宣扬佛教观点并对社会时弊进行揭露、批判，对为人处世做出种种劝诫。全诗分为两部分：《格言树之论述二规具百枝叶》有诗106首；《格言树之论述二规具百波浪》有诗139首。一般都是采用比喻的修辞方法，使所要表述的内容具有一定的形象性。其中部分诗篇的形式和内容，均师承《萨迦格言》，然而整体上不及《萨迦格言》深广。

水葬(ཕུང་པུ་ཆུར་སྐྱུར།)

丧葬习俗。由于观念不同，各地施行这一葬俗的人各不相同。在农区，一般认为这一习俗是下人的专利，施行水葬的多为乞丐、鳏、寡、孤、独及赤贫者。藏东南部分地区，认为这是一种比较好的形式，对大部分平民和僧侣进行水葬。还有部分地区仅仅限于夭亡的儿童。水葬的方式也各不相同，有整尸抛入江河中的，也有肢解后抛入江河的，还有坠石沉入江底的。

水钟(ཆུ་ཚོད།)

藏族传统的用滴水记时的方法。在一特殊的盛水容器的靠近底部的地方开一个极小的孔，穿入很细的鸡毛，让水从此孔滴出，把刻有12刻度的尺子放在另一容器中，表示12个时辰，当水滴到放有尺子的容器后，便可知道时辰，因而人们称之为水钟。现代的钟表也沿习称为“水钟”

私塾(སྒེར་བཙུགས་སློབ་གྲྭ)

西藏旧式教育的一种形式。教师主要是有文化的寺院喇嘛，同时也有普通有文化的人。这种教育主要是城市教育，有部分附设在寺院内。学制一般为三年，开设课程有藏文字母、常用词汇、文法三门课，有的增设书法和算数。生源大多是有钱人家的子弟和城市工商业者的子弟，每天学习三四个小时，学费是根据学生的家庭情况收一定的钱供养教师。私塾中毕业的学生也只是会写常用文稿。

斯（གཟི།）

藏民族一种传统珠宝装饰品，可翻译为“亚玛瑙”、“猫眼石”、“天珠”，俗称“九眼珠”。这种宝石纹理有“无眼”、“长条”和“有眼”三类。

斯摩钦莫节（གཟིགས་མོ་ཆེན་མོ།）

藏语音译，意为“跳神节”。旧西藏后藏地区寺院及达官贵人中间一个娱乐性节日。每年藏历八月举行。节日举行前首先要搞盛大的宗教仪式，随后僧侣、官员沐浴更衣跳神舞，轻轻松松地度过这一天。现在，跳神节已演变成日喀则群众消遣游乐的节日。节日在扎什伦布寺进行，为期四天。第一天是整个跳神活动的预演，把所有的节目进行一次演练，第二、三、四天，依次将第一天预演的节目分类进行演出。每当节日来临之际，数万名信教群众便从四面八方向扎什伦布寺聚来，他们带着茶、酒等食品，搭起帐篷和围帐，举行各种娱乐活动，观看各种表演。参加跳神的喇嘛一连几天不知疲倦，而且越跳兴致越浓；观赏者也如痴如醉，流连忘返。

《四部医典》（《རྒྱུད་བཞི།》）

藏医的主要经典，藏语叫《居希》，相传为老宇妥·云丹贡布编著。但据《宇妥·云丹贡布传》记载，又说此医典是译师白若杂纳翻译的作品，云丹贡布对它进行了补充和注释，目前见到的几种版本的《四部医典》，均是后来经过许多医学家的整理和注释，已不是原始著作，它的内容十分丰富，包括各种疾病分类以及生理、病理、诊断、治疗、药物配方等等。

四色塔（ཚོན་བཞིའི་མཆོད་རྟེན།）

在西藏山南地区扎囊县桑耶寺内，由红、白、黑、绿四种颜色的佛塔组成，始建于吐蕃第五代赞普赤松德赞时期。四色塔象征着护世四天王（东方持国天、西方广目天、南方增长天和北方多闻天）居住之地，四色塔中央的乌孜大殿象征着世界中心须弥山。大殿西南角为红塔，采用土红色砖和石头砌成，塔形似方而实圆，状如覆钟，腰部以上呈环状纹；西北角为黑塔，塔身如覆锅，上下三叠，第二级上有相轮七环，上层为宝珠、瓶盖，全部采用黑色条砖砌成；东南角为白塔，塔身均呈白色，塔基四周建有方形围墙，墙上建有 108 座小塔，塔身方形，至塔腰部以上逐层收缩，形如阶梯；东北角为绿塔，塔身采用绿色玻璃砖砌成，呈四方多角形，共有三层，分别设有不同的龛室。四色塔独具特色，古朴典雅。

四世班禅罗桑确吉坚赞（པཎ་ཆེན་སྐུ་ཕྲེང་བཞི་པ་བློ་བཟང་ཆོས་ཀྱི་རྒྱལ་མཚན།）（1567 ~ 1662）

俗名曲结巴丹桑布，于明隆庆

四年(1570)生于后藏拉竹甲尔的地方。父名仲错·贡嘎维色,母名措杰。明万历十年(1582)到温萨寺出家受沙弥戒。万历十九年(1591),在扎什伦布寺受比丘戒。万历二十九年(1601)就任扎什伦布寺堪布。万历四十四年(1616)四世达赖圆寂,格鲁派受噶玛派压制,罗桑确吉坚赞努力传播格鲁派,亲赴拉萨主持五世达赖的寻访、受戒、坐床、学经诸事。明天启五年(1625)为五世达赖授沙弥戒。崇祯十一年(1638)给五世达赖授比丘戒。崇祯七年(1634),与五世达赖喇嘛商议,引蒙古和硕特部固始汗入藏,推翻压制格鲁派的藏巴汗,消灭了噶玛地方政权,建立起甘丹颇章地方政权。1642年派遣绛青曲吉前往盛京(沈阳)朝觐清太宗,清太宗赠四世班禅以“金刚大师”的尊号。1645年蒙古和硕特部首领固始汗授予他“班禅博克多”(意为大学者,是为班禅名号之始)称号,同时让他常驻扎什伦布寺,并将后藏部分地区划归他管辖。康熙元年(1662)在扎什伦布寺圆寂,享年92岁。此后,班禅活佛系统也开始采取转世制度。

四世达赖喇嘛云丹嘉措(ཏཱ་ལའི་བླ་མ་སྐུ་ཕྲེང་བཞི་པ་ཡོན་ཏན་རྒྱ་མཚོ།)(1589~1616)

生于内蒙古土默特部的汗王家中,是该部首领俺答汗之曾孙。明万历三十年(1602),被拉萨三大寺的代表迎往拉萨,正式认定他为三世达赖喇嘛索南嘉措的转世“灵童”。次年在藏北热振寺举行了坐床典礼。万历三十五年(1607)赴日喀则,随四世班禅罗桑确吉坚赞学习显密教法。万历四十二年(1614)受比丘戒。以后,应哲蚌寺和色拉寺僧众的请求,分别担任哲蚌寺第十三任赤巴和色拉寺第十五任赤巴。28岁时在哲蚌寺圆寂。

四药(སྨན་བཞི།)

即佛书中认为由香味触三者构成,听许比丘服用的七日药、尽寿药、时药、更药。

四元音符号(དབྱངས་བཞི།)

藏文的元音符号有4个。分别由 ི ུ ེ ོ 四个符号代表,在现代拉萨话里，分别读作i、u、e、o。

四柱(སློབ་མ་ཀ་བ་བཞི།)

藏传佛教后弘期初期鲁梅·楚臣喜饶四大弟子的尊称。达玛乌东赞灭佛以后,鲁梅·楚臣喜饶等10人前往朵麦地区,从高僧喇钦贡巴饶色学法。返回卫藏后,建立道场,恢复桑耶寺及拉萨的旧有寺庙,广收门徒弘传佛法。鲁梅有四大弟子:尚那朗·多吉旺秋、俄·绛曲君乃、兰·益西喜饶、竹美·

楚臣君乃。这四人后来分别成为四小派,称“尚派”、“俄派”、“兰派”、“唐派”,统称为“鲁梅部”。为感念四人弘传佛法的功绩,后世信徒称他们为“四柱”。

寺庙歌舞(དགོན་སྡེའི་འཆམ།)

此种歌舞的内容主要是演义古代历史上的伟大人物事迹、颂扬传说中的人物、祝福吉祥或驱鬼压邪。形式有单人舞、双人舞、集体舞三种;舞姿简单而稳健,粗犷而奔放;伴奏乐器有牛角号、唢呐、鼓、钹等;服装道具有长袍、彩带、盔甲、面具和刀箭等。寺庙歌舞根据跳舞的不同时间分为哑羌、苟羌、呷羌三种。哑羌在藏历八月十四日跳;苟羌在藏历十二月二十九日或除夕前一日跳;呷羌在每年藏历正月初三、初十、十五时跳。这种歌舞的特点是表演动物形象十分逼真、栩栩如生。

寺庙建筑(དགོན་སྡེའི་བཀོད་པ།)

在藏族生活中,藏传佛教占有非常重要的地位,寺庙建筑遍布各地。由于藏族独特的生活方式、独特的建筑材料和艺术风格,形成了西藏寺庙建筑的独特形式。该类建筑在突出藏族传统建筑技术的同时,还融汇了汉地建筑以及尼泊尔等邻国的建筑艺术风格。寺庙建筑大体可分为两类:一类是在平地建筑的寺庙,如拉萨的大昭寺、山南的桑耶寺,这类寺庙殿堂大致是二至四层,主殿最高,其余殿堂由层数不同楼房组成宏伟的建筑群。

寺庙教育(དགོན་པའི་སློབ་གསོ།)

传统中,西藏的寺庙不仅是宗教活动的场所,也是进行文化教育的场所。僧人落发入寺之后,便开始学习藏文、背诵经典,经过一定时间之后,便可进入班次学经,要想最后取得格西学位,还得精通《般若》、《中观》、《戒律》、《俱舍》、《因明》等五部大论。寺院的文化教育,除五部大论外,还强调其它学科,如诗歌、语言学、医学、天文历算等的教育。

寺院(དགོན་པ།)

佛教认为,离村庄一俱卢舍(相当于83.3米)以上,出家人进行宗教活动的场所,也是出家僧众修行的地方。

饲草管理局(རྩྭ་གཉེར་ལས་ཁུངས།)

藏语音译,意为“草料管理处”。噶厦下属机构之一,设僧俗官各1人。其职责是:每年夏季派人巡视各地草塘,采取草料,呈请基巧堪布批准开镰割草,并报请噶厦下达命令,从各宗豁征派割草、运草的人力,将草料分送罗布林卡、布达拉宫的马厩管理部门;在草料不足时,还负责从市场上收购饲草。

松巴靴(སྣམ་ཐོན་པ།)

藏族传统藏鞋的一种。其中较为高档的有“松巴梯呢玛”,做工精致考究,喜庆节日才拿出来穿用。松巴靴底由牛皮做成,靴帮用黑氆氇呢做长腰,长腰与靴面中间,用红、绿毛呢相接,颜色相配得体,长腰上端靠腿肚部位,竖开一条约10公分长的口子,便于穿着和提携,十分艳丽好看,穿着舒适暖和,很适合西藏的高寒气候。其它几种松巴靴,一种是鞋底系用牛皮捻的绳纳制,高2寸,宜于天气暖和的季节穿着;还有一种叫松巴各多靴的,鞋底全用牛皮包裹,一般多于冬天穿着,颇受牧民群众钟爱。

松潘茶(ཤར་ཇ།)

四川松潘不产茶,但是,自唐宋以来一直到解放初,藏、回、汉之间进行茶马交换而形成了一条条交通要道。在岷江河谷留下了世人难忘的“三脑九坪十八关,一锣一鼓上松潘。上一次松潘过一次冬,下一次灌县过一次春”的骡马驮脚行走的马茶古道歌谣。在古城松潘建立了具有历史文化价值与民族团结的马茶商贸集散地。这座历史悠久、民族间和睦相处的边贸古城松潘,是公元1379年的松州和潘州合二为一的统称。古代的松潘所辖地域宽广,民族众多,是游牧和半农半牧为主的地方。史书上俗称松潘草地。藏族人称他们“夏尔娃”或“松祈娃”。他们是从事茶马交易的能手,他们的专业是组建“夏尔娃拉更”或“夏尔娃客娃”的“驮脚马帮”、“驮脚骡帮”、“驮脚牦牛帮”来完成所有的茶叶运输换取报酬。松潘夏尔娃藏人和背夫们穿越羊肠小道的岷江峡谷,腊月间开始翻越青藏高原,开创了茶马古道,喝出了马茶品牌,赢得了“茶马古道”的美称——夏尔尖马茶,创立了“民族团结牌砖茶”。古往今来这里的藏、羌、回、汉都特别喜爱喝马茶,马茶和糌粑成了松潘人的名小吃。俗话说的好:“宁可三日无粮,不可一日无马茶。”马茶成了松潘人的代名词。此类饮料多高蛋白,少碳水化合物。茶叶可以解油腻、助消化。过去西藏不产茶叶,皆从内地购进,多为四川松潘大茶,质虽粗,但性温,深为牧民群众喜爱。

松赞干布(སྲོང་བཙན་སྒམ་པོ།)(617~650)

藏族历史上著名的英雄人物,吐蕃政权的缔造者,系第三十二代赞普。唐贞观四年(630),松赞干布十三岁时继任赞普。他依靠中小贵族和部分忠臣的力量,迅速平息了内乱。在此基础上,松赞干布将首府从琼结迁至拉萨,并降服苏毗，亲征象雄，完成了统一西藏高原的大业。为了巩固新生政权，松赞干布采取了一系列有效的措施：将吐蕃的行政区域分为十八大地区，全藏设立五个如钦，每个如钦分为上下分如，共计十个分如，每分如有四千户，加上卫队一千户，总计五千户。每个分如设如本、副如本各一名；健全文武官制，任命各级官吏，派武官统领各地驻军；制定刑法，规定了各阶层的社会地位和奴隶主的统治特权；派人去天竺（印度）和西域学习梵文和“声明”（“五明”之一，指声韵学和语文学），并参照天竺和西域诸国文字创制藏文，迎娶文成公主、赤尊公主，与唐朝、泥婆罗等周边地区建立友好关系。

松赞干布与文成公主的传说（སྲོང་བཙན་སྒམ་པོ་དང་རྒྱ་བཟའ་ཀོང་ཇོའི་གཏམ་རྒྱུད།）

松赞干布雄才大略、英明有为，是吐蕃政权的缔建者；文成公主，松赞干布的妃子，汉藏民族团结友好的先驱，中原文化在吐蕃的传播者。关于松赞干布迎娶文成公主的传说，藏区流传很广，深受藏族人民喜爱，其中“五难使者”的传说更是有口皆碑。吐蕃大相噶·东赞聪明机智，为松赞干布请婚，唐太宗提出了五件难做的事做为迎娶文成公主的条件，噶·东赞凭着超人的机智一一完成，最终达到目的。相传文成公主远嫁吐蕃时，带去谷物三千八百类，牲畜五千五百种，工匠五千五百人。故事以文学手法叙述了文成公主对传播中原文化、促进吐蕃社会经济进步所做出的巨大贡献。

诵箭词（མདའ་བཤད།）

藏族传统民歌的一种，西藏昌都一带称之为“百协”，四川甘孜则称之“达协”。从内容上划分，又有三大类：（一）赞词，多为朗诵性的，也有如民歌调的，内容上一般是对物品形成过程和功能的描述和赞美，如马赞、衣帽赞、弓箭赞等；（二）婚礼祝词，既有定式，又有即兴发挥，大多是由几首短歌组成，各短歌分别表述一套仪式，可分为哭嫁歌、迎宾歌、乐宾歌、送宾歌四段；（三）折嘎颂词，民间艺术，行乞时即景演唱，内容不定，随意性较强，形式活泼多样。

《苏吉尼玛》（《གཟུགས་ཀྱི་ཉི་མ།》）

八大传统藏戏剧目之一。剧情大意是：化现为母鹿的美女苏吉尼玛，温柔善良，被一隐士收养。国王达瓦森格偶遇妖女并纳为妃子，从此国无宁日。后来国王见到苏吉尼玛，被其美貌吸引，也纳为妃子，俩人相亲相爱，十分幸福。妖女及众妃生妒，遂派女巫设计陷害苏吉尼玛，国王便派两个屠夫将苏吉尼玛带往天葬台杀害。两个屠夫不忍，反而把她放了。苏吉尼玛周游四处，宣扬佛法。苏吉尼玛的善行终于感动了当地护法神，使她重返王城。她化妆成尼姑，一路说法，深得民心。陷害苏吉尼玛的女巫深感自己罪孽深重，前来忏悔，恰被国王等人潜听到，因而真相大白。苏吉尼玛劝国王饶恕了女巫，从此国泰民安。

苏毗（སུམ་པ།）

西藏原始公社制度瓦解之后建立起来的一个奴隶制邦国。地处藏北地区，后被松赞干布征服，成为吐蕃的一部分。

酥油（མར།）

藏语称为"玛"，意思为"酥油"，藏族食用的奶制品之一，是从牛、羊乳中提取的油脂，类似黄油。其制作方法是，将刚挤出的鲜奶倒入一个特制的打酥油桶内，加入少许酸奶，经发酵后，上下冲捣数百次，搅得油水分离，黄色的奶油即浮在上面，然后将这种呈半凝结状的油脂挤压在一起，放入皮口袋内即成。酥油有很高的滋补作用，而且能产生很大的热量，即可御寒，又可防止唇裂，是高寒地区的最佳奶制品。酥油的吃法有很多，主要用来打酥油茶，也有放入糌粑、大米、面粉及奶渣中，制作各种美味食品；有的用它润肤、点灯，或者制成人物、山水、鸟兽等各种样式的酥油花。

酥油茶（ཇ་སྒྲུབ་མ།）

藏族人民最喜爱喝的茶类。一般是在早上先喝几杯酥油茶后，才去劳动或工作。到藏族家中作客，主人都要敬献酥油茶。喝酥油茶的规矩，是边喝边添，不一口喝完，但对客人的茶杯总要添满，假如不想再喝，就不要动它，主人把杯里的茶添满，告辞时再一饮而尽。酥油茶的制作方法是，先把煮好的浓茶，倒入三四尺长、直径五六寸的茶筒里，再放入酥油和食盐，用顶端钉着一块圆木板的长棒，在茶筒里用力搅动，让酥油和茶水充分融合到一起，然后倒进锅里或茶壶里，再放到火上烧热，便成了酥油茶。酥油茶清香可口，即可解渴，又可滋润肺腑，又因为酥油能产生较大热量，可御寒、充饥，是高寒地区的一种理想饮品。现在，电动打酥油茶机已大量普及，用机器打酥油茶又快又省力，又均匀，受到广大藏族群众的欢迎。

酥油灯会（བཅོ་ལྔའི་མཆོད་པ།）

藏语称"坚阿曲巴"，是拉萨最热闹的传统节日之一。每年藏历正月十五日，传召大法会进入高潮。白天，人们到各寺庙朝佛祈祷，晚上，齐集拉萨八廓街，观看绚丽缤纷的酥油彩塑。在旧西藏，八廓街一般都由各寺庙、贵族世家、政府部门分段承包。参与者，一般都想尽千方百计，把自己地段的灯会搞好，以引起达赖喇嘛或摄政王的注意。彩塑多为宗教故事、神仙人物、吉祥图案等。当夜幕降临时，一组组酥油灯依次点燃，整个八廓街一片辉煌。按规矩，先由高僧为各组彩塑开光，随后达赖喇嘛在政教头面人物的陪同下观看灯会。达赖回大昭寺后，僧俗群众才能进入八廓街看灯。灯会也是狂欢节，年轻人追逐调笑，民间艺人争相献艺，农人市民赛舞对歌，通宵达旦。

酥油花（མར་རྒྱན།）

藏族一种传统工艺品。渊源于泥塑，和汉族的捏面人和捏糖人很相似。它用料是加入了不同颜色的酥油。这种酥油作品，最初作为神佛前的供品。如藏历正月拉萨大祈愿法会时，于十五日在大昭寺周围的八廓街展出酥油花塑。这类作品题材广泛，造型细腻，线条柔圆，色泽鲜艳，形象生动，多姿多彩，给人以美的享受。

酥油桶（མདོང་མོ།）

藏族家庭生活用具。有两种：一种是从奶中提取酥油的桶，叫“雪董”（ཞོ་མདོང་།），这种桶较大，高约 4 尺，口径近 1 尺，是牧区经常见到的生产酥油的木桶；另一种是家庭日用的酥油茶桶，叫“甲董”（ཇ་མདོང་།），这种桶高约 3 尺，直径约半尺。也有的酥油桶很小，只有一尺多高，便于出门时携带。酥油桶一般用红松木制作，雅鲁藏布江中下游一带的红松，是制作酥油桶的好材料。墨脱等地盛产粗大的毛竹，人们锯上一节，用做桶筒，更为省事。一般酥油桶都有两个组成部分，一部分是桶筒，一部分是搅拌器。制作酥油桶时，要求桶筒上下口径一般大，外围用铜皮箍紧，上下两端用铜做花边，可以打出各种花纹。搅拌器的制作较简单，即先做一块比桶口稍小的圆木板，木板上凿 4 个直径为 4 厘米的小孔，以便在桶内搅拌时，液体和气体可以通过小孔上下流动；圆板的中心安上一根比桶长半尺的木柄，木柄用铜箍在把手部分，既美观又实用。

俗官学校（རྩིས་ཁང་སློབ་གྲྭ།）

藏语称“孜康拉扎”，是旧西藏地方政府孜康（统计局）办的学校。进此学校必须是大小贵族的子弟，学习课程与僧官学校相似。主要目的是在贵族子弟中培养地方政府工作人员（官员）。

酸奶（ཞོ།）

藏族的奶食品之一。“酸奶”有两种，一种是用提炼过酥油的脱脂乳制成的，藏语称为“达雪”；一种是未经提炼过酥油的牛奶制成，藏语称为“俄雪”。其制作方法是，将鲜牛奶或脱脂乳倒入锅中，加热至一定温度，不可煮沸，待自然冷却后，把上面凝结成的一层奶皮子取出，然后把奶盛入桶内，同时放入少许酸奶，放置一、二天，使其发酵变酸即成。夏季饮用，清凉可口，消暑健胃。

索高（གསུར་ཁོག་གཡུག་པ།）

藏语音译，拉萨丧葬仪轨。人去世后，家人将一瓦罐挂在门口，里面燃上糌粑等物，以供死者的灵魂食用。死后第七天下午，由死者的天葬师将瓦罐取下，死者的亲朋故旧跟随天葬师，将瓦罐送到拉萨河里，顺水漂下。意为家中再也没有死者的饮食，以断绝死者对家的留恋，加速去轮回转世。这种仪式叫“索高”。

索南坚赞（བསོད་ནམས་རྒྱལ་མཚན།）（1312～1375）

藏传佛教著名僧人，萨迦四大喇让之一的仁钦岗喇让的座主。自幼习文，17岁受戒，后成为第七世萨迦法王。一生专事宏法传经，曾任帕木竹巴大司徒降曲坚赞之师，宗喀巴也从他学过佛法。萨迦派的许多教法都由他传播开来。精于文史，精通五明，显密双解，才学极高，被世人尊称为“喇嘛当巴”（贤德大师）。著有因明、教史等多种作品，其中以《西藏王统记》最为有名。

索朗列空（སོ་ནམ་ལས་ཁུངས།）

藏语音译，意为“农务局”，噶厦下属机构之一。设四品僧俗官员各1名，五品僧俗官员各1名。其职责是：登记西藏人口的出生和死亡情况，征收噶厦属民的人头税；督促在大路旁和村庄周围植树，树木由各宗豁管理；给新开垦荒地者发放证明，三年内不征收土地税，三年后派人测量登记，并按一般年景收成的十分之一征税。

宿喀·娘尼多吉（ཟུར་མཁར་མཉམ་ཉིད་རྡོ་རྗེ།）（1439～1475）

著名藏医学者，别名达磨索底。善长藏医学研究，曾著有《四续问难·银境》和《医学四续广注·水晶彩函》以及与山南地区涅、甲、洛、塔工地区的阿、尼洋、工布等处名医合著的《珍宝药物形态识别》、《药味·铁鬘》和《甘露宝库》等书，多以论述药物的性能、味道、功效、释名和作用。

T

塔尔寺(སྐུ་འབུམ་བྱམས་པ་གླིང་།)

藏语称“衮本”或“衮本强巴林”，意即“十万佛身慈氏洲”。藏传佛教格鲁派在青海的主要寺院，位于青海省湟中县鲁沙尔镇。此地是宗喀巴的诞生地。1560～1577年陆续建成，后又屡经扩建。建筑融汇藏汉风格，主要有大小金瓦殿、大经堂、护法神佛堂等。共设四个扎仓，一个显宗，一个医明，两个密宗，供学僧修习。该寺有“三绝”最富特色：酥油花、绘画和堆绣。每年藏历正月十五日举行酥油花雕塑展览。僧侣最多时约两千人。全国重点文物保护单位。

塔尔寺灯会(སྐུ་འབུམ་བྱམས་པ་གླིང་གི་མེ་ཏོག་མཆོད་པ།)

青海湟中县塔尔寺的一个传统宗教节日，每年农历正月十五日举行。塔尔寺是藏传佛教格鲁派六大寺院之一，格鲁派创始人宗喀巴的诞生地。该寺的酥油花灯闻名遐迩，是该寺“三绝”(绘画、堆绣、油塑)之一。灯会期间，该寺讲经院、各个佛殿前面，均布满色彩绚丽的酥油雕塑像，雕塑有亭台楼阁、山川鸟兽、人物花木，向成千上万前来观赏的游人展示了一个丰富多彩的艺术世界。这些雕塑均由该寺僧人制作。节日期间同时还有跳神等活动。

塔尔寺印经院(སྐུ་འབུམ་པར་ཁང་།)

著名印经院之一。位于今青海省湟中县鲁沙尔镇的塔尔寺内。该印经院由塔尔寺第五世赛多·益西土丹嘉措活佛创建于清道光七年(1827)。印经院建成后由第五世赛多·益西土丹嘉措和当地学识渊博的然坚巴·欧旺拉珠、确西经师欧旺嘉央旺杰等人负责印版之事。后经多次扩建，成为一座藏有3万多块木刻印版和一些佛画的木刻印版的颇具规模的印经院。

塔工总管(དྭགས་ཀོང་སྤྱི་ཁྱབ།)

塔布地区和工布地区总管，基巧级地方政权机构之一。原来只设“工布基巧”，1955年改为“塔工基巧”，设总管1人。基巧府驻则拉宗(在今林芝县境内)，下辖工布江达、则拉、觉莫、古浪、加查、朗宗等宗谿。

塔拉水(དར་བ།)

牛奶经过捣打提取酥油以后，剩下含有丰富蛋白质的奶水，可以饮用。“塔拉水”再经过烧煮浓缩、晒干就成“曲拉”(ཕྱུར་བ།)即奶渣。吃糌粑时曲拉是美味的佐料之一，它可以起到助消化的作用，藏族喜欢当零食吃。

塔青易幡(དར་ཆེན་སྒྲུ་བཞེངས།)

拉萨新年习俗。八廓街东南、西南、东北、西北四角各有一根巨大的经杆,藏语称其为“塔青”。经杆上系着经幡、哈达、彩布等,是拉萨城的一大景观。年前的藏历十二月初八,人们照例要把经杆放倒,换下上面已经被风雨侵蚀损坏的经幡等物。这一天,许多人都要赶来把自己的经幡、哈达、彩布等系在经杆上,以祈来年好运。藏历正月初三人们才把装扮一新的经杆重新竖起。拆卸、安装经杆的是拉萨特有的乞丐“热结巴”和“边顿巴”(参见“热结巴”、“边顿巴”)。热结巴负责更换经幡等细活,“边顿巴”负责挖坑、抬杆等粗活。

塔葬(གདུང་རྟེན།)

藏族最高规格的丧葬形式,只限于达赖、班禅和少数德高望重的活佛高僧圆寂后才用塔葬。塔葬有肉身塔葬的,也有供奉骨灰、头发和遗物的。其中肉身塔葬为最高等级,这需要相当先进的肉体保存技术。塔葬需先将人体进行极为严格的干燥处理和防腐处理,然后置入灵塔内供人供奉瞻仰。灵塔也有金、银、铜、木、泥等不同规格。

抬运号子(ལས་གཞས།)

流传于西藏各地的古老的劳动歌曲之一。西藏早期建筑只有木石结构和土木结构,这种劳动歌曲大致产生于四千五百年至五千年之前,是在搬运巨石和木料时产生的。由于搬运的东西轻重不同,因此演唱的歌曲既有粗犷有力的,又有热情轻快的号子。内容大多是鼓动或号召人们劳动。在后来的发展中又加进了一些具有宗教思想色彩的词。它的演唱形式则是一唱一和,节奏以劳动的步法和速度来决定。

太阳日(ཉིན་ཞག)

藏族历算中专用术语,即从当日早晨能辨掌纹时起,到第二日早晨能辨掌纹之间的时间称为一个完整的太阳日。一个太阳日等于 21600 息,即 60 漏刻,也就是现在的 24 小时。

太阴日(ཚེས་ཞག)

藏族历算中,从月亮白分和黑分每增减一分的时间,叫做太阴日。月亮黑白分变化的弧长的十五分之一的时间长度,就是朔望月的三十分之一。以一个太阳日为 60 刻,那么一个太阴日的平均时间长度为 59 刻 3 分 4 息 216/707,即 0.9843529 太阳日。每周天为 1620 度,则太阳日包括母鸟日 6 天,翅边日 6 天、肩头日 3 天、颈窝日 7 天、口面日 3 天、翅尖日 5 天、雏鸟日 10 天。有人在这 40 天内预测风雪雨寒及霜、雹、旱、涝等。每一个太阴日行 4 度 21 分 5 息又 43/707。

坛城图(དཀྱིལ་འཁོར།)

一种以几何图形为主的构图。坛城是指佛的宫殿，由外到内以圆形和方形几何形层层相套而成。正中间为主尊神或佛，外面圆形以水图案及火焰图案装饰；第二层起用圆形的金刚图案、水图案、莲花图案装饰，表示大海、风墙、火焰和金刚墙、莲花墙护城河，内套正方形图案，表示城的屋檐，层层深入，最后到达主尊殿，并用白兰红黄四色表示东南西北四方。图案结构复杂，抽象和具象手法并用，构图紧凑，装饰性强，极具美感。

汤东杰布(ཐང་སྟོང་རྒྱལ་པོ།)(1361～1485)

西藏著名僧人，铁索桥大师。生于西藏西部叶茹的拉孜地方。青年时在绛定寺从尼玛森格出家受戒，名尊珠桑布。他遍游各地，精通显密，所受教义教法属噶举派香巴噶举系。一生致力于修架铁索桥，共建铁桥 58 座，木桥 60 座，设摆渡口 100 多处，被誉为“铁索桥活佛”。他死后，凡有铁索桥的地方，人们都为他修建了庙宇或塑像。他还是藏戏的祖师，藏戏艺人自称为“汤东子弟”。后人著有《汤东杰布传》，传记高度赞扬了他一生的事迹。

汤东杰布的传说(ཐང་སྟོང་རྒྱལ་པོའི་རྣམ་ཐར།)

汤东杰布，藏戏的创始人，藏传佛教噶举派僧人。传说公元 14 世纪时，汤东杰布为解群众过河之难，决心在河上架桥，于是四处筹募款项，却收获无几。汤东杰布的善行感动了吉尊卓玛神女，在梦中指点他到雅砻琼结去请能歌善舞的七姊妹帮忙。七姊妹热情相助，组成演出班子，二人扮猎人，二人扮王子，二人扮仙女，一人击钹，汤东杰布亲自编导节目，设计唱腔、唱词，他对在群众中广为流传的白面具藏戏予以改造和加工，编排了具有简单故事情节的歌舞剧，云游献艺，募集了不少资金和材料，在群众帮助下，沿河修了十三座铁索桥。从此以后，人们就把她们这种有故事情节的歌舞叫作“拉姆”或“阿姐拉姆”(ལྷ་མོ། ཨ་ཅེ་ལྷ་མོ།)，即“仙女”的意思，也就是现在人们所说的蓝面具藏戏。为了纪念汤东杰布，现在各个藏戏团里还都要供奉他的尊像。

唐代汉文崖刻(ཐང་རྒྱལ་རབས་དུས་ཀྱི་བྲག་བརྐོས་རྒྱ་ཡིག)

这一崖刻题为“大唐天竺出使铭”。据专家考证是唐显庆年即武则天时代，朝廷使臣王玄策出使印度经过这里时刻下的。唐代汉文崖刻坐落在西藏吉隆县境内的山崖石壁上，该崖刻为长约 1 米、高约 70 公分，竖写楷书汉字，全文约 222 字，部分字迹已残缺，是目前西藏境内已经发现的藏、汉文石刻中年代最久远的，具有很高的考古、研究价值。“大唐天竺使出铭”的大意是：今有唐朝官员率朝内官家子弟一行奉令出使印度，途历千辛万苦，方从长安到达此地，吉隆山水之美令人赞叹，留下数行石刻以为纪念等等。

唐蕃古道(ཐང་བོད་གནའ་ལམ།)

唐代中原与吐蕃的往来非常频繁，其中最著名的一条路线称为“唐蕃古道”。据《新唐书·地理志》记载，这条路是当时连接长安和逻些(拉萨)的主要通道，它大致经过今天的天水、临夏(或兰州)、湟水河谷地区(包括乐都、西宁)、日月山、青海海南州、黄河源头(或上游)、巴颜喀拉山、唐古拉山、西藏那曲等地到拉萨。唐蕃古道对推动西藏与内地的商贸活动和促进汉藏文化交流起到重要的作用。唐蕃古道亦是唐中原通往印度的重要交通线，唐朝的使团和一些西行求法的高僧沿唐蕃古道，经尼泊尔前往印度。

唐蕃会盟碑(ཐང་བོད་དབོན་ཞང་རྡོ་རིང་།)

在拉萨大昭寺前面，矗立着一块著名的唐蕃会盟碑。由于唐朝的文成公主和金成公主先后与吐蕃赞普缔结了姻缘关系，当时吐蕃尊唐为舅，自称为甥，故此碑又称“甥舅会盟碑”。此碑高3.42米，宽0.82米，厚0.35米，于公元823年正式落成。这块碑是西藏重要的古文献之一，也是研究唐蕃历史的重要文物。

唐卡(ཐང་ཀ།)

又称“唐卡画”，是藏族的一种传统绘画艺术形式。这种画是既可画在布上，也可画在纸上的卷轴画，还有的画在羊皮上，平时可卷起来收藏。画面多以神佛人物为主。画幅长短不一，小的尺许或数尺，这类唐卡多为说唱艺人将故事中的人物或情节画成唐卡，用杆子挑悬起来，边唱边指给大家看。大型唐卡为寺庙收藏，如布达拉宫珍藏的两幅巨像，长约五、六十公尺，宽约三十公尺，每年展一次，需三十余人抬出展开。后藏扎什伦布寺、江孜白居寺、拉萨哲蚌寺均藏有巨幅唐卡，每年展佛节时供善男信女们瞻仰膜拜。

天葬(བྱ་གཏོར།)

藏族最重要的殡葬形式。按藏族传统做法，人死后首先要用泡有香料、藏红花、冰片的水将尸身清洗干净，然后将尸体蜷曲起来，头夹在双膝之间，像母腹中的胎儿形状，用麻绳和白床单把尸体裹住。出殡时尸体由背尸人背着绕寺院或宗教圣地圣物转一圈、三圈或者五圈(转圈数量为单数即可)。然后死者的亲友，将尸体送到附近的天葬台。尸体放在天葬台石板上，男尸俯卧、女尸仰卧，天葬师将人体解剖后，鹰鹫扑来，将人肉及捣碎的骨头吃得一干二净。鹰鹫吃不完，死者亲属会十分痛苦，认为死者将因此而不能升入天国。

天葬师（རྟོགས་ལྡན།）

为死者解剖尸体的人。从宗教角度来说，天葬师是高尚的职业，他是人间与天国的转运使，是生命轮回的助产士。但在现实生活中，天葬师的社会地位又非常低下，他们的子女甚至连配偶都难以寻找。过去，天葬师是父子相承，代代相传的。长期解剖人体，使有些天葬师成了医术高超的医生。但更多的人，碍于世俗偏见，不敢主动接触社会，往往在封闭的环境中孤独地死去。

天葬台（དུར་ཁྲོད།）

死者天葬时将尸体解剖、饲鹰的地方。天葬台一般是一个大石块或石堆，尸体放上去以后，天葬师通过煨桑召来鹰鹫，把解剖好的尸体吃掉。藏族认为，天葬台是神圣的地方，人就是在这里，被神鸟带离人间，进入天国。世界上最著名的天葬台有三座：印度斯白天葬台、西藏直贡梯寺天葬台、西藏桑耶寺的青朴天葬台。

甜茶（ཇ་མངར་མོ།）

藏族人民朝夕必备的一种茶类，也是招待客人的必需品。无论是客人还是朋友，只要进了藏族牧民的帐房，就坐之后，必将有一碗热腾腾、香喷喷的甜茶，由主妇捧献给客人，蕴含着藏族人民热情好客的深厚情意。甜茶的做法并不复杂，先把红茶在锅里或茶壶里熬煮，当茶水变成赤红色时，用特制的漏勺掠去茶叶末，倒入牛奶再煮开即成。喝的时候，还可放入一点白糖，味道就更加鲜美。甜茶使人醒脑提神，消乏解困，生津止渴，消食化腻，滋润咽喉，是藏族人民须臾不离的茶类。

条播（རོལ་སོན་གཏོར་བ།）

藏族传统播种方式，即男人在前面犁地，女人在后面提着袋子，抓起种子往犁沟里撒，犁第二道沟时，前道的地表上会把撒下的种子复盖住，这种播种方式，由于种子埋得太深，发芽率很低，因而收成也低。

调牛节（གཉག་འདུལ་ཉིན་མོ།）

流传于甘南博峪地区的农牧民节日，每年农历一二月举行。节日这天，全村寨的牛都要赶到地里，套上农具耕地，以便对于那些新使用的、不会干农活的牛加以调教。调牛耕地时，农民们还要举行祭神仪式、跳娱神乐舞，以求丰收。这一节日实际上是为繁忙的春耕生产做准备。

跳远（རྒྱང་མཆོང་།）

藏族传统体育项目之一，多在寺

庙内进行。与现代田径项目中的跳远大不相同。其助跑道是30度以上的斜坡,长短无规定。沙坑低于起跳点1米左右,以远跳者为胜。

帖布杂列空(ཐེབས་ཚ་ལས་ཁུངས།)

藏语音译,意为“大昭寺基金管理处”,噶厦下属机构之一,1942年从拉恰列空分出而成立。其职责是:管理拉萨祈愿大法会(传大召)期间施主们供奉布施给僧众的钱财,并利用这些钱财的一部分作为资本放债收取利息,再从利息中拿出一部分布施给僧众。

贴酥油(མར་རྒྱན།)

敬神习俗。流行于云南部分藏族聚居区。人们在提炼酥油时,总要从新炼成的酥油中取出一点,贴到水缸座上和火塘边框上,意在请神灵尝鲜,保佑酥油丰产,人畜两旺。在人们眼中,这种敬神的酥油具有某种神奇的魔力。当地部分居民,往往从水缸座和火塘边框上刮下陈年酥油来治病。

铁索桥(ལྕགས་ཟམ།)

西藏古代最常见的桥梁。据记载,这种桥是藏族桥梁大师汤东杰布(1361~1485)发明创造的。相传他曾以藏戏作为募捐手段,利用捐款在西藏建起58座铁索桥。在已发现的9座中,日喀则拉孜县彭措林铁索桥是保存最完整的。该桥位于彭措林寺以北约400米的雅鲁藏布江面上,桥全长181.5米,它是古时连接彭措林宗和谢通门宗的主要通道,桥上是两条粗壮的锻铁链系着藤条(1959年后改用铁丝),横断面呈凹形,凹底部放着一道独木或木板,行人可手抓铁链脚踩木板过桥。整座桥设有四个桥墩,分别为螺旋柱状和长方柱状两种,均为石块垒砌,中间夹有横木或竖木用于加固铁链和桥墩,四个桥墩把桥分成三段,南北三段在夏季涨水后使用;中间一段常年有人通过,此段因跨度大,中间设有三道木夹,用来减小铁链摇摆的幅度。

通颊(མཐོང་ཁྱབ།)

吐蕃政权占领安西四镇、河西、陇右之后在当地设置的一种官职。其职责是:管理被占领地区各部落的各项事务,处理这些部落与驻守当地的吐蕃本部部落的关系。

同嘎尔(དུང་དཀར།)

藏语音译,意为“白海螺”,是寺院中特有的一种乐器。同嘎尔的音色圆润柔和,没有固定的音阶,它在寺庙的佛教仪仗队中起引导作用,因而有“法号”或“佛号”的称谓。

铜钦(དུང་ཆེན།)

人们俗称的“长角号”、“莽号”，是藏传佛教寺院的一种重要乐器。相传这种藏区本土乐器在公元11世纪就产生了，此乐器一般用白、黄、红铜制成，也有银制的。其音色浑厚，带有“召唤、传播”的意味，常在重要诵经等佛事活动中吹奏。

铜质镀金强巴坐像(རྒྱལ་བ་བྱམས་པའི་གསེར་ཟངས་ཀྱི་སྐུ་བརྙན།)

铜佛由九世班禅曲吉尼玛亲自筹划、主持修建(1904～1905年)。铜佛身高22.4米，莲花宝座高3.8米，肩宽11.5米，耳长2.8米，面部宽4.2米，脚底长4.2米，鼻孔可容纳一个成人。佛像共用紫铜皮料231750余斤，黄金558斤(即8928两)。眉间所用的金刚大钻石，直径约3公分。用去大珍珠300余颗，直径1公分的金刚钻石30多粒，以及各种珠宝1400多个，其它装饰品不计其数。弥勒佛造型生动庄严，整个雕塑反映出了藏族人民独特的创造才能和雕塑艺术风格。由110名工匠，用了两年多的时间塑成，成为世界上最大的镀金铜佛。佛教认为，五亿七千年后强巴佛将接替释迦牟尼而成为佛教至尊，故称之为“未来佛”。

图巴(ཐུག་པ།)

藏语音译，意为“面糊糊”，藏族日常食品之一。系糌粑或面粉煮成的粥，通常把糌粑或面粉放入锅中，再加入水，慢慢烧煮，熬成糊状即成。有时也在粥中加入元根、肉类等合煮。

土地计量单位(ས་ཞིང་འཇལ་ཚད།)

藏族计量土地以“顿、岗、克、升、普”为单位：1顿为2岗，1岗的“克”数不等，大的约100克，小的约20－30克；1克为20升；1升为6普；1克约合1.5亩。

土观·罗桑确吉尼玛(ཐུའུ་བཀྭན་བློ་བཟང་ཆོས་ཀྱི་ཉི་མ།)(1737～1802)

青海佑宁寺(属格鲁派)二世土观活佛，著有《讲述一切宗派源流和教义善说晶镜史》(通称《土观宗派源流》)传世。书中叙述了藏传佛教各流派及印度、内地等地的宗教历史。乾隆二十七年(1762)应诏入京，乾隆帝敕封他为静修禅师。他为加强格鲁派在甘肃、青海一带的地位发挥了重要作用。

《土观宗派源流》(《ཐུའུ་བཀྭན་གྲུབ་མཐའ།》)

藏传佛教史籍。全名《讲述一切宗派源流的教义善说晶镜史》。土观·罗桑确吉尼玛著，成书于1801年，次年刻版印刷。主要论述西藏佛教(重点是格鲁派)和苯教，兼及印度佛教，内地儒、释、道三教，蒙古等地的佛教，是西藏第一部全面叙述宗教历史的书。有德格藏文版和拉萨藏文版（均为木刻）传世。1985 年刘立千汉译本出版。

土木寺（ཐུ་མུ་དགོན།）

位于四川省新龙县大益乡境内，是新龙县最著名的寺院。相传由拖仁喇嘛建于明末清初，占地 3 万余平方米，建筑均为木石结构，两大殿堂内除供有各种佛像外，还安放有十二世达赖喇嘛的恩师绒仁喇嘛的遗体。经堂四壁彩绘，双龙把柱，可容纳 500 余名僧众。寺外林木茂密，风景幽雅，寺院至今仍保存完好。

土葬（དུར་སྦས།）

丧葬习俗。藏族群众对因麻风、天花等传染病死去的人，或如盗窃犯、杀人放火犯、被外力致死尸身不全的死者，采取挖坑埋掉的土葬形式。在四川、云南、甘肃部分藏族聚居区，也把土葬用于普通群众。人死后，先请喇嘛超度，随后挖坑埋掉，不用棺木、不修坟包，仅在埋尸处插一玛尼旗，放一刻有经咒的石板即可。

据考古发现，藏族土葬历史非常悠久，早在 3000 多年前，藏族就有了建立墓葬的习俗。直到后来，天葬、塔葬等丧葬形式广泛应用，这一习俗才逐渐减少，土葬有不用木棺的，也有用木棺、石棺的。

吐蕃九大名医（བཙན་པོའི་དུས་ཀྱི་སྨན་པ་གྲགས་ཅན་དགུ）

赤松德赞时期，出现的九大著名医学家，分别是：宇妥・宁玛云丹贡布、碧琪烈贡、吾巴曲桑、齐齐谢布、米娘绒吉、昌迪格桑、涅巴曲桑、东巴扎杰和塔西达布。

吐蕃考古（བཙན་པོའི་དུས་ཀྱི་གནའ་རྫས་རྟོག་ཞིབ།）

近年来，西藏境内吐蕃时期遗址和墓葬的大量发现是西藏考古工作的重大成果。其中包括遗址二处、墓地近四十余处，近三千座墓葬，分布在西藏中部和东部广大地区。墓葬可分为四种类型：第一种是相皮类型，这种类型仅发现相皮墓地一处；第二种是杜布类型，这一类型有林芝五个地点的墓地和红光三队墓地及杜布石棺葬墓地；第三种是曲贡类型，这一类型包括已发现的遗址二处和墓地二处；第四种是普努沟类型，这一类型主要分布在西藏南部、中部的山南地区和拉萨地区。

吐蕃六十一东岱（བཙན་པོའི་དུས་ཀྱི་སྟོང་སྡེ་རེ་གཅིག）

“东岱”就是千户。吐蕃的伍如、约如、叶如、如拉、象雄如各有 10 个千户，孙波如有 11 个千户，合称吐蕃六十一东岱。

吐蕃七贤(མཛངས་མི་བདུན།)

吐蕃时期先后出现的七个才智出众的人物,也称贤者。他们分别是:(1)如来杰(2)拉布郭噶(3)俄朗赞芒(4)吞弥桑布扎(5)涅赤桑羊顿(6)郭赤桑雅拉(7)达赞冬司。第一个贤者教会人们把夏天的草割下来储存,到冬天让牲畜吃,使牲畜不致于缺乏饲草而大量死亡;还教人开垦土地。第二个贤者首创以二牛一日所耕的地为耕地面积单位,以"推"为计算牲畜头数的单位,使人们使用度量方法;还教人把高处的流水引到地里,在低处种植水田。第三个贤者教人烧薪取炭,作为冶炼金属的燃料,开始冶炼银、铜、铁,并发明在河流上架设桥梁;发明用木犁耕地。第四个贤者去天竺学习梵文,并结合西藏实际,创造了有三十个声母、四个韵母的藏文。第五个贤者统一了度量衡单位,并开创用货币交换,促进商业发展。第六个贤者主张把住房从山上搬到平地,并在房屋周围开垦荒地;主张把山上溪流引到平地进行灌溉,奠定了藏族村落的形式。第七个贤者主张分清敌我,对敌侦察清楚,狠狠打击;对内部人民的过错,主张以劝说和罚金,不宜过于残酷的惩罚。

吐蕃四如(བཙན་པོའི་དུས་ཀྱི་རུ་བཞི།)

吐蕃政权行政区划名称,又称吐蕃本部四如,即伍如、叶如、约如、如拉四个如,其范围约相当于现在的山南、日喀则和拉萨市。

吐蕃政权(བཙན་པོའི་རྒྱལ་རབས།)

西藏历史上第一个统一的政权,统治西藏地区长达二百余年之久。其鼎盛时期,北据吐谷浑,征西域龟兹、疏勒、于阗、焉耆四镇,东连南诏,威震勃律、大食诸国,是中国西部自汉魏以来最强大的军事力量。

公元7世纪初,松赞干布实现了西藏高原的统一事业,建立起了吐蕃政权。为了巩固新生的政权,松赞干布采取了一系列重大的措施:划分行政区域,健全职官制度;加强议事会盟制度,强化赞普权利;减轻赋税,与民生息,发展生产,繁荣经济;创制藏文,发展文化等,从而促进了政治、经济、文化的全面发展,使吐蕃政权进入了一个繁荣发展的时代。

松赞干布在位期间,唐朝的政治、经济、文化的发展正处于巅峰时期。他锐意与唐朝修好,先后两次派人到唐朝请婚,终于迎娶了唐太宗李世民的宗室女文成公主。这次联姻,奠定了吐蕃和唐朝二百余年频繁往来的"甥舅亲谊"。

唐长安四年(704),赤德祖赞即位,听政的祖母没禄氏又多次派人到长安请婚。唐隆元年(710),金城公主入藏与赤德祖赞成婚,这次联姻进一步加强了唐朝与吐蕃在政治上的亲密关系。

自8世纪中叶起,吐蕃政权内部的各种矛盾日益激烈,终于由极盛走向衰落。为了巩固政权的统治,急欲与唐朝建立新的友好关系,便于821年派人到长安请求会盟。唐朝同意了吐蕃会盟的请求。双方于唐长庆元年(821)和长庆三年(823)分别在长安西郊和逻些(即拉萨)东郊举行了会盟仪式,史称“长庆会盟”。会盟之后,“甥舅”团结友好的关系得到了进一步的发展。

公元9世纪中叶,吐蕃政权统治集团内部的矛盾激化。唐开成三年(838),赞普赤热巴巾被杀,达玛乌东赞继位。唐会昌二年(842),达玛又被杀。围绕着赞普继位问题,分成两派,互相征战不息。这时,奴隶和平民纷纷起义,边疆将领亦因派系不同而展开混战。吐蕃政权最终四分五裂,逐渐形成许多互不统属的割据势力。

托林寺(མཐོ་ལྡིང་དགོན།)

西藏古老的佛教寺庙之一。在阿里地区札达县,11世纪初由益西沃和大译师仁钦桑波所建。古格政权灭亡后该寺归属格鲁派。建筑分殿堂、僧居、塔林三大部分,为土木结构或土石结构,现均已残破。高僧阿底峡曾在该寺住过6年,写成《菩提道灯论》等佛学著作。殿堂设计精巧,塔林规模庞大,间或有该寺历辈高僧的墓塔,在西藏均为少见。

脱帽弯腰吐舌(གུས་སྦྲོལ།)

藏族见面礼仪。旧西藏,普通人见地位相当高的活佛、贵族、上师,要退到路边,弯腰、脱帽、低头、吐舌。见了地位较低的贵族,只需低头弯腰。普通人相见,以点头吐舌表示敬意。

脱思麻宣慰司(མདོ་སྨད་འོན་ཤེ་སི།)

元朝在藏区设置的三个宣慰使司都元帅府之一,属元朝中央政府的宣政院管辖。辖区包括今青海省湟水以南的藏族地区(玉树藏族自治州除外),甘肃省甘南藏族自治州及临夏回族自治州的大部,四川省阿坝藏族羌族自治州以及甘孜藏族自治州东北部。设宣慰使5名,经历2名,都事2名,照磨两名,捕盗官2名,儒学教授1名,镇府2名。其职责是:传达中央政府命令,奏报当地情况,管理元朝在当地的驻军、驿站,征集赋税差役,随西北诸王出征镇压反叛。

脱索(ཐོག་གསོལ།)

西藏新年习俗。新年初三或初五早晨,全家人一起来到房顶上,将事先准备好的“经幡”插在房顶四角,换下去年的旧“经幡”,同时在房顶“煨桑”,向天空撒糌粑,以示祭天祈祷吉祥。这一习俗称为“脱索”。

妥许拉(མཐུར་བཞུས་གླ།)

藏语音译,意为“退笼头费”。这是藏族马、骡交换过程中的商业行话。卖马不卖笼头是藏族的传统习俗,藏族认为,家畜戴的笼头可以使牲畜健康成长,所以,马、骡卖掉之后,要退下笼头,买主则将新笼头换上,并额外给卖主支付一份退笼头费。

W

挽髻(སྐྲ་ཚོག་རྒྱག་པ།)

西藏贵族男子的成年礼。贵族家的男孩长到十三、四岁,其父母要择定良辰吉日,遍请亲朋好友,为其举行挽髻仪式。也就是将头发梳在头上挽成一个发髻,表示男孩进入了成年人行列,从此以后他就可以像成年人一样穿官服,参加成年人的社交活动。

万户长(ཁྲི་དཔོན།)

(1)吐蕃政权时的一种官名。负责掌管万户府,相当于吐蕃本部四如的如本。(2)元朝时西藏的一种官名。负责掌管万户府,由帝师推荐,皇帝任命,也可以直接到朝廷请求任命。两者都必须得到皇帝颁给的印章、诏书、牌符才算合法。

汪古洛桑(དབང་བསྐུར་བློ་བཟང་།)

旧西藏拉萨地位最低的贱民。在为政府服劳役时,他们只能给监狱囚犯倒尿壶,以及看守支撑旗杆的木架子。他们如果表现得好,也可依次晋升为“边顿巴”、“热结巴”。

王臣二十五人(རྒྱལ་བློན་ཉེར་ལྔ།)

王指“赤松德赞”,臣即他的臣属,共25人,都是跟随莲花生修习密宗而得道的成就者。后人尊之为“王臣二十五人”。

望果节(འོང་སྐོར།)

西藏农区的传统节日。“望果”是译音,意为“转地头”。望果节主要流行于农区,没有固定的日子,一般在庄稼黄熟之际举行。据史料记载,“望果节”已有一千五、六百年的历史,最早流行于雅砻地区。公元5世纪末的布德贡杰时期,雅砻地区的农业已相当发达。为确保农业丰收,布德贡杰根据苯教教义,规定庄稼黄熟之时,农人要绕田转圈祈祷,以求神灵保护,这就是“望果”。后来随着佛教的传入,望果节便融入了越来越多的藏传佛教的宗教色彩,并逐渐增加了赛马、射箭、演藏戏等娱乐活动。传统的望果节,第一天是娱神。全村村民穿上节日盛装,带着丰盛的食品,来到节日场地,村里的长者,请来男女神谕者,向他们敬献哈达和青稞酒,请他们降神作法,预言吉凶,希望他们禳灾患避祸,带来福气和丰收。第二天是男女列队“转田”。队伍最前面是神汉,紧接着是喇嘛、乐队、举着唐卡佛像的骑马男子,最后才是全村百姓。队伍一边绕庄稼地缓缓行进,一边齐唱古老的祈神歌曲,最后每个转田的人,都从自己的地里拔三支青稞,回家供在佛龛或谷仓上。转地以后，村民们回到节日场地，跑马射箭、载歌载舞，饮酒狂欢。望果节后就是繁忙的秋收。

卫藏（དབུས་གཙང་།）

前藏和后藏的统称。卫（དབུས），藏语音译，元时曾译作“乌思”，指以拉萨为中心的西藏中部地区，就是前藏。藏（གཙང་།），藏语音译，指以日喀则为中心的地区，就是后藏。《卫藏通志·山川》称：“今以布达拉为前藏，扎什伦布为后藏，统名曰卫藏。”可见，“卫藏”是清初对西藏的称呼，“乌思藏”是元、明时对西藏的称呼。

卫藏方言（དབུས་གཙང་སྐད།）

藏语三大方言之一。主要分布在西藏自治区境内。在声母方面，有由清塞音和清塞擦音加同部位鼻音构成的复辅音声母外，没有其他复辅音声母；没有浊塞音、浊塞擦音和浊擦音声母；没有送气清擦音声母；基本上没有清化鼻音声母；有舌面中塞音 **c**、**ch**。在韵母方面，有长之音和大量鼻化之音，有圆唇之音 **y** 和ɸ，有复合之音，辅单韵尾较多。有声调。词汇中，敬语比较丰富，有的还分一般敬语、较高敬语和最高敬语。语法方面，用不同的声调表示动词本身的自动和使动；在形容词之后加不同的附加成分表示形容词的普通、较高和最高三个级别；表示疑问主要是在动词后加疑问语气词。

未来佛（མ་འོངས་སངས་རྒྱས་བྱམས་པ།）

即指弥勒佛。佛教认为，当释迦牟尼涅槃若干年后，其事业由弥勒佛（未来佛）所继承。故而这尊佛像呈正襟高坐、拟随时起身状。

温却丁寺（འོན་ཆོས་སྡིངས་ལྷ་ཁང་།）

藏传佛教噶当派寺庙，后改归格鲁派。在温河西（现西藏乃东县境内），约建于 12 世纪。该寺活佛在清代曾被封为结赛呼毕勒罕，第六辈活佛又受封诺门罕称号，政治地位很高。

《文成公主》（《རྒྱ་བཟའ་ཀོང་ཇོ།》）

八大传统藏戏剧目之一。该剧是根据历史资料，并综合民间历史传说，加以艺术想象创造出来的优秀剧目，主要表现文成公主、松赞干布等历史名人，在促进汉藏友谊、维护民族团结中的贡献。其中也有“五难使者”的内容，表现了藏族人民的聪明才干，情节生动，寄托了人民的愿望和想象；对高原风光的赞颂，反映出藏族群众对家乡的热爱和自豪。《文成公主》长演不衰，充分表明藏族人民对文成公主的崇敬爱戴，更表现出他们珍视藏汉团结的美好感情和愿望。这个剧目，是根据历史传说题材进行创作的藏戏代表作。

乌朵(ཨུར་རྡོ།)

藏语音译,意为"抛石器"。藏族牧羊人都有一种特殊的牧羊鞭,叫"乌朵",用牦牛毛编织而成,一头有环扣套在中指上,一头有细响梢,正中间有一个放石块的皮窝。当羊群走动时,便在鞭上放石头,在头顶轮转几圈,得用足力气后放开鞭的一头,石头即可抛出,十分准确。羊群听到响声和石头的惊吓会立即回转。后演变为武器和比赛器具。

乌思藏十三万户(དབུས་གཙང་ཁྲི་སྐོར་བཅུ་གསུམ།)

元朝在西藏设立各个万户府的总称。各书所记的十三万户,名称略有不同。通常所说的十三万户是:(1)拉堆洛、(2)拉堆降、(3)曲弥、(4)夏鲁、(5)香、(6)羊卓、(7)蔡巴、(8)嘉玛、(9)止贡、(10)雅桑、(11)帕竹、(12)嘉域、(13)达垄。

乌思藏宣慰司(དབུས་གཙང་འོན་ལེ་སི།)

元朝在西藏设立的三个宣慰使司都元帅府之一,属元朝中央政府的宣政院管辖,辖区大致相当于今西藏自治区全境。设宣慰使 5 名,同知 2 名,副使 1 名,经历都事各 2 名,捕盗官 3 名,镇府 2 名。其职责是:统率元朝在西藏的驻军,管理驿站和驿路稽查,传达元朝中央政府的命令,镇压反叛,捉拿盗贼,接送往来官员、高僧。

《无谓武器》(《མི་འཇིགས་མཚོན་ཆ།》)

藏医著作之一。由印医巴惹达杂、汉医韩文海、大食或昌木的医生噶来诺等人合作编写的一部藏医著作,共有七卷。它是藏医与中医、印医、大食医药学相结合,又适用于藏族地区的一部医学专著,是藏族医生必修的典籍,此书对藏医的提高和发展产生过很大的促进作用。

五百户长(ལྔ་བརྒྱ་དཔོན།)

吐蕃政权时期设置的一种官职,负责管辖五百户属民。周延载元年(693)设置,唐景龙元年(707)改五百户长为千户长。

《五部遗教》《བཀའ་ཐང་སྡེ་ལྔ།》

"伏藏"之一。假托莲花生大师所著,真正作者可能是宁玛派僧人。全书分为五部,即《鬼神篇》、《国王篇》、《后妃篇》、《佛教大师、译师篇》、《大臣篇》,也有译作《鬼神箴》、《国王箴》、《后妃箴》、《佛教箴》、《大臣箴》。其中《后妃篇》讲述的是赤松德赞的妃子与毗卢遮那之间的爱情纠葛,除部分散文叙述外,多是七音节和九音节诗歌,语言朴素,感情真挚,文学性强。其它几篇主要内容包括吐蕃以前的情况、吐蕃历代赞普事迹、吐蕃军政建制及法律等,既反映了当时的社会政治状况，也有部分内容具有文学价值。

五大藏（མཛོད་ཆེན་ལྔ།）

由西藏学者贡珠云丹嘉措（ཀོང་སྤྲུལ་ཡོན་ཏན་རྒྱ་མཚོ།）（1813～1899）编撰的《宝库藏》、《教诫藏和经传密咒藏》、《所知藏》、《不共秘密藏》，以及发掘的《秘籍藏》等五部著作的统称。

五明（རིག་གནས་ཆེ་ཆུང་ལྔ།）

佛教用语，意为“五大学问或知识”，是古代印度佛教传授僧徒的五大类学问，包括：①声明，即语言学；②工巧明，即工艺、技术、历算等；③医方明，即医学；④内明，即佛学；⑤因明，即逻辑学。过去西藏称全部学问为五明，又将其分为“大五明”和“小五明”（རིག་གནས་ཆེ་བ་ལྔ་དང་ཆུང་བ་ལྔ།）。“大五明”与印度佛教讲的五明基本相同，只是在工巧明中没有历算。“小五明”包括：历算学、诗学、词藻学、韵律学、戏剧学。

五世班禅罗桑益西（པཎ་ཆེན་སྐུ་ཕྲེང་ལྔ་པ་བློ་བཟང་ཡེ་ཤེས།）（1663～1737）

生于后藏托布加溪卡的除仓村，父名索朗旺扎，母名才旦普赤。康熙六年（1667）被认定是四世班禅转世灵童，迎至扎什伦布寺坐床，后拜五世达赖为师。五世达赖给他取法名“罗桑益西贝桑布”。这是班禅与达赖第三次建立师徒关系。五世达赖圆寂后，五世班禅主持六世达赖寻认、授戒诸事，为六世达赖仓央嘉措之师。康熙四十五年（1706），仓央嘉措被解送北京，拉藏汗另立益西嘉措为六世达赖，遭到僧俗各界反对。为了稳定人心，康熙五十二年（1713）清朝政府正式册封罗桑益西为“班禅额尔德尼”名号，赏金册金印。从此，“班禅额尔德尼”这一封号，由中央正式固定下来。康熙五十九年（1720）在布达拉宫为七世达赖剃度。雍正六年（1728），清朝政府下令，将扎什伦布寺以西至阿里，全部赏赐给班禅管辖（但五世班禅只接受了拉孜、昂仁、彭措林三宗和一些谿卡）。75岁时在扎什伦布寺圆寂。

五世达赖喇嘛阿旺罗桑嘉措（ཏཱ་ལའི་བླ་མ་སྐུ་ཕྲེང་ལྔ་པ་ངག་དབང་བློ་བཟང་རྒྱ་མཚོ།）（1617～1682）

生于西藏山南琼结地方一贵族家中。四世班禅罗桑曲吉坚赞认定他为四世达赖喇嘛的转世“灵童”，明天启二年（1622）将他迎至哲蚌寺坐床，并传授他戒律、经典。崇祯十年（1637）担任哲蚌寺和色拉寺赤巴。他凭借蒙古和硕特部首领固始汗的实力，推翻了西藏地方噶玛噶举派藏巴汗政权，创立了甘丹颇章地方政权。尔后，没收了藏巴汗的财产，将其分配给格鲁派寺院、立功的贵族及政府，形成了西藏三大领主的雏形。顺治九年（1652）他带领三千多人进京朝觐，次年清政府册封他为“西天大善自在佛所领天下释教普通瓦赤喇怛喇达赖喇嘛”，赐金册、金印。达赖喇嘛在西藏宗教上的地位从此由中央政府正式承认而确立。五世达赖因此而权力颇大，先后在前后藏修建格鲁派寺庙62处，规定了寺院僧人数，寺院内部的组织机构，主属寺关系，执事喇嘛的任免升迁，喇嘛的学经考试制度以及戒律、仪规等，均为后世所沿用。康熙十八年（1679）下令改扩建布达拉宫。以后的达赖喇嘛迁出哲蚌寺而住在了布达拉宫。晚年专心著述，著有《西藏王臣记》、《菩提道次第论》、《引子大悲次第论》等著作30余卷。66岁时在布达拉宫圆寂。

伍如（དབུ་རུ།）

吐蕃政权行政区划名称。东至沃嘎秀巴本顿，南至玛拉山脉，西至休尼木，北至色朗玛古尔普，大致相当于今拉萨市辖境。

侮辱忏悔律（བརྙས་བཅོས་བཟོད་གསོལ་གྱི་ཁྲིམས།）

藏族古代法律之一。本法规定，公开侮辱他人，如在公共场合将人按倒在地并使其面部触地、打人嘴巴等，当事人要向受害者敬酒或下跪，赔礼道歉，表示忏悔。

X

西藏雕刻(བོད་ཀྱི་བཟོ་བཀོས་ལག་རྩལ།)

是对西藏的石雕、木雕、铜雕、泥陶塑和酥油花等几类艺术的总称。西藏的雕塑艺术历史悠久,分布广泛,又因时空、教派、材料各异而多姿多彩,如:摩崖石刻、经书封板木雕、铜制浮雕、擦擦和兽骨雕等。西藏的雕塑在表现内容上,从佛像到“六字真言”,多为宗教题材,作品多出自于民间艺人、寺院艺僧及外籍匠人之手,主要采用雕、刻、塑以及堆、敲击等技法。西藏的雕塑艺术是藏族历代社会生活史的直观反映,是宗教活动的重要组成部分,是历史和时代精神历程的形象记录,在中华民族浩瀚的艺海中,它像一颗明珠放射着璀璨的光辉。

西藏史壁画(བོད་ཀྱི་ལོ་རྒྱུས་ལྡེབས་བྲིས།)

西藏第一座藏传佛教寺院——桑耶寺的“乌孜”殿内围墙中层廊道壁上绘制的一幅史画,为内容最全面的一系列历史题材壁画。它反映了远古传说中的罗刹女与神猴成婚后繁衍雪域最早的人类、雅砻部落的兴起、从天上迎来第一位吐蕃赞普、佛教的传入、松赞干布统一西藏、琼结(现山南地区琼结县)的藏王墓示意图、迎娶尼泊尔赤尊公主和唐朝文成公主、建大昭寺、唐朝金城公主入藏及太子宴前认舅、桑耶寺兴建、莲花生入藏、佛教弘扬于西藏、赞普达玛乌东赞灭佛经过、阿底峡大师入藏、佛教“后弘期”的开始、萨迦政权、噶玛第司政权、帕竹政权的兴衰、宗喀巴创立格鲁派、一至九世达赖的业绩等。全幅画长92米,这在中外壁画史上皆属罕见,被誉为西藏的“史记”。

西藏兽骨雕(བོད་ཀྱི་རུས་བཀོས།)

西藏骨雕艺术,是将符咒镌刻在牛(包括野牦牛、羊、马)的头面上,尤以草原牧区为甚,以祈愿来年牛羊肥壮、牧业丰收。

《西藏王臣记》(《དེབ་ཐེར་དཔྱིད་ཀྱི་རྒྱལ་མོའི་གླུ་དབྱངས།》)

西藏著名史书之一。该书系统地介绍了从松赞干布时期到固始汗进藏、建立格鲁派噶丹颇章政权等一千年的历史,着重记叙了所处时代的政治变迁。作者是第五世达赖喇嘛阿旺罗桑嘉措(1617~1682)。《西藏王臣记》是一部重要的历史著作,也是一部杰出的文学作品,该书以详于今而略于古、详于政而略于教的特点,给人以面目一新的感觉,倍受史学和文学研究者推崇。全书通篇采用偈颂与散文相间文体，行文严谨，风格独特。在人物描写上，形象鲜明，性格突出；在故事叙述上，情节生动，可读性较强。

《西藏王统记》(《རྒྱལ་རབས་གསལ་བའི་མེ་ལོང་།》)

西藏著名史书之一，又名《王统世系明鉴》，一般认为作者是八思巴的侄孙索南坚赞。索南坚赞通达五明，显密双解，著述甚丰，为第七世萨迦法王。《西藏王统记》包含丰富的政治、经济、文化内容，是研究西藏历史和文化的重要资料。该书文学性较强，记述了不少藏族神话、传说，有关于吐蕃赞普的传说，如《聂赤赞普的降生》，有关于汉藏友好的传说，如《迎请文成公主》，有关于藏文创造的传说，如讲述吞米桑布扎造字的传说等。因其内容丰富、史料详实，国内外藏学研究者对本书都很重视。

西藏远古社会(བོད་ཀྱི་གནའ་བོའི་སྤྱི་ཚོགས།)

根据文献记载、民间传说以及考古发掘，早在两万年前至四千年前，西藏就已有人类在生活。这些人群经过一段漫长的“猕猴变人”的过程之后，进入了以树叶当衣、野果为食的群居采集生活，他们所使用的工具也非常原始。后来，他们又开始了狩猎生活。人口的增加，使他们的生活从采集、狩猎向农耕过渡。在农耕阶段，人们学会了种植五谷。当狩猎方法有所改进时，人们将吃不完的猎物圈养起来，畜牧业便随之出现并逐步得到发展。为了适应生产的发展和抵御外来的侵袭，人们又先后制造了弓箭、投石器、甲、盾等武器和工具。

西藏最早的塑像(བོད་ཀྱི་འཇིམ་སྐུ་སྔ་ཤོས།)

拉萨布达拉宫中法王殿里的松赞干布、文成公主、赤尊公主和噶尔·东赞宇松等人的塑像。其中松赞干布盘腿而坐，头上裹缠头巾，头里露出阿弥陀佛头像，双目前视，炯炯有神。文成公主盘腿坐于松赞干布之右，双手拢袖，头戴披肩帽，双目平视，端庄大方。

希解派(ཞི་བྱེད་པ།)

藏传佛教派别之一。希解的汉语意思是“能寂”，也就是止息。该派是11世纪时由印度僧人帕·当巴桑杰传入西藏的，在西藏有三个传承。由拉穷维色承传的为初传，由玛却吉喜饶、色穷根敦拔和冈益西坚赞承传的为中传，由菩萨衮噶、巴擦贡巴和杰娃登内承传的为后传。初传有“希解火炬类”、“阎曼德迦”等成就法，中、后二传之下又各有支系。该派以《般若经》为要义，注重避世苦修，希图解除人生一切苦恼。在社会上影响不大，寺庙很少，没有形成统一的组织。15世纪初逐渐消失。

悉南纰波(སྣམ་ཕྱི་པ།)

吐蕃时期官职之一,是赞普的近侍官。多由亲信大臣的子弟担任。

锡德林 (ཞི་བདེ་གླིང་།)

热振活佛的官邸,在拉萨大昭寺西北锡德林寺内。热振活佛的祖寺是热振寺,在拉萨市林周县境内。第二世热振活佛益西丹巴饶结扩建热振寺后,清朝皇帝赐名凝喜寺。热振活佛转世系统中有两位出任过摄政。第一位是三世热振·阿旺益西楚臣坚赞,任职17年,时在道光二十五年至同治元年(1845~1862);第二位是五世热振土丹绛白·益西丹白坚赞,任职7年,时在1934~1941期间。

谿堆(གཞིས་སྡོད།)

旧西藏各封建庄园的实际管理人。政府庄园由政府派低级官员管理,贵族庄园由贵族派亲属或亲信管理,寺院庄园由寺院派僧职人员管理,出租的庄园由承租者经营。所以,有的谿堆又称谿本,有的称涅巴,是代理人。其职责是:组织管理庄园的生产,监督农奴劳动,收支账目和债务,征收并上缴实物或现金。

洗氆氇歌(འཚག་འཚག་གི་གཞས།)

流传于西藏农村的一种传统劳动歌曲。氆氇是藏民族所特有一种羊毛织品衣料。这种歌曲则是在氆氇产生后便有了。它的内容有一定的故事情节,而且还有祭祀内容,每首歌曲的前面都用"六字真言"做为唱词的开头。它的旋律是由简单的"阿拉哈拉"发展成今天的各种较完整的曲调。在一家人洗氆氇时,亲戚朋友会手捧青稞酒来表示祝福。

戏剧学(ཟློས་གར་རིག་པ།)

小五明之一,是研究歌舞、器乐演奏和表演技巧的一门综合学科。此学科的理论代表作品首推印度的文艺理论著作《舞论》。西藏的歌舞、器乐研究受外来文艺理论的影响,也得到了长足的发展。如歌曲七音品、舞蹈九姿态、声乐十八分支等,都是这方面的理论研究。萨班贡噶坚赞在他所著的《智者入门》中将戏剧的九个品种做了详尽的介绍和阐述,他还写出了藏族最早的一部音乐专著《乐论》。藏文古典戏剧文学作品有《龙喜记》、《世喜记》等。

细康列空(ཞིབ་ཁང་ལས་ཁུངས།)

藏语音译,意为"公款稽查局",噶厦下属机构之一,设在大昭寺内。设堪钦(三品僧官)1名,堪穷(四品僧官)1名,孜本(四品俗官)1名,译仓秘书长(四品僧官)1名,会计员僧俗各1名。其职责是:审核地方政府、各地总管、各宗谿已经有财务收支的建设部门向噶厦呈报的收支账目,并将审查结果报告噶厦,也审核各地向噶厦报告的除人命案之外的各类案件的审判情况,并向噶厦提出判决意见。

下加字(འདོགས་ཅན།)

藏文中加在基字下面的字母,表示复辅音声母的后置辅音。可做下加字的有ཡ ར ལ ཝ 四个。

下镇(ཤ་གྱིན།)

防雹习俗。流行于青海东部藏区,每年农历五月十二日举行。下镇活动在村寨附近的山顶举行。届时,全村老小齐集山顶,法师、阴阳先生及神子弟在山顶设立法坛,对村民们事先准备好的马头、狗头、柏树桩、红枣、黑碗等下镇物品,卜卦画符。同时神子弟刺额出血、法师刺臂出血、阴阳先生刺鸡冠出血,将三种血先后滴在下镇物品上,然后将这些物品埋入地下,堆起一个塔形坟包,这种坟包即“镇”。当地群众相信,这些经过特殊处理的物品,可以制止雹灾发生。

吓魔(གདོན་འདེད།)

藏族结婚礼仪。新娘骑马去新郎家的途中,男方迎亲的人会突然大吼一声,接着撒出一把五谷,使新娘吓一跳,人们认为这样可以把新娘带来的魔鬼吓跑,免得带入夫家。

夏拉康(ཞྭ་ལྷ་ཁང་།)

藏传佛教寺庙。在西藏墨竹工卡县东北的芒热河畔。公元8至9世纪时,娘·定埃增桑布兴建。他是吐蕃第三十七代赞普赤德松赞的上师,曾从印度迎请高僧来藏传经,于是修建该寺。在该寺中他和玛仁钦乔等译师翻译了许多密宗典籍。该寺在西藏佛教前弘期是著名的道场。

夏拉康盟文诏敕碑(ཞྭ་ལྷ་ཁང་གི་རྡོ་རིང་།)

是吐蕃赞普赤德松赞为表彰娘·定埃增的功绩而立的两块石碑。两碑立于夏拉康大门两侧(现佛殿已毁),相距6米。右侧的石碑是赤德松赞于公元9世纪初赐给娘·定埃增的盟文诏敕碑,碑高4.93米,下宽上收;正面上宽78厘米,下宽85厘米;侧面上宽38厘米,下宽41厘米,有翘角碑盖;碑座高93厘米,正面宽75厘米,侧面宽118厘米;碑座正面雕有卍符号,左面雕宝瓶。碑身完好,上刻藏文62列,字迹清晰。左侧的石碑立于812年,是右侧盟文诏敕的重申和补充,原刻有藏文49列,现碑身已残为三截。娘·定埃增桑布是赤德松赞幼年时的老师,是娘氏家族中以僧侣身份参与吐蕃政事的重要人物,位居“大论”之上的“曲论”要职。碑文中称赞娘·定埃增桑布“常为社稷献策,忠贞不贰,上下臣工均奉之为楷模”。

夏鲁寺(ཞ་ལུ་དགོན།)

位于西藏日喀则市东南,约20公里处。创建于北宋咸平六年(1003),是一个汉藏合璧、统一的建筑体,这是独一无二的,既有中原的那种高屋脊、双泻水、瓦顶流槽的建筑风格,又有不规则的石砌殿墙的藏族风格。夏鲁寺殿顶建筑风格,如屋架斗拱、屋檐漏斗、屋脊瓷雕,都与内地庙宇一样无二。主殿和偏殿内,古老的壁画内容丰富,画工精美,画面故事生动,渲染强烈,颇有宋、元壁画笔法。画中的人物、服饰和用物、家具,又颇近似内地风格。

夏鲁寺内有四宝,即:拼经板、铜坛、盆形巨石、石板。拼经板是由一块二尺见方的木板,板中有一百零八个字,这块板已有七百余年历史了,据传,此板不能拆开,拆开便再也拼不成块。现在,到夏鲁寺朝佛的人,只要能得到一张由这块拼经板印出的经文,便是最大的幸运了。

“铜坛”内盛有“圣水”,据说,此坛每十二年才能换一次水,有福气的人,若碰上开封“圣水”,便可得到一杯,回去可“洗净”一百零八种污垢。

大殿门口,摆了一块盆形巨石,这是建寺的活佛吉尊西绕琼乃用来洗脸的,据说下雨时,水滴满石盆,再倒也不会流出来,这也是该寺的一宝。在殿前,还有一块石板,板上写有“唵嘛呢叭咪吽”六字真言,据说是建寺时,在地下挖得此石,原是天生,所以成了夏鲁寺的根基。

夏鲁寺规模虽小,也曾有兴旺的历史。在这里形成一个宗教派系,叫做夏鲁派,也叫布顿派,以善讲密经著称一时。每年藏历五月十日举行跳神法会,众多喇嘛执乐器吹敲、诵经,表达除去恶毒之意。此寺曾以出产藏药闻名。

夏木塔(ཤམ་ཐབས།)

藏语音译,意为“僧裙”,藏族僧服。用紫红色布料缝制,其长度和宽度以各自身高确定,即将一长条形紫红布之上下两边用双层布缝制,中间为单层,以一肘之长和宽度为限,把布料剪开,然后将开口以竖道为八,横道为五,共十三道缝合,是出家人经常穿的裙子式的法衣。

鲜花供佛节(མེ་ཏོག་མཆོད་པ།)

西藏拉萨的传统宗教节日,藏语称“梅朵曲巴”。每年藏历四月十五日,成千上万的僧俗百姓都要涌到拉萨东郊的公堂寺,朝佛、转经。僧人们则戴上各式各样的面具,跳起娱神的宗教舞蹈,祝赤尊赞和公堂拉姆这对男女神在一年一度的重逢中幸福、快乐。赤尊赞是距公堂寺五里之遥的策觉林寺的护法神。相传他与公堂拉姆女神相爱,当地群众为了让男神女神相会,每年藏历四月十五都要把赤尊赞神像送到公堂寺,与女神欢聚一天,节日也就由此而生。

《贤者喜宴》(《ཆོས་འབྱུང་མཁས་པའི་དགའ་སྟོན།》)

因本书刻版于西藏山南洛扎代哇宗拉隆寺,所以又称作《洛扎佛教史》,作者是著名学者、噶玛噶举派的活佛巴沃·祖拉陈哇,约成书于明嘉靖四十四年(1565)。全书共分五篇十七章,内容广博、史料丰富,各章均可独立成篇。其中《吐蕃王统史》一章,名曰史,实为神话、历史传说、故事之集成,文学性极强。正文为偈颂体,另有散文作解释,形成韵散结合的形式。书中所收集的神话、历史传说、故事,情节优美、语言朴素生动,是文学作品中的佳作。

线卜(སོ་ཏྲ་ཞིག)

用彩线交叉摆布成"灵格",然后在每个灵格中投放树枝、草棍、青稞、石子等物。巫师一边念诵咒语,一边敲鼓震动树枝等物,又用手将其适当再次分布,根据其重新构成的图式判断吉凶福祸。另有一种线卜法,是在占卜线上打360个结,然后一边诵念咒经一边解结系结,诵经完毕,视所剩结的奇偶数及相互之间的搭配以决福祸。一般以七为大吉,奇数为吉,偶数为凶。现在藏族民间仍有以七、十三为吉的习俗。

献哈达(མཇལ་དར་འབུལ་བ།)

藏族一种最普遍的礼俗。藏族凡是拜会尊长、朋友见面、朝见佛像圣物、婚丧节庆、送别亲人,均需敬献哈达,以表诚意。哈达分"囊左"哈达、"阿喜"哈达、"素喜"哈达等不同档次。献哈达时往往依据对方的不同身份选择不同档次的哈达。

香巴噶举派(ཤངས་པ་བཀའ་བརྒྱུད།)

藏传佛教噶举派两大传承之一。创始人琼波南交。他曾到印度学习密法,后在后藏香(南木林县)地方建立香寺,故名香巴噶举。其弟子建立甲寺和桑顶寺分出两个支系。相传15世纪以创立藏戏和建铁索桥著称的汤东杰布也属于该派僧人。宗喀巴师徒曾向该派学法。此后这一派逐渐衰绝。

香布(ཤམ་བུ།)

"垂帷"。藏族家家户户的大门和窗户上部都挂有"香布"。香布有几种,一种是用白氆氇做成许多绉褶,上部有"十"字花样;一种是用红色和紫色丝绸做成,主要挂在室内房梁上。西藏过年过节时,每家每户都要换新彩帷,以示辞旧迎新,增添节日的喜庆气氛。

香寺(ཞོང་ཤོང་དགོན།)

藏传佛教噶举派香巴噶举支派的祖寺。在后藏香(西藏南木林县)地区。琼波南交修建。以该寺为中心形成香巴噶举派，为噶举派两大支系之一。该寺曾有众多僧人，影响很大，14、15 世纪后逐渐衰微。

向蔡巴（ཞང་ཚལ་པ་འགྲོ་བའི་མགོན་པོ།）（1123～1194）

藏传佛教蔡巴噶举派创始人。本名达玛扎巴。师从达波拉杰的侄子贡巴楚臣宁波，26 岁时受具足戒，法名尊追扎巴，得到蔡公堂地方噶尔家族的支持，南宋淳熙二年（1175）建蔡寺，淳熙十四年（1187）在附近建公堂寺，收徒传法，创立蔡巴噶举。该派后人，称颂其为藏地“三宝”之一（另二人为帕木竹巴和宗喀巴）。

象雄（ཞང་ཞུང་།）

吐蕃时期位于现在阿里地方的奴隶制邦国，古汉语称“羊同”。后被松赞干布降服，成为吐蕃政权的属地。

象雄文（ཞང་ཞུང་ཡི་གེ）

西藏最古老的一种文字。这种文字的产生可能与苯教有密切关系。据说，最初的苯教经典都使用象雄文书写，后来才翻译成藏文。目前，有些苯教寺院还存有象雄文和藏文对照的苯教经文及两种文字的词汇对照。其产生年代现已无从稽考，但苯教文献中记载“东巴·辛绕米沃钦”既是苯教的创始人，又是文字的创造者，可以推断在辛绕时期象雄文已经得到使用。有学者认为象雄文应该是藏文的前身。根据《真巴南喀大师遗教》记载：藏文是由象雄地区传承到藏区，从此藏区就有了准确表音的科学的拼音文字，即“达斯语”演变为“帮钦体”，“帮钦体”演变为“象雄旧文体”，“象雄旧文体”演变为“玛钦与玛琼体”，“玛钦体”演变为今天的“藏文楷书体”，“玛琼体”演变为“藏文草书体”等等。

肖像画（འདྲ་པར་བྲིས་མ།）

这类壁画有松赞干布、赤松德赞、赤热巴坚等藏王像；有文成公主、金城公主、赤尊公主等后妃像；有达赖、班禅等高僧活佛像等。

小恩达遗址（དངུལ་མདའ་ཆུང་བའི་གནའ་ཤུལ།）

位于西藏昌都镇西约 4 公里处的昂曲河北岸，距今 4000 至 5000 年，1986 年试掘。该遗址面积约 10000 平方米，附近就是小恩达林，故而得名。在此遗址中发现大型打制石器 52 件，还有红绕土块、细石器、磨制石器、骨器、陶片，以及木炭渣等及标本石核 3 件，石片 25 件，其中部分石片有使用痕迹。有刀、锛、骨锥共 20 件；陶片均为夹砂陶，分为灰、红两种，均为手工制作。纹饰有刻划纹、压印纹、附加堆纹和锥刺纹等多种纹。

小昭寺(ར་མོ་ཆེ།)

位于拉萨城北,距大昭寺约一公里。唐代文成公主入藏后兴建,与大昭寺同时。仿唐建筑风格,屡遭毁坏,又几经修复。正殿建筑面积2000余平方米,殿高三层,底层为经堂和佛殿。佛殿四周环绕着转经道,大殿外环以转经廊。寺内供奉的释迦牟尼像,据说与释迦牟尼12岁时的身量相等,系文成公主入藏时带来。唐永徽三年(652),释迦牟尼像移至大昭寺,藏于暗室。唐太极元年(712)金城公主入藏后,将这尊佛像迎至主殿供养,把尼泊尔赤尊公主带进藏的另一尊释迦牟尼8岁等身像移至小昭寺内供养。该寺为格鲁派上密院所在地。

协敖(ཞལ་ངོ།)

藏语音译。藏传佛教寺院中的僧人职称,又称"措钦协敖"(ཚོགས་ཆེན་ཞལ་ངོ།),负责全寺纪律司法,由二人担任,权力相等。但其中一位应当受过"比丘"戒;另一位则不应当受过此戒,因为他会遇到判决罪犯的情况,而这是比丘戒所不允许的。哲蚌寺协敖权力很大,在拉萨每年的传召法会期间,接管拉萨市的司法权达一个多月,俗称"大铁棒喇嘛"。该职务任期一年。

协巴(བཤད་པ།)

藏语音译,是对以反抗统治阶级压迫和揭露旧社会黑暗制度为主体的叙事诗的总称,主要流传于甘肃、青海一带藏族地区。所收集到的"协巴"主要有《流奶记》、《大老爷》和《玛尼论集当废纸》等。《大老爷》以青海同仁地区的一个藏族青年陪害病的哥哥去求医,路遇马步芳匪军为线索,控诉了反动军阀对少数民族地区的残酷统治;《玛尼论集当废纸》则叙述了一个名叫洛桑的商人,常与至交囊仓活佛去外地经商,后来活佛贪财背誓,毒死洛桑这样一个谋财害命的故事。在叙事方法上,多用重迭格式。

协尔康列空(བཤེར་ཁང་ལས་ཁུངས།)

藏语音译,意为"法院",噶厦下属机构之一,在大昭寺内。主要负责审判各地向噶厦呈报的人命案件。设两名五品俗官。

协曲节(བཞི་མཆོད།)

是西藏拉萨一个宗教节日,每年藏历十月二十四日举行。这一活动是为了纪念色拉寺创建人大慈法王强钦曲杰的圆寂。强钦曲杰受格鲁派祖师宗喀巴委托,在明朝时期曾两次到内地朝见大明皇帝,第二次返回途中于藏历十月二十四日圆寂。节日期间与众不同之处,是信教群众在房顶周围点燃的供灯,用的不是酥油,而是牛羊脂油。据传说,强钦曲杰在内地圆寂,内地人非常尊敬这位高僧,因为没有酥油,就用牛羊脂油点燃供灯,于是藏族人民也就沿习了这一习俗。

谐巴谐玛(གཞས་པ་གཞས་མ།)

藏语音译,意为“男女歌舞者”,流传于西藏部分地区的传统歌舞,在“谐”或“谐玛”原有的基础上加工发展而成。它的表演形式、表演的内容和音乐曲目都有所发展,例如表演者在“谐玛”的十六位少女表演者上增加了同等数字的男子表演者;其内容除前后的开场和尾声之外,中间的“谐”部分得到了较大的充实。这一艺术风格与“谐”或“谐玛”形成较为鲜明的对比。

谐玛(གཞས་མ།)

藏民族古老的大型歌舞之一。“谐玛”是“歌女”的意思。“谐”是歌的意思,是该艺术品种中最原始的叫法。据史料记载这是一种由少女表演的歌舞,在民间“谐钦”中,有关于原始“谐玛”十六位少女表演者来历的唱词。它的艺术表演形式由开场歌、主要内容“谐”和“吉祥尾声”三部分组成,仍保持着十分古朴的表演形式。在长期的历史发展过程中根据表演者不同的身份、庄园、村镇的名称产生了不同的称谓。

谐钦(གཞས་ཆེན།)

藏语音译,意为“大型歌舞”,是流传于西藏各地的传统歌舞。这一艺术形式是在“谐”和“谐巴谐玛”的基础上进一步发展成的藏族传统大型歌舞,主要在各种较大的庆典和迎接大活佛的灵童仪式上表演。谐钦内容广泛,表演规模宠大,服装和道具古朴典雅,音乐结构较完整,曲目丰富多彩,因各地艺术品种不同,各有不同的名称,有的叫“甲谐”,有的称“鲜”,还有的称“卓钦”等。尽管称谓不同,但含义完全相同,内容和形式也基本相同,这一艺术形式具有十分独特的藏族古典歌舞特征。

《新红史》(《དེབ་དམར་གསར་མ།》)

全称《王统幻化之钥新红史》,又称《王统幻化之钥》,西藏著名史书。班钦·索南扎巴著,成书于1538年。该书包括七个部分:印度王统、香巴拉王统、中原历朝帝王传承、蒙古王统、西夏王统、吐蕃王统、宋元明时期西藏地方割据势力。该书主要记述西藏历史:先记载吐蕃政权史及其政权衰亡后诸后裔的活动;后记载宋到明中期西藏地方二十个封建割据势力的形成、发展和变化情况,较详尽记载了萨迦、帕竹两大地方割据政权。现有汉译注释本。

新粮饭(ཟླི་གསར།)

西藏庆丰收习俗。流行于大部分农区。每年庄稼收获完毕以后,各家各户均要用新打下的青稞做一顿新粮饭,供佛念经,先请菩萨享用,以示感谢神灵保佑。同时还要遍请亲朋好友来家吃酒,品尝新粮。人们认为这样做才会事事顺利。

新年狗宴(ཁྱི་སྟོན།)

林芝地区的一种新年习俗。林芝新年是在藏历十月初一举行。九月三十日傍晚,家家户户要为狗准备一顿丰盛的晚宴。晚宴上有肉、糌粑团、青稞酒、酥油、水果等。人们恭恭敬敬地把狗请到饭菜前,然后紧张地看着狗吃什么。人们认为从狗吃的东西可以预测出当年的吉凶。狗吃糌粑和饼子,是农业丰收;吃酥油等奶制品,预示着六畜兴旺;如果吃肉则是凶兆,预示着死人或闹瘟疫。不知出于什么原因,这一天狗很少吃到嘴边的肉。

新年祭丰收女神(ལོ་ལེགས་འབྲུང་བའི་ལྷ་གསོལ་བ།)

西藏林芝地区的一种新年习俗。与西藏许多地区不同,林芝新年大年初一,人们首先朝拜的不是佛祖释迦牟尼,而是丰收女神。一大早,人们就要来到自己的庄稼地里,搭起祭台,挂起经幡,供起丰收女神的神位,以求这位威力无穷的神灵保佑当年风调雨顺、五谷丰登。

新年禁忌(ལོ་གསར་གྱི་སྲང་བྱ།)

藏历年是藏族最为隆重的节日,所以禁忌也多,主要有:忌扫地、倒垃圾;忌吵架、哭泣、骂人;忌说不吉利的话;忌借钱物;忌用残破器具等。

新年折嘎礼赞(ལོ་གསར་འབྲས་དཀར།)

藏族的一种新年礼俗。“折嘎”意为“白发苍苍的老人”,他们以在别人喜庆的日子里唱赞美诗为生,久而久之,这种祝福赞美的说唱艺术成了新年第一天必不可少的重要仪式。藏历年一月初一,全家人起得很早,有的甚至通宵不睡。破晓时分,折嘎艺人来到各家各户门前,大声唱道:“拉结罗”(神胜利了),人们才打开门,把折嘎艺人像贵宾一样迎进家,献哈达、敬美酒、撒糌粑,从而开始外出活动。折嘎艺人平时地位低下,形同乞丐。新年早上是他们最风光的时刻,人们认为,他的祝福声,会给人们带来吉祥幸福。

新石器考古(རྡོ་ཆས་གསར་མའི་གནའ་རྫས་ཞིབ་དཔྱད།)

世界范围内,大约从一万年前开始,人类进入了新石器时代。西藏新石器时代遗址和地点大体可分为三类:一、不见陶器、磨制石器,只见细石器和大型打制石器或单纯细石器的新石器地点,这类地点共发现 29 处,均为采集点;二、细石器和陶器、磨制石器等共存的新石器遗址和地点,这类遗址共发现 3 处;三、不见细石器的新石器遗址和地点。

新章噶嘎波(ཊམ་ཀ་དཀར་པོ་གསར་མ།)

藏语音义兼译,意为"新的白色银币",噶厦于1946年至1948年发行的银币。币重5克,厚1.3毫米,直径26.5毫米,面值白银5两。正面铸有太极图案和"甘丹颇章战胜四方"的字样,背面铸有日月、珠串和八吉祥图。

薪涅列空(ཤིང་གཉེར་ལས་ཁུངས།)

藏语音译,意为"柴薪管理处",噶厦下属机构之一。其职责是:按规定从山南扎囊等地征收柴薪差税,每天向达赖喇嘛膳房供应20头驴驮的木柴,为摄政厨房、噶厦厨房供应烧柴,为祈愿大法会供应所需的木柴。

凶月(黑月)(ཟླ་ནག)

按藏历推算每年的黑月即从当年的纪年地支算起,顺序数到第十个地支所纪的月份,就是当年的黑月。

兄亡弟继或弟亡兄继婚姻(གཅེན་གཅུང་བཟའ་གཅིག)

旧西藏婚俗之一。由于受经济条件限制和传统习俗约束,许多家庭几兄弟只留一人在家娶妻生子,其余出家为僧或入赘女家。如果在家的兄弟亡故,出家为僧的弟兄中的一个即回家与寡妇重组新家庭,承接烟火。

雄敦·多吉坚赞(ཤོང་སྟོན་རྡོ་རྗེ་རྒྱལ་མཚན།)(约1240~?)

13世纪末,西藏著名译师,著名译作是印度人檀丁(或译檀智)作品《诗镜》。《诗镜》是一部以讨论文学技巧的文学和修辞理论著作,在13世纪初叶已有人将大体内容介绍到西藏,后来雄敦·多吉坚赞在八思巴支持下全部译成了藏文,其弟子亦大力宣讲该书内容,使《诗镜》在西藏广为流传,为后世学习、研究《诗镜》和探讨文学、修辞理论开了先河。

雄赖巴(གཞུང་ལས་པ།)

藏语音译,藏传佛教寺院中僧人职务名称。属于学监一类,负责僧众学经和考试格西等事务。

修建大昭寺传说(ར་ས་འཕྲུལ་སྣང་གཙུག་ལག་ཁང་བཞེངས་པའི་ངག་རྒྱུན།)

大昭寺,西藏著名古寺庙之一,始建于松赞干布时期。传说西藏拉萨地方原为一片湖泊沼泽,松赞干布及其尼泊尔妃子赤尊公主想修建佛殿,不料白天修建,夜晚便被鬼神拆毁,历经数次。后经文成公主分析地形、风水并授之以修筑方法,又经祈祷佛尊,选定卧塘湖地。松赞干布动员各地百姓动工修建,并幻化为五百个化身,亲自指挥他们在大殿劳动;文成公主也从内地召来工匠修建了小昭寺,其他妃子也各修建一座寺庙。修建过程中,人们顶风沐雨,克服了种种困难,终于建成了大昭寺,反映了劳动人民与恶劣的自然条件的艰苦斗争。

修色噶举派(ཤུག་གསེབ་བཀའ་བརྒྱུད།)

藏传佛教帕竹噶举支系之一。创始人为结贡楚臣僧格。他是帕木竹巴的弟子,南宋淳熙八年(1181)在曲水协荣地方建修色寺,创立该派。

修色寺(ཤུག་གསེབ་དགོན།)

也有译成"雄色寺"的,本意为"柏树林间的修行地"。修色寺位于拉萨西南曲水县境内,距拉萨约40公里。修色寺是西藏自治区境内最大的尼姑寺,以传承修习宁玛派龙钦宁滴(ཀློང་ཆེན་སྙིང་ཐིག)法脉和息解断派(ཞི་བྱེད་གཅོད།)著称,是一座藏传佛教宁玛派尼众的修行圣地。

作为佛教徒的修行地,修色寺历史悠久。公元1181年,结贡楚臣僧格(དགེར་སྒོམ་ཚུལ་ཁྲིམས་སེང་གེ)在此修建寺院,因结贡属噶举派,所以在藏传佛教历史记载中修色寺一度以噶举派"四大八小"传承中八小之一的"修色噶举"闻名。又以在此地修行的后辈中潜心修学息解断派者颇多且有成就者,因而也有记载为息解派寺院的。据记载,修色寺曾在准噶尔蒙古入藏时遭毁,噶举传承随之断绝。

至14世纪,宁玛派著名佛学家隆钦然绛巴(ཀློང་ཆེན་རབ་འབྱམས་པ།)在修色寺山间修行处刚日托嘎(གངས་རི་ཐོད་དཀར།)著述《隆钦七藏》(ཀློང་ཆེན་མཛོད་བདུན།),由是,修色寺成为宁玛派隆钦宁滴修习传承的圣地,前来朝佛祭拜修学者络绎不绝。

及至20世纪上半叶,藏传佛教史上著名的女性成就者修色吉尊仁增曲印桑姆(ཤུག་གསེབ་རྗེ་བཙུན་རིག་འཛིན་ཆོས་དབྱིངས་བཟང་མོ།)驻锡修色寺修行,重修了修色寺被毁的大经堂和佛塔,并圆寂于修色寺。

袖筒买卖(ཕུ་ཐུང་ཉོ་འཚོང་།)

在康区流行的一种经商方式,即买卖双方在袖筒中讨价还价从事买卖活动。一般是卖主将实物挂在脖子上,或者是拿在手上,也有的放在身前,买主上前验货并暗自估计好价格后,就将手伸进卖主的袖筒里,双方手拉手通过手势来讨价还价。买主所估计的价格一般不会太离谱,若同时有两个买主拉住卖主的左右手讨价还价,卖主便跟出价高的买主做成生意。这样做的意图,主要是避免别人打扰。

宣统宝藏(ཞོན་ཐུང་པའོ་ཙང་།)

旧西藏,噶厦于宣统二年(1910)铸造的货币。有银币和铜币两种:银币有2钱币和1钱币;铜币有1分币和5 厘币。①2 钱银币：重 6 克，厚 1. 5 毫米，直径 25 毫米。币正面是汉文“宣统宝藏”团花纹及圆点花边，背面中央为盘龙图，四周藏文，意为“宣统西藏宝藏库平二钱”；②1 钱银币：重 3. 8 克，厚 1. 2 毫米，直径 21. 5 毫米。除“库平一钱”字样外，文字、图案均与 2 钱银币相同；③1 分铜币：大小、厚薄、图案等，均与 2 钱银币相仿，但未铸“库平”二字。④5 厘铜币：除面值外，图案文字均与 1 钱银币相同。

穴居（བྲག་ཕུག།）

是指史前时期人类居住过的天然岩洞。西藏的洞穴很多，例如努扎地区和昆仑等地的某些洞穴内还有壁画，这些洞穴大多被喇嘛当做修炼静地，专心修研经文，为了摆脱尘世的喧嚣，他们有的在洞穴内隐居大半生。

雪阿（ཞོ་ལྔ།）

藏语音译，意为“5 钱”，噶厦铸造发行的货币。有银币和铜币两种，银币有 4 种版面：①宣统元年（1909）铸造，币重 8 克，厚 1. 6 毫米，直径 28 毫米，面值 5 钱，正面铸有吉祥和火焰宝图以及“宣统元年”、“5 钱”的字样，背面铸有法轮图案和“甘丹颇章战胜四方”的字样；②1914 年修改 1909 年的银币版面铸造而成，币重 8. 8 克，厚 1. 7 毫米，直径 29 毫米，正面铸有狮子图和“甘丹颇章战胜四方”的字样，背面是八吉祥图和“15 饶迥 48 年”、“5 钱”的字样；③1915 年铸造，其重量、厚薄、规格、图案、字样等都与 1914 年的版面相仿；④1928 年，再次修改 1909 年的银币版面铸造而成，重量、厚薄、规格、面值等均与原版相同，正面铸有雄狮和八吉祥图，背面铸有花纹图案和“甘丹颇章战胜四方”的字样。雪阿铜币于 1947 年制造，币重 8. 5 克，厚 1. 8 毫米，直径 29 毫米，面值 5 钱。正面铸有雪山、雄狮、太阳、云彩等图案，背面铸有铸造年代以及“甘丹颇章战胜四方”、“5 钱”的字样。

雪堆白列空（ཞོལ་འདོད་དཔལ་ལས་ཁུངས།）

藏语音译，意为“手工业局”。类似于现代的手工业者协会的机构，设孜仲 1 名。其职责是：直接管理铁匠、铜匠、刻镂工匠、画匠、铸工、车工、饰件工、塑匠等近 100 名手工业者，负责维修布达拉宫，为各大寺铸造佛像，负责评定各工种职称等级。

雪顿节（ཞོ་སྟོན།）

西藏历史悠久的传统节日，每年藏历六月三十日举行。“雪”意为“酸奶”。节日期间主要活动是游园、看藏戏，所以又称“酸奶节”或“藏戏节”。这一节日最初是一个纯宗教性节日，活动仅局限在僧侣中间，后来随着西藏“政教合一”体制的形成才逐渐成为了一个全民性节日。节日期间,西藏各地藏戏团都要到达赖夏宫——罗布林卡献艺,平民百姓这时也可入园看戏游玩。此节日延习至今,除了传统的内容,增加了更多活动,使这一西藏传统节日得到了传承和发扬。

雪噶(སྲིད་འགག)

藏语音译,摄政的传达机构。设在布达拉宫内,成立于7世达赖喇嘛圆寂后,乾隆皇帝任命第穆诺门汗为摄政之时,设南准堪穷(有堪布职务的知宾首领四品僧官)1名,雪准(摄政知宾)4名,森噶2名。其职责与“孜噶”类似,即传达摄政的指令,转呈给摄政的呈文。

雪冈(ཞོ་གང་།)

藏语音译,意为“1钱”。噶厦铸造发行的铜币。有三种版面:①1922年发行,重5.9克,厚1.5毫米,直径25毫米,面值1钱,正面铸有狮子图案和“甘丹颇章战胜四方”的字样,背面铸有“15饶迴56年”和“1钱”的字样;②1927年发行,重约6克,厚1.4毫米,直径27毫米,面值1钱;③正面图案与1922年发行的铜币一样,背面铸有“16饶迴1年”和“1钱” (竖写)的字样;④1936年发行,其重量、厚薄、规格、面值等与1922年发行的铜币相同,但图案有所改变,即正面铸有太阳、雄狮、四个吉祥结和“甘丹颇章战胜四方”的字样,背面铸有6朵团花和“16饶迴10年”、“1钱”的字样。

雪莲花(གངས་ལྷ་མེ་ཏོག)

生长于西藏、四川、新疆的雪线以上的高山上的一种植物。雪莲花性温、味甘微苦,具有散寒除湿、活血通络、强筋助阳之功效,对经血不调、胎衣不下、阳痿体弱、风湿性关节炎等症均有疗效。

雪列空(ཞོལ་ལས་ཁུངས།)

藏语音译,管辖拉萨地区的基巧级地方政权机构。原为拉萨郊区的专署,负责拉萨郊区18个宗豁的事务,设五品俗官“雪”2人,驻拉萨市,下辖蔡公堂、纳金、洛美豁卡、东嘎、当巴、次觉林等宗豁。

雪其布热列空(ཞོལ་ཆིབས་ར་ལས་ཁུངས།)

藏语音译,意为“马厩处”,噶厦下属机构之一。设六品官雪仲2名,秘书1名,饲养员若干名。其职责是:在达赖喇嘛出行时准备并装饰马匹;按照噶厦的要求支派乌拉马差;征集草料并向各宗豁征收鞍马税。

雪松(ཞོ་གསུམ།)

藏语音译,意为“三钱”,噶厦

1947 年发行的铜币。币重 8.2 克，厚 1.7 毫米，直径 28 毫米，面值 3 钱。正面铸有狮子、太阳、雪山、金鱼的图案和“甘丹颇章战胜四方”的字样，背面铸有吉祥结图案和“16 饶迥 20 年”、“3 钱”的字样。

雪准（ཞོད་མགྲོན།）

藏语音译，意为“摄政知宾”。有摄政时期，专为摄政管理接待来宾和上传下达呈文或指令的官员。官居五品，所属机构是“雪噶”，在布达拉宫内。

血畜（སྐྱིན་ཚབ་སྟོང་རྒྱུག）

旧时个别地区民间习俗法，用来支付命价、血价的牲畜。青海果洛地区的上等命价需赔偿的血畜为 100 头牦牛，川康牧区的上等命价需赔偿的血畜为 600 头牦牛。

血价（རྨས་པ་ཁྲག་གི་ཞལ་ལྷེ།）

西藏古代法律内容之一，斗殴致人伤残而支付给受害者的一笔赔偿费。血价的多少因地而异，有的支付命价的一半，有的则依据伤势轻重来赔偿。血价也因人而异，女人的血价是同等级男人的一半。

畜牧禁忌（འབྲོག་ཁུལ་གྱི་འཛེམ་བྱ།）

藏族牧区生活习俗。生头胎母牛，一定要家庭主妇挤第一次奶，忌别人插手；牛羊生病，忌外人走近；忌在拴牲畜处解手；牲畜阉割后忌生人；挤奶时忌见黑锅等。

《勋努达美》（《གཞོན་ནུ་ཟླ་མེད་ཀྱི་རྟོགས་བརྗོད།》）

作者是西藏著名学者、作家朵喀夏仲·次仁旺杰。这部诗体小说以爱情为主线，叙述了益雯玛和勋努达美为争取美满的爱情而做的种种努力，既有智慧的较量，又有残酷的战争，后来勋努达美终于彻悟，出家修行并成了正果。在人性挖掘上较为深刻，艺术形象细致、生动，情节曲折，表现出极高的文字水平和故事构造能力。小说采用偈颂与散文相间的文体，有说有唱，形式活泼，在语言运用上典雅脱俗，但采用的却是难以接近普通读者的“年阿语”。这部小说影响深远，备受后人推崇，是西藏文学史上的一座丰碑，具有极高的文学价值。

Y

崖葬(གཡང་དུར།)

丧葬习俗，流行于藏南地区。人去世后，首先由亲友用配有盐巴、香料的水清洗遗体，然后装入盛有盐巴、檀香木的木箱或大瓮中，有的不用盛尸器具，只将尸身裹成团状等待下葬。葬穴一般选择在尽量高的悬崖上自然形成的崖檐、崖洞、岩缝中，葬穴多具备遮雨、通风、避日、干燥、面朝河谷深峡、远离人畜活动区的特点。尸体置于葬穴后，即用石块黄石封口。此后，家人还要为死者举行一系列祭祀活动。

衙门机器制造局(ཡ་མོན་འཕྲུལ་བཟོ་ཁང་།)

噶厦下属制造枪械和铁铜器皿的工厂。1913 年成立，起初主要制造炸药、子弹、马刀、枪矛等军需品，后来又兼铸一些藏币和铜铁器皿。

雅桑噶举派(གཡའ་བཟང་བཀའ་བརྒྱུད།)

藏传佛教噶举派帕竹噶举支系之一。创始人为格丹益西僧格。他是帕木竹巴的弟子。格丹益西僧格的弟子确吉门朗于南宋开禧二年(1206)在雅砻境内建雅桑寺(在今乃东县境内)，广收门徒，创立该派。该派与地方势力鲁氏家族相结合，在元代时被封为西藏万户之一，为雅桑万户，依附于帕竹万户。后为帕竹万户吞并，该派遂消亡。

亚东孔雀舞(གྲོ་མོའི་རྨ་བྱའི་བྲོ།)

西藏日喀则地区亚东县群众逢年过节时跳的一种民间歌舞。主要流传在康马和江孜等地，风格独特，动作变化多样，与藏区其它孔雀舞有很大区别。亚东孔雀舞的特点是动作轻快优美，富有表现力，基本动作“三步一刨、一步一扬、围腰手、前后甩手、孔雀旋转、孔雀照镜、孔雀梳头、孔雀穿鞋、孔雀汲水”等。它与藏区其它孔雀舞动作不同的是，除表现“飞翔”“旋转”“汲水”之外还有“穿鞋”“照镜”“梳妆”等动作，亚东孔雀舞不但歌词内容和舞蹈动作丰富多彩，而且歌词的内容和舞蹈动作配合得非常密切，歌词唱到什么，舞蹈者就做什么。这种歌舞主要表现人们美好的愿望。

亚久卡尔(གཡག་མཇུག་ཀར།)

“亚久”意为“牦牛尾巴”。主要流传于西藏米林县南伊乡的舞蹈，因表演者的帽子是用白色牦牛尾巴制成，故而此舞蹈得名“亚久卡尔”，以此象征汤东杰布的白发。起初这种舞蹈只是在藏历四月十日这天，“亚久卡尔”艺人在“洛角”活动时，上山烧香供佛后表演一次，祭祀下山后，在汤东杰布塑像亭前表演第二次。此种舞蹈有一整套表演形式，即舞蹈者头戴“亚久”制成的“卡尔”帽，帽顶上插一红、黄、绿的小彩旗，旗子的上、中、下角各有一白色鹰羽毛，服装倒无特别。此舞仅有“卡尔”艺人（均为男性，共16人）均持一卡尔鼓为伴奏乐器，节奏平缓，边舞边击，节奏由慢变快时，由低潮到高潮。

谚语（གཏམ་དཔེ།）

藏族谚语源远流长，题材广泛，内容丰富，涉及到社会生活的各个方面，至今有些谚语还在社会上广为应用。远在8、9世纪，藏文使用尚且不久，便有了对谚语的搜集与整理，至9世纪左右，则出现了记录谚语的专集。在敦煌发现的古藏文写卷中，有一份《松巴谚语》，共有三、四十则，内容大多是介绍为人处事、理财治家的道理和描述社会现象的。松巴谚语多为两句一则，前后对称，节律鲜明。两句中，有的全是直陈平叙，有的俱为比喻，有的则一喻一实，手法灵活多变。多用比喻，是藏族谚语的显著特色。

央勒节（གཡང་ལེགས་དུས་ཆེན།）

四川巴塘藏族的一个传统娱乐性节日。每年九月初秋收结束后举行，持续十多天。节日到来之时，人们身着节日盛装，扶老携幼，带着帐篷、炊具、食品，早早地来到城西巴楚河畔安营扎寨。青年男女饮着青稞酒、酥油茶，跳起欢快的“巴塘弦子”舞，家庭主妇则忙着制作节日食品，整个营地一片欢笑声。节日期间的娱乐活动，除了传统的锅庄、弦子外，还有藏戏。节日食品中最具特色的则是团圆包子，这种包子直径一尺多长，大家共同分食，象征着和睦团结。

羊八井寺（ཡངས་པ་ཅན་དགོན།）

藏传佛教噶玛噶举派红帽系的主寺之一。在拉萨西北的当雄县羊八井乡。1409年红帽系第四世活佛却扎益西兴建。兴旺了300余年，其间多次扩建，形成规模宏大的建筑群，广有寺产，寺内珍藏大量珍贵文物，多为元朝时代的金银法器。18世纪末叶，红帽系第十世活佛确珠嘉措涉嫌叛国罪，该寺被查抄，并被逼改宗格鲁派，红帽系活佛被乾隆下令不准转世。现该寺经修复已开放。

羊年朝湖（ལུག་ལོའི་མཚོ་མཇལ།）

藏族信教群众的一种宗教习俗。每逢藏历羊年，人们就争相到“圣湖”纳木措朝圣。朝圣者自羊年一月初至十二月底，终年不断。绕湖一周，往往需要二十天至一个月。据传说，纳木措是绵羊的主护神，每逢羊年，天下众神要在纳木措聚会。所以信教群众把羊年转湖看作是一次积大德的机会,可以给自已带来无限的功德。无法亲自转湖的人,也要千方百计向朝圣者讨点“圣水”、“圣石”,一旦得到这些“圣物”,他们会当成宝贝珍藏起来,或者当作护身符,挂在孩子脖子上。

羊卓雍措(ཡར་འབྲོག་གཡུ་མཚོ།)

佛教圣地。在西藏浪卡子县境内,海拔 4400 多米,面积约 800 平方公里。咸水湖。羊卓,藏语的意思是“上部牧场”,雍是“碧玉”。善男信女常环绕此湖求福祈愿。湖西南面的山上,有著名的桑丁寺。

药师佛节(སྨན་ལྷའི་དུས་ཆེན།)

甘肃华锐地区的一个传统节日,藏语叫“桑吉曼拉节”。每年藏历五月五日举行。相传每年这一天,药圣都要送圣水灵药到人间,以祓除人间病痛疾苦,这一天采到的药材往往具有了比平时大得多的威力。所以这一天当地藏族都要上山采药。在相当长的时期内,采药是这一节日的主要活动,除此之外人们还要歌舞、郊游。

药王山(ལྕགས་པོ་རི།)

藏传佛教的神山,藏语叫“夹波日山”,在布达拉宫西南侧。山上供奉药师佛,绘有许多宗教图画,信徒朝拜此山,祈求治除身心两种病苦。早先的西藏医学院即在此山上。山上有一小寺庙,寺内喇嘛皆通医道。《西藏图考》称此山为“招拉笔洞”。

药王山摩崖石刻(ལྕགས་པོ་རིའི་བྲག་བརྐོས།)

位于药王山南面,是拉萨著名转经道——林廓沿路上的一大景观。它具备了西藏摩崖石刻的四个主要特征:一是它的内容几乎是清一色的佛神菩萨的高大完整的造像,并且是相互独立很少关联,更没有内地石窟中连续的佛经故事画面;二是藏传佛教各派的神祇、护法、本尊形象,千奇百怪,济济一堂;三是刻书并重,布局松散自由,主要神像的四周往往有一圈形体略逊的神像,而在这些神像的四周又是密密麻麻更小的神像或经咒文字;四是雕刻技艺水平参差不齐,高下相差甚大,有些则是纯外行的雕刻。从诸多的作品中,可以领略风采各异的近晚期石刻。

要嫁装歌(གཉེན་སྐྱོང་གི་གཞས།)

云南藏族婚礼歌之一。在婚礼过程中,新娘和伴娘及由亲属组成的送亲队伍喝完早茶后,新娘先接受长辈教诲,之后送亲队的司仪领头唱《要嫁装歌》。歌词要对仗、字节相等,均以七言、八言为常用格式。歌分成四段:第一段向父亲要佛经;第二段向母亲要奶牛;第三段向兄长要骏马;第四段向姐姐要绵羊。

耶巴噶举派(ཡེལ་པ་བཀའ་བརྒྱུད།)

藏传佛教帕竹噶举支系之一。创始人益西孜巴是帕木竹巴的弟子。他于12世纪后期建耶浦寺,门徒日众,形成该派。存在时间较短。相传格萨尔王尊信此派,曾将兵器存放在耶浦寺。

叶如(གཡས་རུ།)

吐蕃行政区划名称。东至色朗玛古尔普,南至聂拉那牙保那,西至介玛拉古,北至迷地曲那,大致相当于今日喀则地区雅鲁藏布江以北和那曲地区的一部分。叶如分上、下部,共管辖10个千户所。

一夫多妻制(ཁྱོ་གཅིག་ཞུག་མང་ལུགས་སྲོལ།)

旧西藏婚俗之一,多见于上层贵族及富商家庭。平民中也有这种情况,多见于几个姐妹共同招赘一个夫婿。

一夫一妻制(ཁྱོ་གཅིག་ཞུག་གཅིག་ལུགས་སྲོལ།)

西藏基本的婚姻形式,特别在城镇,这种婚姻形式比例更高,占绝对主导地位。

一妻多夫制(ཞུག་གཅིག་ཁྱོ་མང་ལུགས་སྲོལ།)

旧西藏婚俗之一,这种形式多为几个亲兄弟共同娶一个妻子,组成一个大家庭,从而避免分家使财产流失。家庭中经济活动主要由丈夫们承担,妻子负责家务和搞点家庭副业。这样的家庭中,妻子地位非常特殊,她是团结家人的纽带、家庭和睦的关键。哪位妇女能把几位丈夫团结在一起,她就会受到人们的称赞,反之就会遭到人们的非议,甚至有被赶出家门的危险。妻子所生子女,不管亲生父亲是谁,对几位丈夫一律依年龄顺序称呼,长兄被称为“阿爸”,即爸爸,其他统称“阿库”,即“叔叔”。

一世班禅克珠杰·格烈白桑(པཎ་ཆེན་སྐུ་ཕྲེང་དང་པོ་མཁས་གྲུབ་རྗེ་དགེ་ལེགས་དཔལ་བཟང་།)(1385~1438)

生于后藏拉堆多雄地方的一户农家,父名贡嘎扎西,母名普真白姆。早年学经,在萨迦寺出家,拜僧格坚赞为师,取法名克珠杰·格烈白桑。明建文八年(1401)16岁时在昂仁寺与博东班钦辩论,名噪一时。后回萨迦寺修习密宗。永乐五年(1407)拜宗喀巴为师,改归格鲁派。永乐十七年(1419),宗喀巴圆寂后,由甲曹杰继任甘丹寺赤巴。宣德七年(1432),甲曹杰圆寂后,克珠杰接任甘丹寺第三任赤巴。在任期间,一世达赖根敦珠巴从克珠杰学经。53岁时在甘丹寺圆寂。他对兴衍格鲁派有很大功绩,与甲曹杰并列为宗喀巴的两大弟子,后被追认为一世班禅。

一世达赖喇嘛根敦珠巴(ཏཱ་ལའི་བླ་མ་སྐུ་ཕྲེང་དང་པོ་དགེ་འདུན་གྲུབ།)(1391～1474)

生于后藏萨迦寺附近的霞堆地方。宗喀巴八大弟子之一。永乐三年(1405)在纳塘寺出家受沙弥戒,永乐八年(1410)受比丘戒。永乐十三年(1415)拜宗喀巴为师,参加各大寺院的学经辩论。又随甲曹杰·达玛仁钦学习因明学等;随克珠杰学习显密教法。正统十二年(1447)在日喀则地方贵族班觉桑布资助下修建扎什伦布寺,自任该寺赤巴达20余年,直至圆寂。主持扎寺期间,收徒讲经,又四处传法,受到后世格鲁派徒弟的崇敬,被追认为达赖喇嘛一世。著有《戒经疏》、《因缘集》、《释量论疏》、《正理庄严论》等书。

一月贵族(达即仲戈)(ཟླ་གཅིག་དྲུང་འཁོར།)

旧西藏一些盛大节日期间临时用平民或农奴充当的官员。最著名的有强巴林集市一月贵族和传召大法会一月贵族。曾名扬整个藏区的扎囊县强巴林集市,在整个集市活动期间,维持集市治安的重任要交给一个叫“村堆协俄”的官,这个官照例由农奴担任。每当此时,这些“下人”便脱下自己的旧衣装,换上贵族服饰,骑上高头大马,威风凛凛地接管集市政务。对这昙花一现的风云人物,人们戏称为“一月贵族”。

拉萨传召大法会上的“一月贵族”则是指那些由农奴装扮的古装武士仪仗队的队长。在一个月的服役期间,西藏地方政府要授予他一个低级贵族的头衔,以便于指挥其他由农奴充任的仪仗队队员。

医方明(གསོ་བ་རིག་པ།)

大五明之一。论述了疾病病理、治疗所需的药物,医治疾病的各种手段,以及行医者应具备的各项知识等。它是提高身体素质,增进健康,治疗疾病的学科。

医算学校(སྨན་རྩིས་ཁང་།)

藏语称“门孜康拉扎”。始创于1916年。它既是西藏地方政府的医算机构,也是西藏唯一的一所高等专业学府。课程有医学、天文历算、正字法、文法、语音学、诗歌基本理论和经学等。学生分内外两种。所谓内部学生,均是来自各中小寺庙及藏兵,毕业之后返回原单位行医或搞天文历算工作,所谓外部学生,是自愿入校学习的,毕业之后也是自找出路。学校属官办。女性不准入校学习。

译仓(ཡིག་ཚང་།)

藏语音译,意为“秘书处”,由4名四品僧官仲译钦莫(秘书长)和若干四品以下僧官组成,负责管理寺院教务和僧官的任免培训等。它受总堪布的领导,直接受达赖喇嘛指挥。

译仓还有一个叫"埃巴康"的下属机构,其人员来自拉加里,配有缮写员15名,主要职责是缮写文书。该机构的缮写员因多数来自山南的埃地方而得名。

译仓珠吉(ཡིག་ཚང་སྤྲོ་སྐྱིད།)

旧西藏地方政府管理宗教事务的机构"译仓"举办的夏日林卡酒会。由该机构的四位负责人轮流作东。

益西沃(ཡེ་ཤེས་འོད།)(约10~11世纪)

意译是"天智光",原名"柯日"。西藏佛教后弘期上路弘法的奠基人。古格第一代德祖衮长子,继承其位,后退位出家为僧。派仁钦桑波等人到迦湿弥罗(今克什米尔)求法,仿桑耶寺建托林寺。前往印度请高僧,途经噶洛国(当时西藏西北方一个信仰伊斯兰教的小国)被俘,惨遭火刑,死于该地。遗嘱其侄孙强秋沃,携重金迎请阿底峡入藏弘法。强秋沃于1036年迎请阿底峡及其24名弟子入藏。

益西孜巴(ཡེ་ཤེས་གྲུབ་པ།)(约12世纪)

藏传佛教噶举派耶巴噶举支派创始人。帕木竹巴的弟子。12世纪后期修建耶巴寺,创立耶巴噶举。

因明学(ཚད་མ་རིག་པ།)

大五明之一,即逻辑学,是消除客观存在上的错觉,详细决择所量外境、能量内心以及心境认识法的科学。古印度佛学家陈那撰有《集量论》,古印度因明学家法称发展了陈那的《集量论》,写成《集量七注》。《集量七注》是解释《集量论》的七部大论,即《释量论》、《定量论》、《理滴论》、《因滴论》、《关系论》、《怪他论》和《净理论》,前三论阐述因明学的体制,后四论论述因明学的组成部分。"量"是因明学用语,是尺度和标准的意思,指判定知识真伪的标准和尺度。后来,许多藏族学者继承和发展了古印度的因明学理论,形成了藏传因明学。萨班贡噶坚赞和宗喀巴等学者都把因明学理论作为寺院学习的主要内容。哲蚌寺、甘丹寺、色拉寺、扎什伦布寺、塔尔寺和拉卜楞寺等寺庙均把因明学作为考取格西的必修课。

《音势论》(《རྟགས་འཇུག》)

藏文文法专著,全名《授记根本字性组织法》,也译作《音势论》。作者是吞弥桑布扎。该书用七言偈颂体写成,共33偈。其主要内容是以动词为中心的形态变化、时态、施受关系和能所关系等,动词的这些范畴是通过对藏文基字、前加字以及后加字的字性语言分析来阐述的,故名《字性组织法》。书中还根据音势的强弱、气流的多寡、带不带音以及发音器官肌肉的松紧来对字母进行划分：不送气清音属强音势，划作“阳性字”；不送气浊音属弱音势，划作“阴性字”；送气清音属强弱中和音，划作“中性字”。

英雄六征（དཔའ་མཚན་དྲུག）

依据在战场上的英勇程度及功勋大小对将士分别奖给虎皮的各种服装及饰物，以示推崇和褒扬的级别。

英雄猛虎律（དཔའ་བོ་སྟག་གི་ཞལ་ལྕེ།）

藏族古代法律之一。是在遭受外敌进攻时，以和平或武力克敌制胜的军事措施。本法规定，破敌之上策为不战而胜，“外部不使莲花瓣凋落，内部不使百灵巢穴受损”；中策是以小恩小惠瓦解敌人，可让给敌人一部分地盘、城池及房舍，造成离心力，以削弱其主力；下策才是动用武力，并保证不战而胜之。

鹰笛（ཀོད་གླིང་།）

用鹰骨制作的藏族吹管乐器。多由男性演奏，被认为是天神的乐器。粗细、长短不定，有按孔6个，吹孔1个。演奏时用左右手之食、中、无名指按孔横吹。其特点是：音色悠扬，便于携带。

迎福（གཡང་འབོད།）

云南藏族婚俗。新婚之日，女方派出送亲队伍，男方派出迎新队伍，两支队伍中途相遇，对歌祝福。这时男方队伍中有人突然手持哈达冲出队列，快速绕女方一周，并向女方高呼“福来了”，然后回身驱马全速奔回新郎家，将哈达供在佛像前，以示将“福”迎到家中。迎福人回奔时，女方队伍，除新娘、伴娘及新娘舅舅外，均全力追赶迎福人，谓之“追福”，迎福人若被追上，就要遭马鞭抽打，不过这种情况很少发生，因为迎福人有备而来，马匹也是百里挑一。追福者赶到村头即返回送亲队伍，并与迎亲队伍一起表演马术。

迎鸟节（བྱ་མཆོད་འབུལ་བ།）

又称“杜鹃供奉日”，藏族原始宗教——苯教遗留下来的宗教节日。各地迎鸟节的时间不尽相同，如乃东县恰萨拉康（鸟地庙）是在藏历三月中下旬举行，热振寺是在藏历四月十五日举行（热振寺迎鸟节又叫杜鹃供奉日）。其中，最典型的是恰萨拉康的迎鸟节。节日期间，西藏地方政府要派两名官员前往该庙主持仪式，迎接百鸟之王杜鹃鸟的归来。仪式一般在该庙所属的恰萨林卡内举行。林卡内铺上红地毯，地毯上摆上供桌供品，点起酥油灯，仪式直到看见杜鹃鸟为止。迎鸟节的产生，源于人们对候鸟一年一度的季节性迁移的认识和人与自然和谐相处的理念。鸟有规律的离去与回归,是古老藏历中计算时令的重要标志之一。鸟日的计算对农牧业生产有着巨大贡献。

迎神节(ལྷ་གསོལ།)

西藏林芝地区盛大的苯教节日。每逢藏历马年八月十日举行。节日期间主要活动为祭神、跳舞、赛马等。主题为驱除妖魔,祈祷丰收。同时,节日期间还要举行盛大的物资交流活动。这一节日到目前为止已有六百多年的历史了。

雍仲林寺(རྭ་ལག་གཡུང་དྲུང་གླིང་།)

西藏苯教的主寺之一。在西藏南木林县境内。道光十四年(1834)四川松潘朗依寺院的一位高僧大德江衮达瓦坚赞来到吉祥风水的扎西孜创建该寺。寺院上下两层,由大经堂和7个康村组成,还有佛殿、藏经殿、法器库等附属建筑物,总共占地800余平方米。曾有500余名僧人。每年冬季,各种宗教活动频繁,举办法会、诵经讲经、僧人学位考试。寺内供奉祖师顿巴辛饶及江衮达瓦坚赞等人像,均为铜质镏金像。珍藏有许多金银法器、壁画、经板。

永乐版《大藏经》(གཡུང་ལོ་པར་མའི་《བཀའ་བསྟན།》)

第一部雕版印刷的现存最早的藏文印刷品。此版是明朝永乐八年(1410年)明成祖为他逝去妃子徐氏追求冥福而“遣使西土取藏经之文,刊梓印施,以资为荐扬之典”。又请第五世噶玛巴得银谢巴担任永乐版《大藏经》刻本的总纂,并以蔡巴甘珠尔的手抄本为底本。永乐版《大藏经》共108帙,并且每帙均有明成祖所作的《大明皇帝御制藏经赞》和《御制后序》。拉萨现存永乐版《大藏经》两部,均为版式相同的朱红版。其中一部藏于色拉寺,是明成祖在永乐十四年(1416)赐给宗喀巴的弟子释迦也失的;另一部是明成祖于永乐十一年(1413年)赐给萨迦派大乘法王贡嘎扎西的,现藏于布达拉宫(原藏于萨迦寺)。

佑宁寺(དགོན་ལུང་བྱམས་པ་གླིང་།)

在青海省互助土族自治县东红岩子沟,藏语叫“郭隆寺”。藏传佛教格鲁派在青海、甘肃一带的重要寺庙。著名活佛土观·罗桑确吉尼玛曾驻锡该寺。万历三十二年(1604)四世达赖喇嘛委派弟子顿悦确吉嘉措修建。后因战乱烧毁。雍正元年(1723)修复。雍正皇帝赐名佑宁寺。

娱驴节(般古昂)(བོང་སྟོན།)

西藏山南泽当镇一带的一个农民节日,一般在春耕送肥结束后举行。为了感谢当地的主要驮运工具——毛驴为人类作出的贡献，节日这天毛驴被卸掉鞍子、脖套，自由自在地到处走，喝农民准备好的青稞酒、酥油茶，吃丰盛的节日食品。而毛驴的主人则套上脖套，捆上木鞍，装成驴的样子跳舞。这一天，毛驴是至高至圣的贵宾。

《喻法宝聚》(《དཔེ་ཆོས་རིན་ཆེན་སྤུངས་པ།》)

根据噶当派著名僧人博多哇(1027～1105)的讲述，由其弟子扎巴初整理后，另一弟子喜绕多吉又加以增补整理而成的故事集。为使佛教教义易于理解和接受，《喻法宝聚》中一部分是简短的小故事或寓言。这部分寓教理于故事或寓言之中，情节生动，比喻形象，寓意深刻，能给人以启迪的作用。其中一些格言警句式的谚言，至今还在民间广泛流传。

御制平定西藏碑(བོད་ཞི་འཇགས་སུ་བཏང་བའི་གོང་མའི་བཀའ་ཡི་རྡོ་རིང་།)

在布达拉宫前，立于清康熙五十九年(1720)。建有碑亭、龟趺座，碑额为石雕云龙图案，中题篆书“御制”两字。碑通高3.61米，宽1.04米，碑身高1.81米，碑文以满、汉、蒙、藏四种文字镌刻，详细记述了清政府派兵入藏平定准噶尔蒙古部落的情况。

御制十全武功碑(མཛད་པ་བཅུ་བསྒྲགས་པའི་གོང་མའི་བཀའ་ཡི་རྡོ་རིང་།)

在布达拉宫前，清乾隆五十七年(1792)立。碑通高3.87米，碑身高2.07米，宽1.32米，碑座高0.8米，石雕云龙碑额高1米，中题篆书“御制”两字。碑文以满、汉、蒙、藏四种文字镌刻。此碑为纪念乾隆时期以武力勘定准噶尔、回部、金川、台湾、缅甸、安南、廓尔喀等“十大战功”而建，故又称“十全武功碑”。碑文清晰，保存完整。

元朝历任帝师(ཡོན་རྒྱལ་རབས་དུས་ཀྱི་ཏི་ཤྲཱི་རིམ་བྱོན།)

元朝历任帝师是：于中统元年八思巴(1260)被封国师，至元七年(1270)被封帝师；仁钦坚赞(八思巴弟)，至元十一年(1274)被封为代理帝师；达玛巴拉(八思巴侄)，至元十九年至二十三年(1282至1286)任帝师；益西仁钦(八思巴弟子)，至元二十三年至二十八年(1286至1291)任帝师；扎巴维色(八思巴侍从弟子)，(1291至1303)任帝师；仁钦坚赞(益西仁钦弟)，大德八年至九年(1304至1305)任帝师；桑结贝(扎巴维色侄)，大德九年至延佑元年(1305至1314)任帝师；贡噶洛追坚赞(八思巴侄孙)，延佑二年至泰定四年(1315至1327)任帝师；旺出儿坚赞在至治二年至泰定二年(1322至1325)代理帝师；贡噶勒具迥乃坚赞（八思巴侄孙），泰定四年至至顺元年（1327 至 1330）任帝师；仁钦扎西于至元二年（1329）代理帝师；贡噶坚赞（八思巴侄孙），子至顺二年至至正十三年（1331 至 1353）任帝师；喇钦索南洛追（贡嘎坚赞侄），于至正十七年（1357 年至?）任帝师；喃迦巴藏卜在明洪武六年（1373）以元摄帝师的身份到南京晋见明太祖。

园林建筑（ཕོ་བྲང་གླིང་ཀ།）

集宫殿和风景区为一体的一种建筑形式，独具特色。建筑既具有寺庙的宗教色彩，又有宫殿别墅的特点，园林内还有池湖亭榭和奇花异木、珍禽走兽等，将宗教色彩和世俗娱乐融为一体。一般是旧时政教首领处理政教事务、举行庆典、消夏避暑之地，现大多成为公众的娱乐场所。

远行禁忌（ཚེས་ཆ་བཟང་ངན་བལྟ་བ།）

生活礼俗。藏族群众外出，要选择吉日。遇灾星、魔星、敌星及藏历每月的初二、初八、十四、二十四日，不宜远行，否则办事不利，灾难临头。家人远行后，家中的人也不能马上扫地或倒拉圾，否则对远行人不利。

约如（གཡོ་རུ།）

吐蕃行政区划名称。东至工域哲那，南至夏乌达高，西至喀若岗刚，北至玛拉山脉，大致相当于现在山南地区及林芝地区的一部分。分上、下部，共辖 10 个千户所。

《月王药诊》（《སྨན་དཔྱད་ཟླ་བའི་རྒྱལ་པོ།》）

又名《索玛拉扎》，公元 8 世纪金城公主进藏带来的医学著作之一，共一百一十五章。此书虽来源于汉地，但从内容看，除中医学外，已经写进了大量藏族的传统医学，同时还吸收了一些印度医学综合编著而成。书中对藏族在长期实践中积累的医药传统作了整理和总结，在分析、诊断和治疗疾病等方面都表现出藏医的特点和独到见解；对人体构造作了较详细的剖析；记述了一千多种药物的生长和性能等，其中很多都是青藏高原所特有的。它是目前所见最早的一部藏族古代医药理论专著，为藏族医药学奠定了坚实的基础，反映出藏族医药学已达到很高水平。

月子草（སྐྱེ་སྔོའི་རྩྭ།）

生育习俗，流行于云南中甸藏族聚居区。每年农历七月收割青草时，家中有孕妇的人家就要精心收藏部分干草做月子草，这种草不能有硬竿，不能有毒草。妇女生产后，就要在褥垫下铺一层厚厚的月子草，褥边也要放一圈，目的是防止产妇着风。

《乐论》(《རོལ་མོའི་བསྟན་བཅོས།》)

是一部总结藏族音乐歌唱方面的研究文献,由萨班·贡噶坚赞著。作者分别从音乐的分类、唱词的种类、音乐的作用、演唱技巧等方面论述了藏族音乐的特点。

《乐论注疏》(《རིག་པའི་གནས་ལྔ་ལས་བཟོ་རིག་པའི་ཁྱེ་བྲག་རོལ་མོའི་བསྟན་བཅོས་ཀྱི་རྣམ་པར་བཤད་པ་འཇམ་དབྱངས་བླ་མ་དགྱེས་པའི་སྙན་པའི་སྒྲ་དབྱངས་བློ་གསལ་ཡིད་འཕྲོག་འཕྲིན་ལས་ཡོངས་ཁྱབ།》)

西藏古典音乐论著,由萨迦著名学者阿旺·贡噶索南扎巴坚赞撰写。《乐论注疏》全称为《五明处之一工巧明之分支乐论注疏文殊上师喜悦之雅音明慧意乐功业遍布》,写于 1624 年,是对萨班的《乐论》全文所做的注释和解说,全文近 7 万字。引言部分写了两部分内容:一是礼赞,一是论述学习五明的重要性。文中作者还结合有关章节的内容,增添了许多其它古代音乐专著的精彩论述,进一步丰富了《乐论》的内容,是一部继《乐论》之后极重要的音乐专著。

乐器(རོལ་ཆ།)

据藏文史书记载,鼓是藏族较古老的乐器,约在公元前一百多年左右产生;公元 5 世纪中期的《贤者喜宴》记载:"托杰托赞时,有了神乐笛。"此外扎(加)岭也是较早的吹奏乐器。藏族乐器可分为拉弦器、吹管乐器、弹拨乐器等。

《云乘王子》(《རྒྱལ་བུ་སྤྲིན་གྱི་བཞོན་པའི་རྟོགས་བརྗོད།》)

八大传统藏戏之外较为著名的藏戏剧目之一,源于梵剧《龙喜记》。剧情大意是:持明国王子云乘淡名利、重慈孝,以舍己助人为乐。在悉陀国偶遇美女摩罗耶婆地公主,相互倾慕,几经周折后终成爱侣。但云乘王子在海滨散步时,见金翅鸟揭楼罗日食一龙,龙之白骨遍布山野海滩,顿生怜悯,决心以己之身代龙。金翅鸟叨起云乘王子时,王子的球冠坠落,被人认出。众人寻血迹找到云乘王子时,他已气息若无。云乘王子面临死亡,仍教诫金翅鸟改过自新,使之终于悔过。女神从天而降以甘露救活王子,已死去的无数龙也复生,金翅鸟发誓永不杀生,众龙类欢喜无量。

云星遗址(ཡུན་ཤིང་གི་གནའ་ཤུལ།)

位于西藏林芝云星乡西侧山坡边缘,因此得名。在距地面约 3.95 米深的地方,考古工作者发掘出打制石器和磨制石器 6 件;陶片 100 余片,以夹砂为主,泥质较少,内有砂粒和云母片,陶片色泽多样,有红、黑、褐三色,均为手工制作。陶片上不难辨出有压印纹、划纹、绳纹、附加堆纹等绘制图案。

韵律学（སྙན་སྒྲ།）

小五明之一。研究古典格律诗中轻音和重音的组合规律的一门学科。代表作是印度学者仁钦迥乃喜瓦的《珠宝之源》。该书将诗的格律分为两大类，即婆哩陀和阒底。婆哩陀格律要求诗句按音节数目计算，每个诗句的音节数相同，而且长短音的次序固定；阒底格律要求诗句按音量单位计算，短音算一个单位，长音算两个单位，每句的音量单位固定，但音节数和长、短音次序不固定。藏族学者以《珠宝之源》为依据，写出了不少韵律学著作，著名的有：萨班贡噶坚赞的《韵律花束》、巴珠晋美却旺的《韵律要诀珍珠鬘》等。

Z

藏被(མལ་གཟན།)

藏族家庭用品。用高原羊毛制成,其特点是:用毛线编织而成,不用缝上里子和面子,经久耐用,保暖性强。重量从5公斤至8公斤不等,有的甚至重达12.5公斤。有两股线织的、三股线织的、四股线织的以及高级藏被4种。藏被往往是藏族家庭传代性的家产。

藏币(བོད་དངུལ།)

噶厦造币厂铸造发行的硬币和纸币。硬币有金币、银币、铜币三种;纸币有单色、套色各五种。藏币在藏区一直流通到20世纪50年代初期。

藏传佛教(བོད་བརྒྱུད་ནང་བསྟན།)

我国藏族地区流传的佛教除藏族外,包括从西藏传播到青海、甘肃、四川云南的一些地区及内蒙古的佛教,除藏族以外还有蒙古族、裕古族、普米族等信奉。有其浓厚的地方特色,吸收、融合了苯教的一些教义、神祇和仪轨。约在公元7世纪时,佛教由印度、尼泊尔和我国内地传入西藏。以吐蕃赞普松赞干布时期为开端,在赤松德赞时期得到大发展。9世纪中叶,朗达玛毁法灭佛,禁止佛教传播。以此为界,藏传佛教分为“前弘期”与“后弘期”。10世纪后期,佛教在阿里等地逐渐复兴。西藏佛教“后弘期”开始,先后出现了许多教派,有宁玛派、噶当派、萨迦派、噶举派等。15世纪初,宗喀巴创立格鲁派。该派势力逐渐扩大,在清政府的支持下建立起政教合一的西藏地方政府,掌握政教大权。在教义教法上属于大乘教派,虽然号称显密兼修,但不如宁玛派和噶举派那样重视密宗的实修,以无上瑜伽密为最高修行次第。各教派之间既有不同又有融合,在教义、教法、仪轨等方面交叉的地方很多。寺院有完整的组织机构和学经、考试制度。藏文《大藏经》内容庞大,世界罕见。

藏刀(བོད་གྲི།)

藏族群众佩带物之一,具有装饰、自卫、生产、生活等用途。拉孜、当雄、易贡、昌都等地生产的最为有名。分长刀、短刀、小刀三种,长刀可长达1米多,短刀约40厘米,小刀仅长10多厘米。刀身用钢材锻制而成,加工精细,面光刃锋;刀把用牛角或木料制作,缠以银丝、铜丝或铁丝,并在顶端箍上银皮、铜皮或铁皮;刀鞘有的包银、有的包铜,有的还在银皮或铜皮上刻有各种图案或镶嵌上珠宝,使藏刀深受藏族群众和国内外旅游者的喜爱。

藏端阳(ལྔ་པའི་བཞི་རྒྱལ།)

传统节日。流行于云南中甸藏族聚居区,每年农历五月初五举行。这一节日是在民族交往中受汉族端阳节的影响而产生的。虽然时间相同、名称相同,但藏族端阳节的内容却是完全藏化的。节日期间,当地群众扶老携幼,带着帐篷、炊具到野外野餐嬉戏,男女青年要跳传统的锅庄舞,进行传统体育比赛。

藏汉联姻(བོད་རྒྱ་གཉེན་སྒྲིག།)

松赞干布在位期间,十分重视同唐朝的往来。他先后两次派遣大臣赴唐朝请婚,迎娶了唐太宗李世民的宗室女文成公主。文成公主入藏时,带来了释迦牟尼像、珍宝、经书、食物、饮料、宝器、300种卜筮典籍、60种营造与工艺著作、能治404种疾病的100种医方、6种医疗器械、4种医学论著,以及大批绸帛、衣物和农作物种子。这些典籍和技术的引进,对发展吐蕃的经济文化起到了积极的作用。此外,松赞干布还从唐朝引进了酿酒、碾磨、纸墨生产的技术,派遣贵族子弟到长安去学习诗书,聘请汉族艺人入藏传授技艺。贞观二十三年(649),唐太宗卒,唐高宗即位,松赞干布致书唐朝宰相长孙无忌:"天子初即位,若臣下有不忠之心者,当勒兵赴国除讨",并献15种金银财宝,请置于太宗灵前。唐高宗封松赞干布"驸马都尉"、"西海郡王",后又晋封为"賨王"。永徽元年(650),松赞干布病故于澎域斯莫岗,年三十五。松赞干布在短暂的一生里,结束了西藏地区的分裂局面,促进了吐蕃政治、经济、文化的发展,建立和发展了藏汉友好关系,对促进藏族历史的发展作出了重大的贡献,与赤松德赞、赤祖德赞合称为"祖孙三法王"。参见"吐蕃政权"。

藏红花(གུར་གུམ།)

藏医学中传统药物,又称"松红花"。叶针形,边缘多刺,夏季开花。管状花组成,橘红色,一年生直立草木,属菊科。其性温,味辛苦,有活血、祛痰、调经等功能,主治经闭、痛经、血滞、产后腹痛等症。

藏军(བོད་དམག)

噶厦建立的西藏地方军队。乾隆五十七年(1792),清朝将军福康安率领清军入藏击退廓尔喀侵略军之后,向皇帝建议,仿效八旗军队的建制,设立正规藏军。当时规定,藏军的编制为3000名,拉萨和日喀则各驻兵1000名,江孜和定日各驻兵500名。藏军共设"代本"6名、"如本"12名、"甲本"24名、"定本"120名。每个"代本"管辖士兵500名,每个"如本"管辖士兵250名,每个"甲本"管辖士兵125名，每个“定本”管辖士兵25名。后来在“定本”之下又设了“纠本”，管辖士兵12人。藏军按清军操典训练，每年由驻藏大臣检阅。当时，还专门拨出“马岗地”（军差地）三千岗，规定种一岗“马岗地”的差户出兵1名。在道光二十一年（1841）的森巴战争、咸丰五年（1855）抗击廓尔喀战争和光绪十四年（1888）、光绪三十年（1904）的两次抗英战争中，藏军都为保卫祖国边疆作出了重大贡献。1912年以后，噶厦中亲英势力渐占上风，他们增建新的“代本”，按藏文字母顺序作为番号。1916年，增加了一个炮兵代本。1921年，扩充到11个代本，后来扩充到15个代本和一个警察代本，兵员达7000多人。与此同时，噶厦不但从英美等国购进了弹药，用来装备藏军，在拉萨制造枪支炮弹，而且派贵族子弟去英国、印度学习军事，聘请英国、日本教官进藏训练藏军和警察。藏军平时着英军军装，操练按英军条例，用英语口令，军乐队奏英国歌曲。藏军的最高指挥机关是“马基康”（司令部），设有“马基”（司令）2名，一僧一俗，僧官“马基”必须由有三大寺寺籍的上层喇嘛担任。1950年，噶厦将藏军主力集中于昌都一线，企图阻止人民解放军解放西藏，在这场战斗中，藏军主力大部被歼，一部分起义。按照《十七条协议》的规定，剩下的2000多名藏军逐渐改编成人民解放军。

藏历（བོད་རྩིས་ལོ་ཐོ།）

藏族传统历法，是藏族祖先在长期生产、生活实践中创造出来的，并在此基础上吸收了国内外其他民族的历法发展起来的，9世纪初开始使用。基本上与农历相同，即以月球圆缺周期为一个月，大小月相同，大月30天，小月29天；平年12个月，全年354天；闰年13个月，全年384天。藏历重视“定望”而不重视“定朔”，即“望”必须在每月十五日，而“朔”不一定在每月初一，这样，藏历和夏历的日序有时就相差一天。藏历也采用干支纪年，以“阴阳”与“木、火、土、金、水”五行相配代替十天干，以十二生肖代替十二地支，再以十干和十二支相配成：阳木鼠、阴木牛、阳火虎……。例如1980年夏历为庚申年，藏历则为阳金猴年。

藏历年（བོད་ལོ།）

藏族最有代表性的传统节日。多数地区是在藏历正月初一过年。部分地区也有区别：林芝地区是在藏历十月初一过年，称“林芝洛萨”（林芝新年）；农民是在藏历年十二月初一过年，称“索朗洛萨”（农民新年）；四川阿坝和青海部分藏族是在农历正月初一过年。藏历年以拉萨及周围地区最具代表性。年前，各家都要进行大扫除，换上新卡垫，准备好各种节日食品及应用物资。

腊月二十九日，全家人围坐在一起吃一种叫“固突”的面疙瘩，部分面疙瘩里面包有羊毛、辣椒、盐巴、木炭等各种物品，每样东西各有不同的含义，即有娱乐、戏谑的意味，也有占卜的意思。饭毕，还要举行驱鬼仪式。

年初一早晨，人们要在折嘎艺人的祝福声中打开大门。妇女们从河边背回第一桶清水，洗漱完毕，全家人互相敬酒祝福。这一天基本上是家人团聚庆贺。从第二天开始，人们要走亲访友，共贺新年。正月初三，拉萨人还有到山上插经幡、祭山神、水神的习惯。

藏密（གསང་སྔགས།）

藏传佛教密宗的简称。密宗亦称密教、秘密教、真言乘、金刚乘等，属于大乘佛教的一个派别。传入我国有两支：一支传入内地；一支传入西藏。公元8世纪，印僧莲花生入藏传播密法，兴建密宗道场。当时传播的密咒续等注疏共有4部18种，以及陀罗尼101种，主要属于行密和事密两部分，史称“旧密法”。11世纪初，阿底峡入藏传播密法，仁钦桑波等翻译大量密部经典，史称“新密法”。此后，瑜伽部，特别是无上瑜伽部密法盛行于西藏佛教某些派别中，如噶当派、格鲁派等。

藏面（བོད་ཐུག）

藏语音译，意为“藏式面条”。其制作方法是，先将食用碱放入水中烧开冷却后，掺入面粉中，揉好稍醒片刻，用手捏成细长条。然后放入开水中煮熟后，滤滤水，抹上油。食用时，将已抹油的面条放入碗里，加入骨头汤，上面再放上一些煮熟的牦牛肉片。营养丰富，别具风味，是藏族饭馆的常备食品。

藏牌（སྦག་ཆེན།）

藏族传统游戏方法，长方形立体物制牌。最贵重者为象牙制品，次为骨制品，也有木制品。共有64张牌，每张牌上均用红、黑两种颜色镌刻点数。四人对打，出牌时，可出单张，亦可出多张，或连出，是一种有趣的娱乐游戏。

藏袍（ཕྱུ་པ།）

藏装的一种主要形式，基本结构是长袖、肥腰、大襟、无兜。农区和牧区的服装在用料和制作上稍有不同，藏袍一般用氆氇为主要原料，也有用毛哔叽等作衣料的。男女藏袍都是大襟服装，男式藏袍以黑、白氆氇为料，领子袖口、襟和底边镶上色布、绸子，显得古朴典雅；女式藏袍大多以氆氇、毛料、呢子作为原料，夏秋穿不带袖子的藏袍，里头着碎花或红、绿等色彩鲜艳的衬衣，妆扮起来，十分好看。藏袍一般比人身要长，穿时，把腰部提起，腰间束上腰带，一般夏天或劳动时，只穿左袖，右袖从后面拉到胸前，搭在右肩上，或左右袖均不穿，两袖束在腰间。冬天寒冷，一般两袖均穿上。

藏棋（མིག་མངས།）

盛行于藏族民间的传统娱乐活动。其内容五花八门，比赛的方式很多。所用棋子为两色，没有固定的颜色，只要双方能够区分即可，如一方用小青石子，另一方可用小红石子或小白石子。较普遍的有七方、五方、围棋等，其中七方、五方的棋盘类似围棋，分别由七条或五条的纵线和横线组成。比赛时，首先在上面轮着下子占住，当棋子占满后，双方要分别去掉对方的另一只棋子，再继续按先后走棋，棋子一步只能走一格。若棋子占住一方格的四角，等于组成一成棋，可任意吃掉对方一子；若占住整个一条纵线或横线，则谓组成一条枪，可吃掉对方二子；若一方只剩下 14 子（七方），就不再受原先规则的约束，可自由地飞动。围棋棋盘比较复杂，由横线、纵线和斜线组成，走法近似围棋，主要以围堵为主。此外，藏棋还有三方、四方以及适宜儿童开发智力的较简单的棋类。

藏式桌柜（ཆ་སྒམ།）

藏族木器生活用品。藏桌呈正方形，三面或两面封严，一面或两面有门扇，内放杯、盘、碗、盏、果品等物。四只立柱和四个立面的横竖木骨突出，屏板内凹。藏柜多为长方形，平头式，高度及成人胸部，也有木骨突出，屏板内凹，一般在屏板上镶嵌着正方形木格，组成一幅幅棋格画屏。藏式桌柜，一般用朱红色和金黄色油漆涂着木骨和方格，用黑白两色勾边，金粉勾线。画屏以蓝色为背景，然后绘以图案纹饰。图案纹饰的内容多为金纹三秋（桃、佛手、石榴）、缠枝、并莲和龙凤等，也有绘制人物、山水、花卉的。高级的藏式桌柜，常常饰以雕刻屏板，施以金银彩绘，非常华美。

藏毯（ས་གདན།）

藏族传统工艺品。其特点是：织法独特，色泽鲜艳、和谐，毯面柔软、细腻，洗涤不褪色、不掉毛，经久耐用。大致可分为三种：①用牦牛绒捻纺的毛线和羊毛线套织而成，这种藏毯质量最好，重量最轻；②用绵羊的细毛捻成毛线织成，可织成素色的，也可加上彩色毛线织成各种花样；③用牦牛毛和羊毛混合编织而成，这种藏毯黑白分明，粗厚耐磨。其中，第一种适合在藏南等气候温和的地方使用，第二种深受拉萨等城市居民的喜欢，第三种在农牧区很受青睐。

藏陶（རྫ་ཆས།）

在西藏生产的陶器。其特点是：肚大口小，用料精、做工细、色彩好、品种多。常见的有缸、罐、炉、壶、盆等。以墨竹工卡、江孜、扎囊、察雅、索县等地的产品较为有名。

藏王墓(བཙན་པོའི་བང་སོ།)

位于西藏山南地区琼结县城南约一公里,墓地东西长约 2076 米,南北宽约 1407 米,总面积约 300 万平方米以上,海拔约 4000 米。共发现墓葬 16 座,分布在墓地的东西两区内,其中 6 座在东区,即东嘎沟口;10 座在西区,即木惹山麓和河谷台地。目前初步确定墓主的有九座,它们是:松赞干布、芒松芒赞、赤德松赞、赤松德赞、赤祖德赞、赤德祖赞、达玛乌东赞、赤都松芒波结、牟尼赞普。藏王墓地是西藏迄今发现的最大的一处古代墓地。

藏文(བོད་ཡིག)

藏族人民使用的一种与藏语相一致的科学的拼音文字。根据藏文史籍的记载,它是在 7 世纪上半叶吐蕃松赞干布时代由藏族学者吞弥桑布扎参照梵文字母创制的。9 世纪前半叶曾进行过规范,其后沿用至今。共有 30 个辅音字母和 4 个元音符号,另外,还有 5 个反写字母、5 个送气字母和 1 个垫后字母(此 11 字母现已很少用)。30 个辅音字母每 4 个为一组,排成七组半,其中前五组按发音部位排列,后两组半则不按发音部位排列。拼写时分基字和以基字为主的前加字、后加字和再后加字等四个部分。其书写方式是依前加字、基字、后加字、再后加字的次序自左向右横写。元音符号 (i)、(e)、(o)写在基字的上面,(u)写在基字的下面,元音(a)不用符号表示。音节与音节之间用一个分音点隔开,每个音节必须有一个基字,基字除可带上下加字及元音符号外,还可带前加字、后加字和再后加字,一个音节最多的有 6 个字母和 1 个元音符号共 7 个部分。词与词之间不分写。分章句的符号是竖线,一条竖线“།”大致相当于逗号、顿号和句号;两条竖线“།།”相当于句号,加在一小段或一小章的后面。在韵文中,一句诗的后面也加两条竖线,一章完结要用四条竖线。

藏文《大藏经》(《བཀའ་བསྟན་འགྱུར།》)

藏传佛教经律论的总集,分为《甘珠尔》和《丹珠尔》两部分。从内容上看即是佛教经典,又是涉及历史、哲学、语言、文学、天文、历算、艺术、医药、建筑等方面的古籍。《甘珠尔》译为“佛语部”,又称“正藏”,释迦牟尼语录的译文;《丹珠尔》译为“论疏部”,又称“副藏”,佛弟子及后世佛教学者们对佛陀教义所作的论述及注疏。藏文《大藏经》最早的结集是西藏纳塘手抄本,后来西藏和其它藏区各地便以此为范本传抄,又出现了泽当、贡嘎、江孜、仁蚌等不同写本的《大藏经》。在 14 世纪后期,由蔡巴·贡嘎多杰编订的《甘珠尔》和布敦·仁钦珠编订的《丹珠尔》,都被刻印多次,其主要版本有:布达拉版、永乐版、理塘版、卓尼版、德格版、库伦版、纳塘版、万历版等十多种版本,其版本形式和风格各异。

藏文数字异名(གྲངས་ཀྱི་མངོན་བརྗོད།)

藏文历算书中,常用双重手段表达数字,其中最常用的是异名。因数码易写错印错,异名则不易写错,但在表达复名数时,用异名判位不易准确,因而数码是不能少的。异名和数码可以相互校正,这是藏文历算严谨的最大特点。藏文历算中数字异名有:(1)自性、色、犀、月、白光、玉兔;(2)眼、双、运行、方便智慧、交配、结合、阎罗、孪生;(3)世间、热、功德、火、有、夹;(4)海、渊、河、魔、明论、部、双双;(5)欲乐、受用品、蕴、箭、行、根;(6)味、时、味道、季节;(7)宝、持地、仁、洲、仙人、山、曜、马;(8)天神、龙、吉祥、蛇冠、蛇、腹行、行、财神、财物;(9)罗刹、孔穴、库藏、脉;(10)入、忿怒明王、方位、圆满、声响、力、手指;(11)自在天、安源王、勇武、致安、能夺;(12)因缘、宫、太阳;(13)杂、伞层、无身、致醉、贪欲;(14)人的类别、摩那缚迦、心意(世间)、有处、有;(15)太阳日;(16)人主、王部分;(17)胜者、境;(18)周期、宿。零:虚空、圆点、天空。在藏文历算中,用异名表达数码时先个位,后十位,再首位。

藏文书法(བོད་ཡིག་ཡིག་གཟུགས།)

藏文书写艺术。分楷、草两体,草体又分为大字母、添头加尾体、长脚体、短脚体、行书和草书 6 类。楷书要求字体端庄大方,笔划横粗平、竖细直;草书要求活泼并错落有致。

藏文虚词(ཚིག་ཕྲད།)

藏文中不能单独成句的词。分“不自主虚词”和“自主虚词”两大类。

藏戏(ཟློས་གར་རམ་ཨ་ཅེ་ལྷ་མོ།)

又称“阿佳拉姆”,起源于卫藏。据说,远在吐蕃政权时期民间就有一种头戴白面具,身穿白藏袍,手持“塔达”(五色丝绸扎成的彩箭),边说、边跳、边唱,带戏剧性表演的舞蹈,藏名“拔嘎尔布”。它被认为是早期白面具藏戏的雏形。

15 世纪,噶举派高僧汤东杰布利用当时民间戏剧的萌芽形式和民间说唱艺术相结合,吸收民间歌舞“谐钦”的音调为唱腔,融宗教舞蹈于一体,创造了蓝面具藏戏,为藏戏的形成和发展做出了巨大的贡献。

藏戏唱腔(ལྷ་མོ་དབྱངས་རྟ།)

称为“朗达”高亢热烈,充分显示出在阳光和风雪中生活的高原民族的独特风格。其基本表演程式由“顿”、“雄”、“扎西”三个部分组成。“顿”(སྔོན།)即开场戏;“雄”(གཞུང་།)即正戏；“扎西”（བཀྲ་ཤིས།）为吉详的尾声。开场戏和吉祥的尾声在任何传统剧目中的基本内容、表演形式、音乐舞蹈等都不作任何改变，这种表演程式自古以来一直沿袭至今。开场戏主要有三种人物组成，“温巴”（རྔོན་པ།）藏语意为猎人或渔夫，共七个人，手持彩箭，面戴蓝色面具而头顶画有喷焰末尼图案的面具；“甲鲁”（རྒྱལ་ལུ།）藏语意为王子装束，共二人，其服饰是佛教中所说的轮王七政宝图案，为14世纪时期明朝封阐化王帕竹扎巴坚赞所倡导的；“拉姆”（ལྷ་མོ།）藏语意为仙女，共七人，她们头戴仙女头饰，身穿古代藏族妇女装束。

作为藏族人民酷爱的传统戏曲艺术，藏戏是西藏传统文化的重要艺术品种，也是我国戏曲艺术宝库中独特的艺术瑰宝。

藏医（བོད་སྨན།）

藏族医药学。藏族医药学是在藏族人民长期实践和传统的基础上，吸收汉族及其他兄弟民族的医学成果和印度、尼泊尔等国的医学知识逐渐形成并日趋完善的。病理概括为“龙”（རླུང་།）、“培根”（བད་ཀན།）、“赤巴（མཁྲིས་པ།）”，分为热症和寒症两种。治疗方法有攻泄利水、清热等，除用内服药物外，还有中医所用的针灸、拔罐、导尿、冷热敷药物、酥油烫等方法。藏医名著是宇妥·云丹贡布所撰写的《四部医典》。

藏医对人体的解释（བོད་ལུགས་གསོ་རིག་གིས་མིའི་ལུས་པོར་ངོས་འཛིན་སྟངས།）

藏医把人体的生理功能概括为“隆”（指气）、“赤巴”（指火）、“培根”（指粘液）。“隆”在人体中的功能是维持生命，气血的运行，肢体活动，分解食物等等。“隆”分为五种：维持生命的“隆”、上行的“隆”、普遍存在的“隆”、助消化的“隆”、管排泄的“隆”。“赤巴”在人体内的功能是产生和调节体温、保持气色、生智慧、助消化等。“赤巴”也分为五种：助消化的“赤巴”、能变色的“赤巴”、支配意识的“赤巴”、色泽鲜明的“赤巴”。“培根”在人体内的功能是供营养、长脂肪、润皮肤、正常睡眠等。“培根”也分为五种：能保持的“培根”、能磨碎的“培根”、能满意的“培根”、能联系的“培根”、能受用的“培根”。

藏医认为，以上三种机能如能在人体内维持平衡，就出现正常的生理现象；反之，就会产生各种疾病。

藏医学南北派（བོད་ཀྱི་གསོ་བ་རིག་པའི་ལྷོ་བྱང་ལུགས་གཉིས།）

15世纪以后，藏医逐渐分成南北两派。北方以强巴·南杰查桑为代表，南方以苏卡·年尼多吉为代表，分别总结了北部高寒地区与南部河谷地带的多发病及其治疗的经验。

藏医诊断(བོད་ལུགས་གསོ་རིག་གི་སྨན་དཔྱད།)

藏医的诊断,采用"望、问、切"的方法。切脉时,同样以"寸、关、尺"配属五脏六腑。特别重视"尿诊"(ཆུ་ལ་བརྟག་པ།)。治疗时,除使用植物、动物、矿物等药物外,还配以穿刺、放血等疗法。

藏语(བོད་སྐད།)

藏族人民主要的交际工具,属汉藏语系藏缅语族藏语支,主要分布在西藏自治区和青海、甘肃、四川、云南的藏族地区,有卫藏、康、安多三种方言。方言之间,语音差别较大,即卫藏方言与安多方言差别较大,康方言则介于二者之间并与卫藏方言较近。敬语主要流行于卫藏方言中,安多、康方言敬语较少。基本语序为:主语——宾语——谓语。形容词在被修饰的名词之后,状语在谓语之前。动词有人称、时、式、态等语法范畴,通过内部曲折、添加附加成分和虚化动词等手段来表示;形容词有普通级、比较级、最高级;量词不丰富,名词可直接同数词结合;结构助词较丰富,仅书面形式就有10多个。

藏族的起源(བོད་ཀྱི་འབྱུང་ཁུངས།)

西藏称"蕃"(བོད།),藏族自称"蕃巴"(བོད་པ།)(意为居住在蕃地的人)。根据史书的记载,西藏高原很早以前就有人类居住,藏族民间也流传着"猕猴变人"的故事。西藏地区的考古发掘,也发掘出内容相当丰富的文物。这些文物从时间看,包括了旧石器时期、新石器时期和铜石并用时期等各个不同的历史阶段。文物中既有头骨、颌骨、肢骨等人类遗骸,又有石锛、石斧、石凿、石纺轮等石器工具。这些都说明,藏族的祖先是生活在西藏高原上的土著居民。但是,这些旧、新石器同中原地区发掘的石器十分相似,人头骨的形状与结构也与内地同时代的人类头骨相似。这说明,西藏地区的人类及其文化同黄河中上游地区有着密切的联系。今天的藏族并不是由一个单一的部族形成的,而是在长期的发展过程中,由西藏高原上的土著居民与门巴族、珞巴族、羌族等民族融合发展而来的。

藏族金银器皿(བོད་ཀྱི་གསེར་ཆས་དངུལ་ཆས།)

藏族传统手工艺品。大体可分两类:一类为装饰品,即在戒指、镯子、项链、胸饰、头饰、鼻烟壶以及刀鞘上的装饰品;另一类为生活用品,如:碗、盘子、碟子、筷子、勺子、酒壶、酒杯等。这些器皿,有的用纯银或纯金来制作,有的用金、银来包裹或镶嵌。其表面一般都刻着龙、凤、虎、狮、象、孔雀等各种图案,玲珑剔透,维妙维肖。

藏族人名(བོད་མིའི་མིང་།)

藏族人的名字多为两个音节或四个音节,安多地区还有三个音节的。藏族人可以没有姓，但不可没有名。命名方式大致有如下几种：①以具有宗教色彩的名词术语命名，如：卓玛（救度母）、丹增（持佛法者）、多吉（金刚）、曲珍（佛灯）；②以寄托长辈的某种意愿而命名，如：拉姆（仙女）、次仁（长寿）、班觉（富裕）、洛桑（智慧）；③以出生时间命名，如：次吉（藏历初一）、次尼（藏历初二）、尼玛（星期日，太阳）、巴桑（星期五，金星）；④以大自然物体命名，如：达娃（月亮）、措姆（大海）、白玛（莲花）、梅朵（花）；⑤以某种生理因素命名，如：丹巴国钦（大头丹巴）、次丹堆古（驼背次丹）、普达娃（男达娃）、普姆达娃（女达娃）；⑥随意命名，如郭日（圆脑袋）、那森（黑头发）、玛琼（小块酥油）、白巴（青蛙）；⑦以新词术语命名，如：金珠（解放），萨吉（新生）、达玛（红旗）、德吉（幸福）。藏族重名现象很普遍，人们采用以下几种办法来加以区别：①按年龄大小，冠以大、中、小等，如：大巴桑、中巴桑、小巴桑；②冠以籍贯，如：拉萨欧珠、那曲欧珠；③冠以性别，如：普丹增、普姆丹增；④冠以生理特征，如：尼玛甲巴（胖子尼玛）、尼玛仁波（高个子尼玛）；⑤冠以职业，如：麻钦旺杰（厨师旺杰）、仲译旺杰（秘书旺杰）。如果重名达四个以上，可将上述办法综合使用，如：大欧珠、中欧珠、那曲欧珠、欧珠岗仁（长腿欧珠）。

藏族通用章噶（བོད་དམངས་ཀུན་སྤྱོད་ཊམ་ཀ།）

民国初年铸造的伪币。币重约8.4克，厚1.8毫米，直径32毫米，面值不详。因正面铸有“藏族通用”四个汉字而得名。

藏族姓氏（རུས་རྒྱུད།）

藏族远古社会就有“色、穆、董、东”四大姓和“色、穆、董、东、扎、智”六姓之说。这些氏族后来与其他部落融合，又相继出现了吞弥氏、噶尔氏、娘氏、昆氏等。藏族的姓氏冠在名字之前，如“洛钦·仁钦桑布”、“米旁·朗杰嘉措”等。藏族姓氏主要有以下来源：①母系氏族社会时期，子女以母亲名字的第一或第二字为姓；②以出生地点、地区、房名为姓；③以部落名为姓；④以封号爵位为姓；⑤以封地为姓；⑥以佛号为姓。

藏族远古六姓（རུས་རྒྱུད་ཆེན་པོ་དྲུག）

藏族远古社会的六大族姓。据《贤者喜宴》记载，六大族姓是色、穆、董、东四大族姓加上扎、智二姓。

藏族远古四姓（གནའ་བོའི་རུས་བཞི།）

藏族远古社会的四大族姓。据史书记载，藏族由神猴和罗刹女结合而生的六只小猴繁衍而成。六只小猴又产生了藏族最初的色、穆、董、东四大部族（བསེ་དམུ་ལྡོང་སྟོང་།），这四大部族又产生了四大族姓：（1）白叶桑·

登天神(2)黑叶扪·稳如铁铸磐石(3)江赤·聪慧神灯(4)黑扪宗·狗尾草。

宰鲜(ཤ་སོས་པ།)

西藏的一种贸易习俗。部分牧民在集贸市场出售的牛羊肉,是将活牛活羊在市场上当众宰杀的。同时他们还要把牛羊头放在显眼处,以便让顾客检验牛羊的年龄、品质。

再后加字(ཡང་འཇུག་ཡི་གེ)

加在基字和后加字之后的字母,表示复辅韵尾中的后一个辅音,又称重后加字。可做再后加字的字母有ད ས两个。

糌粑(རྩམ་པ།)

藏族人民的主要食品。其做法是,先将青稞晒干炒熟,不去皮,用水磨或石磨磨成粉叫"糌粑"。藏族吃糌粑,要先在碗里放上酥油、奶渣,倒入热茶,然后放入糌粑,用手指在碗内搅拌均匀,捏成团状,用手抓着吃。酥油拌糌粑,是高脂肪、高蛋白和糖的混合物,营养丰富,热量大,既可充饥,又能御寒。

糌粑收取局(རྩམ་གཉེར་ལས་ཁུངས།)

噶厦下属机构之一,设僧俗官各1人。其职责是:向各宗豁征收拉萨正月祈愿大法会所需的糌粑差税,每年按征收清册向噶厦申请下发征缴令,于藏历10月25日前开征;每年藏历正月13日向参加祈愿大法会的僧人各发一斗糌粑,藏历2月25日向参加传小召的每10位僧人发一斗糌粑;在传召期间,每天早晨向僧人发放油炸食品和糌粑,并供应10月25日宗喀巴忌辰的佛事活动所需的供品、油料;根据规定向外出的官员发放途中口粮;制做各种节日庆典所需的油炸食品。

赞普(བཙན་པོ།)

吐蕃政权时期对首领的称呼。藏文古籍称最早的赞布聂赤赞布是天神降世,被拥戴为王,其后的赞普有天赤七王、上丁二王、中列六王、地德八王、拉脱脱日年赞、赤聂松赞、仲念德茹、达日年赛、朗日松赞等。根据《敦煌本吐蕃历史文书》记载,此后共有10位赞普,他们是:(1)松赞干布;(2)贡松贡赞(松赞干布之子);(3)芒松芒赞(贡松贡赞之子);(4)都松莽布杰(芒松芒赞之子);(5)赤德祖赞(赤都松赞之子);(6)赤松德赞(赤德祖赞之子);(7)牟尼赞普(赤松德赞之子);(8)赤德松赞(牟尼赞普之弟);(9)赤祖德赞(赤德松赞之子);(10)达玛乌东赞(赤祖德赞之兄)。

灶塘禁忌(ཐབ་ཚང་གི་འཛེམ་བྱ།)

藏族群众认为灶塘有神灵。有

关灶塘的禁忌很多，主要有：禁止从灶塘上方跨过，灶塘上方也不能挂放裤子、鞋子、裙子等衣物；禁止在灶洞里烧死禽、死畜及毛发；禁止往灶塘里倒水；扫地时，不能往灶塘方向扫；禁止背对灶塘坐下，更不能往灶塘或灶灰里吐痰，也不能脚踏灶塘；灶塘周围各种用具一定要擦洗干净，经常保持清洁，以免亵渎神灵。

灶帐（ཐབ་གུར།）

西藏、甘肃、四川等牧区常见的一种专作厨房的帐篷。灶帐一般搭在毛帐旁边，中间用两根木柱掌起，四角用粗毛绳拉开崩紧，系在地桩上，帐顶角留一孔用于散烟、透光。锅灶放在灶帐中央，灶上供佛像、经书，灶帐门大多朝南。

则玛加（敲肋骨）（རྩིབ་མ་བཅག་པ།）

旧西藏盘剥百姓的一种旧俗。通俗讲就是“送礼行贿”的意思。如：传召大法会在藏历正月初三开始，而充当仪仗队的几百名农奴则要在十二月二十二日就要到藏军司令部报到，然后操练队行、服劳役。农奴们为了能在家里安安稳稳地过个藏历年，或处理完手头的农活，必须给自己的头领送一笔钱财，而这位小头领又必须把自己得到的钱款分一部分给自己的贵族上司。这种层层盘剥的旧俗叫“则玛加”。

则恰列空（རྩེ་ཕྱག་ལས་ཁུངས།）

藏语音译，意为“布达拉财库”，在布达拉宫，为达赖喇嘛设立的财务机构。设堪钦衔负责人 1 名，下配“仲孜”2 名，会计 1 名，办事员（普通孜仲）10 余名。其职责是：管理和供应达赖喇嘛日常需用的金、银、铜、铁、绸缎、珠宝、象牙、牛黄、木舌以及颜料、茶叶、大米、糖果等；利用噶丹秋季供施大会的本金和门孜康本金等向僧俗官员、大小寺庙和富商等发放和回收贷款。

泽当寺（རྩེད་ཐང་དགོན།）

藏传佛教噶举派帕竹噶举支派的主要寺庙。在西藏山南地区泽当。元至正十一年（1351）大司徒绛曲坚赞兴建。内有讲经院，以讲授显宗经论为主，是帕竹噶举派人修习显教的场所。该寺讲经也容许其他派系的人参加，曾是很有影响的宗教道场。

扎巴（གྲྭ་པ་）

藏语音译，意为“僧人”。藏传佛教寺院中普通僧人名称。从事寺院中一般劳动和学习经文的僧人。

扎布旧石器（ར་བང་ཁུལ་གྱི་གནའ་བོའི་རྡོ་ཆས།）

位于东经 81，北纬 33°20′，海拔 4400 米的西藏阿里地区日土县扎布乡。在此遗址上采集石器制品 26 件，此外还有辉长岩、玛瑙岩、碧玉各一件。石器原料绝大部分是黑燧石,平均长 4 厘米,宽 2.9 厘米,厚 1,2 厘米,最大的长 10.2 厘米,宽 6 厘米,其中一“手斧”形石核两侧曾经过修理,有一右偏的尖。

扎仓(གྲྭ་ཚང་།)

藏语音译,意为“僧院”,是大寺院中的二级组织,大寺院的组织层次是:寺院、扎仓、康参、米参。藏传佛教寺院里供僧侣学习的地方叫扎仓。可以根据显、密宗分科而设,分成显宗扎仓和密宗扎仓。同一个显宗或密宗扎仓,之下还可以再分几个扎仓。寺院的规模不同,扎仓的数目也不同。大寺院有 4 至 7 个扎仓,一般寺院有 4 个扎仓。每个扎仓的学科和名称也有差别,通常是:居巴扎仓,密宗学院;参尼扎仓,宗教哲学学院;丁科扎仓,天文、历算、占卜等学院;曼巴扎仓,医学学院。扎仓之间具有相对的独立性,其主持者称堪布,负责学经、行政、财产管理。主要扎仓的堪布,同时也是全寺性组织(喇吉)的领导成员。扎仓堪布之下,设强佐、格贵、翁则、雄赖巴等执事僧,协助堪布管理扎仓事务。

扎崇节(ཛ་ཁྲོམ།)

传统民间节日。每年农历六月十五日举行,为期三天,主要是贸易活动,特别是陶器交易。节日期间,也是男女青年谈情说爱的大好机会,这时订亲、迎亲、抢亲的人特别多。同时还要举行传统的文娱活动和体育竞技。

扎康(སྒྲག་ཁང་།)

藏语音译,意为“邮政局”,噶厦下属机构之一,始建于 1918 年。设五品僧、俗官各 1 名。其职责是:管理拉萨至日喀则、工布江达、亚东等地之间的邮政,在拉萨设两名邮站站长,在邮路所经各宗及重要地方设 1 名邮站站长,在各邮站所在地选择办事稳妥者当邮差,主要负责运送公函,同时也发行邮票,寄送私人信件。

扎拉莫(གྲྭ་ལྷམ།)

藏语音译,意为“僧靴”。靴筒如桶子形,靴子的帮面呈船状。普通僧人的靴子样式和颜色单一,大僧官等高级僧侣的靴筒面料质量较高,靴帮花纹亦较为讲究。因此,从僧靴便可一眼看出僧人身份的高低。

扎玛茹(ཌ་མ་རུ།)

藏语音译,意为“手鼓”,又称“嘎巴拉鼓”、“骷髅鼓”。藏传佛教修习密宗时所用的法器,与“金刚铃”、“金钢杵”一起并称为修密法三法器。在法会演奏时和金钢铃并用,平时作供奉用。

扎年琴(སྒྲ་སྙན།)

又称“当布热”或“三弦琴”,是流传在西藏的一种弹拔乐器,是堆谐歌舞最早的主要伴奏乐器。从古至今有几种称谓,早期的藏文史料中称之为“当布热”,又称之为“三弦琴”,在近代的史料中称之为“扎年琴”。由于扎年琴有三组音,每音二根弦共有六根弦,解放后曾有人称之为“六弦琴”。

扎什伦布寺(བཀྲ་ཤིས་ལྷུན་པོ་དགོན།)

藏传佛教六大寺庙之一,是藏传佛教格鲁派领袖之一的班禅额尔德尼历世的驻锡之所。全称“扎什伦布贝吉德钦乔唐皆列南巴杰维林”,意为“吉祥宏固资丰福聚殊胜须弥诸方洲”,简称“扎什伦布寺”或“扎寺”,意思是“吉祥须弥”之意。位于西藏第二古城——日喀则市的西北郊日照山下。该寺由第一世达赖喇嘛根敦珠巴始建于明英宗正统十二年(1447),经历世班禅不断扩建,逐渐成为总建筑面积30万平方米,大小金顶(殿堂房顶全以镀金铜皮覆盖,故名金顶)14座;有显、密扎仓(扎仓意为僧院,即由某些地区僧侣共同学经、诵经、生活的集体单位)四个,即厦孜、吉康、脱桑林、阿巴四大扎仓。有灵塔祀殿等大小经堂56座。该寺主殿——措钦大殿是全寺最早的建筑,大殿前的讲经场,约600多平方米,讲经场地面全部是用喜玛拉雅山脉的黑色片石铺成,这里是历世班禅给僧俗讲经说法及僧侣立宗论辩的场所。围墙上,有千佛面凿像,佛像千姿百态,但大小基本一致,都是穴居洞壁。大经堂建于1447年至天顺三年(1459)落成,经历了12年的修建时间,可容3800名僧众,正中为释迦牟尼佛的供堂。

大经堂旁边有一座其他寺庙所没有见过的甲拉康,意为“汉佛堂”,是证明后藏班禅与清朝中央的臣属关系的佛堂。扎寺西侧,耸立着弥勒佛殿,是九世班禅曲吉尼玛亲自筹划、主持,始建于1914年,经历四年建成,佛殿高30米,共七层,建筑面积862平方米。扎寺最雄伟庄严华丽的是十世班禅主持修建的五至九世班禅合葬灵塔祀殿。四世班禅灵塔祀殿,修建用了4年4个多月,建成于成化二年(1666),灵塔高11米,花费黄金2700余两,白银33000多两,铜皮78000余斤,绸缎9000多尺。五至九世班禅灵塔殿,在文革中遭破坏。经中央批准拨专款,在十世班禅额尔德尼确吉坚赞的主持下,于1985年动工修建,全名是“班禅东陵扎什南捷”,1988年12月竣工。该灵塔祀殿高于四世班禅灵塔,总建筑面积为1933平方米,高33.17米。在强巴佛殿西面,有新建成的殿堂——十世班禅灵塔殿,殿内灵塔高11.551米,用黄金1万多两,白银5000多两,塔身镶嵌184颗稀世珍宝,墙壁上都绘满了精美的壁画。这座殿堂完全是按照十世班禅为五至九世班禅合葬灵塔殿的最佳设计方案建造而成的。

该寺依山而建，宫殿重叠、毗连错落，十分雄伟壮观，绕寺庙的围墙一周，不包括背靠的山脊，长达 1500 米。扎什伦布寺是后藏格鲁派最大的寺院。

扎什伦布寺摩崖雕像（བཀྲ་ཤིས་ལྷུན་པོའི་བྲག་བརྐོས།）

位于西藏日喀则的尼玛山南坡，扎什伦布寺林廓两旁。雕像零散的分布于山崖的横断面上。据统计共有 150 尊雕像，有佛、菩萨、弟子、观音、文殊、度母、莲花生二明妃、三怙主、金刚等。其中一佛二弟子最多，但因崖面限制，雕像一般高度在 0.4－0.5 米之间，最小的高 0.15 米。另一组为减地式线刻，所造之像千姿百态，栩栩如生，是藏民族雕刻艺术的结晶。

扎什伦布寺展佛节（བཀྲ་ཤིས་ལྷུན་པོའི་གོས་སྐུ་བཞམས་པ།）

班禅驻锡地日喀则扎什伦布寺的一个宗教节日。每年藏历五月十四日至十六日举行。同其他寺院展佛节不同的是，该寺除了展出释迦牟尼佛像外，第一天和第三天还要展出过去佛——燃灯佛和未来佛——弥勒佛的像。展佛期间，日喀则城万人云集，许多人都是千里迢迢从外地赶来，参加这一年一度的盛会。

扎什伦布寺金刚神舞（བཀྲ་ཤིས་ལྷུན་པོའི་གཟིགས་མོ་ཆེན་མོ།）

藏语称"色莫庆姆"，西藏宗教舞蹈的一种。据史料载，这种神舞始见于公元 1846 年，七世班禅丹贝尼玛 65 岁时。最早的演出地是年楚河畔的贡纠林卡（现在的东风林卡），那是班禅的夏天住地。节日活动往往延续半个月之久。1954 年，江孜发大水，日喀则遭灾，贡纠林卡许多神堂宫殿被冲垮，色莫庆姆节移到了班禅大师城西的新宫德庆颇章举行，神舞在那里表演。文革后，直到十世班禅大师主持修建了新的金刚神舞院，才把演出时间缩短到三天，第一天跳以乞丑巴纳为主神的舞蹈；第二天跳以唐青曲杰（意为具誓法王或阎王）为主神的舞蹈；第三天跳六长寿舞等。表演者是孜滚康（护法神院）的喇嘛。其实，金刚神舞不是藏戏，也不是歌舞，它是藏传佛教密宗的一个仪轨。最早瑜珈大师在密室里修习时表演，后来才变成一种公开的宗教法会。表演神舞的时间、地点、演员都有严格规定和要求。跳神的目的就是驱逐敌魔，排除孽障，使众生来世永享神佛之依怙，因而金刚神舞绝不是一般的娱乐性舞蹈，它还具有很强的哲理性。

扎什伦布寺最古老的塑像（བཀྲ་ཤིས་ལྷུན་པོའི་གནའ་བོའི་འདྲེམ་སྐུ།）

座落在扎什伦布寺主殿的高达 3 米的镏金释迦牟尼佛像；释迦牟尼佛

的八大弟子；强巴佛堂中的11米多高的弥勒佛像，这尊佛像是聘请尼泊尔雕塑师和藏族工匠共同塑造的精品，也是中尼人民友好合作的历史见证。强巴佛两边，还有根敦珠巴亲手塑造的观音和文殊菩萨像。

扎秀（སྐྲ་ཕྲུབས།）

藏语音译，意为“辫穗”。藏族男女都有系“扎秀”的习俗，“扎秀”用丝线做成。西藏东部康巴地区男子喜欢系鲜红和黑色的“扎秀”。西藏妇女以不同年龄层系戴色彩各异的“扎秀”。一般说来，年纪较大的妇女系鲜红色的“扎秀”；中年妇女系深绿色配鲜红色、棕色配浅红色、鲜红色配蓝色、深蓝色配浅蓝色、枯黄色配粉色等“扎秀”；青年妇女的“扎秀”则为草绿色配粉红色、天蓝色配粉红色、雪青色配紫红色、金黄色配草绿色、或雪青色配浅雪青色。总之，“扎秀”的颜色搭配很讲究。而康巴藏族和四川藏族妇女不分年纪大小，都喜欢扎系鲜红色的“扎秀”。遇丧事时藏族妇女一般在辫梢系白色羊毛来表示对死者的哀悼。

榨油歌（སྣུམ་བཙག་གླུ།）

流传于西藏各地的一种劳动歌曲。歌曲内容十分广泛，有赞美甜蜜生活和至高无尚的三宝的，有反映饥寒交迫或控拆人世间不平的内容。因这类歌曲的韵律是根据劳动工序来决定的，所以歌曲的节奏、旋律、情绪都不尽相同，它的曲调非常丰富。

展佛节（གོས་སྐུ་བཞམས་པ།）

藏传佛教传统的宗教节日，又称“沐佛节”或“晒大佛”。节期不定，一般在藏历五六月间。节日分别在拉萨的哲蚌寺、甘丹寺、色拉寺、布达拉宫、日喀则的扎什伦布寺、青海省的塔尔寺等佛教圣地举行。该节主要活动是传召，求雨，对佛祖的纪念，祈祷大佛赐福僧众，粮丰畜旺，国泰民安。届时，喇嘛们在法号齐鸣、香烟缭绕、梵乐阵响的清晨将彩缎镶成的巨幅佛祖释迦牟尼像抬到展佛台上缓缓展开，使大佛既受阳光沐浴，又让从四面八方专程赶来的信男善女顶礼膜拜，烧香磕头，表达心中对佛祖的无限虔诚。

章噶（ཊམ་ཀ།）

公元16世纪中期，尼泊尔加德满都的马享德拉·马拉与噶厦缔结了为西藏铸造银币并从西藏换取白银的条约。从此，尼泊尔的巴德冈、加德满都和帕坦等三个尼泊尔土邦，先后为西藏铸造银币，这些银币称为“章噶”。后来，噶厦所发行的金、银、铜币称为“章噶”。

章噶嘎波（ཊམ་ཀ་དཀར་པོ།）

藏语音译，意为“白色银币”。民间对“格桑章噶”、“九松西阿”、“九松西堆”，“九松西著”、“阿尼西”、“甘丹颇章”等银币的通称。因为这些银币的面值均为 1 钱 5 分，图案也相仿。

章噶纸币（ཏམ་ཀ་ཤོག་དངུལ།）

噶厦 1913 年开始发行的纸币，俗称“藏钞”。有单色印刷币和套色印刷币各五种。

帐篷（སྦྲ་གུར།）

牧区普遍用牛毛帐篷做为住房，用牛毛纺线，织成粗氆氇，缝成长方形的帐幕，当中支撑木杆，外面用毛绳拉开钉在四周地上，周围用草饼或粪饼垒成墙垣，一方开门。白天将帐篷布对开，人可出入，晚上放下用带结紧。中央，支石墙锅为灶，帐顶露有一长缝，便于通气和启闭。这种帐篷虽然简单，但牛绒捻纺质地粗厚，不怕风雨大雪，也便于牧民随时收拾搬迁。

帐篷商（འབྲོག་ཚོང་།）

在农牧区巡回设帐经商的人。帐篷商秋季从农牧区购进药材、皮毛等货物，冬季运往城镇交换，夏季再将所交换的其他货物销往农牧区。

招福（གཡང་འགུག）

流行于藏族聚集区的一种买卖付钱的习俗。买卖成交，买主付钱时，往往要先把钞票在身上擦一下再付给对方。据说，这样不至于使自己的福气随着钞票跑到对方兜里去。而卖方在交货时，也往往把货物在自己身上擦一下，或者用舌头舔一下，这样可以留住货物的灵气。

哲蚌寺（འབྲས་སྤུངས་དགོན།）

在拉萨西面十公里处的更丕乌孜山下。格鲁派在拉萨的三大寺之一。永乐十四年（1416）由宗喀巴弟子降央曲杰扎西班丹主持兴建。第三、第四、第五世达赖喇嘛均在此坐床。五世达赖时期建立甘丹颇章政权，掌管西藏地方事务。建筑由措钦大殿，洛色林、果芒、德阳、阿巴四个扎仓和甘丹颇章（宫）组成，规模宏大。大殿可容纳近万名喇嘛，是集体诵经和举行仪式的地方。四个扎仓是由七个扎仓合并而成的，其中阿巴扎仓为密宗扎仓，其余是显宗扎仓，以洛色林为最大。显宗扎仓有辩经场和诵经堂。甘丹颇章曾为达赖喇嘛的居所。寺内珍藏有大量藏族古代历史文献和佛教典籍，供养着一只白海螺，据说是宗喀巴从“廓布山法库”掘出的，赐给扎西班丹，为镇寺之宝。

哲布尊丹巴（རྗེ་བཙུན་དམ་པ།）

喀尔喀蒙古地区藏传佛教格鲁派的最大转世活佛。蒙古地区称活佛为呼图克图，分为两大系统：漠北蒙古以哲布尊丹巴呼图克图为首;漠南蒙古以章嘉呼图克图为首。万历四十二年(1614)觉囊派名僧多罗那他·衮噶宁布到漠北蒙古传教,被称为哲布尊丹巴(“尊胜”之意)。崇祯七年(1634)多罗那他卒于库伦。翌年,喀尔喀土谢图汗王恰得一子,被认为是多罗那他的转世,成为一世哲布尊丹巴。一世哲布尊丹巴·札那巴札尔赴藏在格鲁派寺院学法。康熙三十年(1691)清朝封其为呼图克图。

哲噶尔(འབྲས་དཀར།)

西藏民间说唱形式之一。旧西藏的人们视之为乞丐艺术。表演形式非常独特,表演者要面带包含各种人物综合形象的面具,单说单唱,说唱的内容主要是吉祥赞美之词。每逢喜庆节日就有流浪艺人到各家门口表演哲噶尔。

蔗色(འབྲས་སིལ།)

藏语音译,意为“油干米饭”,藏族民间传统食品。其制作方法为,把米蒸熟,加入白葡萄干和白糖,再与融化的酥油揉合即成。香甜可口,一般为招待客人或节日之用。

珍珠七十(མུ་ཏིག་བདུན་ཅུ།)

名贵藏药之一,由珍珠、藏红花、玛瑙、牛黄、珊瑚等 70 种名贵药物制成。功能是安神、补身、调血压,主治瘫痪、脑震荡、癫痫和血压不调等疾病。

珍珠唐卡(མུ་ཏིག་ཐང་ཀ།)

用 29927 颗小珍珠镶嵌而成的一幅观音佛像,有红、黄、黑、白几种色泽相辉映,还有祥云、鲜花、花瓣、飞鸟相饰。这幅唐卡,不仅表现出藏族唐卡艺术的特点,同时还体现了藏族高超的艺术技艺。珍珠唐卡供奉于西藏山南昌珠寺的措钦大殿内。

正门洗洁(གཞུང་སྒོ་ཁྲུས་གསོལ།)

藏族传统习俗祛邪仪式。当一家发生死人等不幸事件后,人们往往认为“正门”沾了邪气。这时,就请喇嘛念经、做法事,并用孔雀羽毛蘸水象征性地为“正门”洗洁,以求祛除邪恶,确保人畜平安,财运旺盛。

《正直明镜鉴》(《ཁྲིམས་ཡིག་དྭངས་ཤེལ་མེ་ལོང་།》)

西藏古代一部法典。全书共 21 章:(1)关于国王的主要事务;(2)关于众官吏之事务;(3)关于大臣或丞相的事务;(4)关于军官的工作;(5)关于法官的工作;(6)关于接待人员的工作;(7)关于文书工作;(8)关于库仓工作;(9)关于会计工作;(10)关于牲畜工作;(11)关于宫内外工作;(12)关于内务工作;(13)关于工艺乌拉管理工作;(14)关于警卫工作;

(15)关于僧团管家工作;(16)关于杂务管理工作;(17)关于商务信使工作;(18)关于税收工作;(19)关于度量工作;(20)关于宗教工作;(21)关于官吏日常工作。

《郑宛达瓦》(《ཁྲ་མགྲིན་སྔོན་ཟླ་བའི་རྟོགས་བརྗོད།》)

藏文小说。作者达普巴·罗桑登白坚赞,又名阿旺·罗卓甲措,是18世纪西藏达普寺第四代活佛。整部小说充满了“因缘果报”的宿命论思想,正面人物都是虔诚的佛教徒。主人公郑宛达瓦被奸臣所害,变成杜鹃,在高僧指导下,皈依“三宝”,并为林中鸟兽说法一生,终成正果。故事脉络清晰,情节曲折,人物形象鲜明,结构完整。有些部分充满了大胆的夸张和浪漫的幻想,读来饶有风趣。作品中对宗教的推崇,反映了当时的社会现实状况;也表现出作者希望通过对郑宛达瓦这个典型形象的塑造,劝喻世人一心向佛的宗教思想。

政教合一(ཆོས་སྲིད་ཟུང་འབྲེལ།)

西藏民主改革前实行的政治制度。其特点是政治与宗教合二为一,宗教领袖同时是地方政府的最高统治者。早在萨迦地方政权以前,“政教合一”这种制度就已在西藏的部分地方推行。至元元年(1264),元朝皇帝封萨迦派法王八思巴为帝师,兼管西藏地方政务,“政教合一”的统治开始全面推行。噶厦建立之后,“政教合一”的政治制度更趋完善,达赖喇嘛既是格鲁派的宗教领袖,同时又是噶厦的领导者。据史料记载,七世达赖喇嘛执政时期,官员人数为350人,其中僧官175人,俗官175人,各占一半。每年传大召期间,哲蚌寺还有权接管拉萨市政权力。七世达赖还规定,“宗”的官员必须是一僧一俗,寺庙有权直接委派僧官,行使司法权。乾隆二十二年(1757),七世达赖圆寂,乾隆皇帝任命第穆呼图克图阿旺降白·德勒嘉措担任摄政,掌管西藏地方的政权事务,确立了由呼图克图担任摄政的制度。到十三世达赖喇嘛执政期间,又规定首席噶伦和各“基巧”的首席官员必须由僧官担任,更进一步扩大了僧官和寺庙的权力。

直贡梯寺天葬台(འབྲི་གུང་དུར་ཁྲོད།)

世界最著名的三大天葬台中最高最大的一座。位于西藏墨竹工卡县,有“直贡曲佳”之称,意为永生永恒之地。该天葬台看上去平淡无奇,却在人们心目中有至高无上地位的是因为古老的传说:相传该天葬台有一条通天之路,送到这里的尸体可以直接进入天国而获得永生。而那些身在远方尸身无法送到这里的人,生前只要来这里洒下一滴血，死后无论在哪里天葬，都可以从这里进入天国。

《直美衮登》（《དྲི་མེད་ཀུན་ལྡན།》）

八大传统藏戏之一。取材于佛经故事，原名《佛说太子须拏经》。剧情大意是：王子直美衮登心地善良，慈悲为怀，乐善好施，常劝父王散尽财宝布施众生。敌国国王听说后派一婆罗门设计骗走其无价国宝“管多蚌觉”。直美衮登的行为使国王愤怒，下令将其流放。途中，又有来求布施者，王子尽其所有，乃至三个孩子和王妃，都布施于人，使上苍感动，归还其妃。到达流放地后，王子静心修行十二年，其间又有求布施者，王子将双眼献出，使一盲人复明。后来佛助王子复明，敌国国王忏悔并归还国宝，三个孩子归来，直美衮登王子回到故土继承王位，举国安泰、众生幸福。

直贡巴·仁钦贝（འབྲི་གུང་པ་རིན་ཆེན་དཔལ།）（1143～1217）

藏传佛教直贡噶举派创始人。生于邓玛（今四川甘孜邓柯县），幼从帕木竹巴学法，彻悟佛家因果道理，名声很大。25岁时拜松托巴为师，受具足戒。37岁到直贡扩建原有小庙，称直贡梯寺，聚徒讲法，听法者曾多达5万余人，形成直贡派。弟子众多。74岁圆寂。

直贡噶举派（འབྲི་གུང་བཀའ་བརྒྱུད།）

藏传佛教帕竹噶举支系之一。创始人直贡巴·仁钦贝。青年时期从帕木竹巴学法，后拜松托巴为师。他到拉萨东北的直贡地方扩建了原有的一座小寺，称直贡梯寺，收徒传法，形成直贡噶举派。

直贡梯寺（འབྲི་གུང་མཐིལ་དགོན་པ།）

藏传佛教直贡噶举支派的主寺。在拉萨以东100多公里的墨竹工卡。直贡巴·仁钦贝于南宋淳熙六年（1179）扩建帕木竹巴弟子木雅贡仁所建的小寺庙，称之为直贡梯寺。元至元二十七年（1290）直贡派与萨迦派发生战争，该寺被毁。后经修复。地处康藏交通要道、农牧业区相交地带，寺内曾举行法会，参加的人数达5万多人。寺后山上有一天葬台，与桑耶寺天葬台并称，在藏族地区著名，大约与该寺同期修建。

直贡赞普的传说（གྲི་གུམ་བཙན་པོའི་གཏམ་རྒྱུད།）

直贡赞普是吐蕃第八代赞普，也有认为是第七代赞普。“直”（གྲི）是刀之意，“贡”（གུམ）即杀死，“直贡赞布”意即“被刀杀死的赞普”。相传此赞布被另一部落头人“罗昂达孜”所杀害。关于直贡赞布的历史传说，藏文史料中多有著述，情节颇异，但主题不外乎部落之间的种种征战。

掷骰子定罪(ཤོ་རྒམ།)

布达拉宫脚下居民的传统习俗。布达拉宫脚下的居民叫“雪”(ཞོལ།)，其地方神叫“堂木钦”。当“雪”地方的居民发生了争执无法判定对错，或者出现犯罪而又无法从怀疑对象中确定真正罪犯时，人们就要把当事人带到“堂木钦”神像前，敬酒上供后讲明原委，然后用掷骰子的办法来确定谁是谁非。

仲敦巴·杰瓦迥乃(འབྲོམ་སྟོན་པ་རྒྱལ་བའི་འབྱུང་གནས།)(1005～1064)

宋代西藏佛学家，藏传佛教噶当派始祖。他出生于拉萨西北的堆龙，幼年学佛，后到阿里迎请阿底峡，并拜其为师。北宋嘉祐二年(1057)在热振地方建热振寺，将阿底峡的遗体安放在寺中银塔里，弘传阿底峡教法，门徒众多，逐渐形成噶当派。仲敦巴一生只受过居士戒，没有受过比丘戒出家，是个居士，但持守戒律比僧人还严。60 岁在热振圆寂。他的主要弟子有：博多哇、京俄巴和普穷哇。博多哇和京俄巴分别创立“教典法”和“教授派”两个噶当派的支派。

仲吉(དྲུང་སྐྱིད།)

旧西藏拉萨贵族、俗官每年一次的夏日林卡聚会。“仲吉”意思是“俗官们舒服的日子”。聚会的主要内容是在夏日的林卡里宴请宾客，联络感情，显示财富。

仲吉林卡(དྲུང་སྐྱིད་གླིང་ཀ)

位于拉萨东郊拉萨河畔的一处园林，这里曾是旧西藏地方政府俗官专用园林，每年的初夏至深秋，达官贵人常常在这里野宴、游乐。

仲鲁(སྒྲུང་གླུ།)

藏语的意思是“说故事”，是流传于西藏农区的一种曲艺形式。据史料记载，苯波教中的“附体苯教”曾在吐蕃第一代赞布聂赤赞普至第二十七代赞布拉脱脱日年赞执政时期利用这一曲艺形式和“猜迷语”来传苯教辅助国政。仲鲁的内容丰富，曲目繁多，曲调基本以人定曲，形式单说单唱，深受群众喜爱。

仲孜会议(དྲུང་རྩིས་ཚོགས་འདུ།)

旧西藏地方政府为处理重大事务而召开的高级僧俗官员联席办公会议，由译仓的 4 名秘书长和孜康的 4 名孜本，共 8 人参加会议。会议的职责是：有关全藏的政教、军事、边界等重大事务，经噶伦和基巧堪布商议，交给仲孜会议讨论、商定后办理。若仲孜会议仍不能做出决断，则由 4 名秘书长和 4 名孜本主持召开全藏官员大会讨论决定。将决议整理成文，交噶厦审查、修改、定稿以后，交达赖喇嘛审定。达赖喇嘛审定以后，噶厦取回腾抄加盖噶厦或达赖喇嘛的印后下发。

重罚肉刑律(ནག་ཆེན་ཁྲིམས་སྐྱོར་གྱི་ཞལ་ལྕེ།)

对催残人身的各种酷刑的法律规定。其内容包括挖眼、刖足、劓膑、抽筋、断手、投水、割舌、屠杀等。实施肉刑的对象是：弑父者；弑母者；弑阿罗汉者；破僧和合者；恶性出佛身血者；杀喇嘛者；杀亲教师者；盗窃并挥霍僧人和国王财产者；严重败坏领主名誉者；投毒、以诅咒等诡计害人者；公开杀人抢马、流窜劫杀作案者；暗杀、武器作案、犯上作乱者。

《珠东争战》(《འབྲུ་སྟོང་གཡུལ་འགྱེད།》)

全诗共六百四十多行，主要流传于甘肃部分藏族聚居区，是研究藏族部族史情况的珍贵资料。诗中东部落和珠部落争相夸耀自己的实力，尽数祖先之显赫、土地之广袤等等，多用夸张和比喻方法。比如东部落在夸耀本部落地域广阔时，以极其夸张的手法，声称“半边天做东族衣，半部大地东族垫，半数人是东族仆”，气魄宏大无比。诗中提到古代一些部落，对研究藏族地理、历史都有一定参考价值。

竹巴噶举派(འབྲུག་པ་བཀའ་བརྒྱུད།)

藏传佛教噶举派帕竹噶举支系之一。创始人林热白玛多吉和藏巴嘉热、益西多吉。该派分中竹巴、上竹巴和下竹巴。后来又在不丹地区出现过南竹巴。拉萨西南曲水境内的竹寺，以及江孜县境内的热隆寺为该派主要寺庙。

竹器(སྨྱུག་ཆས།)

西藏的竹器品种繁多，一般可分为两类：一类是生活用品，如：竹盒、刀鞘、簸箕等，这类竹器做工精细，编法考究，可以编出各种花纹图案；另一类是生产用具，如：筛子、篓萝、背篓、鸡笼、鱼篓等。

竹素其玛(གྲོ་སོ་ཕྱེ་མར།)

类似于内地过年时以彩纸糊成的“香斗”，是在长方木斗中放上糌粑、炒熟的小麦、人参果等，然后在上层插以青稞穗和孜卓，上面还摆上用酥油花塑成的五彩羊头等，是藏族过年时必须摆放的供品。

煮千节(དགུ་གཏོར།)

四川阿坝部分藏族聚居区传统庆丰收的节日。每年农历十一月份举行。届时，村民们身着节日盛装，在事先选好的地点架起一口大锅，将村民们自愿带来的当年生产的各种各样农产品，混煮在一起。全体村民围锅而坐，互道吉祥。如果遇到过路的陌生人，也会被当作尊贵的客人请到锅边就坐。食物煮熟后，先给村里的长者盛第一碗，随后大家共同分享丰收成果。祈望来年五谷丰登。

《柱间遗训》(《བཀའ་ཆེམས་ཀ་ཁོལ་མ།》)

尊者阿底峡在大昭寺瓶形柱底下发掘出来的“伏藏”。该书是《玛尼全集》中的一部分，单独成册并埋藏，内容为松赞干布的遗训。共有 16 章，前 7 章讲观自在菩萨救渡众生、有关释迦牟尼的故事、西藏地区人的来源及藏王世系、观自在降生为松赞干布等；后几章全是讲松赞干布的事迹。书中每章在一个中心内容指引下，都穿插了许多传说、神话，多用浪漫主义手法。整篇基本为散文体，文辞畅达，语言质朴，人物刻画细腻，故事情节曲折生动。

转山会(གནས་རི་སྐོར་བ།)

四川康定地区藏族的传统节日，每年农历四月八日举行。节日这天，附近地区的藏族云集于跑马山下、折多河畔，焚香祈祷，转山祭神，以求神灵保佑、众生平安、五谷丰登。节日也是物资交流大会，当地藏族纷纷带着土特产品上市交易。节日期间还要举行体育比赛和歌舞。

转世制度(ཡང་སྲིད་ངོས་འཛིན་ལམ་ལུགས།)

藏传佛教为解决其教派、寺庙首领的继承而制定的制度，以灵魂转世、生死轮回之说为理论根据。大致过程是：一个活佛圆寂后，按照他生前提供的线索，寺院上层喇嘛运用占卜、降神、观湖等方法，去寻找在他圆寂前后出生的转世“灵童”，然后按照一定的仪式加以确认，使之正式成为此活佛的继承人。这个制度始于 13 世纪的噶举派噶玛噶举支派的噶玛拔希。当时该派创立了黑帽系活佛和红帽系活佛的转世系统。15 世纪初，格鲁派兴起后，便逐步广泛采用了转世制度，以解决宗教领袖的继承人问题。在二世达赖根敦嘉措圆寂后，根据约定，于 1546 年找来了 3 岁的索南嘉措作为根敦嘉措的转世“灵童”，成为格鲁派采用这个制度的开始。后来，在寻找“灵童”的过程中，常受到上层集团的控制操纵。于是在 1792 年清政府平定了廓尔喀之乱后，制定了《钦定藏内善后章程》，规定用“金瓶掣签”办法选定大活佛的转世“灵童”，并在理藩院注册，以防舞弊。一般寺院的中小活佛，可以自行选定“灵童”，不受清政府定例限制。

转中柱(དཀྱིལ་ཀ་བསྐོར་བ།)

结婚礼俗，流行于云南部分藏族聚居区。在这一地区，把家中房屋中柱看作神柱。姑娘出嫁离家之日，送亲司仪手捧哈达引导，新娘及送亲人员随后，绕中柱转三圈，随后姑娘最后一次点燃家中的酥油灯，祝愿家中吉祥如意，而后才上马离家。

庄房(ཞིང་ཁང་།)

四川藏族农民在耕作和收割时，临时搭在田边的简陋住房。在当时的大姓部落，相对两山各有一寨，通称“大小两寨”，为使土地休闲，在两寨之间交替耕种。若今年在大寨耕种，人们则移居大寨；第二年在小寨耕种，则移居小寨，大、小寨各户的住房称为庄房。

庄窠(庄郭)(ཀུང་ཁང་།)

青海藏族传统民居，建筑形式多呈正方形，一户一院，一面或两面盖房。庄窠的墙均用黑土夯打而成，还要用土坯续砌1米多高的梢墙，在墙半腰用白卵石镶嵌宝塔形或其它图案，在墙头四个角放四个白卵石。一般建房北为正房，给老人居住；东为配房，多是儿子、儿媳住，也有西为正房，北为配房。正房必须高于配房，正房的正前方开大门，两侧的墙或用白土抹光，或用石灰粉刷成白色。

庄园建筑(གཞིས་ཀའི་འཛུགས་སྐྲུན།)

旧时贵族的住宅及谿卡的管理中心所在建筑。一般包括做为建筑主体的十分豪华的主楼，它既是经堂，又是贵族及管家的住处。江孜的帕拉庄园是目前保存较完整的庄园建筑。

追究案由律(ཀྱོད་འདེད་ལེ་ལན་གྱི་ཞལ་ལྕེ།)

藏族古代法律之一。本法规定，调解人要用三天时间进行调查研究，其中，白天向知情人了解情况，向智者讨教主意，夜晚认真思考，找出纠纷的缘由，弄清案件的症结所在。然后秉公断案，并写出公正的判决书，必要时要让当事人双方写保证书。

卓米·释迦益西(འབྲོག་མི་ལོ་ཙཱ་བ་ཤཱཀྱ་ཡེ་ཤེས།)(994～1074)

藏传佛教后弘期大译师之一，生于后藏芒喀。在印度学法十余年，精通显密，返藏后翻译了大量密宗典籍，广泛传播，开启了后弘期新译密咒之规。他的新译密法，由萨迦的祖师继承了，后来形成萨迦派。他与当时的玛尔巴和桂枯巴合称后弘期三大译师，但后二人均是卓米弟子。

卓木基巧(གྲོ་མོ་སྤྱི་ཁྱབ།)

藏语音译，意为“亚东总管”，基巧级地方政权机构之一。原为一个商务总管，以后也兼理民政。基巧府驻下司马，辖上、下亚东和帕里宗。

卓尼版《大藏经》(ཅོ་ནེ་《བཀའ་བསྟན་》པར་མ།)

《大藏经》藏文版之一。该版

内容完整，字迹清晰。该版《大藏经》由卓尼第十一世土司玛索贡布（又名杨汝松）在甘南卓尼禅定寺主持创刻于康熙六十年（1721）至雍正九年（1731）的《甘珠尔》和由卓尼第十四世土司丹松次仁及其母亲仁钦贝宗从乾隆十八年（1753）至乾隆三十七年（1772）主持刊刻的《丹珠尔》组成。其中《甘珠尔》以永乐版本、纳塘版本和卫地手抄本为底本；《丹珠尔》以德格版《丹珠尔》为底本。但此版本已于1928年被河州马仲英所毁。

卓尼禅定寺印经院（ཅོ་ནེ་དགོན་པའི་པར་ཁང་།）

藏族著名印经院之一，位于今甘肃省甘南藏族自治州卓尼县卓尼禅定寺内。由第十一世土司玛索贡保创建于康熙五十五年（1716），该印经院分工明确、细致。在这里所印的经书，不仅供藏、川、滇、甘、青各地藏区，还发行到印度、尼泊尔、不丹、日本和东南亚各地，并在每年印经的第一天举行隆重的"功扫会"，向《甘珠尔》和《丹珠尔》的保护神以及各藏经室敬献哈达和蓝丝巾，祈求印经顺利，并允许僧俗来朝拜经版。

卓潘岭医学校（འགྲོ་ཕན་གསོ་རིག་སློབ་གྲྭ།）

意为"利众藏医院"。五世达赖洛桑嘉措在哲蚌寺甘丹颇章北面建立了卓潘岭医学校，由尼塘仲钦·洛桑嘉措任教师。后来在布达拉红宫的拉旺觉（或称夏钦觉）建立了由降卧囊索和达磨曼然巴管理的医学校"门然巴学院"。

卓浦噶举派（ཁྲོ་ཕུ་བཀའ་བརྒྱུད།）

藏传佛教帕竹噶举支系之一。创始人为杰曹和衮丹热巴兄弟，均为帕木竹巴的弟子。二人的侄子卓浦译师于1212年修建卓浦寺（在日喀则西南）。他们的随学门徒形成卓浦噶举派，以该寺为主要道场。这一派存在时间不长。卓浦寺慈氏大像（弥勒佛像）很有名，是佛教徒崇拜的一个"圣迹"。

卓浦寺（ཁྲོ་ཕུ་དགོན།）

藏传佛教噶举派卓浦噶举支派的主寺，在西藏日喀则西南。1212年卓浦译师修建。他在此寺弘传戒律，讲经说法，翻译了大量佛教典籍。他的随学门徒逐渐形成卓浦噶举派。

《卓瓦桑姆》（《འགྲོ་བ་བཟང་མོ།》）

八大传统藏戏剧目之一，根据民间故事改编而成。剧情大意是：在扎岗地方有一个名叫噶勒旺布的国王，他的妃子哈香都姆是个凶残的妖怪。国王爱打猎，一日游猎回归时爱犬丢失。在寻找爱犬时来到一婆罗门家，见一绝色女子叫卓瓦桑姆，就纳为妃子。其实是空行母化身的卓瓦桑姆生下一儿女，哈香对其非常嫉恨，就设计陷害卓瓦桑姆母子三人。卓瓦桑姆不堪忍受，飞升天堂。哈香派人连连谋害小王子和公主，但都未成功，最后小王子和公主都逃到了白马金国，小王子被推为国王。哈香都姆听说后前去征战，结果被小王子杀死。从此天下太平，人民安居乐业。

孜本（རྩིས་དཔོན།）

噶厦下属孜康列空（统计局）的主管，四品俗官，共有 4 人，为孜康的最高长官，可以根据噶厦委托召开全体官员会议。其职责是：管理地方财政、发布命令和负责俗官的任命培训、管理孜康内部事务、培养计算工作的学徒等。噶伦缺额时，有升补噶伦的资格，但需由驻藏大臣和达赖喇嘛共同提名呈报皇帝任命。孜康列空设在拉萨大昭寺内。

孜康（རྩིས་ཁང་།）

藏语音译，意为“统计局”，是噶厦下属的主要办事机构之一，设在大昭寺内。由 4 名四品俗官“孜本”和若干俗官组成，负责管理地方财政、发布政令以及俗官的任命培训等。孜康不能直接向达赖喇嘛呈报公事。

孜然巴（རྩིས་རམས་པ།）

藏族寺院历算学科的一种学位。西藏的寺院中大多设有时轮学院（丁科扎仓），此学院分为三个学级：初级学习《妙吉祥名号经》、《无上供养经》、《普济经简释》、《满足心愿经》等，能背诵上述经文方可升入中级；中级学习《时轮金刚经》、《证菩提经》等；学会彩色细砂制时轮金刚坛城、普济佛坛城、证菩提佛坛城后，能背诵《时轮金刚生起与圆满次第经》时方可升入高级；高级主要学习诗词、天文历算、梵文、声明、藏文的正草书法，研究时轮金刚和怖畏九首金刚的生起与圆满之道，修行坐禅，广授灌顶，成绩合格就被授予“孜然巴”（རྩིས་རམས་པ།）的称号。

孜森穹嘎（རྩེ་གཟིམ་ཆུང་འགག）

藏语音译，意为“布达拉警卫传达处”，旧西藏地方政府下属机构之一。由四品僧官大准尼（知宾）负责，下设五品僧官 16 名，有达尔罕称号的侍卫长 1 名，六品官 3 名。其职责是：传达达赖喇嘛的各项命令指示和对各级僧俗官员的任免；各级僧俗官员以及汉地、蒙古来藏人员要拜见达赖喇嘛或官员有事外出需向达赖喇嘛辞行时，须经孜森穹嘎禀报；重要人士拜见达赖喇嘛的情况，由孜森穹嘎记录在案，以备编写达赖喇嘛传记。

孜厦（རྩེ་ཞྭ།）

藏语音译，意为“尖形帽”。西藏僧众集会时所戴之帽，其形如鸡冠花状，上半部呈扇形,下半部呈倒扣船形。

孜厦布丹列空(རྩེ་ཞབས་བརྟན་ལས་ཁུངས།)

藏语音译,意为“布达拉宫佛事处”,专为达赖喇嘛和噶厦进行计划外祈祷而念经拜忏服务的机构。设仲译钦莫(秘书长)1 人,办事孜仲 2 人。其职责是:根据祈福念经拜忏等佛事活动的需要,向政府有关部门支领钱物用于佛事活动的支出。

孜仲林卡(རྩེ་དྲུང་གླིང་ཀ།)

位于哲蚌寺对面的平原上的一处园林,是旧西藏地方政府中僧官专用的节日游乐园林。

自由虚词(ཕྲད་རང་དབང་ཅན།)

藏文文法中无变体的单一形式的虚词。它可以在所有后加字之后自由运用而不受前面音节的语音限制。《三十颂》规定,自由虚词有 6 种:语气助词、连词、指示代词、疑问代词、否定词、指人名词后缀。

宗角禄康(龙王潭)(རྫོང་རྒྱབ་ཀླུ་ཁང་།)

拉萨布达拉宫背后一处公共园林。林卡中有修建布达拉宫取土形成的人工湖,湖心岛上建有供奉龙女墨竹色青的龙女宫。

宗教禁忌(ཆོས་ལུགས་འཛེམ་བྱ།)

在寺院等宗教场所及宗教圣物面前,禁忌颇多,例如:行人遇寺庙应向右绕行;忌摸喇嘛随身带的护身符、念珠等宗教器具;忌坐活佛宝座;忌用单个手指指点佛像;忌用经书当坐垫、脚踏;忌经堂留客;忌寺内杀生、阉割、唱歌、喧哗;忌吹佛灯及在佛灯上取火;忌在寺院附近伐木、捕鱼、打猎等。

宗教诵经音乐(ཞལ་འདོན་རོལ་དབྱངས།)

寺院僧人诵经时的曲调和配乐。藏传佛教的诵经音乐是在藏族民间音乐的基础上,特别是在藏族本土宗教音乐的基础上改造而成的,具有与众不同的风格和特点。由于经文的内容和各种宗教活动仪式不同,诵经的音乐和曲调也不尽相同。

宗教唐卡(སྐུ་ཐང་།)

有佛、菩萨、天王、度母、天女、密宗本尊和护法神等形象。宗教画中还有辩经、跳神、弘法、传经等宗教活动和表现宗教世界观的“坛城”画(金科)、“须弥山”图、“六道轮回”图。这些画形象描绘“因果报应”、“轮回转世”的抽象教义,传达“天堂地狱”、“人生皆苦”等佛教观点,具有形象而强烈的宣传效果。

宗教乐曲(རོལ་མོའི་མཆོད་པ།)

流传于西藏各寺院的吹管乐曲,在各寺院中举行各种宗教仪式,迎送活佛及贵客、通知或报告全寺僧人全天的佛事活动等时使用。藏传佛教吹管乐器中的铜钦和佳铃是最有特色的,无论何种形式的演奏,铜钦和佳铃的基本旋律都是各自独立的。这些器乐所演奏的曲目极为丰富,在各个寺院中,很少有相同的曲目,并且各寺院中至少有十首甚至几十首体现各自教派风格的曲目。并且各寺院在使用此类乐器中,都各有一套完整的理论和实践体系。

宗喀巴(རྗེ་ཙོང་ཁ་པ།)(1357～1419)

藏传佛教格鲁派创始人。本名罗桑扎巴,青海湟中塔尔寺地方人(藏语称该地为“宗喀”,故称罗桑扎巴为宗喀巴),父名鲁邦格,是元末的“达鲁花赤”(官名),母名新萨阿却。3 岁时受近事戒,8 岁时受出家戒和沙弥戒。16 岁入藏,先后在前后藏依止噶当、萨迦、噶举各派大师,广求博闻,精通显密,开始了独立的宗教活动。25 岁时,已系统地研究了《慈氏五论》、《俱舍论》、《入中论》、《戒律》等,并在寺院立宗讲学,产生了较大影响。36 岁时收徒传法。他目睹了当时佛教戒律松弛、僧侣生活放荡等弊端,立志宗教改革,以阿底峡的学说为本,兼取各派所长,融汇显密教法,重视戒律,形成了自己的宗教思想体系。著有《菩提道次第广论》、《密宗道次第广论》等书,阐明显密二宗修行次第,先显后密,都要严守戒律。1388 年他改戴黄色僧帽,作为严守戒律的一个标志。1409 年,在拉萨以东达孜境内创建甘丹寺,作为格鲁派创立的标志。1416 年和 1419 年,又委派他的两个弟子在拉萨建哲蚌寺和色拉寺。1409 年,在帕竹地方政权的资助下,在拉萨大昭寺创办大祈愿法会(即传召大会,藏语称“默朗钦波”)。他的弟子众多,在后来传播和发展格鲁派的过程中,都起了重要作用。其中根敦珠巴后来被追认为第一世达赖喇嘛,从克珠杰转世产生班禅活佛系统,是西藏政教合一体制的两大领袖。明末清初格鲁派掌权后,又积极争取中央政府的支持,格鲁派势力愈加强大,影响遍于整个藏区及蒙古一带,成为藏传佛教中最大的宗派。

宗喀巴的诗(རྗེ་ཙོང་ཁ་པའི་ལེགས་བཤད་གསུང་རྩོམ།)

宗喀巴是藏传佛教格鲁派的创始人,其著述甚丰,素有“百部”论主之称。他一生创作了大量的诗歌,仅《诗文集》所录的早年、中年时期的作品就达九十四首之多。宗喀巴的诗比兴互陈,有对大自然的描绘,但更多的是托物寄意,以诗的语言来形象地阐述抽象的佛学道理。如《观音赞》等诗,充分体现了他主张严肃教规以正僧纪、宗教改革以兴佛教的宿愿。

宗萨寺(རྫོང་གསར་དགོན།)

萨迦派一著名寺庙,全称“宗萨吉

祥天王寺”。由大元帝师八思巴创建于公元1253年,此寺后来成为历代绛阳钦则活佛驻锡地,在西藏的昌都境内。

宗山建筑(རྫོང་མཁར་གྱི་བཀོད་པ།)

西藏宗政府所在地的建筑,包括经堂、佛殿、宗政府、监狱、仓库等。一般建造于山头上,山下为居民区,其特点是具有完备的防御体系。如:江孜宗,位于江孜镇的南端,宗政府、经堂、佛殿、墙垣、碉堡、仓库等建筑在山上,亦有水道与山下居民区相连,保证山顶用水。

宗豁(རྫོང་གཞིས།)

旧西藏对各地行政单位的称谓。宗(རྫོང་།),藏语音译,意为“城堡”。帕竹地方政权时期,在日喀则、乃东、贡噶、琼结、仁蚌、沃喀等地修建了13个大城堡,并设宗本作为管理各地的官员。甘丹颇章政权建立之后,将各地划分为若干宗(相当于现在的县),每宗一般设一僧一俗宗本管理,宗本官阶七品至五品。另外,对一些政府管辖的大庄园(豁卡),也派官员去管理,所派去的官员称为豁堆,官阶七品至六品。宗和豁本身设有民政、司法、财粮、文教等机构,有关事务由宗本或豁堆会同几个办事人员处理。

阻婚(མནའ་མའི་ལམ་བཀག་པ།)

西藏帕里地方的一种婚俗。当地姑娘出嫁的前一天晚上,村里的小伙子聚集到姑娘家门,点起三堆篝火,弹起六弦琴,悠扬而又伤感地唱道:“美丽温柔的姑娘,你和我们一起长大,我们决不让你出嫁,决不能让你被人抢走……”这时姑娘会从家里走出来,请小伙子们喝酒,跟他们逗趣跳舞直至天明。迎亲队伍快要到来的时候,小伙子们赶紧到村头隐蔽处埋伏好,对方来到近前,他们会像强盗一样拿着石头、棍棒拦在路中央,质问为什么抢走自己的伙伴、自己的心上人。这时迎亲的人知趣连声道歉,并拿出事先准备好的“买路钱”塞给小伙子们,才能“买出”一条通道把姑娘接走。

钻洞验孽(བར་དོ།)

根据佛教理论人死之后、投生之前那段时间叫“中有”。西藏纳木措北面有一个小岩洞,被称为“验孽洞”。据称,若能从右边洞口钻进去,从左边洞口钻出来,就证明这个人罪孽不重,将来可以升天或成仙。钻不出来,就证明此人罪孽深重,若不赶快积德行善、礼佛诵经,死后就无法升天。大多朝圣者都要来验证一下自己的罪孽是否会影响到死后的前途。

尊莫厦(བཙུན་མའི་ཞྭ།)

藏语音译,意为“藏式尼姑帽”。

通常有两种，一种帽的上半部为塔形，下半部为圆桶形，向外周折叠二寸余，前沿呈月牙形；另一种帽的上半部为尖塔形，下半部为圆形，帽的左右与耳对齐，并饰以二飘带，帽子前沿做成两个月牙形。

作明佛母像（རིག་བྱེད་ལྷ་མོའི་སྐུ།）

为藏传佛教密宗掌管权威及怀法的本尊像，呈单身四臂，三只眼睛均圆睁，呈愤怒状态。头戴饰有人头、颈佩四串项链：第一串垂至乳间；第二串垂至脐上；第三串在脐下；第四串最大，由四十多颗人头串成，垂至裆部。左侧双肩伸向左方，右侧双臂之大臂右伸，小臂屈向左，另一小臂垂直向上。手各握一花枝，双乳下垂，阴部裸露，左腿微屈着地，踩一仰面屈肢裸身人。佛母身披虎皮，饰有绫带。坐像的背景椭圆形，内层有佛光纹，外层有火焰纹。

图书在版编目(CIP)数据

藏族传统文化百科/李旭练等编著. --拉萨:
西藏人民出版社,2016.10
ISBN 978-7-223-04593-3

Ⅰ.①藏… Ⅱ.①甘… Ⅲ.①藏族—民族文化—中国
Ⅳ.①K281.4

中国版本图书馆 CIP 数据核字(2014)第 275542 号

藏族传统文化百科

主　　编	李旭练　张晓峰　董秉山　甘韵琪
责任编辑	格藏才让
封面设计	格桑罗布
出版发行	西藏人民出版社(拉萨市林廓北路 20 号)
印　　刷	深圳华新彩印制版有限公司
开　　本	789×960　1/16
印　　张	19.375
字　　数	300 千
版　　次	2016 年 10 月第 1 版
印　　次	2016 年 10 月第 1 次印刷
印　　数	01-2,000
书　　号	ISBN978-7-223-04593-3
定　　价	58.00 元